ほんとうにあった

邪馬臺国《やまたいこく》

多禰隼人

Hayato Taneno

万来舎

こころに旅を

わたしたちは、どこからきたのだろう。
わたしたちは、どこへゆくのだろう。

もしかしたら
その答えのようなものが、みつかるかもしれません。
一三〇〇年もの長い長い時間を超え、読み継がれてきた『古事記』という名の書物のなかに。

あなたが『古事記』について知っていることや抱いているイメージを
いったん手放して
まっさらな心で
ここから進んでみてください。

そして、あなたが感じたこと、思い出したこと、想像したことを
かけがえのない大切なものなのだと信じてみてください。

そうすれば、きっと

今まで知らなかった『古事記』からのメッセージが
聞こえてくることでしょう。

奈良県では、二〇一二年から「記紀・万葉プロジェクト」が推進されている。その取り組みのひとつに、奈良県立美術館で開催された「大古事記展」がある。これはその初めの言葉である。私はこの問いに真っ向から向き合い、正解を導き出したと自負している。

自国の歴史を知るということは、心の安寧《あんねい》を得るということでもある。愛国心もここから生まれる。今ある自分は、みな過去からの贈り物なのである。身長も、肌の色も、黒髪も、言語も、笑顔も、悲しみも、頭脳も——。自分一人で作り上げたものは何もない。政治も経済もまたしかり。

日本の歴史は、ある意味天皇の歴史でもある。天皇は、世界に類を見ない万世一系のエンペラーである。日本の平和は、このエンペラーによるところが大きい。天皇のルーツを突き止めることが、日本の歴史を知ることにつながる。

ただし、『古事記《こじき》』や『日本書紀《にほんしょき》』を読み解くだけでは、倭の歴史は見えてこない。中国史書の中から『後漢書《ごかんじょ》』『三国志《さんごくし》』『宋書《そうしょ》』『隋書《ずいしょ》』『宋史《そうし》』を繙《ひもと》き、さらに全国各地の歴史博物館や歴史資料館の資料をめくり、風土記や郷土史、神社仏閣の縁起《えんぎ》などもつなぎ合わせて、倭の歴史を明らかにしていきたい。

縁起的事実と歴史的事実は必ずしも同じではない。だが、歴史学的史料と考古学的史料、そして民学的史料の三つを重ね合わせてみれば、眼光紙背《がんこうしはい》に徹《てっ》することができるのではないかと考える。

まずはもっと詳しく正しく、歴史的資料を集める必要がある。「某書による」では真実は語れない。自らの足で求めるべきである。

こうして、私の一万五八〇〇年の先史・古代の歴史の旅は始まった。妻を道連れに五畿七道六六国三島を巡り、ふと気がついたときには優に一〇年を越えていた。

歴史とは、色・金・権力を求めて権謀術数が渦巻く人間の心の物語である。人間の欲望は果てしなく、古代人も現代人も変わりはない。

だが、日本人はどこか惻隠の情を忘れてはいない。これこそ縄文時代から脈々と受け継がれてきた日本人の心、大和魂といえるのではないか。私にとって縄文の歴史の旅は、日本人の心の源を探し当てる旅ともなったのである。

敗戦により、日本人の歴史観は混迷を深め、自虐的になっているといわれている。悠久の素晴らしい歴史をもっているにもかかわらず、自国を貶《おとし》めることに注力している民族に明日はない。

今こそゆがんだ歴史観を是正し、これまでの学説を総括して「現在の正史」をつくるべきではないか。現在の学説はどこか裸の王様に似ている。多少の異論や未解決の問題を含んでいてもよいではないか。そして伊勢神宮の遷宮のように、定期的につくり直すのである。この正史を学べば、日本人は自信と誇りを取り戻し、いっそう輝かしい未来を築いていけるに違いない。

そう信じて、私は「現在の正史」の第一弾として、本書を世に送り出すことにした。本書が「正史」たるにふさわしいと認められる日が必ず来ると確信するものである。

最後までお付き合いいただければ幸いである。

ほんとうにあった邪馬臺国

目次

第三章　いちかばちかの神武東征

第四章　ついにベールを脱いだ邪馬臺国

第五章　捏造の三部作を暴く

日御子（卑弥呼）が眠る甘木山　512

デザイン／鈴木伸弘

序章

旅立ち前夜

これからみなさまとともに、はるかな時空を超えて、
先史・古代へと旅立つこととしよう。
だがその前に、しっかり旅支度を整えなければなるまい。
徒手空拳では遭難してしまう。
長旅を存分に楽しむには、ちょっとした予習が必要だ。

古代史探訪の旅を楽しむための基礎知識

大混乱の古代史説

まず、これまでの古代史をめぐる論争はどうなっているのか、おもな論客とその主張をご紹介したい。古代史の争点のあらましをご理解いただければと思う。

◉新井《あらい》白石《はくせき》

一六五七～一七二五年（江戸時代）。上野《こうずけ》の国（群馬県）生まれ。政治家・学者。

著書『古史通或問《こしつうわくもん》』の中で、邪馬臺国《やまたいこく》は大和《やまと》の国《くに》であるという「畿内説」を説いた。その後、『外国《がいこく》之《の》事《こと》調《ちょう》書《しょ》』では筑後の国山門《やまと》郡《ぐん》であるという「九州説」を説いている。

これが現在に続く、学会の畿内説・九州説論争の始まりである。

◉本居宣長《もとおりのりなが》

一七三〇～一八〇一年（江戸時代）。伊勢の国（三重県）生まれ。国学者・医師。

おもな著書として『古事記伝《こじきでん》』（全四四巻の『古事記』注釈書）がある。

『馭戒概言《ぎょじゅうがいげん》』では、「『三国志』にいう奴国《なこく》は仲哀紀に儺県《なのあがた》、宣化紀に那津《なのつ》とあるところにして筑前である」として「邪馬臺国九州説」を説いている。

◉三宅米吉《みやけよねきち》
一八六〇～一九二九年。紀伊の国（和歌山県）生まれ。歴史学者・国語学者。日本初の考古学会を創設。
明治二五（一八九二）年に、志賀島で発見された金印「漢委奴國王」を「カンノ・ワノ・ナノコクオウ（漢の倭の奴の国王）」と読む論文を発表した。この学説は通説となり、現在の教科書にもこの読み方が掲載されている。

◉原田大六《はらだだいろく》
一九一七～一九八五年。福岡県糸島市生まれ。考古学者。伊都《いと》歴史資料館の名誉館長。

『実在した神話』『悲劇の金印』など、著書多数。

平原《ひらばる》遺跡の発掘に傾倒し、その被葬者を玉依姫《たまよりひめ》、即ち大日孁貴尊《おおひるめのむちのみこと》＝天照大御神であると推量した。

『三国志』に壱岐国が「一大国《いちだいこく》」と記されているが、これは「一支国《いちきこく》」の間違いであると説いている。

◉宮崎康平《みやざきこうへい》

一九一七～一九八〇年。長崎県島原市生まれ。古代史研究家・作家・会社役員。「島原の子守唄」の作詞・作曲でも知られる。島原歴史懇話会を発足させ、会長となる。一九六七年、『まぼろしの邪馬台国《やまたいこく》』を刊行し、日本中に邪馬台国論争を巻き起こした。

『三国志』に記されている旅程に関する里数は距離の実数ではなく、陸行の場合は一日分の行程を五十里として解釈している。

伊都国は福岡県の旧怡土郡《いとぐん》（現在の糸島市）だったという説は、万人の一致した意見であると述べている。また、邪馬台国の中心地は、現在の長崎県南高来郡《たかきぐん》吾妻町を中心に、諫早湾《いさはやわん》南岸地帯だったように考えられると主張している。

◉古田武彦《ふるたたけひこ》

一九二六～二〇一五年。福島県喜多方市生まれ。思想史学者・古代史研究家。

「古田史学の会」「多元的古代研究会」などを結成している。

『邪馬台国《やまたいこく》はなかった』『失われた九州王朝』『盗まれた神話』など、著書多数。

『三国志』にいう卑弥呼の都する国は原文どおり「邪馬壹国《やまいちこく》」であり、その所在地は福岡県博多市周辺であると述べている。

『三国志』にいう里数は、一里＝七五～九〇メートルの短里であり、また、『三国志』にいう裸国《らこく》・黒《こく》歯国《しこく》は南米大陸のエクアドルである、という説を述べている。
九州王朝説を始め、列島各地に王権が存在したとする「多元的古代史観」を提唱している。

◉安本美典《やすもとびてん》
一九三四年〜。満州国生まれ、岡山県で育つ。心理学者・日本史研究家。
「邪馬台国の会」を主宰。
『邪馬台国への道』『神武東遷』『邪馬壹国《やまいちこく》はなかった』など、著書多数。
高天原《たかまがはら》は邪馬台国であり、その所は福岡県朝倉市《あさくらし》であると主張している。
同じく天照大御神は卑弥呼《ひみこ》であるとも主張している。

◉多禰隼人《たねのはやと》
一九四四年〜。鹿児島県多禰島（種子島）生まれ。大阪府箕面市在住。会社役員。郷土史家。
著書に『古代史の謎を追う　壹国《いちこく》も臺国《たいこく》も存在した』、本書『ほんとうにあった邪馬臺国《やまたいこく》』がある。

このほか、歴史小説家、歴史研究家、歴史愛好家たちが大勢おり、新旧入り乱れて百家争鳴である。
ところが今日に至ってもなお、卑弥呼《ひみこ》の都する国が邪馬壹国《やまいちこく》なのか、はたまた邪馬臺国《やまたいこく》なのか、その国名も所在地すらも不明である。

私は本書でその謎をすべて解き明かしてみせよう。これら先輩諸氏の学説と素人の私の見解と、どちらが信憑性《しんぴょうせい》があるか、読者のみなさまに判断をゆだねたい。

『記紀』に登場するおもな神様

『記紀』にはたくさんの神様が登場する。一般人はいない。いるとしたら、蛇・土蜘蛛・鬼・女族・土族・八十梟帥《やそたける》などである。

ただし、神様といっても宗教的な「カミ」ではなく、実は海人族であり「ヒト」なのである。いつ日本に渡来したかによって、また本家か分家かによって、天津神、別（ワケ）、国つ神に分かれる。

さらに、天津神にも三つの位がある。天津日高日子《あまつひこひこ》・天《あまの》・彦《ひこ》である。

神《かみ》・尊《みこと》・命《みこと》も「位《くらい》」または「官職」と考えればわかりやすいだろう。律令制においては諸国の殿様を「守《かみ》（神）」と称していた。守・家老・家臣である。現在の企業にたとえれば、社長・専務・常務のようなものである。

なお、『古事記』と『日本書紀』とでは、次のように表記が異なる。

命《みこと》（古事記）＝尊（日本書紀）
毘古《ひこ》（古事記）＝彦（日本書紀）
毘売《ひめ》・比売《ひめ》（古事記）＝姫・媛（日本書紀）
御子《みこ》・王《みこ》（古事記）＝皇子・皇女（日本書紀）

では、おもな神様をご紹介しよう。独特の名前が難しいと頭を抱える方もおられるだろう。よってカタカナを併記した。前者が『古事記』、後者が『日本書紀』の表記である。本文中では併用している場合がある。

別天津神（コトアマツカミ）
高御産巣日神（タカミムスヒノカミ）＝高皇産霊尊（タカミムスヒノミコト）
神産巣日神（カミムスヒノカミ）＝神皇産霊尊（カミムスヒノミコト）

神世七代神（カミヨナナヨノカミ）
伊邪那岐命（イザナギノミコト）＝伊奘諾尊（イザナギノミコト）
伊邪那美命（イザナミノミコト）＝伊奘冉尊（イザナミノミコト）

「伊邪那岐と伊邪那美」河鍋暁斎筆
（河鍋暁斎記念美術館蔵）

三貴神（サンキシン）

天照大御神（アマテラスオオミカミ）＝大日孁貴（オオヒルメノムチ）

月読命（ツクヨミノミコト）＝月弓尊（ツキユミノミコト）

須佐之男命（スサノオノミコト）＝素戔嗚尊（スサノオノミコト）

高祖（コウソ）

正勝《まさかつ》吾《あ》勝勝《かつかち》速《はや》日《ひ》天之忍穂耳命（アメノオシホミミノミコト）＝正哉《まさか》吾《あ》勝勝《かつかち》速《はや》日《ひ》天忍穂耳尊（アメノオシホミ

ミノミコト）

萬幡豊秋津師比売命（ヨロズハタトヨアキツシヒメノミコト）＝栲幡千姫（タクハタチヂヒメ）

天孫（テンソン）

天《あめ》邇《に》岐《ぎ》志《し》国《くに》邇《に》岐《ぎ》志《し》天《あま》津《つ》日《ひ》高《こ》日《ひ》子《こ》番《ほ》能《の》邇邇芸命（ニニギノミコト）＝天《あめ》饒《にぎ》石《し》国《くに》饒《にぎ》石《し》天《あま》津《つ》彦《ひこ》火《ほの》瓊瓊杵尊（ニニギノミコト）

天火明命（アメノホアカリノミコト）＝天《あま》照《てる》国《くに》照《てる》彦火明命（ヒコノホアカリノミコト）

天神（テンジン）

邇芸速日命（ニギハヤヒノミコト）＝櫛《くし》玉《だま》饒速日命（ニギハヤヒノミコト）

五伴の緒（イツトモノオ）

天児屋命（アメノコヤネノミコト）＝天児屋命（アメノコヤネノミコト）

布刀玉命（フトダマノミコト）＝太玉命（フトダマノミコト）

天宇受売命（アメノウズメノミコト）＝天鈿女命（アメノウズメノミコト）

伊斯許理度売命（イシコリドメノミコト）＝石凝姥命（イシコリドメノミコト）

玉祖命（タマノオヤノミコト）＝玉屋命（タマノヤノミコト）

海神神（ワタヅミノカミ）

豊玉毘古（トヨタマヒコ）＝豊玉彦（トヨタマヒコ）

日向三代（ヒムカサンダイ）

初代天《あめ》邇《に》岐《ぎ》志《し》国《くに》邇《に》岐《ぎ》志《し》天《あま》津《つ》日《ひ》高《こ》日《ひ》子《こ》番《ほ》能《の》邇邇芸命（ニニギノミコト）＝天《あめ》饒《にぎ》石《し》国《くに》饒《にぎ》石《し》天《あま》津《つ》彦《ひこ》火《ほの》瓊瓊杵尊（ニニギノミコト）

妻木花之佐久夜毘売（コノハナノサクヤヒメ）＝木花開耶姫（コノハナノサクヤヒメ）

二代目天《あま》津《つ》日《ひ》高《こ》日《ひ》子《こ》穂穂出見命（ホホデミノミコト）＝彦火火出見尊（ヒコホホデミノミコト）

妻豊玉毘売（トヨタマヒメ）＝豊玉姫（トヨタマヒメ）

三代目天《あま》津《つ》日《ひ》高《こ》日《ひ》子《こ》波《なぎ》限《さ》建《たけ》鵜葺草葺不合命（ウガヤフキアエズノミコト）＝彦《ひこ》波《なぎ》瀲《さ》武《たけ》鸕鶿草葺不合尊（ウガヤフキアエズノミコト）

妻玉依毘売（タマヨリヒメ）＝玉依姫（タマヨリヒメ）

皇祖（コウソ）

神倭伊波礼毘古命（カムヤマトイワレヒコノミコト）＝神日本磐余彦尊（カムヤマトイワレヒコノミコト）

妻阿比良比売（アイラヒメ）＝吾平津媛（アイラツヒメ）

大后伊須気余理比売（イスケヨリヒメ）＝媛蹈鞴五十鈴媛（ヒメタタライスズヒメ）
別の皇子（ワケノミコ）
倭建命（ヤマトタケルノミコト）＝日本武尊（ヤマトタケルノミコト）

なお、『記紀』や縁起などによって、神社や神々の文字、読みが異なるケースがあるが、同社、同神と理解してよい。
〈例〉和多都美＝ワタツミ・ワタズミ・ワダツミ・ワタヅミ・ワダズミ
産巣日＝ムスヒ・ムスビ・ムスブ
天＝アマノ・アメノ
月読＝ツクヨミ・ツキヨミ・ツキユミ

史書を解く私の基本姿勢

『記紀』および『史書』を解く私の基本姿勢は、『記紀』および『史書』の記述に忠実に従うということである。方向・距離・人口・国名・文字など、すべてにおいて正しいものとする。

安易に「『記紀』の誤りである」とか「『史書』の誤りである」というような表現は避けなければならない。

また、『史書』においては、人名・国名について、中華思想により蔑称が多く使われている。卑語を用いるのは少し抵抗があるので、漢字の卑語・卑字（卑・邪馬・奴・狗など）は削除または改名して記した。

〈例〉　日御子（ヒミコ）＝卑弥呼（ヒミコ）

　　　井国（イコク）＝委奴国（イドコク）

　　　壹国（イチコク）＝邪馬壹国（ヤマイチコク）

　　　臺国（タイコク）＝邪馬臺国（ヤマタイコク）

　　　俀国（タイコク）＝邪靡堆国（ヤマタイコク）

そろそろ、旅支度も整ったようだ。

ともに古代史探訪の旅に出かけようではないか。きっと新たな日本が見えてくるはずである。

第一章

日本人のルーツを訪ねて

縄文人はあちこちに生きた証を残した。
遺跡という形で——。
我々は固定観念を捨て去り、謙虚に素直に、
その声に耳を傾けなければならない。
真実を探り当ててほしいと、彼らは願っているのだから。

歴史の風は南から

人類の祖はアフリカで誕生

私たちはどこから来たのだろうか。

もちろん、母親のおなかの中から、であるのは間違いない。胎児は母親の子宮の中で、地球上に生命が誕生してヒトに進化するまでの、数十億年の歴史を一気にたどって生まれてくる、といわれている。私たちは胎児の頃の記憶などすっかり忘れてしまったが、わずかに残された手がかりから、人類発生当時を想い起こすことができる。

本書では、先史時代から歴史時代初期までの、およそ一万五八〇〇年に焦点をあて、我々のルーツを探っていきたい。

先史時代とは、地球上に人類が出現して以降の文書記録のない時代をいう。おもに使われた道具の種類により、石器時代・青銅器時代・鉄器時代に分けられる。日本史においては、旧石器時代（一万五〇〇〇年前まで）・縄文時代（二五〇〇年前まで）・弥生時代（後二五〇年まで）を指す。

次に来るのが原史時代《げんしじだい》だ。同時代の文献・伝承は断片的には存在するが、十分に知ることはできない。日本史においては、古墳時代（後六〇〇年まで）を指す。

さらにその次に来るのが歴史時代《れきしじだい》である。文字が成立し、文献資料によって歴史の検証が可能だ。日本史においては、おおむね飛鳥時代（後八〇〇年まで）以降ということになる。

先史時代の弥生人や縄文人を自分の祖先と感じる人は、そう多くはないのではないか。されど彼らは間違いなく我々の祖先なのである。

彼らはどこから来たのだろうか。

『記紀』では、天地開闢《てんちかいびゃく》の頃、別天津神《ことあまつかみ》五柱が現れ、日本列島や多くの神々を生み出したことになっている。だが、突然神が出現し、島を生み、天降ってヒトになったわけではない。縄文人にも私たちにも必ずルーツがあるのだ。

我々日本人の祖を探究しようと思えば、まずは人類の起源にまで遡《さかのぼ》らなければなるまい。我々は日本人である前に人類なのだから。

では、人類はいつどこで生まれたのだろうか。

『列島創世記』（小学館　松木武彦著）によると、

人類の進化は、「猿人↓原人↓旧人↓新人」という単純なものではなく、時には複数の種が併存しながら枝分かれと絶滅を繰り返してきた。そのなかから残ったのが新人（ホモ・サピエンス）である。

最近の研究によって、このホモ・サピエンスの祖が、いつ頃どこで誕生したのか、明らかになってきた。人間の全細胞に含まれるミトコンドリアＤＮＡを解析した結果、およそ一六万年前にアフリカに生きていた一人の女性が、人類の共通の祖先であることがわかったのだ。俗にこの女性を〝ミトコンドリア・イブ〟という。

ミトコンドリアＤＮＡは、必ず母親から子に受け継がれるものゆえ、ミトコンドリアＤＮＡを調べ、母親の母親、またその母の母という具合に母方の家系をさかのぼっていくと、全人類の母親にたどり着く。それが、ある一人のアフリカ人女性だったというわけだ。

この結果は、「人類はアフリカ大陸で誕生し、世界各地に拡散していった」という、人類のアフリカ単一起源説を補強する有力な証拠ともなったのである。

また、父親から息子に伝わるＹ染色体を調べると、六万年前頃に生存していた一人の男性にたどり着くという。これも俗に〝Ｙ染色体アダム〟という。アダムとイブは、東アフリカにおいて、チンパンジーやゴリラなどの哺乳類《ほにゅうるい》が進化して生まれたものである。

彼らがホモ・サピエンスの祖であり、およそ二〇～一五万年前に誕生したと考えられている。その後、彼らの子孫たちは世界各地へ移動し、独自の遺伝的変異、環境適応を成し遂げて、分化していったのである。

アフリカで生まれた、アダムとイブの直系の子孫であるネグロイドは、約一〇万年前、現在の中東地域（イラン・イラク・トルコ・アラビア半島北部）に移動した。古くは、ペルシャ、メソポタミアと呼ばれたこれらの地域やイスラエルは、民族移動の交差点となっている。

当然私たちや縄文人のルーツもアフリカである。縄文の神々が創ったものではない。我々もアフリカで誕生したホモ・サピエンスの末裔なのである。

人類の移動手段は、陸路は徒歩、海路は丸木舟である。動力はパドリングである。帆掛け舟はずっと後世のようである。この当時は氷河期で、海面は今より一〇〇〜一五〇メートルほど低く、陸地の様子も現在とはずいぶん違っていたものと思われる。

まだ文明をもたない彼らが、どうしてこれだけの移動を成し得たのであろうか。不思議に思えるが、氷河期であったからこそといえる。

世界地図を開いてみると、太平洋も現在のような大海原ではなく、日本列島や南北アメリカ大陸まで列島で結ばれていたことがうかがえる。太平洋も徒歩で移動できたのである。

アフリカで誕生し、すべての人種間で交配を重ねながら、世界中に散らばって進化を遂げた六大人種とは次頁の図のようである。

◉ネグロイド（黒色人種）
アフリカ大陸の人類発祥の直系の子孫とされる。

◉コーカソイド（白色人種）
コーカサス系の人種という意味である。

◉モンゴロイド（黄色人種）
モンゴル人種ともいう。
五〜四万年前、インド亜大陸から東南アジア方面に進出した子孫を古モンゴロイド（南方系モンゴロイド）、中東地域から東アジア・北アジアへ移動し寒冷地適応した子孫を新モンゴロイド（北方系モンゴロイド）という。

◉オーストラロイド（黒色人種）
七〜五万年前、コーカソイドやモンゴロイド

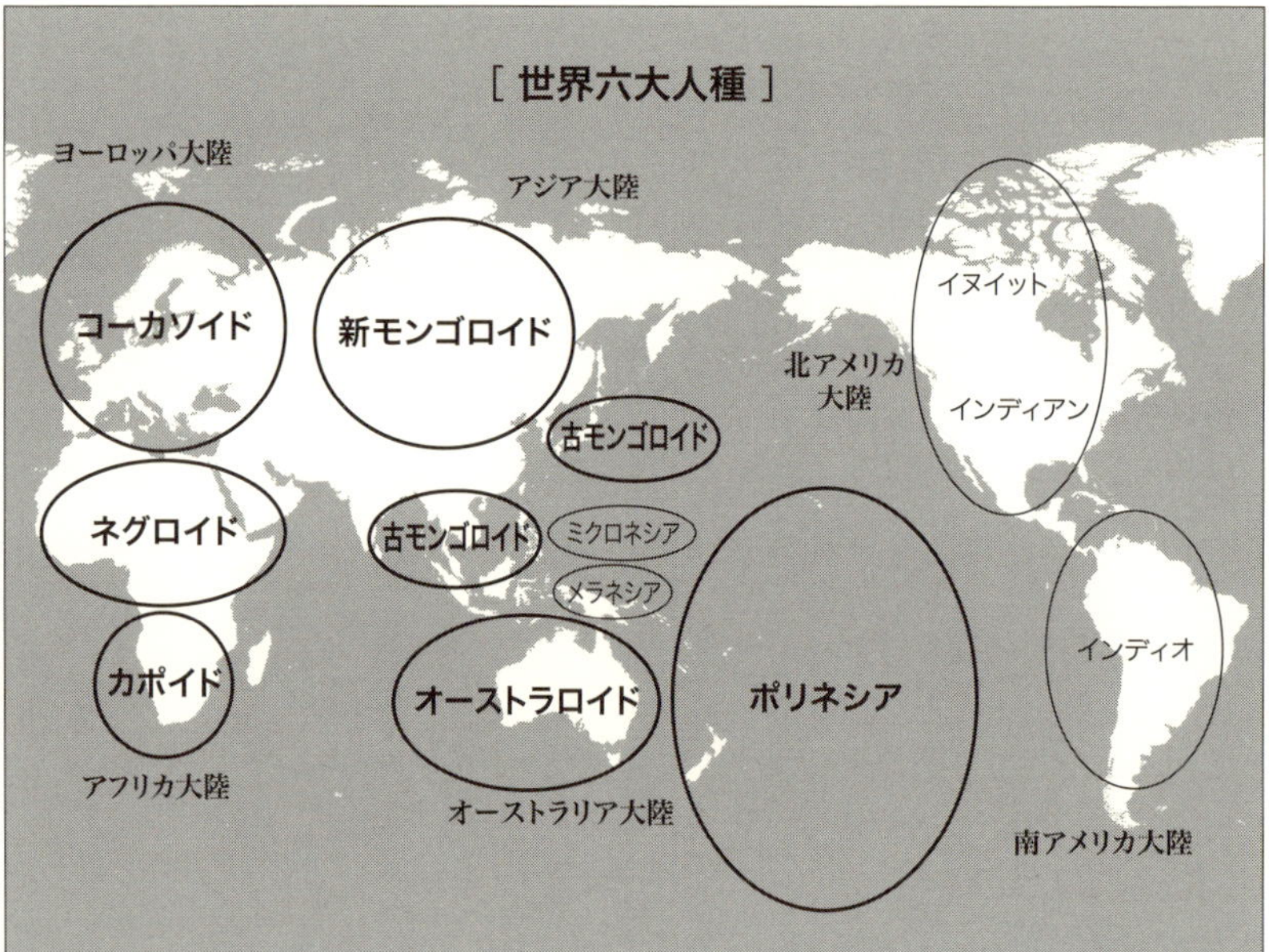

から分岐して、インド南部からスリランカ・スンダ列島（スマトラ島・ボルネオ島）を経由して、オセアニア地域に移動した人類の子孫である。

◉カポイド（黒色人種）

南部アフリカに居住するホッテントット、ブッシュマンの二民族の総称。

◉ポリネシア（褐色人種）

ポリネシアン・トライアングル（ハワイ、ニュージーランド、イースター島を結んだ三角形）の中の諸島をいう。

これはヒトを外見的な特徴で分類したものである。現代の価値観において、妥当なのかどうかは私にはわからない。ただ、一点、修正してほしいことがある。素人考えではあるが、古モンゴロイド（南方系）と新モンゴロイド（北方系）は、別の人種に分類すべきではないか。

地形的にもヒマラヤ山脈で遮断されているうえ、海洋民族（古モンゴロイド）と山岳民族（新モンゴロイド）という大きな違いがある。全く異なる環境の中で進化しており、人種間に血縁もない。古モンゴロイドである日本人、高砂族（台湾）、南北アメリカ先住民は、東ユーラシア人（中国・ロシア）とは別人種ではないかと思われる。

人類が移動すれば、当然文明も移動する。六大人種があるように古代文明も六つに大別できる。共通の特徴として、大河が存在する、小麦の栽培が盛ん、文字が開発された、という三点が挙げられる。

◉エジプト文明（エジプト）
ナイル河の上流域と下流域の二つに分けられる。
紀元前五〇〇〇年頃、集落が形成され始める。
メソポタミアとは早くから交易が行われていたという。

◉メソポタミア文明（イラク）
チグリス川とユーフラテス川の間の平野部。
紀元前三五〇〇年頃。
エジプトやインダスとの交易は盛んであったという。

◉インダス・ガンジス川文明（インド）
インダス川・ガンジス川流域。
紀元前二六〇〇〜紀元前一八〇〇年頃。
メソポタミアとの盛んな交易があったことが知られている。

◉黄河《こうが》・長江《ちょうこう》・遼河《りょうが》文明（中国）
黄河・長江・遼河流域。
紀元前二六〇〇年頃。
夏《か》・殷《いん》・周《しゅう》・秦《しん》王朝などが興亡した。
インダス文明と深い関わりがある。

◉メソアメリカ文明（メキシコ）
紀元前二〇〇〇年頃、定住農業村落が成立。
オルメカ文明・マヤ文明・アステカ帝国などが興亡した。

◉アンデス文明（ペルー）
紀元前一八〇〇年頃、土器が使用される。
モチェ文化・ナスカ文化・ワリ文化・最終的にインカ帝国が誕生する。

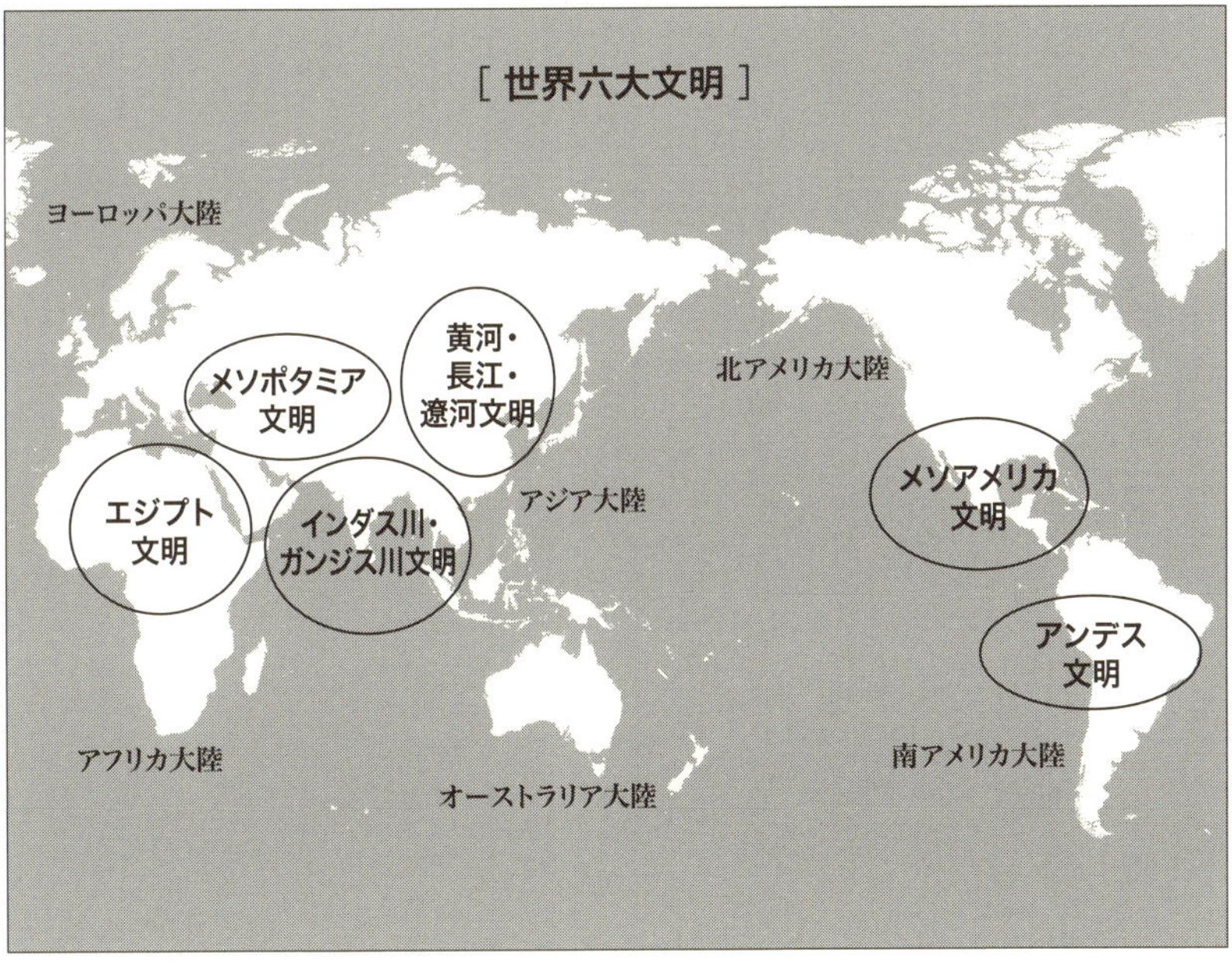

［世界六大文明］

以上が人類の起源と文明の流れの概要である。

『記紀』を読み解くには、この現実を思い浮かべる必要がある。

『記紀』は神話ではないのだ。史実に神話的演出が施されているだけである。たとえば、天地開闢《てんちかいびゃく》のときに現われた別天津神《ことあまつかみ》は実在したのだが、彼らが島や人や神を生んだという話は演出なのである。史実と演出を正しく読み分けることが肝要である。そして、その演出に隠された真実を知ることである。

二つのモンゴロイドが日本列島に上陸

では、アフリカ大陸で生まれたホモ・サピエンスが、アジア大陸を横断し、あるいは南方から黒潮に乗り、島伝いに日本列島に上陸したのはいつ頃のことなのだろうか。

同じく『列島創世記』によると、可能性は二つあるそうだ。

ひとつは、二五〜一〇万年前、ジャワ原人や北京《ぺきん》原人の流れをひくアジア系の旧人《きゅうじん》が列島にまで来ていた可能性。もうひとつは、それよりのち、おそらく五万年前よりあとに、西から来たホモ・サピエンスがアジア系旧人を圧倒しながら広がり、初めて列島に達した可能性だ。

誰もが認める列島最古のヒトの存在証明は、出土した地層の検討と理化学的年代決定法によって約四万年前のものと判定されている石器である。

四万年前といえば、日本では旧石器時代の後期にあたり、氷河期であった。大陸と地続きだったので、その頃は日本列島にいた、ゾウやオオツノジカ、ヤギュウなどの大型草食動物を追いかけてやってきたのではないかという。しかし、彼らがどこから来たのかについての定説はない。

そこで僭越ながら私見を述べさせていただきたい。この謎を解く手がかりとなるのは、化石人骨であると私は考える。

沖縄県立博物館・美術館には二つの人骨が展示されている。一つは沖縄県那覇市で発掘された山下《やました》町《ちょう》洞穴人《どうけつじん》だ。三万二〇〇〇年前の六～七歳の子供の骨であるといわれ、国内最古級の人骨とされる。

また、同県島尻郡の港川人《みなとかわじん》は、約一万八〇〇〇年前の旧石器時代の男性人骨だといわれている。

彼らは「古《こ》モンゴロイド」という。インド亜大陸から台湾を経て先島《さきしま》諸島（与那国島・波照間島・西表島・石垣島・宮古島など）から琉球《りゅうきゅう》諸島（久米島・粟国島・沖縄島など）にたどり着いたのである。さらに黒潮に乗り、薩南《さつなん》諸島（徳之島・奄美大島・屋久島・種子島など）を経て、九州島まで到達したのだ。

この時代の人々が海を渡る航海術をもっていたのに驚かされるが、古モンゴロイドは海洋の民「海人＝アマ・カイジン」である。狩猟・採集生活を営み、二重まぶたで顔の彫りが深く体毛が濃いという。

北海道のアイヌ人や沖縄の琉球人は、古モンゴロイドの特徴を色濃く残しているといわれている。

これらのことや、旧石器時代後期に起きた火山の大噴火、その後の縄文草創期にかけての急激な温暖化などから、私は次のように考える。

氷河時代に、本州島（東日本・中日本列島）に到着し、ナウマンゾウやオオツノジカを追いかけたのは、北京原人《ぺきんげんじん》につながる北方系の新モンゴロイドである。この頃の日本列島は大陸と陸続きである。

同じ頃、ジャワ原人《げんじん》につながる南方系の古モンゴロイドも、温暖な琉球諸島や薩南諸島まで到達していたのである。

すなわち、この時代の日本列島には、二つの人種が移住していたのである。凍りついた北海道島・本州島・四国島・九州島では新モンゴロイドが暮らし、比較的温暖な薩南諸島、琉球諸島、先島諸島の島々では、古モンゴロイドが暮らしていた。

南方系の古モンゴロイドは、凍てついた本州島で暮らす術をもたなかったのだ。この古モンゴロイドを、本書では「旧石器時代から縄文草創期に渡来した古モンゴロイド」と呼ぶことにする。

この古モンゴロイドの存在を証明しているのが、

前述の三万二〇〇〇年前の山下町洞穴人《やましたちょうどうけつじん》（沖縄県那覇市）であり、三万一〇〇〇年前の横峰《よこみね》遺跡（鹿児島県種子島）、立切《たちきり》遺跡（鹿児島県種子島）などの旧石器時代の遺跡なのである。

氷河時代のその頃、海面は今より一〇〇メートル以上も低い。日本地図を開いてみると、先島諸島や琉球諸島、薩南諸島の島々も今よりずっと大きく、台湾から九州島までほとんど陸続きとなっている。浅瀬を歩いて、または丸木舟で渡れる状況だったのである。

つまり、現在のような島嶼《とうしょ》ではなく、鹿児島県大隅半島から台湾までの南西列島といえる。そしてこれらの島々こそ、温暖で生活するのにふさわしい地域だったのだ。

同様に、太平洋においても多くの列島が存在したのである。インドネシア・ポリネシア・ニュージーランド・イースター島に到るまで、アジアと南米大陸は陸続き状態だったのである。

そうしたなか、二万九〇〇〇年前（氷河期）に「姶良《あいら》カルデラ大噴火《だいふんか》」が起きた。姶良カルデラとは、鹿児島湾と桜島を囲む巨大カルデラだ、この姶良大噴火による噴出物を「AT火山灰《かざんばい》（姶良・丹沢火山灰）」といい、九州から関東地方まで、直径二〇〇〇キロにおよぶ卵形の地域に降り注いだのである。九州南部では五〇センチ以上、鳥取県では八〇センチ以上、京都市では四〇センチ以上、関東地方では一〇センチ以上、東北地方では五センチ以上積もったという。

偏西風に乗って東日本まで降り積もったこの火山灰は死の灰となり、ナウマンゾウやオオツノジカは、絶滅したか、あるいは北の大陸に逃げたのである。食料を失った新モンゴロイドも同じく滅びたか、大陸へ移動したものと思われる。

恐竜時代が終焉を迎えたのも、隕石の衝突による粉塵が原因といわれている。また、最近でいえば、二〇一四年一〇月に起きた長野県御嶽山の爆発でも、その粉塵の雨後のさまはまるでモルタルを垂れ流したかのごときであった。

まして九州島から本州島の東北地方まで覆うほどの火山灰であれば、ヒトや動物の生存が危うくなるのは必然であろう。

すなわち、九州島はもちろん、西日本、東日本まで、本州島も永らく不毛の土地だったと私は考える。

この仮説は、その後六三〇〇年前に起きた「鬼《き》界《かい》カルデラ大噴火《だいふんか》（薩南諸島の北部にある硫黄島・竹島を囲む巨大カルデラ）」による、「アカホヤ火山灰《かざんばい》」からも証明できる。考古学によると、アカホヤ火山灰の地層の上位層と下位層では相当の時代の空白期間があるといわれている。

姶良カルデラ大噴火ではＡＴ火山灰が、鬼界カ

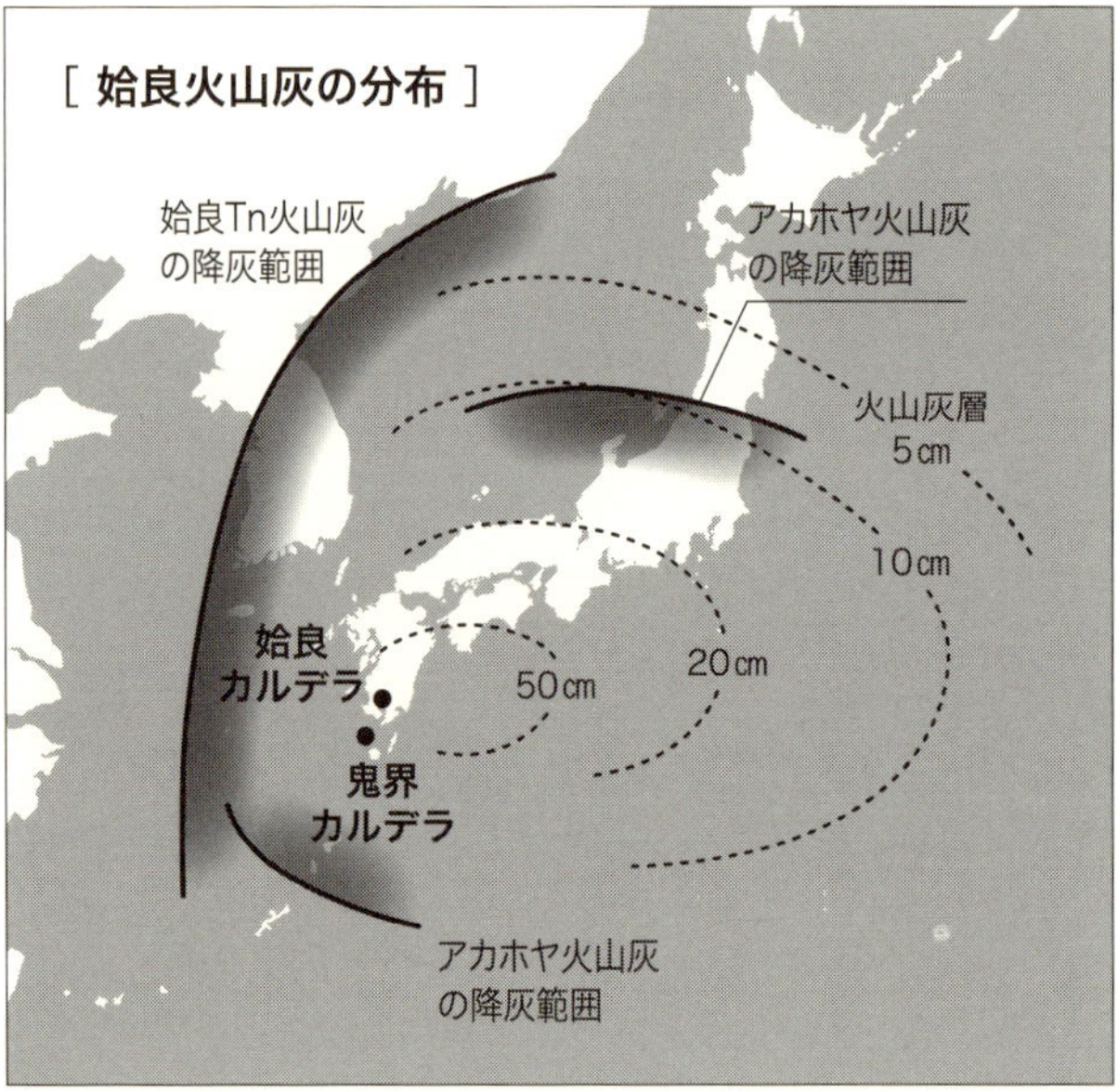

ルデラ大噴火ではアカホヤ火山灰が、広範囲に降り積もった。

しかし約一万五〇〇〇年前（縄文草創期）に地球規模の温暖化が始まり、七〇〇〇年前頃（縄文前期）にピークを迎えると、南日本、西日本、東日本と照葉樹林に覆われていった。温暖化前線が北上したのである。食料も豊富に採れるようになり、薩南諸島から、あるいは琉球諸島や先島諸島から、古モンゴロイドが北上し、九州島や本州島に進出してきたのである。

古モンゴロイドには航海技術があったが、大陸へ逃れた新モンゴロイドは、大海となった日本海を南下する術をもたなかったのである。

こうして、日本列島は沖縄から北海道まで、古モンゴロイドの海人族が暮らす土地となったのである。彼らこそ、原縄文人である。本州ではその後の歴史において新モンゴロイドとの混血が進んだが、北海道と沖縄では純血が守られた。これが北海道のアイヌ人と沖縄の琉球人の顔が似ており、古モンゴロイドの特徴を色濃く残しているといわれる所以《ゆえん》である。

おそれながら、日本の歴史学者の目には、狭義の日本列島しか映っていないようである。日本の歴史を語るには、南は台湾島から北は千島列島まで含めて考える必要がある。

狭義の日本列島においては人種の交代がなされ、縄文時代には氷河期とは異なるモンゴロイドが住み着いたと考えられる。

すなわち、原縄文人は「旧石器時代から縄文草創期に渡来した古モンゴロイド」だったのである。

遺跡が解き明かす歴史の秘密

縄文時代には豊かな海の幸、山の幸に恵まれ、土器の発明により、焼き物、煮炊きも可能となった。人々がグルメな生活を送っていたことが、貝塚などから推測される。日本における稲作開始の時期は、弥生時代ではなく縄文時代なのである。

岡山県での熱帯ジャポニカ米のプラントオパール(葉に多く含まれるイネ科植物特有のガラス成分)の発見により、確定はできないものの、現在の考古学では、紀元前一〇世紀頃には水稲栽培《すいとうさいばい》が行われていたと考えられている。縄文時代晩期のことである。

福岡市の板付《いたづけ》遺跡や佐賀県の菜畑《なばたけ》遺跡には、縄文晩期の日本最古の水田耕作跡がある。菜畑遺跡からは、ジャポニカ米の炭化米も見つかっている。

[旧石器・縄文時代の遺跡]

紀元前五〜四世紀の弥生時代に稲作が始まり、これをもって弥生時代とする、という従来の定説はすでに改められている。

また、鹿児島市の掃除山《そうじやま》遺跡は、一万三〇〇〇〜一万年前の縄文草創期の遺跡で、二棟の竪穴住居跡を始め、炉石や調理施設、すり石、石皿などが発見されている。同じ鹿児島県霧島市の上野原《うえのはら》遺跡は、日本最古の集落遺跡といわれている。五二軒の竪穴住居群や調理施設などが発見され、九五〇〇年前頃の縄文早期の大集落の様子をうかがい知ることができる。

これらの遺跡は、温暖な気候ゆえ、鹿児島県には早くから人が住み着いていたということを如実に指し示している。

菜畑遺跡の水田跡

上野原遺跡

それにも増して驚かされるのは、種子島や沖縄の遺跡の古さである。九州島や本州島よりはるかに古く、一〜二万年ほどの開きがある。前述のように、種子島の横峰遺跡や立切遺跡は三万一〇〇〇年前の旧石器時代の遺跡なのである。

また、種子島の三角山《さんかくやま》遺跡（鹿児島県熊毛郡中種子町）は、縄文時代草創期（約一万五〇〇〇〜一万二〇〇〇年前）・早期（約一万二〇〇〇〜七〇〇〇年前）・前期（約七〇〇〇〜五五〇〇年前）の複合した遺跡である。縄文時代草創期の遺跡からは、土器の表面に粘土紐《ねんどひも》（隆帯）を貼り付け、その上に刻み目を施した「隆帯《りゅうたい》文土器《もんどき》」など、約四千点の遺物が出土している。隆帯の条数や刻み目を施す工具には、指先や棒状、ヘラ状の工具のほか、貝殻がある。

近年種子島では、西之表市《にしのおもてし》の奥《おく》ノ仁田《にた》遺跡（一万二〇〇〇年前）や鬼《おに》ケ野《の》遺跡（一万二〇〇〇年前）など、縄文草創期の大規模な遺跡の発見が相次いでいるが、いずれの遺跡でも貝殻が多用されている。

この貝殻刻み目の隆帯文土器は、種子島の特色のようである。特徴的な石器としては磨製石鏃《ませいせきぞく》があり、中央に穿孔《せんこう》をもつものや扁平《へんぺい》なもの、縁辺部に剥離《はくり》を施したもの、細身で基部に穿孔の跡が残るものなどが出土した。また金環形《きんかんけい》の滑石製《なめいしせい》の玦状耳飾《けつじょうみみかざ》り（環の一部が欠けた形）が一点出土している。

全国的に見ても、縄文草創期の大規模な遺跡であり、屋内に炉をもつ竪穴住居跡《たてあなじゅうきょあと》、多量の隆帯文土器、磨製石鏃の出土などから、当時の人々の豊かな暮らしぶりがうかがえる。

種子島では、一万五〇〇〇年も前から、延々と約一万年にもわたって定住生活が行われていたことに

[種子島の縄文遺跡分布]

本城遺跡／前期
・曽畑式土器
・軽石製品

納曽遺跡／後期
・納曽式土器
・市来式土器
・一湊式土器
・西平式土器
・指宿式土器
・乳房状尖底４個
・石錘
・住居跡（竪穴式、平地式）

下剝峯遺跡／早期
・吉田式土器
・下剝峯式土器

浅川牧遺跡／後期
・市来式土器
・一湊式土器
・指宿式土器
・住居跡（竪穴式）
・調理場跡（石皿）
・すり石

日守遺跡／早期
・吉田式土器
・石皿
・すり石

千草原遺跡／前期
・塞ノ神式土器
・曽畑式土器
・轟式土器
・苦浜式土器

野間遺跡／早期
・吉田式土器

奈佐田遺跡／早期
・押型文土器

苦浜貝塚／早期
・苦浜式土器
・獣骨
・魚骨

新長谷遺跡
・吉田式土器

一陣貝塚／晩期
・黒川式土器
・夜臼式土器
・牙製垂飾
・骨製髪飾
・貝輪
・人骨
・獣骨
・魚骨

なる。我々の想像をはるかに超える、高度な生活をしていたのである。

三角山遺跡は島の中央部にあり、海辺ではない。旧石器時代の遺跡は、温暖化により海底に沈んだといわれていたが、種子島ではそうではなかったのである。

種子島に、本州島にはない旧石器時代から縄文草創期の遺跡が明らかに残っているということは、種子島のほうが先進文化圏なのである。

古モンゴロイドの住む種子島の遺跡は残ったが、新モンゴロイドの住む九州島や本州島の遺跡は消えた。ここに大きな歴史の秘密が隠れている。

新モンゴロイドは狩猟による移動生活であり、遺跡らしいものはなかったのではないか。わずかな痕跡も、火山灰によりヒトとともに消滅したのである。その後、本州島にも古モンゴロイドが移住したが、南西諸島より歴史が新しいのは当然の帰結である。

日本の歴史は、本州島ではなく、その元である種子島や琉球の歴史をもって語るべきではないのか。

間違いなく、歴史の風は南から吹いたのである。ヒトや文化は南下したというのが定説になっているが、明らかに北上したのである。横峰《よこみね》遺跡や立切《たちきり》遺跡、三角山遺跡が、その確かな証拠である。

日本列島では、大きく三度にわたって、南西諸島からヒトと文化が渡来した。

旧石器時代から縄文草創期に渡来した古モンゴロイド。これを『記紀』では土着の神という。縄文後期に渡来したオーストロネシア語族。これを『記紀』では国つ神という。縄文晩期に渡来した別天津神《ことあまつかみ》。これを『記紀』では天津神、別（ワケ）という。

縄文の遺跡を巡ると、遠い祖先の息吹が聞こえてくる。ただ過去を知るというだけではなく、私自身のルーツを教えられているような気がする。今、私が使っている言葉や習慣、身ぶりや歩き方、知識や技術、笑顔や悲しみなども、みな彼らから受け継いだものではないのか。

文字はなくても言葉はあった、食うて寝る、そして子孫を残す――。彼らの生活の中身は、現在となんら異なるものではない。

酋長《しゅうちょう》とはどんな存在だったのだろう。独裁者なのかそれとも神様なのだろうか。竪穴式住居に入ると、私自身がそこで暮らしていたような錯覚を覚えた。

column 1

建つか？「くまモン神社」

人間社会には、神は必ずといっていいほど必要な存在である。

先史時代には、畏怖を抱かせる自然現象や動物、山、海などが神であった。つまり、雷、大木、大石、大河、蛇、龍、鳥などを、神の依り代として崇めたのである。

縄文・弥生・古墳時代になると、ヒトを神として祀るようになる。そのヒトは、国邑を開拓した功労者であったり、戦で村を守ったヒーローや戦死者であったりする。

豊かになった今日でも、新たな神様が誕生している。経営の神様・音楽の神様・スポーツの神様……。最近は神様でなく、カリスマという言葉も用いられる。カリスマとは、神の贈り物という意味である。超人的な資質をもつ人である。ゴルフのカリスマ、ラーメンのカリスマ、美容のカリスマなど、普通の人間までが神となれる時代である。

寂《さび》れた神社でも祭りとなると賑《にぎ》わうのは、神社の神様に関係なく、祭りというイベントに、人間関係を滑らかにする緩衝効果《かんしょうこうか》があるからではないだろうか。最近のゆるキャラ現象にも共通のものを感じる。そのうち「くまモン神社」が建つのではあるまいか。現代人は「個《こ》」が行き過ぎて、逆に集団としての「神《かみ》」を待ち望んでいるようにも思える。

広田人が語る真実

弥生人も縄文人

弥生時代とは、縄文時代のあと、紀元前五～四世紀頃から古墳時代の前、紀元三世紀頃までの七百年間をいう。弥生《やよい》という名前は、明治一七（一八八四）年に東京府本郷区向ヶ岡弥生町（現東京都文京区弥生）の貝塚で発見された土器が、「弥生式土器《やよいしきどき》」と呼ばれたことに由来する。弥生式土器は、簡素で実用的なものが多く、煮炊き用、盛り付け用、保存用、供え物用など、さまざまな種類があったようだ。

弥生時代になると、朝鮮半島や大陸との交易が盛んになり、「青銅器《せいどうき》」や「鉄器《てっき》」が伝えられた。そのため農耕技術が格段に進歩し、水稲の生産と備蓄が推進され、安定した生活を送れるようになった。新モンゴロイドも渡来するようになったといわれている。

だが、私には異なる考えがある。当時朝鮮半島南部には、『三国志』にいう、狗邪韓国《くやかんこく》という倭国があったのだ。そこに住んでいたのは当然倭人である。彼らは「縄文後期に渡来したオーストロネシア語族」である。朝鮮とではなく、倭国内での交易・交流だったのだ。

何度も言うが、日本古代史の学説には根本的な誤りが一つある。それは方角である。北と南を間違えているのである。学説による文化の伝播は北方渡来南下説である。私は南方渡来北上説である。全く逆である。

再び『列島創世記』を見てみよう。

縄文時代後期から晩期までの間に何度かの波があっただろうが、そのなかでも以後の日本列島の歴史にもっとも大きな影響を与えたと考えられているのが、約二八〇〇〜二七〇〇年前のこととされる、朝鮮半島南部からの水稲農耕の伝来だ。……水田をつくる技術や、ムラに環濠を巡らせて守りを固める思考をもった人びとが、そのための道具や武器を携《たずさ》えて、朝鮮半島南部から北部九州に移り住んだことは疑いない。

ここに記されているように、学説は北方渡来南下説である。これでは永遠に日本の歴史は謎のままである。

私は前項において、原縄文人は古モンゴロイドの海人族であると述べた。「旧石器時代から縄文草創期に渡来した古モンゴロイド」である。学説においては、文化は西九州あるいは近畿に始まり、いやむしろ畿内説が有力であるからヤマトに始まり、そこから南北に広まったとされている。それゆえ北海道と南島・沖縄が、稲作文化の及ばなかった地域などといわれるのである。

研究者は、ヤマタイコクがヤマト王権の前身となる日本文化の起源である、と思い込んでいるのではないか。研究者も日御子（卑弥呼）かぶれしているのではないか。日御子は三世紀中葉の人である。日本の歴史は『古事記』の天地《てんち》開闢《かいびゃく》神話《しんわ》にあるように、別天津神《ことあまつかみ》の時代から語られるべきなのである。それは紀元前七世紀頃のことである。後述のように、紀元前五〜四世紀頃には、ヤマト王権の前身となる「伊邪那岐王権《いざなぎおうけん》」が存立していたのである。

一般には『古事記』は荒唐無稽《こうとうむけい》な神話とみなされているので、伊邪那岐王権などというと素人のざれごとと一笑《いっしょう》に付《ふ》されることであろう。しかし『古事記』を神話という人は、私にいわせれば、『古事記』を未だ読み解いていない人ということである。同じく、ヤマタイコク畿内説を唱える人は『三国志』を未だ読み解いていない人ということになる。

『記紀』は、「縄文晩期に渡来した別天津神」の『帝紀《ていき》』である。稲作文化も、『記紀』には五穀は南西諸島から北上し、九州・本州に伝播したと書かれている。縄文後期に先島諸島や種子島から伝播したのである。稲作を伝えたのは「縄文後期に渡来したオーストロネシア語族」なのである。鉄器を除いて、ヒトも文化も南から渡来したのである。

弥生時代には、九州や西日本では食料が豊かになり、徐々に人口が増えた。集落の規模も大きくなり、あちこちに小さな国邑《くにむら》が生まれた。と同時に貧富の差も生じるようになった。こうなると土地や水路などの利権をめぐって争いが起きるのは人の常である。青銅器や鉄器は工具から農具へ、さらには武器として使われるようになった。

やがて戦争が始まり、講和と支配が繰り返され連合国が生まれた。九州では井国《いこく》（委奴国）や壹国（イチコク）、臺国（タイコク）などの王権が誕生したのである。

鉄器は朝鮮半島から伝播したのだが、朝鮮人が持ち込んだのではない。当時は朝鮮半島も倭国であり倭人なのだ。あるいは朝鮮半島で混血した二世・三世の末裔たちである。

この時代には、一部の新モンゴロイドも渡来した。中東地域から東アジア・北アジア方面に進出し、寒冷地に適応した集団で、ロシアや中国、朝鮮半島を南下して日本列島にやって来たのである。農耕生活を営み、一重まぶたで体毛が薄い。弥生人の祖先ともいわれているがそうではない。

これら渡来人と弥生人との混血も進んでいくが、その比率はさほど大きなものではなかったのではないか。日本人の生活習慣を見ると、今日に至るまで縄文的習俗を多く継承している。それは、日本人がウォッカやキムチ、餃子《ぎょうざ》、紹興酒《しょうこうしゅ》などを飲食する習慣をもたないことからもうかがえる。

気象環境が変わり、狩猟から農耕に生活様式が変わったことで、顔立ちも変化したのである。弥生人も縄文人だったのである。

琉球から北海道まで延びる貝の道

弥生時代の代表的な遺跡として、吉野ヶ里《よしのり》遺跡（佐賀県神埼郡吉野ヶ里町）がある。大規模な環濠《かんごう》集落跡で、二重の環濠や物見櫓《ものみやぐら》など、防御に関連した遺構が特徴的である。出土品は、国内はもちろん、中国大陸、朝鮮半島、南西諸島のものとも類似性が見られる。発掘された甕棺《かめかん》のなかの人骨は、怪我をしたものや矢じりがささったままのもの、首から上がないものなど、倭国大乱を思わせるものがあるといわれている。現在は、国営吉野ヶ里歴史公園として整備されている。

また、島根県の荒神谷《こうじんだに》遺跡（島根県簸川郡斐川町）は、広域農道（愛称・出雲ロマン街道）の建設に伴い発見された。銅剣三五八本・銅鐸六個・銅矛一六本が出土した。出土

吉野ヶ里遺跡

荒神谷遺跡

品は「島根県立古代出雲歴史博物館」に常設展示されている。

　写真は、この遺跡の池に咲いていた二千年ハスである。二〇〇〇年前のハスの種から開花したという。日御子（卑弥呼）が生まれる一五〇〇年も前の花だ。感無量である。

二千年ハス

山口県の土井《どい》ヶ浜《はま》遺跡（山口県下関市）も弥生時代の遺跡で、三〇〇体を超える遺骨が見つかっている。胸から腰にかけて一五本の石鏃を打ち込まれた男性の人骨もあり、戦士の墓ともいわれる。彼が南島産のゴホウラ貝で作った腕輪をしていることから、南方系の人か関係した人と推定されている。

大阪の百舌鳥《もず》古墳群（大阪府堺市）は古墳時代の遺跡である。墳丘の長さ四八六メートルの全国一位の大仙陵古墳（伝仁徳天皇陵）がある。かつては一〇〇基以上の古墳があったとされるが、現在は五〇基に満たない。世界遺産の国内暫定リストに入っている。

同じく古墳時代の箸墓《はしはか》古墳（奈良県桜井市）は、墳丘の長さ二八七メートルの前方後円墳である。纒向《まきむく》遺跡の盟主的古墳であり、『三国志』の日御子（卑弥呼）の墓とする説もある。宮内庁によると、倭《やまと》迹《と》迹《と》日百襲姫命《ひももそひめのみこと》の墓として管理されている。

種子島には、広田《ひろた》遺跡（鹿児島県熊毛郡南種子町）がある。平成二〇年に国史跡に指定された弥生時代の遺跡で、種子島の南部に位置する、

太平洋に面した全長約一〇〇メートルの海岸砂丘にあり、昭和三〇（一九五五）年、台風二二号に伴う波浪により、その砂丘の一部が崩壊したため発見された。人骨や墓、大量の貝製品などが出土したのである。

一七二体の人骨は、研究者により「広田人《ひろたじん》」と名付けられた。平均身長は男性一五四センチ、女性一四二・八センチで、著しい低身長集団である。顔貌《がんぼう》は東日本縄文人やアイヌ人に近く、北部九州弥生人（新モンゴロイド）とは大きく隔たっている。縄文人などと比較的似ているのである。

これが、琉球から北海道までの原縄文人が、広田人と同じ海人族である証拠である。広田人は、「旧石器時代から縄文草創期に渡来した古モンゴロイド」なのである。

広田人が身に付けていた貝製装身具（貝のアクセサリー）は、総数四万四〇〇〇点以上にのぼるおびただしい量である。

これらの貝製装身具の多くは、奄美・沖縄諸島のサンゴ礁で採取されたとされる、イモ貝・ゴホウラ貝という南海産大型巻貝で作られている。

南海産大型巻貝をめぐる交易は、弥生時代の初め頃、北部九州の農耕社会でこれらの貝で腕輪を作る文化が生まれたのをきっかけに、北部九州と南島との間で本格化したといわれている。この交易路を研究者は「貝の道」と呼んでいる。

この時代、南海産の大型貝類の消費地は北海道にまで及び、権力者たちは

自らの力を誇示する財物として、南海産の貝を用いて多様な装飾品を作った。

広田遺跡では、他ではほとんど出土例がない、独特の貝装身具「貝符《かいふ》（貝殻の斧）」で身を装っている人骨が発見されている。また、竜佩型貝製垂飾《りゅうはいかたかいせいすいしょく》という勾玉状の貝製品も出土しているが、これらの文様は中国大陸に系譜をもつ文化とみるのが、現時点では妥当である。

広田人は人類学的に顕著な地域的特色をもち、日本人のルーツを解明するには不可欠な資料である。

広田遺跡は、日本文化形成の過程の多様性を理解するうえで重要な位置を占めている。

なお、発掘調査報告書は、琉球諸島を考古学の視点から大きく三つの文化圏に分けている。九州本土の文化の影響を強く受けている薩南諸島（種子島・屋久島）を北部圏、南九州の影響を受けつつも独自の土器文化圏を発達させた奄美諸島・沖縄諸島を中部圏、日本文化の影響をほとんど受けておらず、台湾・フィリピンなどの強い南方文化が特色の先島諸島を南部圏としている。

ここでも学説は南下説である。歴史の風は南からなのだ。

貝文化は、南島の海人族の文化なのである。従来の学説では、北部九州の農耕社会で生まれた権威具とされているが、全く見当違いではないか。南島の海人族がヒトとともに北海道まで持ち込んだオシャレ具なのだ。これはアイヌ人と琉球人が同じ海人族であるという証拠であり、日本列島中の縄文人が海人族だということを示している。

貝のアクセサリーは、身分に関係なく誰でも日常的に使用していたのである。そうでなければ広田遺跡から、これだけ大量の貝製アクセサリーは出土しないのではないか。

今風にいえば、ネックレス、ブレスレット、イヤリング、ピアスなどである。オシャレ感覚であり、またお呪《まじな》いでもある。現在でも、ミサンガやビーズアクセサリー、肩こりを防ぐ磁石など、首輪や腕輪のお呪いツールはいろいろある。

前述の土井ヶ浜遺跡の、南島産のゴホウラ貝の腕輪をした戦士も南島の海人であり、佐賀県の吉野ケ里遺跡からも、南島産のゴホウラ貝やイモ貝で作った腕輪が見つかっている。

広田遺跡から竜佩型貝製垂飾《りゅうはいかたかいせいすいしょく》という貝製品が出土したのは、非常に大きな意味がある。後述の種子島と呉《ご》の「稲の道」の論拠とするところでもある。

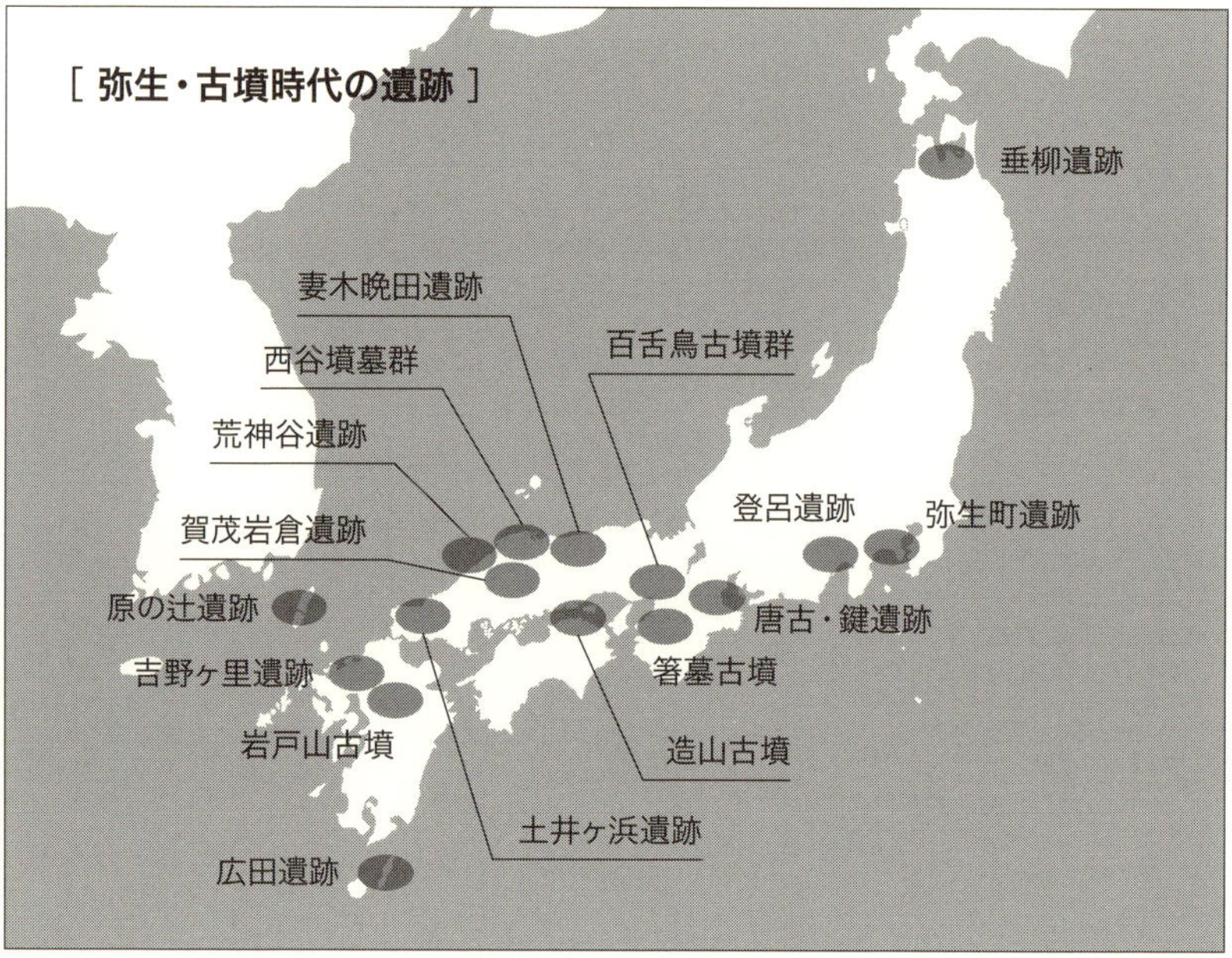

こうして見ると、日本国中至る所に遺跡がある。それぞれ行政の温かい保護を受けて保存されている。良い国だなとしみじみ思う。この旅を通して、より納税の大切さを痛感した私であった。

だが、寂れた感のある神社も少なくない。できれば神社の原生林は宗教と切り離し、神社公園として活用したらどうだろうか。また、神社でお稽古ごとをしたり、幼稚園や塾を開いてもよいではないか。神様はにぎやかな祭りを好む。子供たちの元気な声が響きわたるほうが喜ばれるに違いない。

column 2

我々が倭人と呼ばれるようになったわけ

「倭」の字を分析すると、粟《あわ》や稲《いね》などの「禾《か》」の穀物が丸く垂れた穂の形を描き、その下に女が付いて「委《い》」、さらに人偏《にんべん》が付いて「倭《わ》」となっている。ゆえに倭人とは「おとなしい従順な人たち」という意味であるという。いかにも国語学者的な発想である。これが通説となっているが、そうだろうか。もっとシンプルに考えればよいのではないか。

『後漢書』にあるように、周《しゅう》や秦《しん》、漢《かん》の時代、中国の会稽《かいけい》に出向いて交易する者がいた。天孫族や安曇族、隼人族など、当時権勢を振るっていた海人族たちだ。彼らはみな相手のことを吾（ワー）と呼ぶ。野郎＝ワロー・吾郎《わろう》、おまえ＝ワー・吾《わあ》、俺＝ワイ・吾《わい》、おまえ様＝ワゴー・吾大《わごお》という具合だ。ヒシコ（カタクチイワシ）やキビナゴを商いながら、とにかくワーワーと呼びかけていたのである。

「ワーは、ヒシコいらんかな？」

「ワイは、夷洲から来たんや！」

などと言ったかどうかは知らないが、中国人から見ると、いつも「ワーワー言う人たち」である。ゆえにワジン（倭人）と呼ばれるようになったのだ。

海を駆けるオーストロネシア語族

先進技術を携え大移動

前述のとおり、縄文人の祖はアフリカ発祥のホモ・サピエンスから枝分かれした、古モンゴロイドである。つまり、「旧石器時代から縄文草創期に渡来した古モンゴロイド」である。

そのうち、台湾原住民の高砂族《たかさごぞく》を祖とする古モンゴロイドは、数千年以上の長い歳月をかけ、丸木舟をアウトリガーカヌーやダブルカヌーなどに進化させた。そして、今から五〇〇〇年前頃、外洋航海が可能な技術を開発したのである。これが「風の船」と呼ばれる帆掛け船である。

外洋航海技術の発明は、産業革命の蒸気機関車や今日のインターネット、宇宙開発のロケットなどと肩を並べる大発明である。これを成し遂げたのが「オーストロネシア語族《ごぞく》」である。

台湾原住民とは、一七世紀頃に中国福建人《ふっけんじん》が移民してくる以前から、台湾に住んでいた住民である。

現在、政府認定一四民族がいる。肝心なことは、漢民族とは別の民族であるということである。首狩族《くびかりぞく》ともいわれる。

今でも南洋の島々に首狩の習慣を残す民族がいることは、テレビ映像などでよく知られている。これは台湾原住民が移動した証なのである。

一方、オーストロネシア語族は「南島語族《なんとうごぞく》」、あるいは「マレー・ポリネシア語族」ともいわれる海洋民族である。オーストロネシアとは「南の島」という意味である。

オーストロネシア語族は「台湾原住民諸語」を祖語《そご》として、千前後の言語から構成され、非常に広い範囲に分布している。言語間の類縁性が高く「語族《ごぞく》」として確立している。語族とは言語学上、同一の起源（祖語）から派生、発達したと認められる言語郡の集まりである。

台湾原住民の高砂族から分岐して、まずは五二〇〇年前頃台湾全土へ広がり、四〇〇〇年前頃フィリピンへ移動する。二〇〇〇年前頃にはインドネシアからミクロネシア・メラネシアへ、さらにポリネシアへと移動している。

西はマダガスカル島から東はイースター島、南はニュージーランド（マオリ族）から北はハワイ諸島まで、自慢の航海技術を駆使して太平洋を渡っていったのである。

ただし、パプア・ニューギニア（パプア諸島）とオーストラリアの原住民の言語であるアボリジニ諸語は含まない。アボリジニ諸語はインド亜大陸から海路スンダ列島を経て南下し、オーストラリア大陸に移住したオーストラロイドの人たちである。

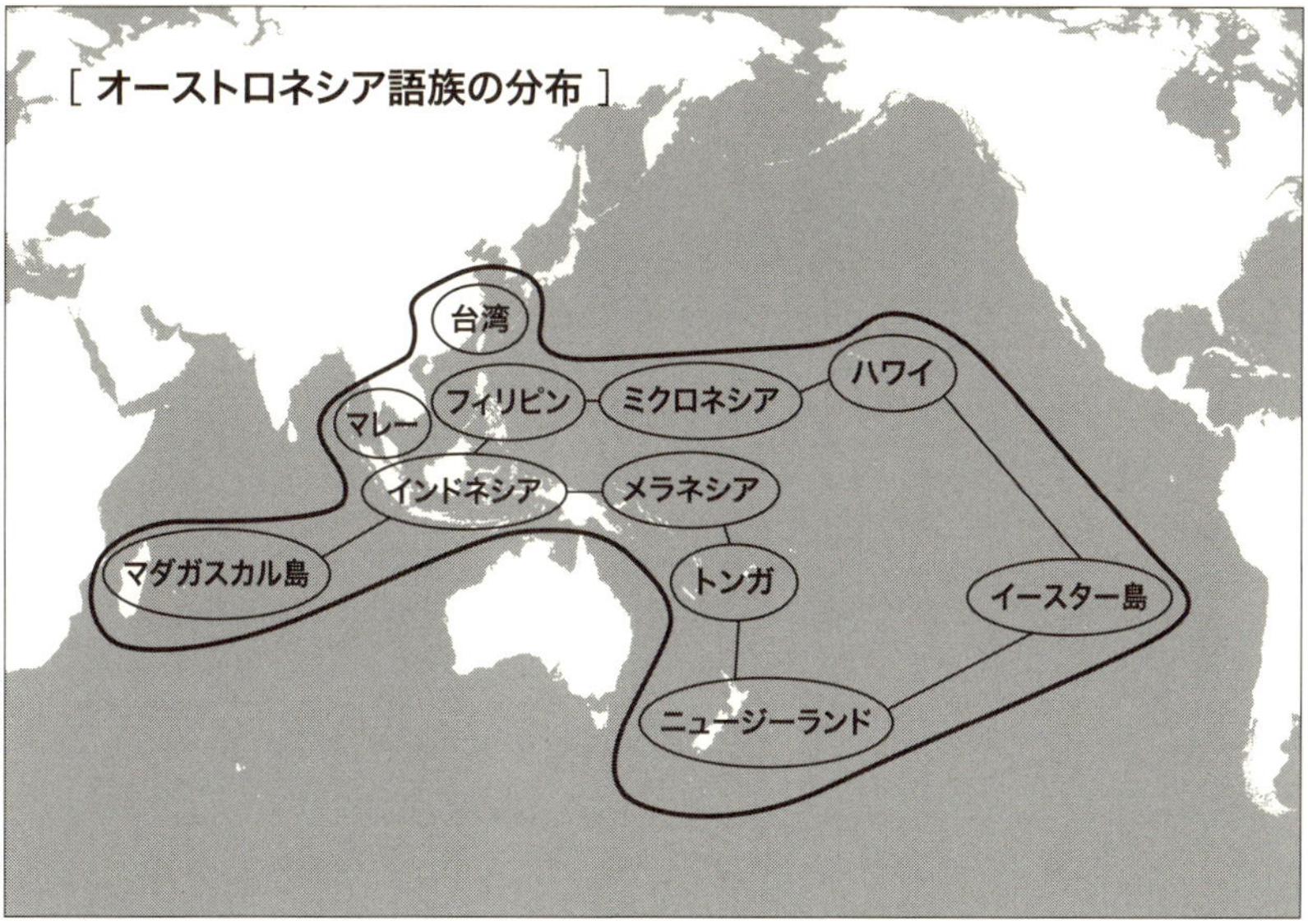

世界地図を開いて、その範囲を確認すると驚くばかりである。

世界史を見ると、ヨーロッパ人による「大航海時《だいこうかいじ》代《だい》」というのがある。これは一五世紀半ばから一七世紀半ばまでの二百年間にわたる、ヨーロッパ人によるインド・アジア大陸・アメリカ大陸などへの植民地主義的な海外進出である。しかしオーストロネシア語族はそれよりはるか昔から、太平洋やインド洋にかけて大航海時代を築いていたのである。

むろん、彼らはあてもなく大海原へ船出していったのではない。

海面が今より一〇〇メートル以上も低い氷河期当時の「海底地形図《かいていちけいず》」を見ると、インドネシアからミクロネシア・メラネシア・ポリネシア・ニュージーランド・イースター島に到るまで、太平洋の島々はいくつかの列島でつながっていたのである。つまり、南アジア大陸から南アメリカ大陸まで陸続きのような状態だったのである。そのため、原住民らは徒歩や丸木舟で移動していたのであろう。しかし縄文時代の温暖化により、島々は海を隔てて孤島となってしまったのだ。多くの住民はそこに取り残された。彼らは古モンゴロイドである。

オーストロネシア語族は、彼らの存在を伝説によって知っていた。孤立した祖先を求めて、船出したのである。

私は、メソアメリカ文明（メキシコ）やアンデス文明（ペルー）を築いた人たちも、古モンゴロイドだと考える。学説にいう、新モンゴロイドがアラスカを越えて北アメリカへ渡り、アンデス山脈を越えて南アメリカまで移住したとは到底考えられない。それはあまりにも無謀な行為と言わざるをえない。海を渡ったと考えるほうが自然である。

大阪府吹田市《すいたし》の万博記念公園内にある「国立民族学博《こくりつみんぞくがくはく》物館《ぶつかん》」を訪れたとき、オーストロネシア語族の大航海のスライドを見て驚いた。そして私説の正しさを実感したものである。

クラカヌー

また、沖縄県国頭郡本部町《くにがみぐんもとぶちょう》にある海洋博公園内の「海洋文化館《かいようぶんかかん》」には、広大な海を越えた歴史と文化を伝えるとして、私の説を裏付ける壮大な展示がなされていた。

前頁の写真は展示会場で撮影したものである。

羅針盤のない時代にどうして太平洋を航海できたのか不思議であったが、星や風や波や鳥を頼りにして進んだのである。彼らには、太平洋がまるで小さな湖であるかのように感じられたことであろう。船を操る航海士は特別の存在だったにちがいない。

なぜか、オーストロネシア語族が日本列島とアメリカ大陸へ渡ったという記録はないが、当然彼らはどちらにもやってきたのである。

約二万年前の氷河期に同じルートで移住してきた「旧石器時代から縄文草創期に渡来した古モンゴロイド」が豊かで平和な狩猟・採集生活を営む日本列島に、オーストロネシア語族は「稲作」や先進技術を携《たずさ》え、ダブルカヌーに乗ってやってきたのである。

四〇〇〇〜二六〇〇年前にかけ、数次にわたり先島《さきしま》諸島（与那国島・波照間島・西表島・石垣島・宮古島）や琉球《りゅうきゅう》諸島（久米島・粟国島・沖縄島など）、薩南《さつなん》諸島（徳之島・奄美大島・屋久島・種子島など）を経由して、九州島・鹿児島に上陸したのである。彼らは日本では海人族《あまぞく》と呼ばれている。

この最初のオーストロネシア語族を、本書では「縄文後期に渡来したオーストロネシア語族」とする。「稲作」を伝えたのは彼らである。

稲作の伝来は、狩猟・採集生活から農耕生活へ、さらに移動生活から定住へと大転換をもたらした画期的な出来事であった。

やがて彼らは隼人族《はやとぞく》、阿国族《あぐにぞく》、安曇族《あずみぞく》、住吉族《すみよしぞく》などの祖先となるのである。

日本の稲作の起源

私は、日本の稲作は多禰《たね》の隼人《はやと》が伝えたものであると確信している。多禰の隼人とは種子島に住み着いた隼人族を指す。隼人族は、鹿児島県全域に覇を制した「縄文後期に渡来したオーストロネシア語族」である。多褹《たね》の隼人《はやと》ともいうが、本書では多禰の隼人とする。

私が、彼らが稲作を伝えたと考える理由はおもに次の三つである。

◉『後漢書』に、稲作発祥の地である中国の呉《ご》と夷州《いしゅう》（種子島）の交流の記録がある。

◉その交流の証として、種子島の広田遺跡から出土した貝符がある。竜佩型貝製垂飾《りゅうはいかたかいせいすいしょく》という勾玉状の貝製品は、中国大陸に系譜をもつ文化と見るのが妥当であるといわれている。

◉種子島には、二千年前から今に至るまで受け継がれている宝満《ほうまん》神社の稲作神事がある。

稲作の起源についてはこれまでいわれていた中国雲南省《うんなんしょう》ではないことが明らかになってきた。雲南省の稲作遺跡よりも、さらに古い稲作遺跡や稲籾《いねもみ》が、江西省《こうせいしょう》や湖南省《こなんしょう》で次々に発見されたのである。これらの地域では、一万年以上も前から、焼畑による陸稲栽培《りくとうさいばい》が行われていたようだ。水稲栽培については、浙江省《せっこうしょう》の河姆渡《かぼと》遺跡や江蘇省《こうそしょう》の草鞋山《そうあいさん》遺跡から、七〇〇〇〜六〇〇〇年前の水田耕作遺物が見つかっている。

これらのことから、稲作の起源は揚子江《ようすこう》の中・下流域、つまり江南と呼ばれる地域であり、この地方から日本へも伝播《でんぱ》したと考えられている。

ここはまさに中国の思想書『論衡《ろんこう》』にいう呉《ご》・越《えつ》の地域であり、また『後漢書』にいう会稽《かいけい》の東冶《とうや》であり、朱崖《しゅがい》（指宿市《いぶすきし》）、儋耳《たんじ》（霧島市）、夷洲《いしゅう》（種子島）、澶洲《せんしゅう》（屋久島）の東鯷人《とうていじん》（鹿児島県）、すなわち隼人族、特に多禰の隼人が交易を行った地域である。

この交易を通して種子島に稲作が伝播したのである。種子島への稲作の伝来は、この呉《ご》・越《えつ》ルートと、南島ルートと二つあったのだ。ではなぜ、朱崖（指宿市）、儋耳（霧島市）ではないのか。理由は簡単、この地は火山灰によるシラス台地であり、稲作には不適な土壌であるため、稲作が根付かなかったのである。

日本列島に稲が来た道については、華南から琉球に渡り南西諸島を北上してきたという「南方渡来説」、華北から遼東《りょうとう》半島を経て朝鮮半島を南下してきたという「北方渡来説」、江南から東シナ海を経て直接九州北部に来たという「江南渡来説」の三つの説がある。

　また、稲の種類としても「インディカ米（インド型イネ・長粒種）」「温帯ジャポニカ米（日本型イネ・短粒種）」「熱帯ジャバニカ米（ジャワ島型イネ・大粒種）」の三種がある。

　まず、北方渡来説はハズレである。朝鮮半島の陸稲に関しては、日本よりも遅い時代のものしか発見されていない。水稲に関しても、日本のジャポニカ種の品種が朝鮮半島には存在しないという。稲はもともと熱帯・亜熱帯の植物である。熱帯の植物が北方から伝来するというのも不自然である。

　南方渡来説は『記紀』にも明記されている。それによると、五穀と養蚕は大気都比売神《おおげつひめのかみ》や保食神《うけもちのかみ》などの神々が伝えたものであるという。中国華南地域から台湾・琉球を経て、九州に伝来したと考えられる。その証拠に琉球には久米島《くめじま》＝米島がある。よって南方渡来説は史実である。

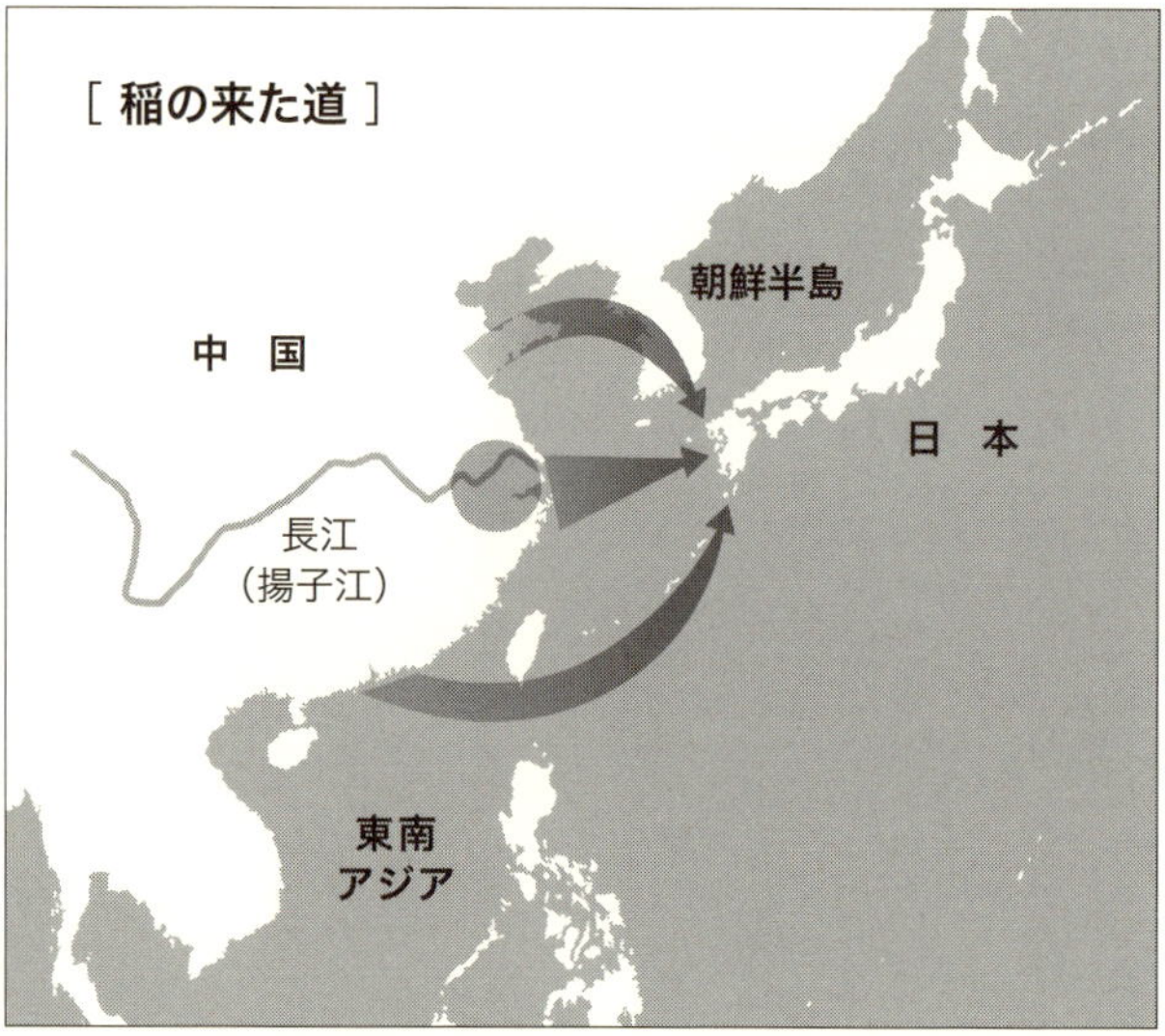

もう一つの江南渡来説も史実である。江南から東シナ海を経て直接九州北部に伝来したといわれている。だがこれは九州北部ではなく種子島である。前述の福岡県の板付《いたづけ》遺跡や佐賀県の菜畑《なばたけ》遺跡を指していると思われる向きもあるかもしれないが、これらは三四〇〇～二六〇〇年前頃の遺跡である。平均すると紀元前一〇世紀頃になるが、この頃北部九州と江南の交流の記録はない。しかし、種子島とは交流があったのだ。

それは中国の史書にはっきり記されている。

たとえば、中国の思想書『論衡《ろんこう》』には次の記述がある。

周《しゅう》の時《とき》、天下太平《てんかたいへい》倭人来たりて、暢草《ちょうそう》を献《けん》ず。
成王《せいおう》の時《とき》、越裳《えつしょう》は雉《きじ》を献じ、倭人は暢草《ちょうそう》を貢《こう》ず。

また、唐の時代に書かれた類書『翰苑《かんえん》』には次の記述がある。

其《そ》の俗《ぞく》、自《みずか》ら太伯《たいはく》の後《すえ》と謂《い》う。

周《しゅう》の時代とは、紀元前一〇四六～紀元前二四九年までの七九九年間をいう。成王《せいおう》は二代目の王で、在位は紀元前一〇四二～紀元前一〇二一年までの二二年間である。

また「太伯《たいはく》」とは、周王朝の祖、古公亶父《ここうたんぽ》の長男である。周の国を三男の李歴《りれき》に譲り、弟虞中《ぐちゅう》とともに江南《こうなん》に下り、自ら「句呉《こうご》」の国を建国した至徳《ちとく》の人《ひと》である。この句呉《こうご》の国は後に「呉《ご》」となり、紀元前四七三年まで七〇〇年あまり栄えたが、「越《えつ》」に滅ぼされた。

『論衡《ろんこう》』にある暢草《ちょうそう》（鬯草《ちょうそう》）の鬯《ちょう》とは、黒キビから作った酒のことといわれるので、鬯草《ちょうそう》とは、現在でも種子島や南西諸島でとれるサトウキビであろう。ゆえに、ここにいう倭人とは、多禰《たね》の隼人《はやと》を含む薩南諸島の人たちということになる。北部九州ではないのだ。

『翰苑《かんえん》』の記述は、多禰の隼人が「太伯《たいはく》」の末裔《まつえい》であるというのである。交易が盛んになり血縁関係が生まれたのであろうか。短髪文身《たんぱつぶんしん》の風俗がよく似ている。それにしても、自《みずか》ら太伯の後《すえ》と謂《い》うからには、相応の人種間の交配があったということである。

また、『後漢書』には次のような記述がある。

会稽《かいけい》の海外に、東鯷人《とうていじん》あり、分かれて二十余国となる。また、夷州《いしゅう》および澶州《せんしゅう》あり。世々相承《せぜあいう》け、数万家あり。人民時《じんみんとき》に会稽《かいけい》に至《いた》りて市《いち》す。会稽《かいけい》の東冶《とうや》の県人《けんじん》、海に入りて行き、風に遭《あ》いて流移し、澶州《せんしゅう》に至《いた》る者《もの》あり。所在絶遠《しょざいぜつえん》にして往来《おうらい》すべからず。

夷州（種子島）、澶州（屋久島）の多禰の隼人は、会稽地方の呉《ご》・越《えつ》と交易を行っていたというのである。

それを裏付けるのが、前述の広田遺跡である。種子島の穀倉地帯の墓地遺跡から出土した、少し難しいネーミングの貝符「竜佩型貝製垂飾《りゅうはいかたかいせいすいしょく》」は、研究者によって中国大陸の文化の影響が指摘されている。なかには「山《やま》」と刻まれた貝符も見つかっている。この広田遺跡が『後漢書』の謎を解く鍵だったのである。

中国呉・越地方、かつて江南と呼ばれたこの地域は、稲作発祥の地である。稲作という、歴史に大変革をもたらす大発明があったからこそ、人種の交配も進んだのではないか。外洋航海術は、オーストロネシア語族である多禰の隼人のお家芸である。東シナ海を渡るなど、いともたやすいことであったろう。稲作を通じて、多くの呉族《ごぞく》が東鯷人《とうていじん》の国（鹿児島県）へ移住してきたのだ。それゆえ『翰苑』に「其《そ》の俗《ぞく》、自《みずか》ら太伯《たいはく》の後《すえ》と謂《い》う」と記されているのである。

『論衡』にいう南の倭人多禰の隼人が、史実として、紀元前一〇世紀頃、周《しゅう》の時代にすでに中国と深い交流があったことは確かなのである。

このようなことから、江南から稲作を伝えたのは、「縄文後期に渡来したオーストロネシア語族」の多禰の隼人であると私は考える。

種子島にはそれを裏付ける証拠もある。種子島という島名は、イネのタネノ島ということである。

現在、宮中行事として、天皇陛下の初夏のお田植え祭りや秋の収穫の新嘗祭《にいなめさい》が厳かに執り行われている。同様の神事が、鹿児島県種子島、長崎県対馬、岡山県総社市の三つの神社において連綿と受け継がれ、斎行されている。

種子島では、古代米《こだいまい》といわれる「赤米《あかごめ》」を神饌米《しんせんまい》として、二〇〇〇年以上も前から島で栽培を続けている。

島の南端部に位置する宝満《ほうまん》神社（鹿児島県熊毛郡南種子町茎永《くきなが》）では、毎年四月三日頃、豊作を祈願して「宝満神社お田植え祭り」を行っている。

この神社の真向かいに建つ「赤米館《あかごめかん》」の資料によると、

> 日本の基本的な栽培種はジャポニカですが、宝満神社の赤米はジャバニカに近いと考えられています。ジャバニカは中部ジャワから東の島嶼域に広く栽培されている米であることから、南方からの文化伝播を考える上で重要な資料だと考えられています。

これは南方渡来説を裏付けるものである。また、神社縁起には「種子島は日本における稲作の始まりの地」とある。さらに同神社の古文書には、「昔、男神と女神がこの島にお降りになり、はじめて稲の種をまき、種子島というようになった」と書かれているという。

宝満神社

種子島が日本の稲作発祥の地であり、多禰の隼人がその伝来に寄与したことは間違いない。

「縄文晩期に渡来した別天津神」の御主（ウシュー）が、鹿児島に上陸したのは紀元前六六〇年であるが、先発隊の「縄文後期に渡来したオーストロネシア語族」は四〇〇〇～三〇〇〇年前頃渡来し、中国大陸まで進出していたのである。

こうして、彼らは中国の文化や技術を積極的に取り入れながら、日本を切り拓《ひら》いていったのである。

column
3

馬の伝来も南から

日本在来馬《にほんざいらいば》として次の八種がある。天然記念物となっているものが多い。与那国馬《よなぐにうま》（沖縄県与那国島）、宮古馬《みやこうま》（沖縄県宮古島）、トカラ馬（鹿児島県吐噶喇《とから》列島）、御崎馬《みさきうま》（宮崎県都井岬）、対馬馬《つしまうま》（長崎県対馬）、野間馬《のまうま》（愛媛県今治市）、木曽馬《きそうま》（長野県木曽・岐阜県飛騨地方）、道産子《どさんこ》（北海道）。また、今は絶滅してしまったが、種子島にはウシウマという在来馬がいた。

学説では、日本在来馬の原郷はモンゴル高原であり、朝鮮半島を経由して九州に持ち込まれたとされている。はたしてそうだろうか。モンゴル馬の原郷がメソポタミヤ・エジプトだとしたらどうだろうか。ヒトと同じく、古モンゴロイドのルーツを考えると、与那国馬や宮古馬が朝鮮半島から入ってきたというのは、地理的に不自然である。

『日本書紀』の保食神《うけもちのかみ》事件の項に、「保食神《うけもちのかみ》の死体の頭から牛馬《ぎゅうば》が生まれ」と記されている。また、かつて伊勢神宮では神馬が飼われていたのを私はこの目で見ている。保食《うけもち》神《かみ》はオーストロネシア語族の末裔、伊勢神宮は彼らの主祭神天照大御神を祀る神社だ。これらのことから、馬もオーストロネシア語族が持ち込んだ、と考えるのが自然であり正解であろう。

海人族として九州島を席巻

では、「縄文後期に渡来したオーストロネシア語族」が海人族となり、勢力を拡大していった道筋をたどってみよう。彼らは『記紀』では国つ神と呼ばれている。

◉隼人族

鹿児島にたどり着き、鹿児島県全域を制したのが隼人族である。『古事記』では大山津見神となっている。後に縄文晩期に渡来した別天津神の天孫族と縁戚関係になった。

隼人族の系図をたどると次のようである。

別天津神天之常立神《あめのとこたちのかみ》↓神世七代神国之常立神《くにのとこたちのかみ》↓神世七代神伊邪那岐命《いざなぎのみこと》（神生み）↓
国つ神大山津見神《おおやまつみのかみ》↓隼人族《はやとぞく》

鹿児島県は『後漢書』にいう東鯷人《とうていじん》の国である。同書には、朱崖《しゅがい》（指宿市）・儋耳《たんじ》（霧島市）・夷洲《いしゅう》（種子島）・澶洲《せんしゅう》（屋久島）のほか二十余国ありと紹介されている。隼人族の国は、『記紀』などでは襲《そ》の国《くに》・

曽《そ》の国《くに》とも、吾田《あた》の国《くに》・阿多《あた》の国《くに》とも、また熊襲《くまそ》の国《くに》・熊曽於《くまそお》の国《くに》ともいう。本書では次のように仕分けする。

襲の国は、曽の国とも記し、現在の鹿児島県曽於市《そおし》を中心とする国。熊襲の国は、熊曽於の国とも記し、日向《ひゅうが》の国（宮崎県全域）と襲の国の全域。吾田の国は、大隅半島の大隅の国で現在の鹿児島県霧島市・垂水市《たるみずし》を中心にする国。阿多の国は、薩摩半島の薩摩の国で現在の鹿児島県南さつま市を中心とする国。

隼人族には、阿多《あた》の隼人（後に薩摩半島に勢力を拡大）、大角《おおすみ》の隼人（大隅隼人・大隅半島）、薩摩《さつま》隼人（主として川内川流域に定住）、日向《ひゅうが》隼人（現在の大隅・薩摩地方に住む）、曽《そ》の隼人（熊襲の本拠地）、衣《え》の隼人（今の指宿の頴娃《えい》）、甑《こしき》隼人（甑島）、多禰《たね》の隼人（種子島）などがいる。

大隅の国一ノ宮鹿児島神宮（鹿児島県霧島市）には、彦穂穂出見命《ひこほほでみのみこと》と豊玉比売命《とよたまひめのみこと》が祭られている。

隼人族は、中国呉《ご》・越《えつ》・周《しゅう》と交易を深め、稲作や文字（呉音《ごおん》）を伝えたのである。

当神社には、呉《ご》の建国の父「太伯《たいはく》」が祭られていたという説もあったが、宮司さんにお伺いしたところ、明治維新以後の文献にはその事実は見当たらず、今後の研究課題であるとのことであった。

◉阿国族《あぐにぞく》

阿国族は熊本県全域に覇を制し、最後まで天孫族と拮抗《きっこう》した一族である。阿国族とは私が命名したものである。

系図を調べるが、『記紀』に記載がなく、別天津神の名が不明である。最後まで天孫族の軍門に降らなかった証拠である。大和朝廷よりも前に、邪馬臺国《やまたいこく》から続く九州王朝といわれる俀国王権《たいこくおうけん》を開いた一族である。

私は阿国《あぐに》＝粟国島《あぐにじま》であると解釈している。粟国島とは、沖縄県島尻郡粟国村で一島一村の島である。粟国《あぐに》＝阿国《あぐに》＝阿国《おくに》＝阿国《くまこく》＝隈国《くまこく》＝球磨国《くまこく》＝熊国《くまこく》＝熊本県である。

阿国《あぐに》は『後漢書』にいう邪馬臺国《やまたいこく》であり、『隋書』にいう俀国《たいこく》である。同じく卑語をつければ同じ邪馬俀国《やまたいこく》である。後章で明らかにするが、『記紀』に邪馬臺国や俀国《たいこく》の記載は全くない。遣隋使《けんずいし》はこの俀国王・阿毎多利思比弧阿輩雞弥《あまのたりしひこのおおきみ》が派遣したものであり、天孫族よりも先に九州王朝を開いたのである。

また粟国《あぐに》＝粟《あわ》の国《くに》＝阿波《あわ》の国《くに》＝徳島県＝大気都比売神《おおげつひめのかみ》の国である。二人は同じ粟国島出身の一族であるが、大気都比売神は『記紀』に記述のあることから天孫族の「別《わけ》」の一族である。

肥後の国一ノ宮阿蘇《あそ》神社（熊本県阿蘇市）の祭神は、健磐《たけいわ》

阿蘇神社

龍命《たつのみこと》、妃阿蘇《あそ》比咩神《ひめのかみ》、子速瓶玉命《はやみかたまのみこと》である。健磐龍命は、初代神武天皇の皇子・神八井耳命《かむやいみみのみこと》の子である。

『古事記』の神武天皇紀に、神八井耳命が、火の君（佐賀県）・大分の君（大分県）・阿蘇の君（熊本県）ほか一五の国造らの祖《おや》なりと記されている。天孫族の支配がかなり後世であることがわかる。

阿蘇神社には、神殿の背後に鎮まり祭られる神体山や、神の森のような聖なる場所はない。むしろ阿蘇の地そのものが神の山であり、神の野であり、阿蘇のすべてが神居ますところである。

阿蘇山火口脇の西側に阿蘇山上神社がある。古来より火口が「神霊池」とされてきたため、「天宮《てんきゅう》」とも呼ばれていた。これは大変興味深い、天孫族の「竜宮《りゅうぐう》」ではないのだ。

第四章の『隋書』俀国伝《たいこくでん》で述べるが、俀国《たいこく》の王阿毎多利思比弧阿輩雞弥《あまのたりしひこのおおきみ》は、自らを「天子《てんし》」と名乗っている。天子のルーツはここにあったのだ。そして熊本県には、天子の宮という神社が多く存在する。

◉安曇族《あずみぞく》

安曇族は福岡県の志賀島を拠点とした海人族で、海神豊玉彦の末裔である。『古事記』では綿津見《わたつみ》三神となっている。国つ神のうち、全国に覇を制した最強の一族である。系図をたどると次のようである。

別天津神天之常立神《あめのとこたちのかみ》 → 神世七代神国之常立神《くにのとこたちのかみ》 → 神世七代神伊邪那岐命《いざなぎのみこと》（神生み）→

国つ神大綿津見神《おおわたつみのかみ》 → 綿津見三神《わたつみさんじん》 → 安曇連《あずみのむらじ》

安曇族のシンボルは龍である。対馬は「龍宮城《りゅうぐうじょう》」であり、筑前の国志賀海《しかうみ》神社（福岡市東区志賀島）は「龍《りゅう》の都《みやこ》」であり、奄美大島の龍郷町《たつごうちょう》は「龍《りゅう》の故郷《ふるさと》」である。一族の遷宮の証である。

奄美大島は北上する海人族の中継地点であり、九州と縁の深い海人の文化を伝える遺跡が多く見つかっている。古くは、琉球とは沖縄と台湾の双方を指していたというから、龍はオーストロネシア語族のシンボルなのである。台湾も龍宮なのである。

志賀海神社の祭神である綿津見三神は、伊邪那岐命《いざなぎのみこと》が、筑紫《つくし》の日向《ひむか》の橘《たちばな》の小戸《おど》の阿波岐原《あわきがはら》に到り、禊《みそ》ぎ祓《はら》えたまひきとき生まれた神である。

志賀海神社の由緒によると、神代より「龍の都」「海神《わたづみ》の総本社」と称えられ、玄界灘に臨む海上交通の要衝である博多湾の総鎮守《そうちんじゅ》として、志賀島《しかじま》（鹿島）に鎮座し厚く信仰されている。古来、綿津見神三神を奉斎してきた神裔《しんえい》安

志賀海神社

曇族は、志賀島を一大拠点とし、国内および大陸との交易を広く行い、経済的・文化的に高い氏族であった。安曇族は中国の漢《かん》と交流し、鉄器と文字（漢音《かんおん》）を伝えた。

安曇族は、鹿児島県奄美《あまみ》大島＝海美《あまみ》大島＝海神《あまみ》大島＝海神《わたづみ》大島＝海神《わたづみ》豊玉彦の祖の一族である。

海神＝ワタヅミ、綿津見＝ワタツミである。ワタ＝海、ツ＝の、ミ＝神であり、海の神ということである。また海神神《わたづみのかみ》・綿津見神《わたつみのかみ》とも記す。

◉住吉族《すみよしぞく》

住吉族は、福岡県・山口県・大阪府に覇を制した、海の神・航海の神である。『古事記』では住吉三神となっている。住吉三神は伊邪那岐命が、筑紫《つくし》の日向《ひむか》の橘《たちばな》の小戸《おど》の阿波岐原《あわきがはら》に到り禊ぎ祓えをしたとき、志賀海神社の綿津見神三神とともに生まれている。系図をたどると次のようである。

別天津神天之常立神《あめのとこたちのかみ》 ↓ 神世七代神国之常立神《くにのとこたちのかみ》 ↓ 神世七代神伊邪那岐命《いざなぎのみこと》（神生み）↓
国つ神大綿津見神《おおわたつみのかみ》 ↓ 住吉三神《すみよしさんじん》 ↓ 住吉族《すみよしぞく》

住吉三神を祭る神社の中心的存在である「日本三大住吉」は、筑前の国一ノ宮住吉神社（福岡市博多区）、長門の国一ノ宮住吉神社（山口県下関市）、摂津の国一ノ宮住吉大社（大阪市住吉区）である。

筑前の国一ノ宮住吉神社の由緒によると、

約一八〇〇年前、神功皇后の三韓への御渡航に際し、住吉大神の荒魂《あらみたま》は水軍をお導きになり、和《にぎ》霊《みたま》は胎中天皇と申し上げた応神天皇の玉体をお守りになり、刃を用いずして御帰還遊ばすことが出来ました。よって皇后は住吉三神の御神徳を厚く敬仰感謝され、新羅の都に国の鎮護として住吉大神をお祭りになり、また摂津、長門、壱岐に住吉神社をご創建になりました。

とある。全国に住吉大神をお祭りする神社が二一二九社あるが、この筑前の国一ノ宮住吉神社が住吉の最初の神社といわれている。

これら四族の「縄文後期に渡来したオーストロネシア語族」は、すぐれた占星術《せんせいじゅつ》と航海術をもち、稲作を伝え、黒曜石《こくようせき》や青銅器、鉄器を寡占《かせん》し、一大交易王となった。また、塩や魚介類の交易を通じ、各

摂津の国住吉神社

地の首領や豪族たちを取り込みながら、勢力を拡大していったのである。

こうして着々と地歩を築いていた「縄文後期に渡来したオーストロネシア語族」、すなわち国つ神を尻目に、最後に日本列島に上陸したオーストロネシア語族が「縄文晩期に渡来した別天津神《ことあまつかみ》」である。本家を「天津神《あまつかみ》」、分家を「別《わけ》」という。また、大綿津見神や大山津見神の国つ神も皇女を娶り、外戚となっている。

彼らこそ、『古事記』に登場する別天津神であり、天皇につながる天孫族《てんそんぞく》、豊国族《とよくにぞく》の祖先である。彼らは、琉球において「天孫氏王統《てんそんしおうとう》」を築いたオーストロネシア語族の末裔で、天照大御神を主祭神として九州島・本州島に一大王国を樹立したのである。

column 4

日本人の原型

日本語は孤立言語の一つで系統はまだ明らかになっていないというが、オーストロネシア語との混合言語《こんごうげんご》だとする説がある。音韻《おんいん》の面で類似点が認められるようだ。また、琉球語《りゅうきゅうご》と日本語の起源は同じであるという。縄文時代の日本語がアイヌ語と同系統の言語であるとする意見もある。

もともとアイヌ人という民族はいないのである。「アイヌ＝人間」というアイヌ語なのである。それを民族名称にしたのは、明治以降の本州人たちだ。

私は、日本人の原型について次のように考える。

原縄文人《げんじょうもんじん》は、氷河期が終わった約一万五〇〇〇年前に渡来した古モンゴロイドの海人族、すなわち「旧石器時代から縄文草創期に渡来した古モンゴロイド」である。港川人《みなとがわじん》・広田《ひろた》人《じん》・アイヌ人がそれに当たる。

四〇〇〇～三〇〇〇年前頃に「縄文後期に渡来したオーストロネシア語族」が、二六〇〇年前頃に「縄文晩期に渡来した別天津神《ことあまつかみ》」が加わった。これらの混血と稲作、気候の変化などにより、長い時間をかけて今の日本人がつくられたのである。

『記紀』を解く鍵を握る琉球天孫氏王統

『古事記』にそっくりの琉球神話

では、「縄文晩期に渡来した別天津神」の祖である天孫氏王統から調べてみよう。

ここでいう琉球とは、奄美諸島・先島諸島を含む古琉球国全体を指し、阿児奈波《おきなわ》＝沖縄は現在の沖縄本島を指す。

私は沖縄本島と久米島《くめじま》を訪れ、その足跡をたどることにした。琉球の文化や信仰について知ることは、日本の『古事記』を理解するうえで非常に重要なことである。日本神話との類似性にさぞ驚かれることであろう。

学説によると、琉球においては一二世紀頃から稲作や畑作を中心とした農耕社会に移行し、文明の度合いが増してきたとされている。その頃、各地に按司《あじ》といわれる首長が出現し、城《ぐすく》を築いて争いを繰り返していた。この時代をグスク時代という。また按司《あじ》のことを奄美群島では大親《うぬふし》、宮古島では豊見親《とうゆみゃー》という。

一四世紀になると、各地の按司《あじ》は三つに束ねられ、中山王《ちゅうざんおう》（浦添《うらぞえ》グスク）・南山王《なんざんおう》（島尻大里《しまじりおおさと》グスク）・北山王《ほくざんおう》（今帰仁《なきじん》グスク）の三国となった。この三国鼎立《さんごくていりつ》時代を三山《さんざん》時代という。約一〇〇年続く。

このうち、南山の佐敷按司《さしきあじ》（現在の南城市）であった思紹《ししょう》・巴志《はし》親子が、一四〇六年に中山王を滅ぼし王位を奪う。それに伴い拠点を首里城《しゅりぐすく》に移す。続いて一四一六年に巴志《はし》が北山王を滅ぼす。さらに巴志《はし》は一四二九年、南山王を滅ぼし、琉球王国が成立した。

翌年、明《みん》より尚姓《しょうせい》を賜り、尚巴志《しょうはし》と名乗った。第一尚氏王統《だいいちしょうしおうとう》の誕生である。大きな政権交代を一度はさんで約四五〇年王政は続き、一七八九年、当時の国王・尚泰《しょうたい》が日本政府に首里城明け渡しを命じられ、その幕を閉じたという。

私見であるが、一二世紀のグスク時代以前にも、琉球には王統が存立していたのである。それが神話といわれる「天孫氏王統《てんそんしおうとう》」である。

天孫氏は、琉球王国の初めての正史『中山世鑑《ちゅうざんせいかん》』に登場する、琉球最初の王統である。『中山世鑑』は、王命により羽地朝秀《はねじちょうしゅう》が編纂したものであるが、神話的な琉球開闢説話《りゅうきゅうかいびゃくせつわ》など、『古事記』の天地《てんち》開闢神話《かいびゃくしんわ》と共通するものがある。宮古島にも同様の開闢神話があるという。これらはオーストロネシア語族が、琉球や日本列島を支配していく国生《くにう》み神話《しんわ》なのである。同書によると次のようにある。

天帝《てんてい》（太陽神）が阿摩美久《あまみく》という女神を下界に遣わし、琉球の島々を創らせた。しかしそれらの島々には人間が住んでいなかったので、阿摩美久は天帝に人の種を乞い、天帝はこの願いを聞き入れて自らの御子の男女を降臨させ、三男二女の子が生まれた。

長男は天孫氏《てんそんし》の始祖《しそ》、次男は諸侯《しょこう》の始祖《しそ》、三男は百姓《ひゃくしょう》の始祖《しそ》、長女は君々《きみぎみ》（高級神女）の始祖《しそ》、次女はノロ（地方神女）の始祖《しそ》となったとされる。


また、琉球開闢神話《りゅうきゅうかいびゃくしんわ》の祖アマミキヨは、天から降りて久高島《くだかじま》と呼ばれる小さな島を最初に創った。この島は五穀発祥の地、神の島と今でも呼ばれている。

後述の『古事記』の天地開闢神話と、とてもよく似ているではないか。天孫氏王統は一般には神話的王統とみなされているが実在したのである。『古事記』も神話といわれているが、これから本書によって史実となる。この世に神話など存在しないのだ。現在の学識で理解し得ない古い史実を、伝説とか神話と呼んでいるだけである。

では、天孫氏王統と『記紀』との多くの類似点をご紹介しよう。

たとえば、天孫氏王統は二五代続き、一万七八〇二年間統治したという。『日本書紀』にも神武東征の条に天孫が降臨されてから、一七九万二四七〇余年になるとの記述がある。これは共に創作であろう。その意図はわからないが、歴史の古さを誇張したものではないか。

阿摩美久《あまみく》は『古事記』の伊邪那岐命・伊邪那美命であり、久高島は『古事記』の淤能碁呂島《おのころじま》である。

また天孫氏王統の最後の王を「思金松兼王《おみかねまつがねおう》」というが、『古事記』には天の岩屋戸事件や天孫降臨の中心的役割を果たす「思金神《おもいかねのかみ》」という神が出てくる。どこか似ているではないか。この神は別天津神高皇《ことあまつかみたかみ》産霊神《むすひのかみ》の子である。

さらに、琉球国王の国内称号を「御主（ウシュー）」といい、『古事記』では、別天津神の主神を「天《あめ》之御中主神《のみなかぬしのかみ》」という。これも似ている。

琉球では、グスク時代以前の歴史については多くは語られていない。縄文時代や弥生時代には、琉球には決定的な影響が及ばなかったと推定されているからである。

沖縄で最古のイネの炭化米が見つかるのも八～九世紀頃の遺跡であり、本格的に稲作が普及するのも一二世紀のグスク時代だというのだ。

そんなはずはない。天孫氏王統の時代から、久高島《くだかじま》は五穀発祥の地といわれているではないか。ヒトも文化も南からなのだ。されど北と南では、気象条件も陸地の広さも異なる。資源環境が違うのだ。文化は、これらの自然条件に適合して時間とともに進化するのである。亜熱帯の沖縄諸島や奄美群島は稲作には適していなかったのだ。この後稲作は沖縄から北上し、温帯の種子島で花開くのである。

また、琉球神道《りゅうきゅうしんとう》にも多くの類似点を見出せる。琉球神道は、琉球固有の多神宗教である。琉球の神は、大きく「来訪神《らいほうしん》」と「守護神《しゅごしん》」に分けられ、来訪神や守護神のいる異界や他界に豊穣を祈り、特に太陽神を最高神として崇める。

来訪神は異界の神で、平時には人々の集落にはいないか、「御嶽《うたき》」のみにいて、年に一度人間界を訪れ、人々に幸せをや豊穣をもたらして帰る。ニライカナイ信仰・祖霊信仰・御嶽信仰・火神信仰ともいわれる。

ニライカナイとは神がいる異界で、海の彼方、あるいは地底にあるとされ、そこの最高神を東方大主《あがりかたうふぬし》という。

「御嶽」とは聖地であり、本州に見られる神社の神籬《ひもろぎ》の形式を伝えるものである。また、神が鎮座する神南備山《かんなびやま》でもある。村落には必ず御嶽と呼ばれる聖林があり、そこには村人の保護者であり支配者である神が祀られている。本州における鎮守の森の八百万《やおよろず》の神《かみ》と同様である。

なお琉球では、偶像崇拝はせず、集落ごとに祖霊神や来訪神が訪れる自然の聖域である御嶽を拝所として設け、神の来訪を祝う神事としての祭りを行い、安全や豊作を祈願する。

ヒヌカン（火神）はティダ（日神）と同一視され、国王の実権の所在を象徴する役割をもっている。

また、ノロ（祝女）は、琉球神道における女司祭・神官・巫《かんなぎ》である。カミンチュ（神人）ともいう。地域の祭祀を取り仕切り、御嶽を管理する。本州の神社で見られる神主《かんぬし》、現在の宮司《ぐうじ》である。ノロ（祝女）の服装は決まってはいないが、着流しの白装束が多い。おもな装身具は勾玉である。これに対して民間霊媒師を「ユタ」という。これは東北地方でいうイタコ（口寄せ）と同じである。

君南風《ちんべー》は、島内のノロや神女を統括し、島民の精神的支配者となった久米島の最高神女である。君《きみ》＝日霎《ひるめ》であり、按司《あじ》時代には按司の姉妹神（オナリ神）として、祭事を司る君《きみ》がいた。

君南風殿内《ちんべーどぅんち》（沖縄県島尻郡久米島町）は、歴代君南風の祭礼殿だ。殿内＝社・邸である。

君南風殿内

王府には三十三君の神女組織があり、古くは君南風も三十三君の一人だった。この組織の頂点に立つのが聞得大君《きこえおおきみ》である。日本でいう天照大御神《あまてらすおおみかみ》である。

聞得大君は「最も名高い神女」という意味で、琉球の信仰における神女の最高位の呼称である。琉球王国に君臨する国王と王国全土を、霊的に守護するものとされた。そのため、国王の姉妹など、おもに王族の女性が任命されている。

琉球全土のノロ（祝女）を統括し、琉球最高の御嶽である斎場御嶽《さいはのうたき》を掌管した。また首里城内にあった首里森《すいむい》御嶽《うたき》を始め、一〇の御嶽の儀式を司った。首里森《すいむい》とは首里城の別称である。斎場御嶽とは琉球開闢伝説にも現れる、琉球王国最高の聖地である。この斎場御嶽からは久高島を一望できる。

こうして見ると、ノロ（祝女）は日御子（卑弥呼）であり、聞得大君は天照大御神である。斎場御嶽は伊勢神宮であり、御嶽は各地にある神社または鎮守の森であり神南備山《かんなびやま》である。そこには支配者である八百万《やおよろず》の神《かみ》が祭られている。日本神話となんら変わるところはない。同じ海人族なのである。

また、先島諸島や奄美諸島の信仰も同じように、ニライカナイ信仰・御嶽信仰であり、ノロ（祝女）が祭祀を取り仕切っている。

さらに、琉球神道の基本概念の一つに、「オナリ神信仰」がある。これは、妹（ヲナリ・オナリ・ウナイ）が兄（エケリ）を霊的に守護すると考え、妹（オナリ）の霊力を信仰するものである。兄と妹の関係は、夫と妻の関係より強固であり、尊重されている。

また兄と妹には、肉親としての男女、恋人としての男女、夫婦としての男女の関係が多元的に想念され、その世界において、兄＝男が世界を支配し、妹＝女は男を守護し、神に仕える神女と位置づけられている。男はウミンチュ（海人・漁師）、女はカミンチュ（神人・神職者）という諺も残っている。『古事記』の神世七代《かみよななよ》の夫婦神も、伊邪那岐神《いざなぎのかみ》・妹伊邪那美神《いもいざなみのかみ》と、伊邪那美神に妹がついている。これも「オナリ神信仰」に根ざした記述である。

歌や名字も『記紀』につながる

琉球の古い歌謡《かよう》に「おもろ」がある。節《ふし》をつけて歌う。首里王府によって編纂された歌謡集を「おもろさうし」という。今風にいうと「思い草紙」であろう。総計一五五四首の歌謡を収めている。内容的には、国王・ノロ・勇者・詩人・航海者をたたえ、風景・天象・戦争・神話・恋愛について歌われている。

私はこれが『古事記』に歌われている久米歌《くめうた》であろうと考える。久米歌は、久米島出身の天津神「久米部《くめべ》」が歌う戦勝の歌であり、また八千矛神《やちほこのかみ》が歌う妻問歌である。このほか『古事記』では、さまざまな場面で歌が詠まれている。

「おもろ」から久米歌、和歌《わか》と進化して、おもろさうしが万葉集や古今和歌集となったものであると考える。現在でも宮中歌会始《きゅうちゅううたかいはじめ》の儀《ぎ》として継承されている。

また、琉球の名字も興味深い。琉球には、五大姓《ごだいせい》または五大名門と呼ばれる姓がある。筆頭は「尚氏《しょううじ》」である。尚氏は、第二尚氏《だいにしょうし》を始祖として、一四六九〜一八七九年までの四一〇年間、琉球王国を統治した王家である。

「翁氏《おううじ》」は、中城間切《なかぐすくまぎり》（現中城村《なかぐすくそん》）の脇地頭《わきじとう》を務めた士族である。「馬氏《ばうじ》」は小禄間切（現那覇市《なはし》）の総地頭《そうじとう》を務めた士族。「毛氏池城《もううじいけぐすく》」は、羽地間切（現名護市《なごし》）の総地頭を務めた士族。「毛氏豊見城《もううじとみぐすく》」は豊見城間切（現豊見城市《とみぐすくし》）の総地頭を務めた士族である。「間切」とは琉球王国の行政区分の一つで、現在の市町村にあたる。王家の尚氏に仕えた士官たちである。

『記紀』にも、「近江毛野臣《おうみのけののおみ》（近江の国の豪族）」「上毛野氏《かみつけののうじ》（上野の国造）」「下毛野氏《しもつけののうじ》（下野の国造）」など、「毛《け》」を名乗る神々や豪族が多く登場する。毛は琉球王朝の毛氏池城氏《もううじいけぐすくし》を同祖としているのである。

毛氏《もううじ》＝毛《け》の氏《うじ》＝毛野氏《けぬし》＝毛野氏《けのうじ》であり、ケヌ・ケノと読むが、ここではケノとする。毛野氏の本拠地は現在の沖縄県名護市である。

『記紀』に共通するキーワードに「豊《とよ》」と「鹿《しか》」があるが、この「豊」も毛氏豊見城氏《もうじとみぐすくし》に由来するのである。「豊雲野神《とよくものかみ》（神世七代神）」「萬幡豊秋津師比売命《よろずはたとよあきつしひめのみこと》（高祖母）」「豊玉彦《とよたまひこ》（対馬の海神）」「豊玉姫《とよたまひめ》（対馬の大日孁貴）」「豊城入彦命《とよぐすくいりひこのみこと》（十代崇神天皇の皇子）」「豊鍬入姫命《とよすきいりひめのみこと》（十代崇神天皇の皇女）」など、「豊」がつく名は『記紀』に頻繁に登場する。

第二章に、この二つの文字が記された地名や人名が多く出てくる。注目していただきたい。

鹿はこの時代「鹿卜《かぼく》」に使われていた。鹿卜とはニホンジカの肩甲骨を焼き、割れ目の模様で吉凶を占うものである。ゆえに福岡県の志賀海《しかうみ》神社には、一万本以上の鹿の角が御神宝として残っている。奈良朝以後は「亀卜《きぼく》」に変わったので、鹿は神の使いとなり、奈良公園では多くの鹿が飼われている。

このように、琉球神話や琉球の風俗は、『記紀』に登場する天孫族と深いつながりをもっている。これは、別天津神のルーツが琉球にあることを示唆しているのである。

久米村にはその足跡が残されている。久米村は現在は那覇市久米町として存在しており、琉球王国時代は独特の地位にあったという。新春の宴資料によると次のようである。

> 王府正史である『球陽』によると、久米村が誕生したのは一三九二年頃（中国・明朝初期）、時の皇帝洪武帝《こうぶてい》の命による福建人《ふっけんじん》の琉球居留に始まると推測されます。彼らは、琉球王国だけでは成しえない航海・造船等の技術を持ち、進貢に不可欠な外交文書の作成、通訳、商取引にあたり

ました。琉球王国と中国や東南アジアとの海外貿易を担った、エリート集団と技術者の集団で構成されていたといいます。渡来した明《みん》の人々はその後琉球に帰化し、「久米三十六姓」として琉球王国の官吏や学者などに抜擢《ばってき》され、王国時代の礎《いしずえ》を築くこととなりました。

この久米村こそ「天孫氏王統《てんそんしおうとう》」時代に、久米島出身の天津神「久米部《くめべ》」が暮らした跡地なのだ。そして、航海・造船などの技術をもったエリート集団・技術者集団が暮らした地でもある。

琉球天孫氏王統の末裔たちは、紀元前六六〇年、琉球から奄美大島・種子島を経由して北上し、薩摩半島の玄関口である開《かい》聞岳《もんだけ》の麓に集結した。『記紀』ではこの年を、初代神武天皇がヤマトの橿原の宮で即位した年としているが、実際は天孫族が琉球から開聞岳に上陸した年なのである。

彼らが開いた宮殿が枚聞《ひらさき》神社である。日向《ひむか》の宮《みや》という龍宮《りゅうぐう》城《じょう》である。開聞岳《かいもんだけ》は龍宮城の御嶽《うたき》である。南西諸島にはこのような山が存在しないため、御嶽＝聖林であったが、これ以降、九州島より北部では御嶽＝高千穂の峰へと変わっていく。

開聞岳

『記紀』の冒頭に登場する五柱の神は、琉球天孫氏王統の末裔であり、天孫族の祖である「縄文晩期に渡来した別天津神」、すなわちオーストロネシア語族である。

海を越えてやってきたオーストロネシア語族は、いわば侵略者である。されど中国やヨーロッパの侵略者と違い、武力を使わず、文化をもたらし、産業を興し、婚姻による同化政策をとった。つまり「和《わ》の侵略《しんりゃく》」である。

その英知と先進技術によって日本列島に大王国を築き、支配者となったのである。彼らこそ天皇の祖なのである。

第二章

古代神話は史実だ

伊邪那岐命《いざなぎのみこと》と伊邪那美命《いざなみのみこと》は次々に国を生み、続いて多くの神々を生み出した。
誰もが神話と信じて疑わなかったこれらの物語は、
驚くべきことに史実だった。
そうと気がつくと、『記紀』の本質が鮮やかに浮かび上がってくる。
すべては天皇家の正当性をアピールするために仕組まれた、
壮大なエンターテインメントだったのだ。

『記紀』に登場する神々の正体

別天津神と神世七代神

『古事記』は次のように始まっている。

天地《あめつち》初《はじ》めて発《ひら》けし時、高天原《たかまがはら》に成りし神の名は、天之御中主神《あめのみなかぬしのかみ》、次に高御産巣日神《たかみむすひのかみ》、次に神《かみ》産巣日神《むすひのかみ》。この三柱《みはしら》の神は、みな独神《ひとりがみ》と成りまして、身《み》を隠《かく》したまひき。

次に国稚《くにわか》く浮ける脂《あぶら》の如くして、海月《くらげ》なす漂《ただよ》へる時、葦牙《あしかび》の如く萌《も》え騰《あが》る物によりて成りし神の名は、宇摩志阿斯訶備比古遅神《うましあしかびひこぢのかみ》、次に天之常立神《あめのとこたちのかみ》。この二柱の神もみな独神《ひとりがみ》と成りまして、身《み》を隠《かく》したまひき。

天と地が初めて分かれたとき、三柱の神が高天原《たかまがはら》に現れたという。神様は「柱《はしら》」と数える。そして神々は身を隠された。これはお亡くなりになったということである。国土がまだ若く定まらないときに二神が現われたが、やはり身を隠されたという。

天地開闢《てんちかいびゃく》とともに現われたこの五柱の神は、高天原の神々の中でも特別な存在であり、「別天津神《ことあまつかみ》」と呼ばれている。

では、それはいつ頃のことなのだろうか。四五億年前の地球誕生の頃なのだろうか。

実は紀元前七〜六世紀頃、すなわち縄文晩期の出来事なのである。彼らこそ「縄文晩期に渡来した別天津神」である。前述のように、彼らは初代神武《じんむ》天皇の即位の年とされる紀元前六六〇年に鹿児島に上陸し、薩摩の名山開聞岳《かいもんだけ》に枚聞《ひらきき》神社（鹿児島県指宿市開聞十町）を開いたのである。ここが九州島における彼らの元《はじめ》の高天原《たかまがはら》である。高天原とは海人族の国邑の首都を指す。

主祭神は大日孁貴命《おおひるめのむちのみこと》（天照大御神）、祭神は後述の誓約《うけい》生みで生まれる五男神・三女神である。初めは、別天津神の五柱が祭られていたことであろう。

由緒記によると、

> 御鎮座年代を詳《つまびら》かにせずといえども、社伝には遠く神代の創祀なりという。……古来薩摩の国の一ノ宮として、代々朝廷の尊崇厚く度々の奉幣あり……

枚聞《ひらきき》神社の境内地は約七千坪、その中には千数百年を経た樟《くすのき》の老樹が多数ある。天高く伸びた枯枝は、このお社が由緒ある古社であることを物語っている。

前面より社殿に向かえば、本殿の真上に開聞岳の頂上がまっすぐに仰がれる。開聞の御山は、薩摩国の南端の海表に屹立《きつりつ》する休火山で、その秀麗な山容は薩摩富士、あるいは筑紫富士の名があり、海抜九二四メートル。頂上には当社の奥宮御岳《うたき》神社を祭っている。

これまでの学説を覆す全くの新説であるが、前章で述べたように、私はこの五柱の別天津神は琉球の天孫氏王統の末裔の一家と考えている。御主（ウシュー）、長男、長女（オナリ神）、次男、三男の五人家族である。ゆえに彼らを「天孫族《てんそんぞく》」という。当然彼らが天皇の祖なのである。

巷《ちまた》では、『古事記』は「神話」といわれており、確かにそれらしく見える。私もそう信じていたが、史実だったのである。私なりに『記紀』を要約すると次のようになる。

枚聞神社

『記紀』は、この別天津神五柱の神に始まり、五柱の神に終わっている。別天津神とは、紀元七世紀頃、琉球から鹿児島の開聞岳の麓に渡来した天孫氏王統の流れを汲む一家である。『記紀』は、この別天津神一家による国盗り物語の、およそ千四百年の『帝紀《ていき》』なのである。

天津神と国つ神は互いに縁戚となり、禅譲と放伐、同盟と恭順を繰り返しながら、天孫族、豊国族、隼人族、安曇族、住吉族、阿国族と枝分かれしながら日本列島を支配して行ったのである。

その道中の物語が国生み、神生み、火迦具土神《ひのかぐつちのかみ》の殺害、誓約生み、天岩屋戸事件、八俣大蛇《やまたのおろち》退治、天孫降臨、海幸彦山幸彦物語、神武東遷、八咫烏《やたがらす》、桃太郎の鬼退治、酒呑童子、羽衣伝説、足柄山の金太郎、大国主命の国譲り、日本武尊《やまとたけるのみこと》の熊襲征討、神功皇后の新羅親征、筑紫の君磐井の乱、仏教伝来、聖徳太子、乙巳《いっし》の変（大化の改新）、壬申《じんしん》の乱、四〇代天武天皇の即位、四一代持統天皇の即位、平城京遷都である。

こうしてめでたく国盗り物語は成功したのである。『記紀』はその証として編まれたものである。

この天孫族五柱の神の末裔が神世七代神《かみよななよのかみ》であり、長男高御産巣日神の末裔は「豊国族《とよくにぞく》」となって枝分かれする。豊国族とは私が名付けたものである。彼らは、先に日本列島に上陸し国邑を開いていた「縄文後期に渡来したオーストロネシア語族」の隼人族《はやとぞく》、安曇族《あずみぞく》、住吉族《すみよしぞく》などと結婚・出産を繰り返して縁《えん》戚《せき》となり、また恭順《きょうじゅん》させ勢力を拡大したのである。なかには最後まで拮抗した阿国族《あぐにぞく》もいた。

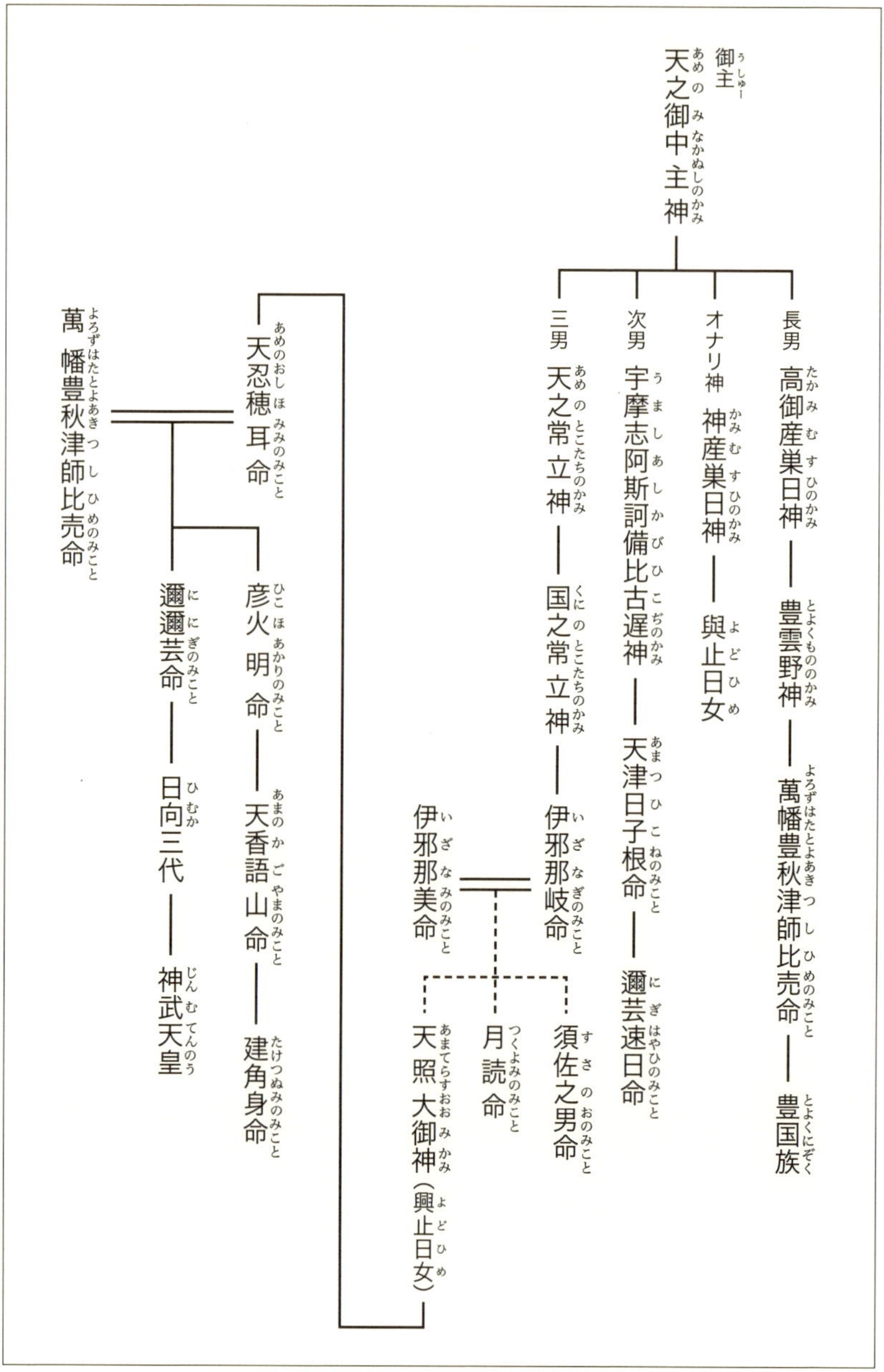
御主《うしゅー》
天之御中主神《あめのみなかぬしのかみ》
長男
高御産巣日神《たかみむすひのかみ》
豊雲野神《とよくもののかみ》
萬幡豊秋津師比売命《よろずはたとよあきつしひめのみこと》
豊国族《とよくにぞく》
オナリ神
神産巣日神《かみむすひのかみ》
與止日女《よどひめ》
次男
宇摩志阿斯訶備比古遅神《うましあしかびひこぢのかみ》
天津日子根命《あまつひこねのみこと》
邇芸速日命《にぎはやひのみこと》
三男
天之常立神《あめのとこたちのかみ》
国之常立神《くにのとこたちのかみ》
伊邪那岐命《いざなぎのみこと》
伊邪那美命《いざなみのみこと》
須佐之男命《すさのおのみこと》
月読命《つくよみのみこと》
天照大御神《あまてらすおおみかみ》（與止日女《よどひめ》）
天忍穂耳命《あめのおしほみみのみこと》
萬幡豊秋津師比売命《よろずはたとよあきつしひめのみこと》
彦火明命《ひこほあかりのみこと》
天香語山命《あまのかごやまのみこと》
建角身命《たけつぬみのみこと》
邇邇芸命《ににぎのみこと》
日向三代《ひむか》
神武天皇《じんむてんのう》

では、まず別天津神について見てみよう。

◉天之御中主神《あめのみなかぬしのかみ》

独神《ひとりがみ》であり、初代海人王である。この海人王の年代は、第五章で述べる『宋史』（王年代記）による。

◉高御産巣日神《たかみむすひのかみ》

独神。別名高木《こうぼく》の神《かみ》ともいう。天孫族の母系の御祖神《みおやがみ》（大祖の神をいう）である。

宮中神殿に「高御産日神《たかみむすびのかみ》」とある。高御魂《たかみむすび》神社（長崎県対馬市厳原《いづはら》町豆酘《つつ》）、高御祖《たかみおや》神社（長崎県壱岐市芦辺町）の祭神である。

◉神産巣日神《かみむすひのかみ》

独神。高天原の女房神《にょうぼうがみ》といわれる。大日孁貴《おおひるめのむち》であり、琉球神話のオナリ神である。

宮中神殿に「神産日神《かみむすびのかみ》」とある。神御魂《かんむすび》神社（長崎県対馬市上県町佐護）の祭神でもある。

◉宇摩志阿斯訶備比古遅神《うましあしかびひこぢのかみ》

独神。この後『記紀』に登場することはない。

◉天之常立神《あめのとこたちのかみ》

独神。天孫族の男系の御祖神である。

海人族の別天津神《ことあまつかみ》が宮中神殿《きゅうちゅうしんでん》に祭られているということは、天皇家の祖先が海人族であるという証である。しかし、なぜ対馬で祭られているのであろうか。天皇家の祖先が対馬の神々ということであろうか。その真実はのちに明らかになる。

これらの別天津神に続いて、神世七代神と呼ばれる二柱の独神と五組の夫婦神《めおとがみ》が現れる。合わせて一二柱である。

この夫婦神は、前述の琉球神道におけるオナリ神信仰を受け継いでいる。最後に出現したカップルが、国生《くにう》みによって日本の国土を創り出したといわれる、伊邪那岐命《いざなぎのみこと》と妹伊邪那美命《いもいざなみのみこと》である。

神世七代の神、一二柱は次のようである。

●国之常立神《くにのとこたちのかみ》
独神。第一三代海人王である。この神の末裔には多くの海人王がいる。

系譜をたどると、国之常立神→その子第一四代海人王天鏡尊《あまのかがみのみこと》→その子第一五代海人王天万尊《あまのよろずのみこと》→その子第一六代海人王沫蕩尊《あわなぎのみこと》→その子第一七代海人王伊邪那岐命《いざなぎのみこと》である。

●豊雲野神《とよくものかみ》
独神。『日本書紀』では豊国主尊《とよくにぬしのみこと》という。よって豊国族の御祖神である。豊の国と対馬の国を開拓している。

●宇比地邇神《うひじにのかみ》・妹須比智邇神《いもすひじにのかみ》
夫婦神。宇比地邇神は第一一代海人王である。

●角杙神《つのぐいのかみ》・妹活杙神《いもいくぐいのかみ》

夫婦神。角杙神は第一〇代海人王である。

◉意富斗能地神《おほとのじのかみ》・妹大斗乃弁神《いもおほとのべのかみ》

夫婦神。

◉於母陀流神《おもだるのかみ》・妹阿夜訶志古泥神《いもあやかしこねのかみ》

夫婦神。於母陀流神は第一二代海人王である。

◉伊邪那岐命《いざなぎのみこと》・妹伊邪那美命《いもいざなみのみこと》

夫婦神。伊邪那岐命は第一七代海人王である。淡路の国一ノ宮伊弉諾《いざなぎ》神宮（兵庫県淡路市多賀）の祭神である。

国生《くにう》み、神生《かみう》みの神であり、『記紀』の中心的存在である。

column
5

別天津神の足跡を残すアコウの道

オーストロネシア語族である「縄文晩期に渡来した別天津神」が琉球から来た道は、アコウの木が示している。

別天津《ことあまつ》神《かみ》高御魂神《たかみむすびのかみ》は、別名高木《こうぼく》の神《かみ》という。高木とは植物学の用語で、樹高が五メートルを超えるものをいう。高木は御神木《ごしんぼく》である。台湾、沖縄、南西諸島から九州にかけての代表的な高木として、アコウ、タブノキ、ガジュマルがある。別天津神は、このうちアコウ（赤尾木・榕・榕樹と書く）を御神木としたようである。

種子島氏の居城を赤尾木城《あかおぎじょう》という。その城跡に建つ小学校を榕城《ようじょう》小学校という。赤尾木城＝榕城である。同島西之表《にしのおもて》市はまた赤尾木市でもある。天孫降臨で有名な鹿児島県南さつま市の笠沙《かささ》町には赤生木《あかおぎ》小学校がある。同町を流れる祓川《はらいがわ》および大浦川《おおうらがわ》流域は赤生木という地名である。奄美大島の龍郷《たつごう》町にも同じ赤尾木地区があり、先史時代の遺跡群が数多く発見されている。宮古島の御嶽《うたき》には、古墳を抱くアコウの木が生えている。また九州・四国にもアコウを御神木とする海人族《あまぞく》に縁の深い神社がいくつもある。

このように、アコウの木にオーストロネシア語族の足跡が記されているのである。

対馬に残る神社の道

これらの神々は本家の天津神であるが、豊雲野神《とよくものかみ》は豊国族の祖《おや》となっている。重要な役割を果たす一族であるので、ここで改めて紹介しよう。

系図からわかるように豊国族は、豊の国（大分県）に覇を制した「縄文晩期に渡来した別天津神《ことあまつかみ》」の別《わけ》の一族である。

その子萬幡豊秋津師比売命は、誓約生《うけいう》みで生まれる天之忍穂耳命《あめのおしほみみのみこと》と結婚し、皇祖の高祖母となっている。

豊の国は古くからの大海人原《おおあまばる》である。佐伯湾浅海井浦《あざむいうら》には、長さ六五メートルの日本一の注連縄《しめなわ》で有名な豊後《ぶんご》二見《ふたみ》ヶ浦《うら》がある。豊後の国一ノ宮西寒多《ささむた》神社（大分県大分市寒田）は、豊国族の高天原である。祭人は西寒多大神と天之忍穂耳命である。

西寒多神社

境内神苑は、二万六五〇六平方メートルあり、樹齢四〇〇年あまりの藤は稀有の銘木といわれている。幹径一メートル、棚の広さ三三〇平方メートル、花房一・五メートルにもおよぶ。また、樹齢一〇〇年あまりの数百株の平戸つつじもある。春は新緑、秋は紅葉が美しく、荘厳な社殿とともに霊地となっている。

対馬に別天津神を祭る神社や伝説が多く残っているのは、この豊国族が関与しているからだ。対馬は神世七代神豊雲野神の拓いた国である。豊雲野神が対馬の国を拓いた時、先祖の別天津神をお祭りしたのである。そして志摩の国の国つ神大綿津見神と縁戚となり、海神豊玉彦が生まれた。その後、豊玉彦は対馬の君となっている。対馬が天皇家と深いつながりをもつのは、その娘豊玉姫が山幸彦と結婚し、その妹玉依姫は神武天皇の母となっているからである。また豊玉彦は安曇族の太祖神であり、安曇族はその後天皇家を永く支えたのである。

では、対馬にいる神々を見てみよう。

高御魂《たかみむすび》神社（長崎県対馬市厳原《いづはら》町豆酘《つつ》）の祭神高御魂神《たかみむすびのかみ》は、対馬の県主《あがたぬし》の御祖神《みおやがみ》、壱岐の県主の御祖神である。県主とは大和朝廷時代の県《あがた》の支配者で、のちに姓《かばね》の一つとなった。『対州神社誌《たいしゅうじんじゃし》』によると、御神体は神体石（神霊の籠もる石）で、昔、豆酘崎《つつざき》（対馬の南端）の海に、うつほ船（幻の神の船）に乗って漂着したという。

神御魂《かんむすび》神社（長崎県対馬市上県町佐護）の祭神は神御魂神《かんむすびのかみ》である。通称「女房神《にょうぼうがみ》」といわれ、日輪（鏡）を抱いた神像がある。のちの天照大御神の御祖神である。

和多都美《わたづみ》神社（長崎県対馬市豊玉町仁位）には、彦火々出見尊《ひこほほでみのみこと》と妃豊玉姫命《とよたまひめのみこと》の夫婦神が祭られている。彦火々出見尊《ひこほほでみのみこと》は第三章で述べる海幸彦と山幸彦の主人公であり、神武天皇の祖父に当たる。

神社の由緒には、「縁起を辿《たど》れば、神代の昔、海神《わたづみ》である豊玉彦がこの地に宮殿を造り、宮を『海神《わたづみ》の宮《みや》』と名付け、この地を『夫姫《おとひめ》』と名付けた。豊玉彦には一男二女の子があり、長男穂高見尊《ほたかみのみこと》、長女豊玉姫《とよたまひめ》、次女玉依姫《たまよりひめ》である」と記されている。

なんと、おとぎ話の浦島太郎に出てくる竜宮城の乙姫さまは地名だったのだ。神社の神奈美山を夫姫《おとひめ》山《さん》という。神紋は左三ツ巴紋である。地名の仁位《にい》は瓊《に》（玉）で、当地は真珠の産地であったらしい。高《たか》御魂神《みむすびのかみ》の孫、瓊瓊杵尊《ににぎのみこと》の名の由来でもある。

また、豊玉彦の長男、穂高見尊を祭る神社が長野県にある。穂高《ほたか》神社（長野県安曇野市穂高）といい、主祭神は穂高見神《ほたかみのかみ》と安曇連比羅夫命《あずみのむらじのひらふのみこと》である。

由緒によると、

> 穂高見神を御祭神に仰ぐ穂高神社は、信州の中心ともいうべき安曇市穂高にあります。そしてその奥宮《おくみや》は、北アルプス穂高岳のふもとの上高地に祭られており、嶺宮《みねみや》は北アルプスの主峰奥穂高岳の頂上に祭られています。
>
> 穂高見神は海人族の祖神《おやがみ》であり、その後裔であります安曇族は北九州に栄えた主《ぬし》として、海運を司り早くから大陸方面とも交渉をもち、文化の高い氏族であったようです。

長野県には海はないが、当地はバリバリの安曇族の国邑なのである。というのは、黒曜石《こくようせき》の産出地だからである。

さらに対馬国一ノ宮海神《かいじん》神社（長崎県対馬市峰町）の由緒には、次のように記されている。

「対馬は九州と朝鮮半島の中間にあり、律令制のもとで国に準ずる扱いをうけた。神社の創始については不明で、祭神は時代により変遷はあるが、主神に海神と八幡神の二組の母子神を祭る。神功皇后が三韓へ親征の際、海神を祭り、其のご加護により大勝を得ることができ、凱旋にあたり木坂の浜に八本の幡《はた》を立てたことにより、八幡宮《はちまんぐう》の創始の地と言われる。中世以降は木坂八幡宮、和多都美《わたづみ》八幡と称した。明治三年和多都美神社としたが、翌四年海神《かいじん》神社と改称した」

祭神は、豊玉姫命《とよたまひめのみこと》、鵜葺草葺不合命《うがやふきあえずのみこと》、神功皇后《じんぐうこうごう》、応神天皇《おうじんてんのう》である。鵜葺草葺不合命は神武天皇の父に当たる。

社殿は原生林の伊豆山《いずさん》中腹にある。伊豆といえば、静岡県伊豆半島《いずはんとう》、東京都の伊豆七島《いずしちとう》などがあるが、いずれも黒曜石の産地として有名である。静岡県の伊豆山神社（熱海市伊豆山）の伊豆山も、対馬の伊豆山から移ったものである。熱海温泉の熱海《あたみ》の由来も、伊豆山から流れ出るお湯で海が熱かったので熱い海＝アツミ＝安曇《あずみ》＝熱海《あたみ》である。これら伊豆の地も、対馬の安曇族が開拓した国邑なのである。

ここまでの軌跡をまとめると、オーストロネシア語族は、今から四〇〇〇年前頃、台湾から先島諸島を経由して琉球《りゅうきゅう》に橋頭堡《きょうとうほ》を築き、天孫氏王統《てんそんしおうとう》として栄えた。二七〇〇年前頃、一族は琉球列島、薩南諸島を経て、別天津神として九州の南端、鹿児島に上陸した。約二〇〇〇年前、ここからさらに枝分かれして大分、福岡、朝鮮半島まで進出した。それぞれの地で離合集散を繰り返しながらその末裔たちが対馬に拠点を築いた。

約一八〇〇年前、日本海の隠岐島《おきのしま》、瀬戸内海の淡路島《あわじしま》、太平洋の紀伊熊野《きいくまの》の三方からヤマトを目指して東進し、ついに約一三〇〇年前、奈良に大和朝廷《やまとちょうてい》を打ち立てたのである。その足跡を、神社や地名が物語っているのである。これを「神社《じんじゃ》の道《みち》」「地名《ちめい》の道《みち》」と呼ぶことにする。

「地名とは、日本人が大地につけてきた足跡である。地名とは最も身近な民族の遺産である。地名とは時間の化石である」

これは民俗学者の谷川健一さんの言葉だそうだが、全く同感である。地名は一つの歴史書ともいえる。市町村の平成の大合併もよいが、歴史の香りを残して命名してほしいものである。

column 6

莫大な富をもたらした黒曜石

黒曜石は、火山岩の一種である。宝石や石器の材料として、古くから広く使われていた。小刀《こがたな》や鏃《やじり》、槍《やり》の穂先《ほさき》、斧《おの》、剣《けん》などに加工されて流通していたのである。まさに黒曜石の時代といえる。

この黒曜石の発見によって、旧石器時代や縄文時代の狩猟生活は、格段に進歩したものと考えられる。狩人たちはこの貴重な石の虜《とりこ》になり、なんとしても手に入れたいと願った。そのため、この石を交易する者は莫大な富を得たのである。

日本における産地としては、長野県霧《きり》が峰《みね》周辺、静岡県伊豆天城《いずあまぎ》、熱海市《あたみし》、神奈川県箱根《はこね》、伊豆諸島の神津島《こうづしま》、島根県隠岐島《おきのしま》、大分県姫島《ひめしま》、佐賀県伊万里市《いまりし》、長崎県佐世保市《させぼし》、富山県魚津市《うおづし》周辺などが有名である。

これらの地域の多くを支配していたのは、安曇族である。黒曜石と鉄に支えられて、安曇族は大躍進を遂げたのである、黒曜石の採掘《さいくつ》の傍《かたわ》ら、ヒスイや水晶などの宝石も発見したであろう。それらは「八尺瓊勾玉《やさかにのまがたま》」として加工され、神器《じんぎ》となったのである。新潟県糸魚川市《いといがわし》のヒスイは、世界的にも有名である。

国生み・神生みは海人族の国盗り物語

『記紀』制作の裏側

天地開闢《てんちかいびゃく》神話に始まり、高天原《たかまがはら》神話、日向《ひむか》神話、出雲《いずも》神話など、『古事記』にはさまざまな物語がおさめられている。多少異なる部分はあるものの、『日本書紀』も大筋はほぼ同じである。いかにも神話らしく見える。しかし『記紀』は神話ではない。これらはみな史実である。多くの演出があるにせよ、事件そのものはすべてが事実なのである。注意深く読み解いていくと、その裏にある意図や真の物語が見えてくる。

ただし、必ずしもすべてが歴史的真実であるとはかぎらない。創作が加味されている。ゆえに俗にいう、唯一の倭の『歴史書《れきししょ》』であるともいい難いのである。多くの歴史家は倭の『国史《こくし》』であるという。この見解が、日本の古代史を複雑怪奇なものにしてしまっている。

二〇一二年は『古事記』完成一三〇〇年の記念の年であった。私はまず『古事記』誕生に関わった有能な二人の人物を祭る神社にお詣りした。執筆中の歴史本が正しく完成しますようにとお祈りしたのである。その二人とは言うまでもない。賣太《めた》神社（奈良県大和郡山市稗田町）の祭神稗田阿礼《ひえだのあれ》、多《おお》神社（奈良県磯城郡田原本町多）の祭神神八井耳命《かむやいみみのみこと》である。神八井耳命は初代神武天皇の皇子であるが、太安万侶《おおのやすまろ》の祖神でもある。

二つの神社のあちこちに、祝『古事記』撰上一三〇〇年の幟《のぼり》がたなびいていた。『古事記』編纂のいきさつについて、太安万侶《おおのやすまろ》は序文で次のように述べている。

「朕聞《ちんき》く、緒家《しょけ》のもてる帝紀《ていき》及び本辞《ほんじ》は既《すで》に正実《せいじつ》に違《たが》い、多く虚偽《きょぎ》を加ふと。今の時に当たりて其の失《あやまり》を改めずは、未だ幾年も経たずして、其の旨《むね》滅《ほろ》びなむとす。是《これ》すなわち邦家《ほうか》の経緯《けいい》、王化《おうか》の鴻基《こうき》なり。故、帝紀《ていき》を撰録《せんろく》し、旧辞《きゅうじ》を討覈《とうかく》して、偽《いつわ》りを削《けず》り、実《まこと》を定めて後葉《のちのよ》に流《つた》へむと欲《おも》布《ふ》」と詔《の》りたまひき。

この詔《みことのり》の主は、六七三年、飛鳥浄御原宮《あすかのきよみがはらのみや》において即位した四〇代天武《てんむ》天皇である。

天武天皇は、「諸家に伝わる『帝紀《ていき》』（各天皇の即位から亡くなるまでの出来事をまとめた書物）や『本辞《ほんじ》』（神話や伝説・歌謡などを集めた書物。『旧辞《きゅうじ》』と同じ）には間違いや虚偽が多いと聞いている。『帝紀』と『本辞』は天皇政治の基本となるものだ。今、正しい『帝紀』を作って記録し、『本辞』を調べ直し、誤りを正して真実を後世に伝えようと思う」と仰せられた。

天武天皇は、明らかに『帝紀』と謳《うた》っている。『国史《こくし》』とは言っていない。誤りを正して真実を後世に伝えようと思うということは、「ところによっては天皇家に都合よく造作して国民に深く浸透させよ」ということになる。ここに勝者によるさまざまな造作、演出が生まれたのである。

ではその造作の裏側にある真実を解き明かしていくことにしよう。

時に舎人《とねり》あり。姓は稗田《ひえだ》、名は阿礼《あれ》、年はこれ廿八。人と為《な》り聡明《そうめい》にして、目に度《わた》れば口《くち》に誦《よ》み、耳に拂《ふ》るれば心に勒《しる》す。

天武天皇は、まずは稗田阿礼《ひえだのあれ》という、御年二十八歳の若くして聡明な舎人《とねり》（天皇や皇族の近習）に命じて、『帝紀』や『旧辞』を誦《よ》み習《なら》わせた。稗田阿礼は、猿女君《さるめのきみ》と呼ばれる宮廷の祭祀に携わる氏族と同族で『古事記』編纂者の一人という以外は不詳である。

六八六年、天武天皇が崩御した後、この事業を引き継いだのが、天武天皇の姪にあたる四三代元明《げんめい》天皇であった。七一一年、太安万侶《おおのやすまろ》に「稗田阿礼が誦習した『帝記』を筆録せよ」と命じたのである。

太安万侶は詔《みことのり》を下《くだ》された数か月後の翌七一二年正月、『古事記』全三巻を完成させ、献上したのである。

天武天皇の没後二五年あまりの歳月が流れていた。

『日本書紀』については成立の経緯はわからないが、七二〇年、元明天皇の娘である四四代元正《げんしょう》天皇の時、『続日本紀《しょくにほんぎ》』に次の記述がある。

以前から、舎人親王《とねりしんのう》は天皇の命を受けて、『日本紀《にほんき》』の編纂《へんさん》に当たっていたが、この度完成し、紀三十巻と系図一巻を献上した。

ここでは『日本紀』となっているが『日本書紀』のことである。

『古事記』と『日本書紀』は、多少性格を異にしているものの、どちらも『天皇紀』あるいは『帝紀』であるのは間違いない。その根底に脈々と流れているのは「万世一系《ばんせいいっけい》」の思想である。天皇統治の由来と正当性を内外に示し、天皇家だけが古代から連綿と続いてきた唯一の王家であることを証明するために編《あ》まれたのである。

この万世一系を守らんと、『記紀』はさまざまな粉飾をこらしている。都合の悪いことはすべて消し去り、醜い権力争いは美化し、天皇をひたすら神聖化するのである。

天照《あまてらす》大御神《おおみかみ》の命《みこと》以ちて、「豊葦原《とよあしはら》の千《ち》秋《あき》長《なが》五《い》百《ほ》秋《あき》の水穂国《みずほのくに》は、我が御子正勝《まさかつ》吾《あ》勝勝《かつかち》速《はや》日《ひ》天忍《あめのおし》穂《ほ》耳尊《みみのみこと》の知らす国なり」と言よさしたまひて天降《あまくだ》したまひき。

これこそ『記紀』がもっとも訴えたかったことにちがいない。高天原《たかまがはら》の最高神天照大御神の命を受けて国を統治している。ゆえに、天皇による日本統治は正当であるというわけだ。

この時代の諸家に伝わる古伝承（神話・伝説）が、非科学的な内容であるのは言うまでもないが、当時はそれが史実として信じられていたのである。そこで天皇家の古伝承をこの国の唯一のものとして、政治や道徳の規範としたのである。『古事記』にはそのような記述が多くみられる。

『記紀』では五柱の別天津神に続いて現れる、神世《かみよ》七代神《ななよのかみ》伊邪那岐命《いざなぎのみこと》と伊邪那美命《いざなみのみこと》が国を生み出すことになっている。

しかし現実には、突然神様が出現して国土を創りだすということはないのだ。

では、天地開闢《てんちかいびゃく》神話は何を示唆《しさ》しているのだろうか。誰かがどこからか現れ、国を切り開いていったのは間違いない。前述のごとく、その開拓者こそが南方から黒潮に乗って「縄文晩期に渡来した別天津神」である。俗にいう「海人族《あまぞく》」である。

『記紀』は天孫族《てんそんぞく》を中心に、隼人族《はやとぞく》、阿国族《あぐにぞく》、豊国族《とよくにぞく》、安曇族《あずみぞく》、住吉族《すみよしぞく》などが離合集散しながら、先進技術と婚姻によって勢力を拡大し、大和朝廷を築くまでを描いた「国盗《くにと》り物語《ものがたり》」なのである。

四〇代天武《てんむ》天皇の即位前の名は大海人皇子《おおあまのみこ》である。自ら自分は海人族だと名乗っているではないか。

アマ＝天＝海＝海人＝海女で、海人族とはカイジン・カイジョの人たちである。

天《てん》は海人、武《む》は武力を表す。この時代の王の責務は豊穣《ほうじょう》と防衛《ぼうえい》である。豊穣は「祭司王《さいしおう》」の務め、防衛は「武王《ぶおう》」の務めである。天武天皇の即位によって、海人族の国盗り物語はめでたく完結したのである。そこで、自らの神聖性や正当性をアピールするため、『記紀』の編纂を命じたのである。

高天原の祭司王であり現在伊勢神宮に祭られている天照大御神は、『日本書紀』では大日孁貴《おおひるめのむち》という。

また太陽神の御子《みこ》・巫女《みこ》・日孁《ひるめ》・太陽《たいよう》の妻《つま》などという。

実は天照大御神は、海人《あま》照大御神《てらすおおみかみ》あるいは海人《あま》照大海神《てらすおおみかみ》であり、海人族の守護神《しゅごしん》だったのだ。琉球神道に根ざしたオナリ神だったのである。

column 7

支石墓は天孫族の文化

志摩の国は大綿津見神《おおわたつみのかみ》の国である。のちに天照大御神《あまてらすおおみかみ》の治める国である。現在の糸島市役所志摩庁舎近くにある志登支石墓群《しとしせきぼぐん》は、志摩国王の墳墓である。かつてこのあたりは、船越湾《ふなこしわん》が深く入り込んでおり、海に面していたという。また西側の引津湾《ひきつわん》に面した海岸砂丘上には新町《しんまち》遺跡があり、数々の貴重な資料が出土した。志摩町歴史資料館の『支石墓《しせきぼ》が語《かた》るもの』には、志摩の国は、朝鮮半島からの渡来人が創った国であると書かれている。その理由は支石墓が朝鮮半島から伝わったものだからという。

「支石墓の源流は、フランスのドルメンに発端をみることができる。『石《いし》の卓《たく》』の意味を持つ。中国にいたって支石墓と称され、遼東半島や朝鮮半島でも広く分布している」

私見であるが、加羅の国と志摩の国が共通する文化をもっているのは、同じ天孫族の国なのだからすこぶる当然のことなのだ。支石墓は朝鮮半島から持ち込んだものではなく、もともと天孫族の文化なのではないか。その証拠は各地に残る支石墓である。支石墓とは、遺体を埋葬した上に支えとして小さな石を置き、その上に大きな石を置く形式のお墓である。

鹿児島県東串良町の唐人《とうじん》古墳群には「石槨蓋石墓《せっかくがいせきぼ》」がある。また福岡県の俗にいう奴国《なこく》の丘《おか》には甕棺墓《かめかんぼ》の上石《うわいし》がある。佐賀県唐津の菜畑遺跡にも支石墓があり、これらは志摩の国の支石墓と同じ形である。奈良県明日香村の石舞台《いしぶたい》古墳も、遼東半島の支石墓と同じ形である。

また、古墳時代の南九州には「地下式板石積石室墓《いたいしづみせきしつぼ》」という在地性の強い墓がある。地下約二メートルの所に、扁平な板石で長方形あるいは円形の石室を築いて遺体を置き、土で覆った上に板石を重ねている。これも一種の覆石墓《ふくせきぼ》である。また同町にある邇邇芸命《ににぎのみこと》が暮らした笠沙の宮跡にも支石墓がある。天孫族の文化ゆえであろう。

結論として、志摩の国の支石墓は大石蓋墓《たいせきがいぼ》というのが自然ではないか。支石墓＝大石蓋墓＝石槨蓋石墓＝甕棺墓の上石＝板石積石室墓＝覆石墓といえるのではないか。

呼び名は違うが同じ墓標なのである。さほど難しく考える必要はない。埋葬した上に小石を乗せるのは、昔から今に続く人間の自然な営みなのではないか。

鹿児島県では大石がないので板石を積んでいるのである。また南西諸島や種子島でも同じく小石を乗せた覆石墓がある。しかもそれは南島で採れるサンゴ塊《かい》である。また種子島の天女ケ倉《あまめがくら》神社の巨石をご神体とする拝殿は、遼東半島の支石墓とよく似ている。それは琉球の御嶽《うたき》の門にも似ている。支石墓が天孫族の文化であるという証である。

天孫族躍進の軌跡を示す国生み神話

『古事記』によると、国生み神話は次のようなプロセスをたどる。

ここに天津神《あまつかみ》諸《もろもろ》の命《みこと》もちて、伊邪那岐命《いざなぎのみこと》と伊邪那美命《いざなみのみこと》の二柱《ふたはしら》の神に「このただよえる国を修《おさ》め理《つく》り固《かた》め成《な》せ」と詔《の》りて、天《あめ》の沼矛《ぬぼこ》を賜《たま》ひて、言依《ことよ》さしたまひき。かれ、二柱の神、天《あめ》の浮橋《うきはし》に立たして、その沼矛《ぬぼこ》を指《さ》し下《おろ》して画《か》きたまえば、塩こうろこうろに画《か》き鳴《な》して引き上げたまふ時、その矛《ほこ》の末《さき》より垂《したた》り落つる塩、累《かさ》なり積もりて塩と成りき。これ淤能碁呂島《おのころじま》なり。……ここに伊邪那岐命《いざなぎのみこと》先に、「あなにやし、えをとめを」と言ひ、後に妹伊邪那美命《いもいざなみのみこと》「あなにやし、えをとこを」と言ひき。……かれ、この八島を先に生みしによりて大八島国《おおやしまのくに》と謂《い》う。

伊邪那岐命《いざなぎのみこと》と伊邪那美命《いざなみのみこと》は天の浮橋に立ち、神聖な「天《あめ》の沼矛《ぬぼこ》」を指し下してかきまわした。矛を引き上げると、その先からしたたり落ちる塩が積み重なって淤能碁呂島《おのころじま》となった。二人はその島に降り立ち、次々に八つの島を生んだ。これを「大八島《おおやしま》の国生《くにう》み」という。

この国生みの描写はいかにも神話的である。素晴らしいエンターテインメントである。沼矛で作った淤能碁呂島は兵庫県南あわじ市の沼島《ぬしま》である。この島は大八島国には含まない。

大八島国とは、淡路之穂之狭別島《あわじのほのさわけのしま》、伊予之二名島《いよのふたなのしま》、隠岐之三子島《おきのみつごのしま》、筑紫島《つくしのしま》、伊伎島《いきのしま》、津島《つしま》、佐度島《さどのしま》、大倭豊秋津島《おおやまととよあきつしま》である。

◉淡路之穂之狭別島

兵庫県淡路島である。

◉伊予之二名島。この島は身一《みひと》つにして面四《おもよ》つあり。面毎《おもごと》に名《な》あり。

伊予の国を愛比売《えひめ》という（愛媛県）。

讃岐の国を飯依比古《いひよりひこ》という（香川県）。

粟の国を大宜都比売《おおげつひめ》という（徳島県）。

土佐の国を建依別《たけよりわけ》という（高知県）。

◉隠岐之三子島。亦《また》の名を天之忍許呂別《あめのおしころわけ》という。

島根県隠岐島《おきのしま》である。

◉筑紫島。この島も身一つにして面四つあり。面毎に名あり。

筑紫の国を白日別《しらひわけ》という（福岡県）。

豊の国を豊日別《とよひわけ》という（大分県）。

肥の国を建日向日豊久士比泥別《たけひむかひとよくじひねわけ》という（熊本県）。

熊曾の国を建日別《たけひわけ》という（鹿児島県）。

◉伊伎島。亦の名を天比登都柱《あめひとつはしら》という。

長崎県壱岐である。

◉津島。亦の名を天之狭手依比売《あめのさでよりひめ》という。

長崎県対馬である。

◉佐度島

新潟県佐渡島《さどがしま》である。

◉大倭豊秋津島。亦の名を天御虚空豊秋津根別《あまつみそらとよあきつねわけ》という。

奈良県橿原市周辺を指す。

この大八島に続いて、二神は「然《しか》る後還《のちかえ》ります時」に六島を生んでいる。「還ります時」とは、二神の暮らす海人王の宮、すなわち「淤能碁呂島へ帰還する時」である。六島とは、吉備児島《きびのこじま》、小豆島《あずきしま》、大島、女島《ひめしま》、知訶島《ちかのしま》、両児島《ふたごのしま》である。

これについても諸説あるが私は次のように考える。

◉吉備児島。亦の名を建日方別《たけひかたわけ》という。

岡山県児島半島である。

◉小豆島。亦の名を大野手比売《おおのてひめ》という。

香川県小豆島《しょうどしま》である。

◉大島。亦の名を大多麻流別《おおたまるわけ》という。

京都府宮津市の若狭湾に浮かぶ大島で、凡海人《おおしあま》の郷《さと》に属する。

◉女島。亦の名を天一根《あめひとつね》という。

大分県東国東郡姫島である。国東《くにさき》半島にある姫島で、黒曜石の産地として有名である。

◉知訶島。亦の名を天之忍男《あめのおしお》という。

長崎県北松浦郡小値賀島《おぢかじま》である。五島列島の北端の島である。

◉両児島。亦の名を天両屋《あめふたや》という。

山口県下関市である。豊浦の津で響灘《ひびきなだ》にある男島女島《おしまめしま》である。

いずれも海上交通の要所であり、航海王らしい陣取りである。当時は貴重品だった黒曜石や鉄の産地でもある。この黒曜石と鉄と航海技術が天孫族躍進の原動力になったのである。

『日本書紀』にはもう一つ、次の国が記されている。

◉越州《こしのしま》

福井県敦賀市である。

ここで重要なことは、生み落とした国や島のあとに付いている「亦の名」である。これはこの国を治めさせた天孫の別《わけ》、すなわち分家の皇子・皇女の名前である。つまり、天孫族の支配地を表しているのだ。

別天津神高御産巣日神《たかみむすひのかみ》には一五〇〇人ほどの子がいたというから、別《わけ》の子孫も相当な数になる。

この国生み神話は次のことを物語っている。

「縄文晩期に渡来した別天津神」は、神世七《かみよなな》代《よ》の終わり頃、第一七代海人王《あまおう》伊邪那岐命と伊邪那美命の時代になると、日向の橘の小門の阿波岐原から沼島《ぬしま》に橋頭堡を移し、九州島から四国島、瀬戸内海沿岸、さらには日本海沿岸から本州島の西日本・中日本まで進出していた。

これを本書では「伊邪那岐王権《いざなぎおうけん》」大八島の国とする。初めて天孫族によって海人族が統一されたのである。ゆえに伊邪那岐命は第一七代海人王となっている。

国生みで用いた「天の沼矛」は鉄器である。よって国生み神話は鉄器伝来の頃、つまり紀元

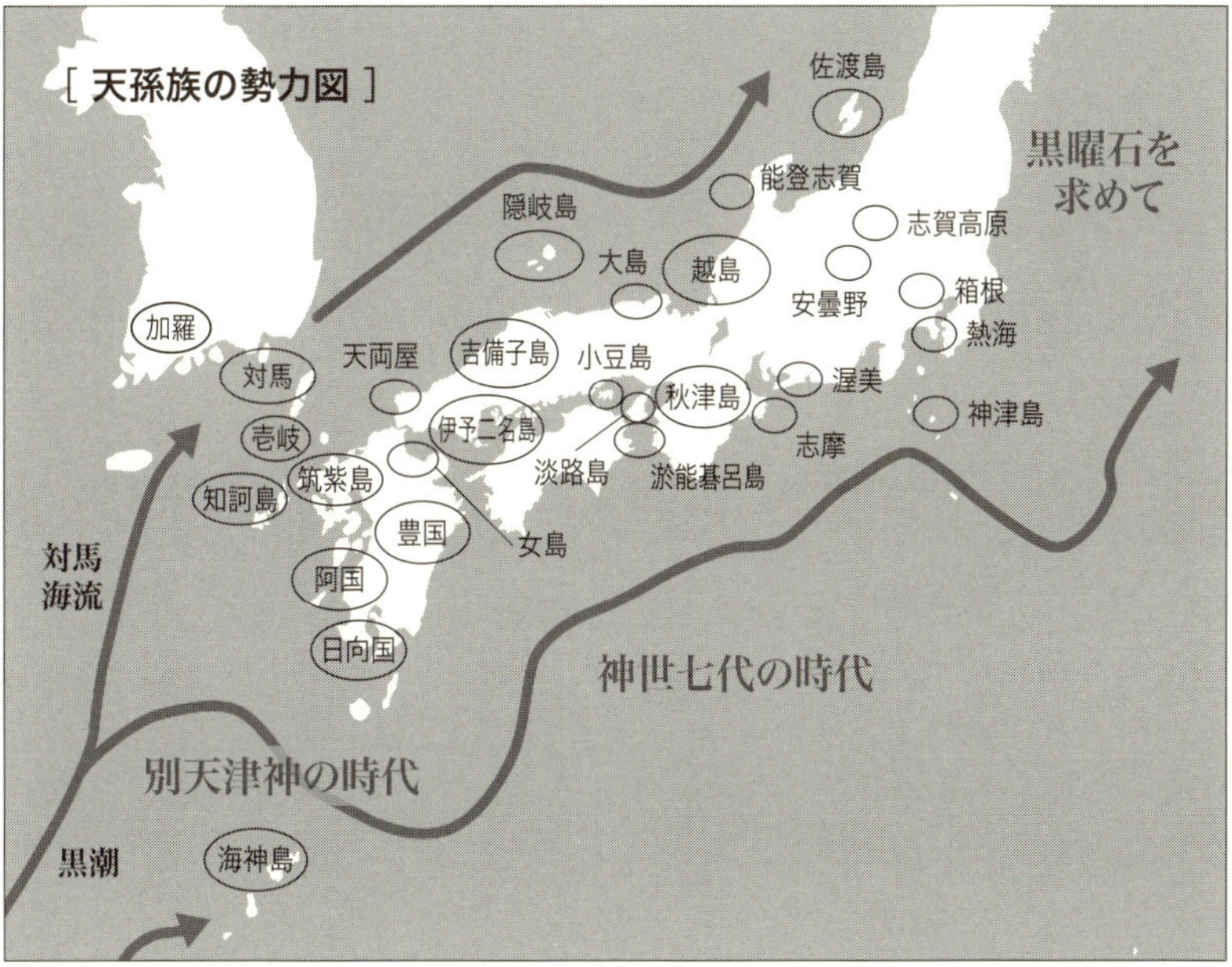

前五〜四世紀頃と考えられる。別天津神の渡来から二〇〇年あまりのちのことである。

朝鮮半島に縄張りをもっていたおかげで、天孫族はいち早く鉄器を手に入れ、それを武器にたちまち勢力を拡大していったのである。鉄器はやがて国内で生産されるようになるが、天孫族の優位は変わらなかった。

伊邪那岐命と伊邪那美命の名前の由来は、「誘《いざな》う凪《なぎ》・誘《いざな》う波《なみ》の神」である。いかにも海の神らしい響きではないか。

高天原は海人族の国邑の首都

海人族は日本各地に住み着き、次々に国邑《くにむら》を切り拓いていった。国生み神話とは、この開拓の様子を描いたものである。このような海人族の国邑を、アマバル＝海原・海人原という。学説ではウナバラとなっているが意味不明である。

大八島《おおやしま》の国《くに》とは、代表的な海原《あまばる》だったのだ。原＝ハル・バルと読むのは、北九州地方の方言であるが海人族の名残である。海人族に関係する地名はすべて、原＝ハル・バルと読むのが正解なのである。特に奈良・北九州・沖縄にはこの手の地名が多い。

海人原《あまばる》・海原《あまばる》・天原《あまばる》・島原《しまばる》・女原《みょうばる》・平原《ひらばる》・前原《まえばる》・東原《ひがしばる》・国原《こくばる》・米原《よなばる》・長者原《ちょうじゃばる》・上原《うえばる》・檜原《ひばる》・笑原《しょうばる》・楢原《ならばる》・田原坂《たばるざか》・原《はる》の辻《つじ》・西都原《さいとばる》・与那原《よなばる》・南風原《はえばる》・阿波岐原《あわきばる》……。

では、ここで「高天原《たかまがはら》」について考えてみよう。

学説では、高天原とは神々の暮らす天上界《てんじょうかい》であり、地上の国が葦原中津国《あしはらなかつのくに》、死後の世界が根《ね》の国《くに》で地底にあるということになっている。これが「高天原神話」である。

しかし、あたりまえのことながら、人間が天空に住めるわけがないのだから、高天原とは天上界でなく地上の国なのだ。私は、高天原《たかまがはら》＝高天原《たかあまばる》＝高海人原《たかあまばる》と考える。高海人原《たかあまばる》を略すと高海人原《たかまがはら》、すなわち高天原《たかまがはら》である。

高天原は数ある海原《あまばる》の首都なのだ。天孫族の海人王とオナリ神が政《まつりごと》を行う王府《おうふ》であり、宮殿《きゅうでん》なのである。それが薩摩の国開聞岳《かいもんだけ》の枚聞《ひらきき》神社であり、日向の橘の小門の阿波岐原であり、飛鳥の国の飛鳥浄御原宮《あすかのきよみがはらのみや》であり、藤原京《ふじわらきょう》であり、平城京《へいじょうきょう》であり、京都の平安京《へいあんきょう》であり、現在の東京の御所《ごしょ》なのである。

海人王のシンボルは竜であるから竜宮城《りゅうぐうじょう》ともいう。別《わけ》の国には別《わけ》の宮殿が数々ある。それらを取り仕切る最高位の王府・宮殿なのである。

時代は異なるが、万葉集に次の四一代持統《じとう》天皇の歌がある。

春《はる》過《す》ぎて　夏《なつ》来《き》たるらし　白妙《しろたえ》の　衣《ころも》干《ほ》してふ　天《あめ》の香《か》具《ぐ》山《やま》

天降《あも》りつく神の香具山に白妙の衣を干すことが許されるのは、大日孁貴《おおひるめのむち》の持統天皇のみである。持統天皇の暮らす飛鳥の藤原京《ふじわらきょう》、これこそが高天原なのである。

この歌の解釈をめぐっては異説があり、国民が洗い物を干した天《あめ》の香具山《かぐやま》の姿を遠くに望んだ天皇が、夏の到来を感じたものであるという。が、そうではない。香具山は藤原京の御嶽《うたき》である。高天原の御嶽に国民が洗い物を干したら死罪であろう。

二〇〇九年の秋、私は兵庫県南あわじ市の沼島《ぬしま》を訪れた。淤能碁呂島の候補地はいくつかあったが、沼島が最有力候補地と考えたからである。『古事記』によると、淤能碁呂島は伊邪那岐命と伊邪那美命が沼矛《ぬぼこ》を引き上げたとき、したたり落ちた潮水が積み重なってできた島である。つまり、自《みずか》ら凝《こ》り固まってできたので自凝島《おのころじま》(淤能碁呂島)という。

この島は淡路島の南方にあり、周囲約一〇キロメートルの「勾玉《まがたま》」の形をしている。ここに自凝《おのころ》神社(兵庫県南あわじ市・沼島)がある。

また淡路島にも自凝島《おのころじま》神社(兵庫県南あわじ市・淡路島)がある。祭神はどちらも伊邪那岐命と伊邪那美命である。淤能碁呂島は沼島なのかそれとも淡路島なのか――。

一説には家島諸島の男鹿島ともいわれている。しかし淤能碁呂島は大八島の国には含まれない、いわば二神の「天領《てんりょう》」(天孫族直轄地)である。そうなると淡路島ではない。淡路島は国生みで生まれた島だからだ。

沼島で自凝神社に参拝したのち、沼島港近くの「神宮寺《じんぐうじ》」の宮司さんに親しくお話を賜ることができた。神宮寺は八八〇年の開基といわれる由緒ある寺院である。歴史に造詣《ぞうけい》の深い宮司さんで、いろいろ教えを請うことができた。このとき私は、沼島が淤能碁呂島だと確信したのである。

『古事記』によると、天孫族は淤能碁呂島を皮切りに、瀬戸内海と日本海に、合わせて一四島の海原《あまばる》を築いた。海原は必ずしも四方を海に囲まれた島とはかぎらない。大陸の一部の湾でも港でも、縄張り《なわば》であり縄張《しま》であり洲《しま》であり島《しま》である。

海人族はあくまで侵略者である。ゆえに初めは小さな島、あるいは黒曜石の産地、あるいは僻地《へきち》の入江などに海原を築いている。しかし武力に頼らず、稲作や鉄器、卓越した黒曜石の採掘技術、航海技術などの先進技術によって、見事に「和《わ》の融合《ゆうごう》」を果たしたのである。

column 8

海人族は朝鮮半島まで進出

海人族の国生みは一四島にとどまらず、朝鮮半島まで北上した。中国最古の地理書『山《せん》海経《がいきょう》』に次の記述がある。

「蓋国《がいこく》在《あ》り、鉅燕《きょえん》の南、倭の北、倭《わ》は燕《えん》に属《ぞく》す。朝鮮《ちょうせん》在《あ》り、列陽《れつよう》の東、北は海、南は山、列陽《れつよう》は燕《えん》に属《ぞく》す」

これによって、朝鮮半島の南部に倭があったことがわかる。その証拠に朝鮮の南は「山《やま》」であると言っている。現在のような「海《うみ》」（日本海）ではない。さらに、倭の北と燕《えん》の間には蓋国《がいこく》があると言っている。もしも倭が対馬とか北九州であったとしたら、このような記述にはならない。燕《えん》の首都は、現在の北京《ぺきん》である。

また『魏志』韓伝《かんでん》には次のように書かれている。

「韓《かん》は帯方《たいほう》の南にあり、東西は海を以って限りとなし、南は倭《わ》に接す。方四千里ばかり。三種あり、一に馬韓《ばかん》という、二に辰韓《しんかん》という、三に弁韓《べんかん》という」

ここでも朝鮮半島南部に倭があると言っている。『魏志』倭人伝《わじんでん》にも同様の記述がある。

「郡《ぐん》（帯方郡）より倭に至るには、海岸《かいがん》に循《したが》って水行《すいこう》し、韓国《かんこく》を歴《へ》て、あるいは南しあるいは東し、その北岸狗邪韓国《くやかんこく》に到る、七千余里」

これによると、倭の北岸は狗邪韓国《くやかんこく》であるという。私は狗邪韓国＝狗邪加羅国＝クヤカラコクとする。狗邪は卑語であるから韓国＝加羅国＝カラコクである。これからは「加羅《から》の国《くに》」とする。三韓の南が倭に接するというから、朝鮮半島南部のほぼ全域が加羅の国ということになる。伽耶《かや》あるいは任那《みまな》とも呼ばれた地域である。

ここは中国の史書『三国志』や『後漢書』でも、「倭人有り《わじんあ》」とか「倭有り《わあ》」といわれた地域で、「縄文後期に渡来したオーストロネシア語族」の安曇族や住吉族の国邑だったのだ。この頃彼らは燕《えん》に朝貢していたのである。その後天孫族が朝鮮に進出し、加羅の国に天孫族の文化が花開くのである。その証拠に、第一章で述べた筑前の国一ノ宮住吉神社の由緒には、新羅の都に国の鎮護として住吉の大神をお祭りしたと記されている。

三韓の歴史をみると、馬韓《ばかん》五四国を統一して百済《くだら》となり、辰韓《しんかん》一二国を統一して新羅《しらぎ》となったが、弁韓《べんかん》一二国は統一されていない。加羅の国は弁韓の領域にあり、新羅や百済に虫食い状態にされたのである。このとき天孫族は、朝鮮半島南部から追放され、福岡県糸島半島の井国（怡土国《いどこく》）へ下野したのである。その理由はわからないが、時期は二世紀初頭の頃である。それ以降、天孫族による朝鮮半島南部奪還の戦いは続き、四世紀初めに半島全域の三韓奪還に成功したのである。

中央集権の始まりを告げる神生み

伊邪那岐命《いざなぎのみこと》と伊邪那美命《いざなみのみこと》は、国生みが終わると神生《かみう》みを行う。

神生みとは素晴らしい言葉である。『古事記』はこれによって神話となったのだ。もちろん生まれたのは神ではない。ヒトが神など生めるわけがないのだから。

海人族は別天津神の御主《うしゅー》を頂点とした集団であったが、時代が進むにつれ、その勢力図は変わっていく。海人王《あまおう》も世襲というわけではなく、同じ天津神や別《わけ》、国つ神の有力氏族と共闘したり離反したりしながら、強い酋長が武力で奪取するのである。

『古事記』によると、二神は岩や土、家、海、風、木、山、川、野などを司る神々を次々に生んでいく。これが神話的演出であるのは言うまでもない。

別天津神の渡来から二〇〇〇年あまりが過ぎた神代七代の時代になると、全国各地に強大な国邑を築いた酋長が存在したのである。それは別天津神の別《わけ》の一族や「縄文後期に渡来したオーストロネシア語族」の末裔たちである。

そこで別天津神天常立神《あめのとこたちのかみ》の血を引く、本家の伊邪那岐命が全国統一に乗り出したのである。

『古事記』による神生みとは次のようである。

既《すで》に国を生み竟《お》へて、さらに神を生みき。かれ、生みし神の名は大事忍男神《おおことおしおのかみ》。……次に海の神、名は大綿津見神《おおわたつみのかみ》を生み、次に水門《すいと》の神、名は速秋津日子神《はやあきつひこのかみ》、次に妹速秋津比売神《いもはやあきつひめのかみ》を生みき。……次に風の神、名は志那都比古神《しなつひこのかみ》を生み、次に木の神、名は久久能智神《くくのちのかみ》を生み、次に山の神、名は大山津見神《おおやまつみのかみ》を生み。……次に大宜都比売神《おおげつひめのかみ》を生みき。次に火之夜芸速男神《ひのやぎはやおのかみ》を生みき。亦の名は火《ひ》之炫毘古神《のかがひこのかみ》と謂《い》ひ、亦の名は火之迦具土神《ひのかぐつちのかみ》と謂ふ。この子を生みしに因《よ》りて、みほと炙《や》かえて病《や》み臥《こや》せり。……

二神によって三五柱の神々が生まれたことになっている。そのうち、おもな神をご紹介しよう。

◉大綿津見神《おおわたつみのかみ》

『古事記』では海の神とされているが、「縄文後期に渡来したオーストロネシア語族」であり、志摩の国（福岡県怡土志摩半島）を開拓した国つ神である。天津神與止日女《よどひめ》と結婚し、後に対馬の君となる豊玉彦が生まれた。

志摩の国の大日孁貴《おおひるめのむち》である與止日女《よどひめ》は、後の天照大御神である。海神神《わたづみのかみ》、綿津見神《わたつみのかみ》三神はこの末裔である。

◉大山津見神《おおやまつみのかみ》

山の神とされているが、縄文後期に渡来したオーストロネシア語族であり、日向《ひむか》の国（鹿児島県）を開拓した国つ神である。吾田の神・阿多の神ともいわれる。大隅の隼人・阿多の隼人の御祖神である。大山祇神《おおやまつみのかみ》、山津見神《やまつみのかみ》はこの末裔である。

◉速秋津日子神《はやあきつひこのかみ》・速秋津比売神《はやあきつひめのかみ》

水戸《すいと》の神とされているが、豊の国（大分県）の別《わけ》の天津神である。のちにヤマトの国（奈良県）を開いた神である。

◉大気都比売神《おおげつひめのかみ》

稲・粟・養蚕・その他穀物の神とされているが、沖縄県粟国島の別の天津神である。粟の国＝阿波の国（徳島県）の神となっている。

◉火之迦具土神《ひのかぐつちのかみ》

火の神とされているが、伯伎《ほうき》の国（島根県安来市）を開拓した国つ神である。タタラ製鉄で一大勢力を築いている。

◉豊宇気毘売神《とようけひめのかみ》

高天原の穀物の神とされているが、天照大御神の食饌の神である。現在伊勢外宮（三重県）に祭られている。

◉建御雷之男神《たけみかづちのおのかみ》

御刀《みはかし》の神とされているが、常陸の国（茨城県）の別の天津神である。常陸の国一ノ宮鹿島神宮の神である。

つまり神生《かみう》みとは、結婚・出産により縁戚となり、また恭順《きょうじゅん》させて、伊邪那岐命が全国統一を成し遂げた経過を表しているのである。彼は、「縄文後期に渡来したオーストロネシア語族」の国つ神が開拓した国々を制したのである。

伊邪那岐命と伊邪那美命は、天孫族の礎《いしずえ》を築いた中興《ちゅうこう》の祖《そ》ともいえる。それは天孫を頂点とする「中央集権《ちゅうおうしゅうけん》」の始まりでもあった。この時が『古事記』風にいうと、初めて国土が定まった時といえる。この時代を本書では「伊邪那岐王権《いざなぎおうけん》」と呼ぶ。これが、日本で初めて誕生した王権である。

神生みを解く

学説では「二神の神生みの物語は、神名を羅列した系図型の神話であり、これらの神々によって、古代人の生活環境や農業経済を中心とする文化の状態をおぼろげながら知ることができる。伊邪那美命は大地母神の性格をもっているから、農業文化に特に関係が深いのである」などといっているが、私には意味不明である。

神話ではない。これらの神々は、それぞれの国邑に実在した酋長なのである。すべての国邑を比定するのは難しいが、神社の神様を手がかりとして、例を挙げて解説しよう。

たとえば、速秋津日子神とオナリ神妹速秋津比売神の夫婦神は、水戸《すいと》の神とされている。すなわち海峡《かいきょう》の神である。

水戸＝速吸門《はやすいと》＝速吸瀬戸《はやすいのせと》＝早水戸《はやすいと》＝水道《すいどう》＝海峡《かいきょう》である。潮の流れの速い海域である。

日本地図を開いてみると、大分県佐賀関半島と愛媛県佐田岬半島の間の海域を、速吸瀬戸または豊予《ほうよ》海峡《かいきょう》という。その南に下る海域は、豊後水道《ぶんごすいどう》である。また和歌山市と淡路島の間の海域を、友《とも》ヶ島《しま》水道または紀淡《きたん》海峡という。同じくその南は紀伊《きい》水道である。この他にも、関門海峡、早鞆の瀬戸、早水の戸、鳴門海峡、明石海峡など、さまざまな海峡がある。

速秋津日子神は、これらの海峡を治める海人族の首領で、豊予海峡を根城としていたのである。最も優れた航海術をもった海人族であるともいえる。また、海峡を通過する舟から通行料を取り立てていた猛者でもある。のちに、末裔の一部は倭寇《わこう》となっている。

『古事記』では、大八島の国生みで最後に生んだ島について、こう記されている。

　次に大倭豊秋津島《おおやまととよあきつしま》を生みき、亦の名は天御虚空豊秋津根別《あまつみそらとよあきつねわけ》という。

大倭＝ヤマトの国であり、豊＝豊の国（大分県）であり、秋津＝速秋津日子神である。別《わけ》は分家である。

つまり速秋津日子神の夫婦は、「豊《とよ》の君《きみ》」の別《わけ》の末裔だと言っているのだ。その夫婦が開拓した国邑が大倭＝ヤマト（奈良県）だと記しているのである。

『古事記』の国生みを読んで、ヤマトの国だけが大倭豊秋津島《おおやまととよあきつしま》というのに違和感を覚えていたが、こういう意味があったのだ。『古事記』はまことにうまく書けている。

もう少し詳しく見てみよう。『日本書紀』によると、神武東征《じんむとうせい》の項に次の記述がある。

その年冬十月五日に、天皇は自ら諸皇子・船軍を率いて東征《とうせい》に向われた。速吸之門《はやすいのと》（豊予海峡）においでになると、一人の漁人《あま》が小舟に乗ってやってきた。天皇は呼び寄せてお尋ねになり、「おまえは誰か」といわれた。答えて「私は土着の神で、珍彦《うずひこ》と申します。曲《わだ》の浦に釣りに来ており、天神の皇子がおいでになると聞いて、特にお迎えに参りました」という。また尋ねていわれる「おまえは私のために道案内をしてくれるか」と。「案内しましょう」という。

天皇は命じて、漁人に椎竿《しいさお》の先を差し出し、つかまらせて舟の中に引き入れ、水先案内《みずさきあんない》とされた。そこで特に名を賜《たまわ》って椎根津彦《しいねつひこ》とされた。これが倭直《やまとのあたい》らの先祖である。

『古事記』では、舞台が速吸門（明石海峡）となり、「名を賜ひて槁根津日子《さおねつひこ》と号《なづ》けたまひき。こは倭《やまとの》国造《くにのみやつこ》等の祖なり」とある。倭国造《やまとのこくぞう》ともいう。この珍彦《うずひこ》＝椎根津彦《しいねつひこ》＝槁根津日子《さおねつひこ》は、速秋津日子神の末裔なのである。珍彦《うずひこ》という名前についても諸説あるが、何のことはない、渦潮の渦彦《うずひこ》である。

倭国造《やまとのこくぞう》とは、ヤマトの国の中央部を支配した倭氏《やまとし》である。現在の奈良県天理市《てんりし》から磯城郡《しきぐん》、宇陀市《うだし》にかかる地域である。大倭国造、大和国造とも称した。氏神は大和坐大国魂《やまとにますおおくにたま》神社（奈良県天理市）である。

このとき、天皇の命にしたがい、大分県から奈良県まで水先案内をしたので、椎根津彦命《しいねつひこのみこと》は椎根津《しいねつ》彦《ひこ》神社（大分県大分市佐賀関）、保久良《ほくら》神社（兵庫県神戸市東灘区）の祭神として、今も祭られている。

さらに『古事記』による神生みでは、速秋津日子神の末裔たちについて次のように述べている。

この速秋津日子神《はやあきつひこのかみ》・速秋津比売神《はやあきつひめのかみ》の二の神、河海《かわうみ》によりて持ち別けて生みし神の名は、沫那芸《あわなぎの》神《かみ》、次に沫那美神《あわなみのかみ》、次に頰那芸神《つらなぎのかみ》、次に頰那美神《つらなみのかみ》、次に天之水分神《あめのみくまりのかみ》、次に国之水分神《くにのみくまりのかみ》、次に天之久《あめのく》比奢母智神《ひざもちのかみ》、次に国之久比奢母智神《くにのくひざもちのかみ》。

これは子を生んだのではなく、水先案内をした恩賞として賜った領土である。生まれたとされる神々はその国の首領である。ずいぶん広い領土を賜ったようであるが、神武東遷の際に協力した者は皆恩賞をもらっているのである。

一例を挙げると、『古事記』には、宇太水分《うだみくまり》神社の祖は弟宇迦斯《おとうかし》であると記されている。水分《みくまり》神社とは、天孫族が飛鳥に都を移したときに飛鳥の東西南北に創建したもので、四社ある。これを大和国水分《みくまり》四社《よんしゃ》という。そのうちの一社が宇太水分神社である。ミクマリとは水分《みずわけ》＝水配《みずくば》りの意である。水分神《みくまりのかみ》とは水利権を掌握した神、すなわち豪族ということである。

弟宇迦斯《おとうかし》とは、神武天皇の東遷の折、八咫烏《やたがらす》に先導されて熊野から奈良の宇陀《うだ》に入ったときに、その地を支配していた豪族の兄弟の弟のほうである。兄の兄宇迦斯《えうかし》は逆らって斬られたが、弟宇迦斯はことごとく協力した。

その恩賞として、弟宇迦斯は宇陀の水取《もひとり》の豪族となったのである。天皇は彼を身内の速秋津日子神の支配下においたということである。宇太水分神社の祭神は、天水分神《あめのみくまりのかみ》、国水分神《くにのみくまりのかみ》、速秋津日子神となっている。

このように、神社の神様をたどっていけば、『古事記』は解明されるのである。『古事記』はなんとすばらしい別《こと》の巻《まき》であろうか。神話でないことがおわかりいただけたであろうか。

タタラ製鉄を配する

伊邪那岐命と伊邪那美命の神生みによって生まれたほかの神々についても、同様のことがいえる。では、もう一人探ってみよう。

火の神である火之迦具土神《ひのかぐつちのかみ》を生んだとき、伊邪那美命は陰部に大やけどを負ってしまう。その苦しみのなかで、嘔吐物《おうとぶつ》や糞尿《ふんにょう》から、鉱山の神、土の神、灌漑《かんがい》の神、生産の神、食物の神などを生み落とし、ついに息絶えるのである。

次に火之夜芸速男神《ひのやぎはやおのかみ》を生みき。亦の名は火之炫毘古神《ひのかがひこのかみ》と謂ひ、亦の名は火之迦具土神《ひのかぐつちのかみ》という。この子を生みしに因りて、みほと炙《や》かえて病《や》み臥《こや》せり。たぐり（吐くとき）に成りし神の名は、金山毘古神《かなやまひこのかみ》、金山毘売神《かなやまひめのかみ》。

火之迦具土神は、伯伎《ほうき》（島根県安来市）の比婆山《ひばやま》＝火場山《ひばやま》のタタラ製鉄の神（酋長）である。製鉄所であるから比婆＝火場である。この場面は、伯伎の鉄をめぐる酋長との争いを描いたものである。火之迦具土神が謀反《むほん》をおこしたのだ。

火之迦具土神は、タタラ製鉄により大きな力をもっていたため、海人王の命令に従わなかったのである。

家来を連れてそれを戒めに行ったオナリ神の伊邪那美命は、返り討ちにあったのだ。吐くときに生んだ神が二人いる。金屋子《かなやこ》神社（島根県安来市）の祭神金屋子神《かなやこのかみ》、美濃の国一ノ宮南宮《なんぐう》大社（岐阜県不破郡垂井町）の祭神金山彦命《かなやまひこのみこと》である。

つまり、彼らは伊邪那美命の助太刀をした家来（酋長）ということである。

金屋子神は女神とされ、金山毘売神と同一神とされる。南宮大社はその末裔たちが開いた国である。

いずれも、鍛冶屋の神、鉱山の神、金属業の神である。

ここに伊邪那岐命《いざなぎのみこと》、佩《は》せる十拳剣《とつかのつるぎ》を抜きて、その子火之迦具土神《ひのかぐつちのかみ》の頸《くび》を斬りたまひき。
ここにその御刀《みはかし》の前《さき》に箸《つ》ける血、ゆつ石村《いわむら》に走り就《つ》きて成りし神の名は、……次に建御雷之《たけみかづちの》男神《おのかみ》、亦の名建布都神《たけふつのかみ》、亦の名は豊布都神《とよふつのかみ》……。

愛妻を殺された伊邪那岐命は怒り心頭に発し、日向の橘の小門の阿波岐原から伯伎へ駆けつけ、火之迦具土神の頸《くび》をはねたのである。このとき御刀《みはかし》から飛び散った血が付いて生まれた神が十六柱ある。この成敗《せいばい》に加勢した酋長たちである。このうち八神は日向の山津見神たちである。隼人族が加勢していたことを物語っている。

この火之迦具土神の物語は、伯伎の比婆山の製鉄所を天津神系が手中に収めたという話である。参加した酋長の数からすると相当大きな戦いであったことがわかる。

『記紀』には三つの鉄の争いの物語がある。吉備の鬼城山《きのじょうさん》における桃太郎の鬼退治、出雲の鳥髪山《とりかみやま》における須佐之男命《すさのおのみこと》の八俣《やまた》の大蛇退治《おろちたいじ》、そしてこの伯伎の比婆山における火之迦具土神の殺害である。

この三つの鉄をめぐる争いはいずれも、天津神系が勝利している。

このように、神話のように見えるが、その裏にあるのは生臭い欲のぶつかりあいである。戦国時代の武将たちとなんら変わりはないのだ。『記紀』は決して神話などではなく、史実なのである。

根の国訪問

火之迦具土神《ひのかぐつちのかみ》に殺された伊邪那美命は、比婆《ひば》の山＝火場《ひば》の山に葬られた。ここを黄泉《よみ》の国という。黄泉の国とは死後の世界のことである。

伊邪那美命を忘れられない伊邪那岐命は、黄泉の国まで追いかけていく。これは伊邪那美命の墓参りである。実際に生きている人間が死後の世界に行くのは不可能なことであるが、『記紀』では二人はそこで久しぶりに語り合うのである。

　ここにその妹伊邪那美命《いもいざなみのみこと》を相見《あいみ》むと欲して、黄泉国《よみのくに》に追《お》ひ往《い》きましき。ここに殿《でん》の縢戸《さしと》より出で向へし時、伊邪那岐命《いざなぎのみこと》語《かた》りて詔《の》りたまわく、「愛《うつく》しき我が汝妹《なにも》の命《みこと》、吾《あ》と汝《いまし》と作りし国、未《いま》だ作り竟《お》へず。かれ、還《かえ》るべし」とのりたまひき。

ところが黄泉の国の食べ物を食べた伊邪那美命は、異様な姿に変わっていたのだ。うじがたかり、頭にも胸にも手足にも、合わせて八種の雷神が取りついていた。死体の腐敗が進んでいたのである。見てはいけないと言われていたのに、ついつい覗《のぞ》き見《み》してしまった伊邪那岐命は、その恐ろしい姿に仰天してほうほうのていで逃げ出す。

怒った伊邪那美命は刺客《しきゃく》を差し向ける。伊邪那岐命は、髪飾りや櫛《くし》の歯、桃《もも》などを投げつけて必死に応戦。なんとか振り切ったものの最後に真打《しんうち》が登場した。

伊邪那美命自身が追ってきたのだ。伊邪那岐命は黄泉国の入り口である黄泉比良坂《よもつひらさか》を大岩でふさぎ、間一髪《かんいっぱつ》で追撃を絶ち切ったのである。

またその黄泉《よみ》の坂に塞《さや》りし石《いわ》は、道反之大神《ちがえしのおおかみ》と号《なづ》け、また黄泉戸《よみど》に塞《さや》ります大神とも言う。かれ、そのいわゆる黄泉比良坂《よもつひらさか》は、今出雲の国の伊賦夜坂《いふやさか》と言う。

『古事記』によると、伊邪那美命の亡骸《なきがら》は、出雲の国と伯《ほう》伎《き》の国との境の比婆《ひば》の山に葬られた。島根県安来市にある比婆山で、標高三三一メートルの山である。この山腹に伊邪那美命の神陵《しんりょう》古墳がある。ここが黄泉《よみ》の国《くに》である。

伊邪那美命を祭る揖夜《いや》神社（島根県松江市東出雲町揖夜）の近くに、黄泉比良坂はあった。

ここを訪れたのは梅雨時で、黄泉比良坂に着く頃から小雨

黄泉比良坂

が降り、ゴロゴロと雷までが鳴り出した。こわごわ写真を撮り終えると大慌てで車に飛び乗り、一目散に逃げげた。まるで黄泉の国へ引きずり込まれるような恐怖が走ったのだ。写真もピントがずれている。

伊邪那岐命に後事を託された三貴神

　ここを以《も》ちて伊邪那岐命《いざなぎのみこと》詔《の》りたまはく、「吾《あ》はいなしこめしこめき穢《きたな》き国に到りてありけり。かれ、吾《あ》は御身《みみ》の禊《みそぎ》せむ」とのりたまひて、筑紫《つくし》の日向《ひむか》の橘《たちばな》の小門《おど》の阿波岐原《あわきがはら》に到りまして、禊《みそ》ぎ祓《はら》へたまひき。

　伊邪那岐命も同じ思いだったにちがいない。必死の思いで逃げ帰り、筑紫（九州）の日向（南九州）の橘の小門の阿波岐原で禊ぎ祓いをした。

　このとき合わせて二六柱の神を生む。が、もちろん。男の伊邪那岐命に子を生めるわけがない。彼に恭順《きょうじゅん》した酋長たちである。

　初めに綿津見神《わたつみのかみ》三神と住吉神《すみよしのかみ》三神が生まれた。これらは海人族のなかでも強大な勢力を誇った一族で、現在は海の神、航海の守護神として祭られている。

綿津見神三神とは、底津綿津見神《そこつわたつみのかみ》、中津綿津見神《なかつわたつみのかみ》、上津綿津見神《うわつわたつみのかみ》である。

この三柱の綿津見神は、安曇連《あずみのむらじ》らが祖神ともちいつく神なり。かれ安曇連らは、その綿津見神の子、宇都志日金折命《うつしひかなさくのみこと》の子孫なり。

彼らの系譜をたどると、別天津神天之常立神《あめのとこたちのかみ》→神世七代神国之常立神《くにのとこたちのかみ》→神世七代神伊邪那岐命《いざなぎのみこと》（神生み）→国つ神綿津見神三神《わたつみのかみ》→安曇族《あずみぞく》となる。

母系をたどると、別天津神神産巣日神《かみむすひのかみ》→天照大御神《あまてらすおおみかみ》（縁戚）→国つ神大綿津見神《おおわたつみのかみ》→海神豊玉彦《とよたまひこ》→宇都志日金折命《うつしひかなさくのみこと》→安曇族《あずみぞく》となる。

綿津見神三神とは、大綿津見神、豊玉彦、宇都志日金折命の三人である。

綿津見神三神は志賀海《しかうみ》神社（福岡県福岡市東区志賀島）に祭られている。創建は明らかでないが、代々阿曇氏が祭祀を司る。

住吉神三神とは、底筒之男命《そこつつおのみこと》、中筒之男命《なかつつおのみこと》、上筒之男命《うわつつおのみこと》である。彼らの系譜をたどると、綿津見神三神と同じく別天津神天之常立神《あめのとこたちのかみ》→神世七代神国之常立神《くにのとこたちのかみ》→神世七代神伊邪那岐命《いざなぎのみこと》（神生み）→国つ神住吉神三神→住吉族となる。また住吉神三神の母系をたどれば、同じく別天津神神産巣日神にたどりつくのである。

住吉神三神の勢力範囲は、三大住吉神社のある、博多、下関、大阪である。壱岐、対馬を入れて住吉五座である。

彼らは「縄文後期に渡来したオーストロネシア語族」の国つ神である。

この後、生まれるのがとりわけ高貴な存在とされる、天照大御神《あまてらすおおみかみ》、須佐之男命《すさのおのみこと》、月読命《つくよみのみこと》の「三貴神《さんきしん》」である。


ここに左の御目《みめ》を洗ひたまう時成りし神の名は、天照大御神。次に右の御目《みめ》を洗ひたまう時成りし神の名は、月読命。次に御鼻《みはな》を洗ひたまう時成りし神の名は、須佐之男命。

……この時、伊邪那岐命大《いた》く歓喜《よろこ》びて詔《の》りたまわく、「吾《あ》は子を生み生みて、生みの終《はて》に三貴子《さんきし》を得《え》た」とのりたまひて、天照大御神に賜《たま》ひて詔《の》りたまわく、「汝命《いましみこと》は高天原を知らせ」と事《こと》依《よ》さして賜ひき。次に月読命に詔《の》りたまわく、「汝命は夜《よる》の食国《おすくに》を知らせ」と事依《ことよ》さしき。次に建速須佐之男命に詔《の》りたまわく、汝命は海原《あまばる》を知らせ」と事依《ことよ》さしき。


禊の最後に、伊邪那岐命が左目を洗うと天照大御神が、右目を洗うと月読命が、鼻を洗うと須佐之男命が成り出でた。三貴子を得たと伊邪那岐命はたいそう喜び、天照大御神には高天原を、月読命には夜の食国を、須佐之男命には海原《あまばる》を治めるように命じたのである。

三貴神は、多くの神々のなかでも別格の存在である。天照大御神は天津神であるが、須佐之男命と月読命は国つ神である。伊邪那岐命が三貴神に託した国は、それぞれ高天原＝井国（怡土国《いどこく》）、夜の食国＝

壱岐の国、海原《あまばる》＝対馬の国である。このことからも、対馬が重要な国だったことがわかる。

伊邪那岐命は伊邪那美命と協力してまず三五柱の神々を生み、伊邪那美命亡きあとも、一人で二六柱の神を生み出したのである。合わせて六一柱の神々である。この数によって、西日本・中日本全域を支配していることがわかるのである。

伊邪那岐王権の大八島の国の六一国の酋長の中で、三貴神は最も信頼され、後世を託された三人であるのは間違いない。伊邪那岐命は三貴神にこのように遺言したのち、伊弉諾《いざなぎ》神宮で永久《とわ》の眠りについたのである。

俗に、伊邪那岐命が生んだのだから、この三人は兄弟といわれているがそうではない。この頃はまだ天津神、国つ神が入り乱れて戦った群雄割拠《ぐんゆうかっきょ》の時代である。三人はとりわけ力のある王たちだったと考えられる。

天照大御神の出自については、『記紀』ではこの三貴子誕生以外の記録はないが、推察するに別天津神神産巣《かみむす》日神《ひのかみ》を祖とする天津神である。国つ神大綿津見神《おおわたつみのかみ》系の志摩の国（福岡県糸島市）の王となっている。この頃はまだ

淡路の国一ノ宮伊弉諾神宮（兵庫県淡路市多賀）

「與止日女《よどひめ》」と称していた。

須佐之男命は、国つ神大山津見神《おおやまつみのかみ》系の末裔である隼人族の阿多の国（鹿児島県いちき串木野市）の王である。彼が関係する神には「耳」や「八」が付くが、「耳」は太祖の大山津見神の国が『後漢書』にいう東鯷人《とうていじん》の儋耳《たんじ》の国であること、「八」は八俣の大蛇を退治したことに由来する。

月読命については、『記紀』では出自が全く不明である。推察するに筑紫の壹国《いちこく》（現・福岡県みやま市女山）の王だったのであろう。この国の大日孁貴《おおひるめのむち》が日御子《ひみこ》（卑弥呼）である。

ここで私は、非常に重要な問題に気がついた。天皇家は男系の万世一系の血族であったはずである。ところが三貴神《さんきしん》の男神は国つ神であるから、系列からはずれるのだ。別天津神天之常立神《あめのとこたちのかみ》から伊邪那岐命までは、確かに血縁関係にあるのだが……。ということは、伊邪那岐命には子供がいなかったのである。

そこで、須佐之男命の子である天之忍穂耳命《あめのおしほみみのみこと》を天照大御神の養子としたのである。これが次項の誓約《うけい》生みである。天之忍穂耳命は高祖（皇祖の祖）となり、五代末が神武天皇である。実は天皇家はここから始まっているのである。この後今上天皇まで、男系の万世一系の血族が続くのである。天皇家の男系の純粋な太祖は須佐之男命だったのである。それは隼人族の祖である大山津見神の末裔だったのだ。

さてこの後、伊邪那岐命の遺志を引き継いだ三貴神は、果たして自分の任務を全うできたのであろうか。

column 9

與止日女は天照大御神である

與止日女《よどひめ》は志摩の国（福岡県怡土志摩半島）の王大綿津見神《おおわたつみのかみ》の妻である。桜井神社（福岡県糸島市志摩桜井）に與止日女大明神として祭られている。

由緒によると、桜井神社は慶長一五（一六一〇）年の創始で、寛永九（一六三二）年に黒田藩主二代目黒田忠之公《ただゆきこう》によって創建された。

桧皮葺《ひわだぶ》きの屋根が特徴の三間社流造《さんげんやしろながれづくり》の本殿には、豪華で美しい極彩色の彫刻が施され、拝殿、楼門とも福岡県の文化財に指定されている。この神社の本殿の真後ろには「岩戸《いわと》宮《みや》」がある。また、参道の左手の石段を登ると、伊勢神宮の内宮と外宮を一体化した神明《しんめい》造《づく》りの「桜井大神宮《さくらいだいじんぐう》」がある。

神社略記によると、「桜井大神宮」は伊勢の神宮にならい、二〇年ごとに遷宮が行われ、慶応二（一八六六）年の第一三回の式年遷宮《しきねんせんぐう》を最後に今日に至っている。たいそう重みを感じさせる神社である。

與止日女（与止妃・淀姫ともいう）は、対馬の国一ノ宮海神《かいじん》神社の豊玉姫であるとも、また壱岐の国二ノ宮聖母宮《しょうもぐう》の神功皇后の妹ともいわれている。二人はいずれも天津神の大《おお》日孁貴《ひるめのむち》である。私は対馬の下宮《しもみや》神社に、豊玉姫＝淀姫玉妃命《よどひめたまひのみこと》との記載があることから、豊玉姫の祖先、祖母であると考える。

「岩戸宮」には、かつては大綿津見神が祭られていた。ところが暴風雨のある日、この岩戸宮の神窟《しんくつ》が開いて霊験あらたかな神が現れたのだという。これが與止日女大明神《よどひめだいみょうじん》であり、與止日女の嫁入りを示唆している。つまり、天津神與止日女と国つ神大綿津見神が結婚したのである。さらに一族は対馬の君豊雲野神と結婚し豊玉彦が生まれた。そして豊玉姫が生まれたのだ。

こうして天津神與止日女は、志摩の国のオナリ神となった。これ以降、武王の国つ神大綿津見神に代わって、司祭王の天津神與止日女を岩戸宮に祭るようになったのである。

私は、桜井大神宮は伊勢皇大神宮の「元宮《もとみや》」なのだと考える。ゆえに與止日女大明神は、伊勢皇大神宮の生前の天照大御神なのだ。

桜井神社

天照大御神と須佐之男命の王権争奪戦

誓約生みは海人王の後継者選び

『古事記』では、国生《くにう》みと神生《かみう》みに続いて、天照大御神《あまてらすおおみかみ》と須佐之男命《すさのおのみこと》の誓約生《うけいう》みが描かれる。この解釈については、諸説分かれるところである。

学説では、単なる誓約の神話であり、呪儀《じゅぎ》の神秘的な内容が語られていると解釈されている。だが、そんなわけはない。『古事記』は神話ではないのだから。

また、子を生んでいるのだから二神は結婚したというのが通説であるが、それも間違いである。

物語は次のように始まっている。

伊邪那岐命《いざなぎのみこと》の命令に従って、天照大御神と月読命《つくよみのみこと》はそれぞれの領地を治めた。だが須佐之男命だけは海原《あまばる》（対馬）の統治を放棄して、ひたすら泣きわめいていた。あまりの激しい泣き声に青々した山は枯れ、川や海は干上《ひあが》り、さまざまな災厄《さいやく》が地上に降りかかった。

かれ、伊邪那岐大御神、速須佐之男命に詔《の》りたまわく、「何の由《ゆえ》にか、汝《いまし》は事依《ことよ》さしし国を治《し》らさずして、哭《な》きいさちる」とのりたまひき。ここに答えてまをさく、「僕《あ》は妣《はは》の国根《ね》の堅洲国《かたすのくに》に罷《まか》らむと欲《おも》ふが故に哭《な》く」とまをしき。ここに伊邪那岐大御神、大《いた》く忿怒《いか》りて詔《の》りたまわく、「然《しか》らば汝《いまし》はこの国に住むべからず」とのりたまひて、すなわち神やらひにやらひたまひき。

たまりかねた伊邪那岐命が「なぜ泣いているのか」とたずねると、「亡き母のいる根の堅洲国に行きたい」と須佐之男命は訴えた。伊邪那岐命は激怒して、須佐之男命に追放命令を下したのである。須佐之男命は、天照大御神に事情を説明するために高天原《たかまがはら》に赴《おもむ》く。このとき、山川はことごとにどよみ、国土はみな揺れ動いた。当時、高天原は井国（怡土国・福岡県糸島市）の女原《みょうばる》にあった。我が国を奪いに来たと直感した天照大御神は、武装して待ち構え「何をしに来たのか」と問い詰めた。須佐之男命は、「邪心はありません。ただ哭《な》いている理由を説明しに来ただけです」と訴える。この須佐之男命の言葉は大嘘である。天照大御神の直観は当たっていたのだ。須佐之男命が泣きわめいていたのは、母が恋しいからではなく、怒り狂っていたのである。

自分の領土が対馬だけでは少なすぎる。天照大御神にかけあってなんとか陣地を奪い取ろうと、高天原に乗り込んだのだ。邪心満載である。天照大御神が武装して待ち受けたのは当然だったのだ。

ここに天照大御神詔《の》りたまわく、「然《しか》らば汝《いまし》の心の清く明《あか》きは、いかにして知らむ」、と詔《の》りたまひき。ここに速須佐之男命答えて曰《まを》さく、「各々《おのおの》うけひて子を生まむ」とまをしき。

二人は高天原の天《あめ》の安《やす》の河《かわ》をはさんで向き合った。まさに一触即発《いっしょくそくはつ》。そのとき、「誓約《うけい》を結んで互いに子を生む」という和解案が浮上したのである。これが誓約生《うけいう》みである。第一八代海人王須佐之男命と第一九代海人王天照大御神の和解《わかい》の誓約《せいやく》なのである。

「天照大神と須佐之男命」松本楓湖筆
（広島県立美術館蔵）

『古事記』の誓約生みの中身はこうである。
天照大御神は須佐之男命の十拳剣《とつかのけん》から三柱の女神を生む。これらの女神は、玄界灘の守り神宗像《むなかた》三女神である。宗像の国の海人族「宗像《むなかた》の君《きみ》」の大神であり、宗像大社（福岡県宗像市田島）の祭神である。宗像の国は天照大御神の支配地だったのである。
その女神とは次のようである。
◉多紀理毘売命《たきりひめのみこと》
筑前の国宗像《むなかた》大社沖津宮《おきつみや》の祭神。
◉市寸島比売命《いちきしまひめのみこと》
筑前の国宗像大社中津宮《なかつみや》の祭神。
◉田寸津比売命《たきつひめのみこと》
筑前の国宗像大社辺津宮《へつみや》の祭神。

一方、須佐之男命は天照大御神の勾玉《まがたま》から次の五柱の男神を生む。
◉天之忍穂耳命《あめのおしほみみのみこと》
英彦山《ひこさん》神宮（福岡県田川郡）の祭神。後に高祖（皇祖の祖）となる人である。
◉天之菩卑能命《あめのほひのみこと》
能義《のぎ》神社（島根県安来市）・天穂日命《あめのほひのみこと》神社（鳥取市福井）の祭神。出雲の国造・因幡の国造の氏神の祖神。

◉天津日子根命《あまつひこねのみこと》
丹波の国一ノ宮出雲大神宮（京都府亀岡市）の配祀神《はいしじん》。河内の国造・木の国造・山城の国造など多くの氏族の祖神。
◉活津日子根命《いくつひこねのみこと》
『記紀』に記録がなく詳細は不明である。おそらく右記の天津日子根命《あまつひこねのみこと》の子であろう。現在滋賀県活津日子根神社の祭神である。
◉熊野久須毘命《くまのくすひのみこと》
出雲の国一ノ宮熊野大社・紀伊の国熊野三山の熊野大神の祖神である。その後熊野大神は、須佐之男命とされている。

これら五男神の縄張りは定かではないが、いずれも須佐之男命が支配する国の酋長たちである。するると天照大御神はこう言うのである。

「五柱の男神は、私の勾玉から生まれたので私の子、三柱の女神は、あなたの剣から生まれたのであなたの子」

この言葉によって、それぞれが生んだ子（国）を交換したのである。また『日本書紀』によると、天照大御神は誓約のとき、次のように述べている。

「おまえにもし悪い心がないならば、おまえの生む子はきっと男だろう。もし男を生んだら私の子供として高天原を治めさせよう」

約束どおり天照大御神は男神をとり、日神（天照大御神）の子として高天原を治めさせた。さらに自分が生んだ三柱の女神を筑紫の国に降らせられ、こう教えた。

「お前たち三柱の神よ、海路の途中に降り居て、天孫を助けまつり、天孫のためにお祭りをされよ」

誓約生みが終わると、須佐之男命は「正勝吾勝《まさかつあかつ》」と大喜びする。正勝吾勝とは、「まさに勝った吾は勝った」という意味である。おまけに、天之忍穂耳命のフルネームは、正勝吾勝勝速日天忍穂耳命《まさかつあかつかちはやひあめのおしほみみのみこと》である。

身の潔白を証明できたから喜んだとされているが、そんなわけはない。

誓約生みとは、第二〇代海人王《あまおう》の後継者選びである。

須佐之男命は第一八代海人王であり、天照大御神は第一九代女海人王である。須佐之男命は、天照大御神に次のことを誓約させたのである。

「自分は亡き母のいる根《ね》の堅洲《かたす》の国《くに》で隠居します。ですから、次の海人王は我が子、五男神の中の誰かに継がせてほしい」

この誓約のとおり、五男神の一人、天之忍穂耳命《あめのおしほみみのみこと》は第二〇代海人王となっている。

すなわち誓約生みとは「養子縁組《ようしえんぐみ》」であり、縄張りの割譲《かつじょう》である。それぞれ生んだ子を養子・養女として交換したのである。なおここでいう天照大御神は、まだ與止日女《よどひめ》である。

我が子の王位継承の約束を取り付けた須佐之男命が、「正勝吾勝」と大喜びするのも当然だったのだ。

そのうえ、譲り受けた宗像の地は朝鮮半島との交易の足場として、また鉄のルートの一つである宗像から沖の島へのルート（北道《きたみち》）として、重要な拠点である。須佐之男命は素晴らしい先見性の持ち主であった。朝鮮半島との鉄の三道（北道・中道・南道）を独占したのである。

沖の島は、玄界灘《げんかいなだ》に浮かぶ周囲四キロメートルの孤島である。島全体がご神体とされ、今でも女人禁制である。古代の祭祀遺物や縄文・弥生の出土遺物は国宝に指定され、「海《うみ》の正倉院《しょうそういん》」と称されている。三柱の女神を手中にした須佐之男命は二重の「正勝吾勝」であったにちがいない。

宗像三女神が祭られている宗像大社《むなかたたいしゃ》（福岡県宗像市）の由緒によると、

皇室の御祖先であられます天照大御神の三柱の姫神様をお祭りしています。宗像大神はまたのお名前を「道主貴《みちぬしのむち》」と申し上げます。「貴《むち》」とは神に対する最も尊い呼び名で「最高の道の神」であるとも『日本書紀』に記されています。全国に

宗像大社

六千余社ある宗像神社の総本宮であります。裏伊勢ともいわれています。

宗像三女神を祭る宗像氏《むなかたし》とは、筑前の国の海洋豪族として、宗像地方から玄界灘全域に至る広大な海域を支配した古族である。大国主命《おおくにぬしのみこと》の神裔《しんえい》と伝えられる。宗形・胸形・胸方・胸肩とも表記される。

この誓約生みのキーパーソンは、なんといっても天照大御神の勾玉から須佐之男命が生んだ天之忍穂耳命である。

彼は天照大御神の養子となり、後に「豊《とよ》の君《きみ》」の娘萬幡豊秋津師比売命《よろずはたとよあきつしひめのみこと》を娶っている。豊後の国一ノ宮西寒多《ささむた》神社には夫婦仲良く祭られている。

天之忍穂耳命の領地は福岡県田川郡の英彦山《ひこさん》であるが、新居は天照大御神の治める井国《いこく》（怡土国・福岡県糸島市）の女原《みょうばる》の高祖山《たかすやま》である。ここで彦火明命《ひこほあかりのみこと》と邇邇芸命《ににぎのみこと》を生み、高祖《こうそ》（皇祖の祖）となったのである。

英彦山は古代より神体山として信仰されていた。社伝によると、祭神が日神の子であるから「日子《ひこ》山《さん》」と呼ばれるようになったという。

「縄文晩期に渡来した別天津神」が最初に開いた高天原である薩摩の国一ノ宮枚聞《ひらきき》神社には、この天之忍穂耳命を始め、誓約生みで生まれた五男神・三女神が祭られている。彼らから万世一系の天皇家が始まったのであるから、記念すべき地に祭られるのは当然なのである。

天の岩屋戸事件の真相

誓約生《うけいう》みで希望を叶え、宗像の地も手に入れたものの、須佐之男命はそれだけでは満足できなかった。調子に乗って高天原《たかまがはら》までも我がものにせんと企《たくら》んだのだ。隠居するという約束を反故にし、復権を狙ったのである。

しかし天照大御神もこれだけは許しがたく交渉は決裂。大日孁貴《おおひるめのむち》として君臨する天照大御神と宗像の国（福岡県宗像市）の王須佐之男命が、井国（怡土国）の高天原で激突したのである。

『古事記』によると、須佐之男命は田を荒らし、神殿に糞をまき散らし、狼藉《ろうぜき》のかぎりをつくした。さらに天照大御神が機屋《はたや》においでのとき、その機屋の棟に穴をあけ、まだら毛の馬の皮を逆さに剝ぎ取って穴から落とし入れたのである。機織女《はたおりめ》は驚いて梭《ひ》で陰部を突いて死んでしまった。

かれ、ここに天照大御神畏《かしこ》みて、天の岩屋戸を開きてさしこもりましき。ここに高天原皆暗く、葦原中国《あしはらなかつのくに》、悉《ことごと》に闇《くら》し。これによりて常夜往《とこやみい》きき。ここに万《よろず》の神《かみ》の声《おとなひ》はさ蠅《はえ》なす満ち、万《よろず》の妖《わざわひ》悉《ことごと》に発《おこ》りき。

有名な「天の岩屋戸事件」である。

これは天照大御神の負け戦を描写したものである。

「天の岩屋戸事件」とは、須佐之男命と天照大御神（與止日女《よどひめ》）の海人王同士の戦争なのである。いわば王権争奪戦である。天照大御神は敗れ、殺されたのである。

高天原の神々は天《あめ》の安《やす》の河原《かわら》の会議において、須佐之男命とその子五十猛命《いたけるのみこと》を新羅《しらぎ》へ追放し、天照大御神を海人《あま》の大御神《おおみかみ》、いわゆる「太陽神《たいようしん》」として祭ることを決めた。すなわち、太陽の妻＝與止日女が太陽神＝天照大御神となって蘇ったのである。これからのち、天照大御神は「八咫鏡《やたのかがみ》」というご神体として、大きな影響力を及ぼすようになる。

この天の岩屋戸事件によって、天照大御神を祭祀王として繁栄した井国（怡土国）は亡びた。紀元一三〇～一四〇年頃のことであった。詳しくは第四章で述べるが、この後、倭国は争乱の時代に突入する。これを「倭国大乱《わこくたいらん》」という。大乱は三〇～四〇年間続いたのである。これを制したのは一大国《いちだいこく》（壱岐）の王、三貴神の一人月読命《つくよみのみこと》であった。

実は「保食神事件《うけもちのかみじけん》」と呼ばれる出来事を機に、この頃、天照大御神と月読命は絶縁状態にあった。須佐之男命が追放されたとはいえ、もう高天原＝井国（怡土国）にはいられなかった。月読命に追われ、天照大御神の親衛隊は、ご神体となった八咫鏡を守って丹波《たんば》の国へ逃げた。

こうして天照大御神は、丹波の元伊勢皇大神社奥宮「天《あま》の岩戸《いわと》神社」（京都府福知山市内宮）にいったん祭られることになったのである。それは決して宮崎県にある「天岩戸《あまのいわと》神社」（西臼杵郡高千穂町）ではない。

二つの神社名の違いは「の」の有無である。

これを『記紀』では、天照大御神が天の岩屋戸におこもりになったと表現しているのである。その後八百万の神たちが天の安の河原に集いて、天照大御神をおびき出している様子が描かれる。

> 天宇受売命《あめのうずめのみこと》、天の香山の天の日影を手次《たすき》にかけて、天の真拆《まさき》を鬘《かづら》として、天の香山の小竹葉《ささば》を手草《たぐさ》に結《ゆ》いて、天の岩屋戸にうけ伏せ、蹈みとどろこし神懸《かみがか》りして、胸乳をかき出て、裳緒《もひも》をほとにおし垂れき。ここに高天原動《どよ》みて、八百万《やおよろず》の神《かみ》ともに咲《わら》ひき。
>
> そして天照大御神出ましし時、高天原も葦原中国も自《おのづか》ら照り明かりき——。

この描写は、それから長い時を経て、一〇代崇神《すじん》天皇（天皇在位一三年説で二六四年即位）が、丹波の国からヤマトの国へ天照大御神を呼び寄せ、御殿の磯城《しき》の瑞籬《みずがき》の宮《みや》に祭ったことを指している。このときの天照大御神の様子を描いたのが「羽衣伝説」である。

『古事記』の「天の岩屋戸事件」は、二神の戦いから羽衣伝説までの一三〇年あまりの歴史の流れを凝縮して伝えているのである。

学説はそのままワンシーンの出来事ととらえているので、神話となるのである。『古事記』は歴史書であり、すぐれたエンターテインメントなのである。

天の岩屋戸事件に現れた神は七柱である。これらの神々は天照大御神の親衛隊である。いずれも別天津神を祖とする末裔たちである。記されている神社名は現在のものであり、この当時の居場所は定かでない。

◉思金神《おもいかねのかみ》

高御産巣日神《たかみむすひのかみ》の子。伊勢神宮（内宮）で天照大御神とともに祭られている。

◉伊斯許理度売命《いしこりどめのみこと》

鏡作連《かがみつくりのむらじ》の祖神。岩山《いわやま》神社（岡山県新見市）の祭神。

◉玉祖命《たまのおやのみこと》

玉祖連《たまのおやのむらじ》の祖神。周防の国一ノ宮玉祖《たまのおや》神社（山口県防府市）の祭神。

◉天児屋命《あめのこやねのみこと》

中臣連《なかとみのむらじ》の祖神、筑前の国春日《かすが》神社（福岡県春日市）の祭神。

◉布刀玉命《ふとだまのみこと》

忌部首《いんべのおびと》の祖神、大和の国太玉命《ふとだまのみこと》神社（奈良県橿原市忌部町）の祭神。

◉天手力男命《あめのたじからおのみこと》

壱岐の国一ノ宮天手長男《あめのたながお》神社（長崎県壱岐市）の祭神。

◉天宇受売命《あめのうずめのみこと》

猿女君《さるめのきみ》の祖神、伊勢の国一ノ宮椿大神社《つばきおおかみのやしろ》（三重県鈴鹿市）の別宮椿岸《つばききし》神社の祭神。芸能の始祖神として厚く信仰されている。巫女の始祖ともいわれる。

その他次の神社で祀られている。
◉紀伊の国一ノ宮日前《ひのくま》神宮
相殿神に思金神、伊斯許理度売命。
◉紀伊の国一ノ宮国懸《くにかかす》神宮
相殿神に玉祖命、天宇受売命。
◉紀伊の国一ノ宮丹生都比売《にうつひめ》神社
祭神丹生都比売大神《にうつひめのおおかみ》。天照大御神の妹とされる。

column 10

保食神事件の顚末と農業の神様たち

『日本書紀』によると、『古事記』とは異なり、伊邪那岐命は天照大御神と月読命に、「二人で高天原を治めよ」と命じられた。ある日天照大御神に頼まれ、月読命は葦原中国の保食神《うけもちのかみ》を訪ねた。保食神は口から米や魚、獣などを出して、月読命をもてなした。ところが月読命は、「口から吐き出したものを私に食べさせようとするなんて」と怒り、剣で斬り殺してしまった。これを聞いた天照大御神は激怒して、「お前は悪い神だ。もうおまえには会いたくない」と月読命に言い渡されたのである。

このときから月読命は夜の世界を治めることになり、太陽と月は昼と夜とに分かれて出るようになったという。

保食神の死体の頭から牛馬が生まれ、額の上に粟が生まれ、眉の上に蚕が生まれ、目の中に稗が生じ、腹の中に稲が生じ、陰部に麦と大豆・小豆が生じたのである。これから初めて養蚕ができるようになったという。

一方『古事記』では、保食神は、大気都比売神《おおげつひめのかみ》となっており、殺したのは須佐之男命となっている。大気都比売神は、『古事記』では国生《くにう》みにおいて伊予之二名島《いよのふたなじま》（四国）の粟《あわ》の国《くに》＝阿波《あわ》の国（徳島県）の国名として登場する。その後、神生《かみう》みにおいては伊邪那岐命と伊邪那美命の間に生まれた子とされている。

また、稲の神であり天照大御神の「食饌《しょくせん》の神《かみ》」である豊宇気毘売神《とようけひめのかみ》は、現在豊受大神宮《とようけだいじんぐう》（伊勢の外宮）で祭られている。伊邪那岐命と伊邪那美命の尿から生まれた和久産巣日神《わくむすひのかみ》の子となっている。この時代、糞尿は田畑の肥やしであり農業の神ということであろうか。これらの神々は、いずれも「五穀《ごこく》と養蚕《ようさん》」の御祖神である。

沖縄県那覇市の北西六〇キロメートルに、「粟国島《あぐにじま》」がある。沖縄県島尻郡粟国村で一島一村の島である。かつては粟の産地として粟島《あわしま》と呼ばれ名前の由来となっている。

『古事記』によると、大気都比売神の死体に生えた五穀から、「かれ、ここに神産巣日《かみむすひ》の御祖命《みおやのみこと》、これを取らしめて種《たね》と成《な》したまひき」とある。神産巣日神は、別天津神《ことあまつかみ》である。すなわち大気都比売神は、先祖をたどれば粟国島《あぐにじま》出身の天津神だということである。ゆえに粟国島《あぐにじま》＝粟国《あぐに》＝粟《あわ》の国＝阿波《あわ》の国＝徳島県の神様なのである。

徳島県の有名な「阿波踊《あわおど》り」は「粟踊《あわおど》り」である。あの独特のリズムは粟国島の粟畑の粟穂《あわほ》が風に揺れているさまを表現しているのであろう。

稲羽の素菟は天照大御神の逃避行

大国主命《おおくにぬしのみこと》と稲羽《いなば》の素菟《しろうさぎ》の物語はよく知られている。しかしその真実は何も明かされていない。

この物語は『古事記』に語られた昔話、伝説であるといわれてきた。しかし今、史実であることを解き明かそう。

稲羽とは因幡《いなば》の国で現在の鳥取県東部である。

大国主命は大勢の兄神たちに従い、荷物持ちとしてどんじりを歩いていた。気多《けた》の岬まで来たとき、皮を剝《は》がれ丸裸で泣いている菟に出会った。素菟《しろうさぎ》は素っ裸の菟であり白い菟ではない。白菟《はくと》とは書かれていないのである。

大国主命が泣いている理由をたずねると、菟はこう答えた。

「私は淤岐島《おきのしま》にいてこちらに渡りたいと思ったのですが、渡る方法がないのでワニをだまして並ばせ、その上を踏んで渡ったのです。まさに海岸に着かんとしたとき、『お前たちは騙《だま》されたのだよ』と言ってしまい、怒ったワニに皮を剝ぎ取られたのです」

そのうえ大国主命の兄神たちに、潮水を浴びて風にあたって寝ていれば治るなどと教えられ、そのとおりにしたらますます傷だらけになったという。

哀れに思った大国主命は「真水で体を洗って蒲《がま》の花にくるまれば治るよ」と教えてやったのである。傷が癒《い》えて喜んだ菟は「あの八十神《やそかみ》たちではなく、あなたが八上姫《やかみひめ》を娶《めと》るでしょう」と大国主命に告げるのである。

『古事記』によると、稲羽の国は、須佐之男命の子で誓約《うけい》生みのとき、天照大御神の養子となった天《あめ》之菩卑能命《のほひのみこと》の子、建比良鳥命《たけひらとりのみこと》の国である。

また、建比良鳥命は、出雲国造《いずものこくぞう》、上菟上国造《かみつうなかみのこくぞう》、下菟上国造《しもつうなかみのこくぞう》、津島《つしまの》（対馬）県直《あがたのあたい》などの祖《おや》であるという。

淤岐島《おきのしま》は筑紫の宗像の沖ノ島である。天照大御神の子で、同じく誓約生みで須佐之男命の養女となった、宗像三女神の長女多紀理姫命《たきりひめのみこと》の坐す奥津宮《おきつみや》の島である。

そして、ワニ＝和邇《わに》氏で船である。

つまり高天原の井国（怡土国）を追われた天照大御神の一行は、宗像の沖の島から和邇氏（丸邇氏・和珥氏）の船で稲羽の国へと逃避したのである。

和邇氏はのちに奈良盆地北部の和珥《わに》地区の中央豪族となるが、祖は須佐之男命に通じる海人族である。日本地図を開くと対馬の北岸の津に鰐浦《わにうら》がある。和邇氏は鰐浦の海人の豪族なのである。前述のとおり、津島（対馬）県直と出雲国造の祖《おや》は、同じ建比良鳥命なのである。和邇氏は須佐之男命の息のかかった豪族である。

天照大御神の一行に冷たいのもすこぶる当然である。下船間際のトラブルは、ひょっとしたら無賃乗船かもしれない。

「あなた方を騙《だま》してすみません。実はお金がないのです」などと言ったので、身ぐるみ剥がされたのであろう。

すなわち稲羽の素菟は、親衛隊に守られ逃避行を続ける天照大御神だったのだ。もちろん御神体の八咫鏡である。戦いに敗れた天照大御神は、身も心も傷つき、無一文でまさに素っ裸の菟のようだったにちがいない。

そこに出雲の国からやってきた八十の神々と、大国主命《おおくにぬしのみこと》がたまたま通りかかったのである。兄神たちはそれぞれ稲羽の国の八上郡の豪族の娘、八上姫《やかみひめ》を娶りたいという野心を持っていた。今風に言うなら婚活であるが、『記紀』の結婚は体のいい侵略であった。まだ若い大国主命は、天照大御神とは知らずに慈悲深く振る舞ったのである。

その恩返しとして、天照大御神は八上姫にこの出来事を知らせ、大国主命はめでたく姫と結婚できたのである。のちに大国主命はこの国を治めるようになっている。

この白兎を祭っているのが、鳥取県鳥取市白兎海岸にある白兎《はくと》神社である。祭神は白兎神である。

素菟と白兎ではウサギの文字が異なる。白兎神社の鎮座地

白兎神社（鳥取県鳥取市白兎）

は身干山《みかんやま》という。ここで白兎が身を乾かしたといわれている。境内には白兎が体を洗った御身洗池《おみあらいいけ》がある。

創建は不詳であるが、かつては白兎《はくと》大明神と呼ばれていたこともある。本殿の土台石には、二八弁の菊の紋章が彫刻されており、皇室との関わりがあるのではないかといわれている。

また鳥取県八頭《やず》地方（河原町・智頭町・八頭町・若桜町）には、古来伝わる「白菟信仰《はくとしんこう》」がある。祭られている白菟《はくと》大明神は、波とたわむれている「波菟《なみうさぎ》」だ。これは珍しい。海の波ではなく、川の流れに歓喜する菟ではないか。近くを流れる私都川《きさいちがわ》、八東川《はっとうがわ》、千代川《せんだいがわ》によって豊穣をもたらす水の神である。

この白菟大明神は建比良鳥命《たけひらとりのみこと》である。または建比良菟命《たけひらとりのみこと》である。

この菟上国《うなかみのくに》または菟神国《うなかみのくに》がこの地方である。「菟神《うなかみ》」ゆえに菟を祭る神社が多いのである。

父の天之菩卑能命は、誓約生みで生まれた高天原の神で、天照大御神の命令で「葦原中国平定《あしはらなかつくにへいてい》」のため出雲に下るが、逆に大国主命の家来になってしまった神である。建比良菟命は、天照大御神の孫にあたるので、その縁を頼って一行はこの地に逃げてきたのであろう。

地元の八頭町《やずちょう》に残る慈住寺《じじゅうじ》記録や城光寺《じょうこうじ》縁起（現在青龍寺《せいりゅうじ》所蔵）では、次のように伝えられているという。

往古《おうこ》この地に、大日孁命《おおひるめのみこと》が降臨したとき、白菟が現れ大御神の裾《すそ》もをくわえて霊石山《れいせきざん》へ道案内した。白菟は月読命であり、その後これを白菟《はくと》大明神として祭る。それゆえこの霊石山には、天照大御神が冠を置いたという御冠石《みこいし》や、伊勢《いせ》が平《たいら》なる地名が残っている。

　このあと天照大御神は、因幡と但馬の国境にある高山を越えて東の方へ去っていった。そのとき、旭に輝く美しい山を見て日枝《ひえ》の山《やま》となづけた。これが今に言う氷ノ山《ひょうせん》である。

　霊石山は鳥取市河原町にある標高三三四メートルの山で、川向かいに川原城や鳥取自動車道の川原インターチェンジがある。その近くの川上に八上姫《やかみひめ》を祭る「売沼《めぬま》神社」（鳥取県鳥取市河原町）がある。祭神は稲羽八上比売命《いなばやかみひめのみこと》である。

　私が訪れたとき、青龍寺《せいりゅうじ》のご住職はお留守であったが、田植えの終わった田んぼの中の大木の陰に抱かれるように白菟神社（鳥取県八頭郡八頭町）はあった。頬をなでる涼風がとても心地よかったのを覚えている。稲羽の素菟は、この縁起と『古事記』の三つの出来事が時代を超えて混ざり合い、できたものであろう。

　三つの出来事とは、天照大御神一行の逃避行、大国主命の稲羽平定、建比良菟命を祭る白菟信仰である。

　実際、この後天照大御神の一行は、丹波《たんば》の国《くに》へ逃避行を続けているのである。因幡《いなば》・丹波《たんば》とは稲場《いなば》・田場《たんば》であり、天照大御神の食饌《しょくせん》の神豊受大神《とようけのおおかみ》が稲作をした水田のことである。因幡の国＝稲場の国および丹波の国＝田場の国は、天照大御神の足跡を残すゆかりの深い国といえる。

　高天原の井国（怡土国・福岡県糸島市）を追われ、因幡の菟上国《うなかみのくに》（鳥取県）の霊石山から氷ノ山を超えて、天照大御神の一行は丹波の国（兵庫県）にたどり着いた。そして、大江山連山の東南にある岩戸山《いわとやま》の麓《ふもと》に宮を構えたのである。

岩戸山は三角錐《さんかくすい》のたいへん美しい高千穂の峰である。これほど美しい山も珍しい。その谷の岩屋は巨岩に囲まれ、清らかな小川が流れている。その大岩の上に小さな祠《ほこら》がある。これが天《あま》の岩戸《いわと》神社である。岩戸山は同神社の御嶽《うたき》である。

岩戸山

天の岩戸神社

『古事記』による天照大御神の「天の岩屋戸隠《かく》れ」の場所は、この天の岩戸神社である。天照大御神が隠れるにふさわしい静謐《せいひつ》な雰囲気が漂っている。

『古事記』にいう永遠の暗闇が続いた期間は、私の計算では一三〇年あまりである。詳しくは後述するが、かなり長い年月である。

天照大御神は、この「皇大神宮奥宮《こうたいじんぐうおくみや》天の岩戸神社」にいったん祭られることになったのである。ここに雌伏《しふく》して雄飛《ゆうひ》の時を待ったのだ。

丹波の国に元伊勢《もといせ》が多いのはこのような経緯があったためだ。

元伊勢とは、伊勢神宮が創建されるまでの間、天照大御神のご神体である八咫鏡《やたのかがみ》を奉斎《ほうさい》した場所のことをいう。次のような神社がある。

元伊勢内宮皇大《こうたい》神社（福知山市内宮《ないく》）

皇大神宮奥宮天《あま》の岩戸《いわと》神社（福知山市岩戸山《いわとやま》）

元伊勢外宮豊受大神社《とようけのおおかみしゃ》（福知山市天田内《あまだうち》）

丹後国一ノ宮元伊勢内宮籠《この》神社（宮津市大垣）

元外宮比沼麻奈為《ひぬまない》神社（京丹後市峰山町）

二つの元伊勢の地名がそのまま内宮《ないぐう》であり、天田《あまた》であり、史実であることを物語っている。なお丹後半島の丹後の国は、のちに丹波の国から分離したものである。

『続日本紀《しょくにほんぎ》』には次の記録がある。和銅六（七一三）年夏四月、丹波の国の加佐・与佐・丹波・竹野・

熊野の五郡を割いて、はじめて丹後の国を設けた。股のぞきで有名な天《あま》の橋立《はしだて》も、海人《あま》の橋立《はしだて》であり籠《この》神社の境内であったという。海人族の勢力の大きさを表している。

column
11

八咫鏡を造らせた神とは？

和歌山県の日前《ひのくま》神宮と国懸《くにかかす》神宮は、なぜか一つの境内に二つの神社が同居している。日前神宮の御神体は日像鏡《ひがたのかがみ》、国懸《くにかかす》神宮の御神体は日矛鏡《ひぼこのかがみ》である。

これらの神社の由緒には諸説あり、御神体の鏡の主はよくわからないが、『日本書紀』では天の岩屋戸事件の項に日前神《ひのくまのかみ》が登場する。

「思兼神《おもいかねのかみ》が考え出されていわれるのに、大神の形を映すものを造って招き出しましょうと。そこで石凝姥《いしこりどめ》を工《たくみ》として、天香山《あめのかぐやま》の金《かね》を採《と》って日矛《ひぼこ》を造らせた。また鹿の皮を丸剝ぎにしてフイゴを造った。これを用いて造らせた神は紀伊の国においでになる日前神《ひのくまのかみ》である」

大神の形を映すものとは鏡であり、フイゴとは炉の送風機である。これを用いて造らせた神が日前神であるというのだ。石凝姥《いしこりどめ》は鏡作連《かがみつくりのむらじ》の祖神である。このとき、日矛鏡、日像鏡、八咫鏡《やたのかがみ》が造られたのである。二つの鏡は八咫鏡の前御魂《さきみたま》であるといわれている。日前神宮の日像鏡、国懸神宮の日矛鏡は、伊勢神宮の八咫鏡と同等のものとされる。ゆえに共に最も格式の高い神宮で祭られているのである。

八俣の大蛇は環境被害を受けた農民・漁民たち

一方の須佐之男命《すさのおのみこと》は八俣《やまた》の大蛇《おろち》伝説を残している。天《あま》の岩屋戸《いわやと》事件の後、高天原の井国（怡土国）から朝鮮半島の新羅《しらぎ》へ追放された須佐之男命と五十猛《いたけるの》命《みこと》は、しかるのち、出雲の五十猛浜《いそたけはま》（島根県大田《おおだ》市五十猛町）へ舞い戻ったのである。このように地名として、今もしっかり残っている。

彼らはそこから肥之川《ひのかわ》の上流鳥髪《とりかみ》の地へ上がった。現在の島根県雲南《うんなん》市で、踏鞴製鉄《たたらせいてつ》が盛んな地域である。

『古事記』によると次のようである。

かれ避追《やら》はえて、出雲の国の肥《ひ》の河上《かわかみ》、名は鳥髪《とりかみ》という地《ところ》に降《くだ》りましき。この時、箸《はし》その河より流れ下りき、ここに須佐之男命、人その河上《かわかみ》にありと以為《おも》ほして、尋ね覓《ま》ぎ上《のぼ》り往《ゆ》きたまえば、老夫《おきな》と老女《おみな》と二人ありて、童女《おとめ》を中に置きて泣けり。ここに「汝達《いましたち》は誰《たれ》ぞ」と問ひたまき。

須佐之男命は、川上で娘を間に置いて泣いている老夫婦に「あなた方は誰か」と聞いた。すると二人は、国つ神大山祇神《おおやまつみのかみ》の子で夫は足名椎《あしなづち》、妻は手名椎命《てなづちのみこと》と名乗った。娘は櫛名田姫《くしなだひめ》という。二人は日向《ひむか》の大隅の隼人の末裔である。

泣いているわけを聞くと、「高志《こし》の八俣《やまた》の大蛇《おろち》が年毎《としごと》に来て、娘を食らう。今年もその来るべき時なので泣いている」と訴えた。

そこで須佐之男命は八俣の大蛇に酒を振る舞うように二人に指示し、酔わせたところで十拳剣《とつかのけん》をもってみごと退治した。酒を飲ませて酔わせて討つのは、『記紀』の常套手段《じょうとうしゅだん》である。大江山の鬼退治も熊襲退治も同様である。

しかしながら、八俣の大蛇なんぞが実在するわけがない。『古事記』は神話ではないのだ。では八俣の大蛇とは何者なのか。

八俣の大蛇とは高志《こし》（古志）の郷《さと》をふくむ神門郡八郷《かんどぐんはちごう》の農民・漁民たちのことである。「娘を食らう」とは、彼らが鉄剣や農具などの鉄製品を強奪するという意味である。

毎年彼らがやって来るのには理由がある。それは紛争解決のための集団交渉なのである。交渉は毎回決裂し、怒った彼らは代償としてこれらの製品を持ち帰ったのである。では、その紛争とは何か。

『出雲風土記』によると、出雲八郡の一つ「神門郡《かんどぐん》」には八郷がある。朝山郷、日置郷、監治郷、八野郷、高岸郷、「古志郷《こしのさと》」、滑狭郷、多伎郷である。

日本地図を開いてみると、神門郡は肥之川の最下流の地域である。この頃の河口は現在の宍道湖《しんじこ》とは異なり、反対側の日本海側である。上流での製鉄業が真っ赤な汚染水《おせんすい》を垂れ流すため、下流域の漁猟や稲作は甚大な被害をこうむっていたのである。大変な環境破壊である。当然、上流域と下流域では日常的にトラブルが発生していたのだ。

「八俣の大蛇の形はいかに？」と須佐之男命が問うた。

「その目は赤かがちの如くして、身一つに八頭《やかしら》八尾《やお》あり、またその身に蘿《つた》と檜《ひのき》と椙《すぎ》と生ひ、その長《たけ》は峪八谷《よくやたに》・峡八尾《きょうやお》に渡りて、その腹を見れば悉《ことごと》に血に爛《ただ》れたり」とまおしき。

なんと巧みな表現であろうか。蘿《つた》と檜《ひのき》と椙《すぎ》が生い茂った八つの谷、八つの尾根に渡って流れる川は、血がただれたような有様であるという。これはまさに、製鉄業の赤水で汚染された山川の姿である。「俣」という字は、川筋や道の分かれ目という意味である。

加害者は製鉄業側である。八俣の大蛇の正体は、被害者の農民・漁民たちである。

須佐之男命が酒に酔わせて退治したというのは、酒肴《しゅこう》を提供して話し合いによる円満な解決を図ろうとしたが決裂し、多少暴力的な手段を講じて黙らせたということであろうか。

前にも述べたように、これは『記紀』における三つの鉄の争いの物語なのである。

吉備の鬼城山《きのじょうさん》における、桃太郎の鬼退治

伯伎《ほうき》の比婆山《ひばやま》における、火之迦具土神《ひのかぐつちのかみ》の殺害

出雲の鳥髪山《とりかみやま》における、須佐之男命の八俣《やまた》の大蛇退治《おろちたいじ》

正義のほどはわからないが、吉備では渡来系の温羅氏《うらし》の製鉄業が破れ、伯伎《ほうき》では同じく製鉄業の火之迦具土神が破れ、出雲では天津神系の製鉄業が勝ったのである。つまり、いずれも天津神系が勝ったということである。鉄が欲しい天津神が、次々に製鉄業を支配下に収めているのである。

すなわち、八俣の大蛇退治とは、須佐之男命が、集団で損害賠償《そんがいばいしょう》を求めてくる神門郡八郷の農民、漁民たちとの争議を解決し、出雲《いずも》を平定《へいてい》したという物語なのである。

その後、須佐之男命は櫛名田姫を娶り、新居《しんきょ》の須賀《すが》の宮《みや》を建てて歌を詠んだ。『古事記』では次のように続いている。

> かれ、ここをもちてその速須佐之男命、宮造るべき地《ところ》を出雲の国に求《も》ぎたまひき。ここに須賀《すが》の地《ところ》に至りまして詔《の》りたまわく、「吾《あ》はここに来て、我が御心《みこころ》すがすがし」とのりたまひて、そこに宮を作りて坐《いま》しき。かれ、そこは今に須賀《すが》といふ。この大神、初めて須賀宮《すがのみや》を作りたまひし時、そこより雲たちのぼりき。ここに御歌を作《よ》みたまひき。
>
> 八雲立《やくもた》つ、出雲八重垣《いずもやえがき》、妻ごみに、八重垣作る、その八重垣を

これが日本で最初の和歌だという。須我《すが》神社（島根県雲南市大東町須賀）には立派な句碑が建っている。

そしてこの国を、義父母の足名椎、手名椎命に治めさせ、稲田宮主須賀之八耳神《いなだのみやぬしすがのやつみみのかみ》と名乗らせた。

彼らには八人の娘がいた。櫛名田姫はその末娘である。この姉妹の末裔には飛鳥時代の大物、蘇我氏《そがし》がいる。聖徳太子＝厩戸豊聡八耳命《うまやとのとよとやつみみのみこと》の母である穴穂部間人王《あなほべのはしひとのみこ》も蘇我氏の血を引いている。彼女は三一代用明《ようめい》天皇の后である。

また酒呑童子のモデルとなった玖賀耳之御笠《くがみみのみかさ》や、初代神武《じんむ》天皇の大后となった姫蹈鞴五十鈴姫命《ひめたたらいすずひめのみこと》も同様に、稲田宮主須賀之八耳神《いなだのみやぬしすがのやつみみのかみ》の娘たちの末裔である。蹈鞴《たたら》とは蹈鞴製鉄にゆかりのある名である。ゆえに神武天皇の三人の御子の名も、日子八井命《ひこやいのみこと》、神八井耳命《かむやいみみのみこと》、神沼河耳命《かみぬなかわみみのみこと》という。

実は、須佐之男命が大蛇を切ったとき尾から出たという剣は、稲田宮主須賀之八耳神《いなだのみやぬしすがのやつみみのかみ》が制作したものである。彼らが作った剣の中から選ばれた一品で、天叢雲剣《あめのむらくものつるぎ》またの名を草薙剣《くさなぎのつるぎ》という。正統な帝の証となる三種《さんしゅ》の神器《じんぎ》の鏡《きょう》・玉《ぎょく》・剣《けん》の一つである。

この剣を作った稲田宮主須賀之八耳神の末裔が、高位につくのはごく自然のなりゆきである。国つ神であるゆえ『記紀』に記録は残らないが、八耳神《やつみみのかみ》として登場していたのだ。彼らは大山祇神という阿多の隼人の神である。ここにも「縄文後期に渡来したオーストロネシア語族」の末裔がいたのである。このように、国つ神は天孫族より先に、奥地へ奥地へと国邑を開いたのである。

「八」や「耳」や「蛇」に関係する神様は、皆この末裔たちである。須佐之男命の本家か別《わけ》の一族である。そして出雲の国も、隼人族の支配する国となったのである。

須佐之男命は草薙剣を天照大御神に献上した。その剣は現在、尾張の国熱田《あつた》神宮（愛知県名古屋市熱田区）に祭られているという。しかし目にした者はいない。

また大蛇を退治した十拳剣《とつかのけん》は布都御魂剣《ふつのみたまのつるぎ》といわれ、備前の国一ノ宮石上布都魂《いそのかみふつのみたま》神社（岡山県赤磐市石上）の御神体であったが、今は大和の国石上《いそのかみ》神宮（奈良県天理市布留町）に祭られている。

須佐之男命は、出雲八郡を平定した後、妻櫛名田比売が生んだ子八島士奴美神《やしまじぬみのかみ》の四世孫の大国主命に国譲《くにゆず》りし、須佐《すさ》神社で余生を送っている。その後、大国主命が出雲大王国を築くのは歴史の語るとおりである。

『記紀』のおもな登場人物は、別天津神の血統が途絶えた伊邪那岐命の後は、須佐之男命の三人の系統にまとめられている。高祖天之忍穂耳命系、妻櫛名田比売系、義父稲田宮主須賀八耳神系の末裔たちである。

須佐神社（島根県出雲市佐田町須佐）

column
12

『記紀』の主役の一人須佐之男命

須佐之男命は「木の神」といわれている。木の神＝紀の神であり、出雲（島根県）の熊野山の神様であり、また紀州（和歌山県）の熊野三山の神様である。ゆえに「熊野の大神さま」という。

神社史『熊野の大神さま』によると、全国の素戔嗚尊《すさのおのみこと》奉祀神社の総計は、一万四二三四社である。ことに多いのは、山陰、山陽、四国地方だ。彼の支配した地域である。

『出雲風土記』には、出雲の熊野大社の南方にある標高六一〇メートルの熊野山に、熊野大社の「元宮」があると記されている。毎年五月に、この山の磐座で元宮祭が行われているという。また、同神社の鑽火祭《さんかさい》など、春夏秋冬に斎行される大祭からも、古社であることがわかる。

『日本書紀』には次のような記述がある。

「須佐之男命がいわれるのに、『韓郷《からくに》の島（加羅の国）には金銀がある。もし我が子の治める国に船がなかったらよくないだろう』と。そこで髯《ひげ》を抜いて放つと杉の木となった。胸の毛を抜いて放つと桧《ひのき》になった。尻の毛は槇《まき》の木になった。眉の毛は樟《くすのき》になった。そしてその用途をきめられていわれるのに、『杉と樟この二つの木は舟を作るのによい。桧は宮をつくる木によい。槙は現世の国民の寝棺を造るのによい。そのための沢山の木の種子を皆播《ま》こう』と。この須佐之男命の子を名づけて、五十猛命《いたけるのみこと》という。妹の大屋津《おおやつ》姫命《ひめのみこと》、次に枛津《つまつ》姫命《ひめのみこと》この三柱の神がよく種子を播いた。紀伊の国にお祭りしてあると」

大変親孝行な子供たちである。ゆえに紀州の熊野本宮大社は、出雲の国一ノ宮熊野大社から勧請されたものであろう。どちらの祭神も須佐之男命である。

ところで、須佐之男命が誓約《うけい》生《う》みのとき、泣きわめいて行きたいと訴えた「根の堅州の国」とはどこなのだろうか。この国の解釈および比定地については、諸説分かれるところである。黄泉《よみ》の国《くに》と同じで、地の底にある異郷という説もあるが、そうではない。

奄美大島や徳之島、種子島では、「根《ね》」とは先に開かれた地域という意味で「元《はじめ》」と同意語である。ゆえに根の国とは、「根《ね》の木国《きのくに》」であり、「元の木国」である。ゆえに出雲の国（島根県）ということになる。木の国はまた「葉《は》の木国《きのくに》」ともいう。これは次にできた木の国ということであるから紀の国（和歌山県）である。

伊邪那美命の亡骸《なきがら》は根の木国に埋葬されたのである。これが根の堅州の国である。

第三章

いちかばちかの神武東征

天照大御神の命を受け、希望と不安を胸に邇邇芸命は出立した。
このとき、密かに旅立った若者がもう二人いた。
彼らの末裔たちは多くの苦難を乗り越え、ついにヤマトの国を築いた。
国譲りから天孫降臨、そして神武東征、天皇即位までの道のりは
『記紀』のハイライトともいえる。
その真実が、今明らかになる。

出雲大社は国譲りの交換条件

多くの逸話を残した出雲の英雄大国主命

『古事記』によると、国土開発の神、大国主命《おおくにぬしのみこと》は、須佐之男命《すさのおのみこと》が刺国若姫《さしくにわかひめ》を娶《めと》り生みし子、となっており、須佐之男命の五代《ごだい》の孫となっている。また『日本書紀』には、六代の孫が大己貴命《おおあなむちのみこと》であるとの記述がある。大己貴命は大国主命の別名とされている。

須佐之男命は、日向《ひむか》の国の国つ神大山津見神《おおやまつみのかみ》の末裔であり、隼人族の祖でもある。ゆえに前章の八俣大蛇の項で述べたように、同じく大山津見神の子、足名椎《あしなづち》、手名椎命《てなづちのみこと》の娘、櫛名田比売《くしなだひめ》を娶っている。

さらにその子、八島士奴美神《やしまじぬみのかみ》も、大山津見神の娘木花知流比売《このはなのちるひめ》を娶っている。

こうして系譜に示すごとく、須佐之男命は大国主命や事代主命を始め、国つ神の太祖となっている。

また、大国主命は、宗像の奥つ宮の神、多紀理毘売命《たきりひめのみこと》を娶っており、宗像との血縁が深い。

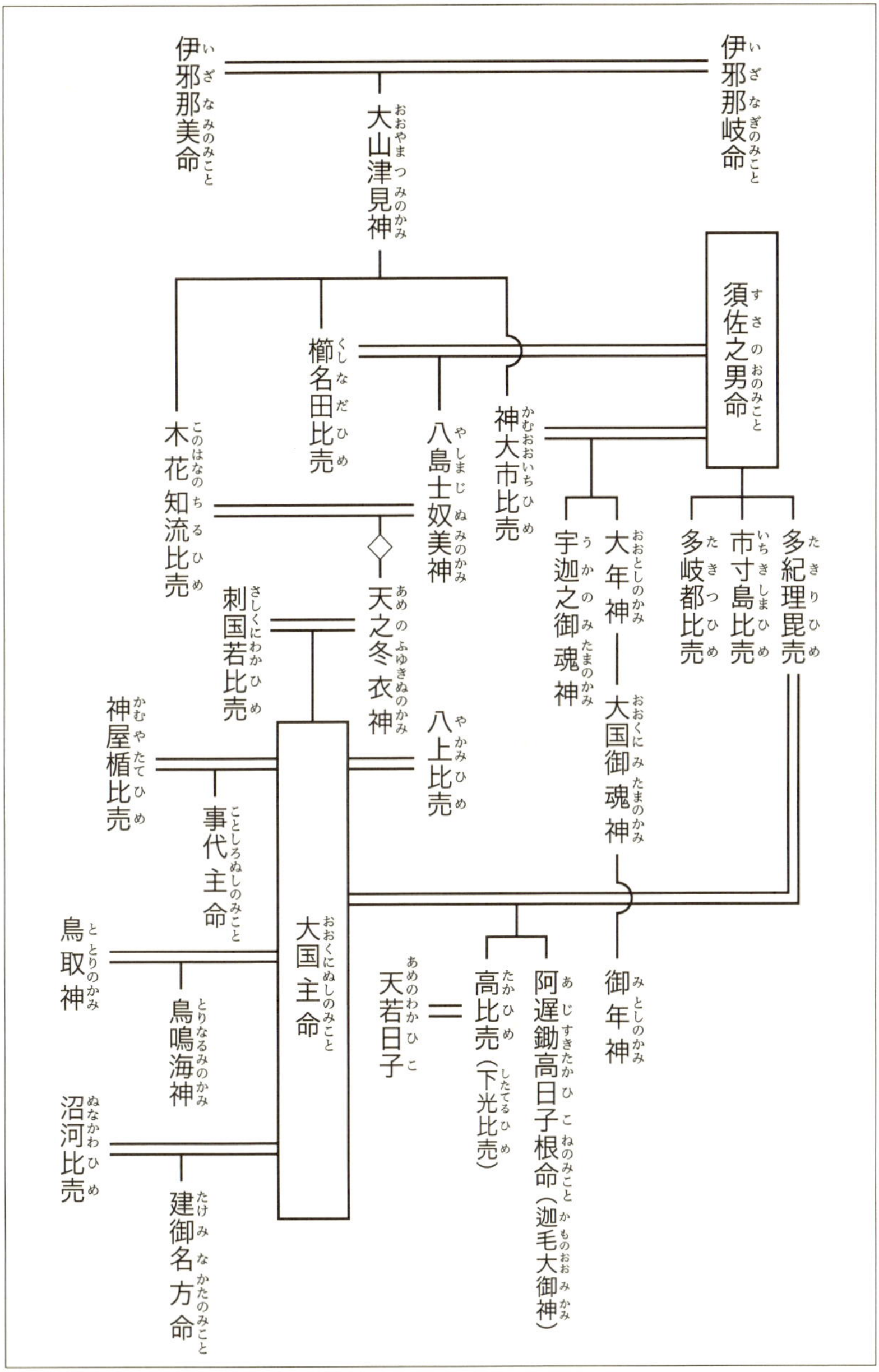
伊邪那岐命《いざなぎのみこと》
伊邪那美命《いざなみのみこと》
大山津見神《おおやまつみのかみ》
須佐之男命《すさのおのみこと》
櫛名田比売《くしなだひめ》
神大市比売《かむおおいちひめ》
木花知流比売《このはなのちるひめ》
八島士奴美神《やしまじぬみのかみ》
多紀理毘売《たきりひめ》
市寸島比売《いちきしまひめ》
多岐都比売《たきつひめ》
大年神《おおとしのかみ》
宇迦之御魂神《うかのみたまのかみ》
天之冬衣神《あめのふゆきぬのかみ》
刺国若比売《さしくにわかひめ》
八上比売《やかみひめ》
神屋楯比売《かむやたてひめ》
事代主命《ことしろぬしのみこと》
大国主命《おおくにぬしのみこと》
大国御魂神《おおくにみたまのかみ》
鳥取神《ととりのかみ》
鳥鳴海神《とりなるみのかみ》
沼河比売《ぬなかわひめ》
建御名方命《たけみなかたのみこと》
天若日子《あめのわかひこ》
高比売《たかひめ》（下光比売《したてるひめ》）
阿遅鉏高日子根命《あじすきたかひこねのみこと》（迦毛大御神《かものおおみかみ》）
御年神《みとしのかみ》

大国主命には異名が多く、またの名を大穴牟遅神《おおなむぢのかみ》、またの名を葦原色許男神《あしはらしこおのかみ》、またの名を八千矛神《やちほこのかみ》、またの名を宇都志国玉神《うつしくにたまのかみ》、またの名を大物主命《おおものぬしのみこと》という。すべて合わせると一五以上あるという。

これらは皆、間違いなく大国主命の末裔たちであるが、『記紀』ではその系譜が定かでなく、大国主命と同人とされていることが多い。

『古事記』によると、大国主命は、須佐之男命から出雲八郡を譲り受けた後、日本海沿岸を東上し、ヤマトにかけて国邑を開いた。そしてついに、大出雲王国を築いたのである。その道中で、さまざまな逸話を残している。

伯耆《ほうき》の国では「伯耆《ほうき》大山《だいせん》大神山《おおかみやま》神社、須勢理毘売《すせりひめ》物語」、因幡《いなば》の国では「白兎神社、八上姫《やかみひめ》物語」、越《こし》の国では「糸魚川奴奈川《ぬなかわ》神社、沼河姫《ぬなかわひめ》物語」、纏向《まきむく》の国では「御諸山《みもろやま》大神《おおみわ》神社、倭迹迹日百襲姫《やまとととひももそひめ》物語」などなど。

妃は不明多数にして一八一人の子どもがいたという。大王の証である。

奈良盆地の纏向《まきむく》の国の大神《おおみわ》神社（祭神大物主大神、奈良県桜井市）は、私見であるが伯耆大山の大神山神社（祭神大穴牟遅神、鳥取県西伯郡大山町）から勧請されたものであろう。大神山の「山」が省略されて大神神社となったものと考えられる。元は大三輪神社（祭神大三輪大神）であったが、一〇代崇神《すじん》天皇七（天皇在位一三年説で二七一）年のとき、大国主命の末裔、大物主大神《おおものぬしのおおかみ》を祭るようになり、改名したものである。

大神山神社は、標高一七一一・九メートルの大山《だいせん》にあり、『出雲風土記』に伯耆の国の大神岳《おおかみたけ》として出てくる。大神岳は別名大神山ともいわれ、この大神山の「神」が省略されて、平安時代に大山となったといわれている。

伊耶佐浜の政治取引

さて『古事記』による、大国主命の「国譲《くにゆず》り」は難解である。

大国主命は、数々の試練を乗り越え、国造りを終えた。これを見た天照大御神《あまてらすおおみかみ》は、我が子が統治すべきと考え、使者を派遣し大国主命に国譲りを迫る——。

ここに登場する天照大御神は、もちろん「八咫鏡《やたのかがみ》」となった天照大御神である。大国主命は須佐之男命の五代《ごだい》の孫であるから、天の岩屋戸事件から相当の年月が流れている。『古事記』による国譲りの経緯はこうである。

天照大御神の命《みこと》以《も》ちて「豊葦原《とよあしはら》の、千秋長五百秋《ちあきながいほあき》の水穂国《みずほのくに》は、わが御子《みこ》、正勝吾勝勝速日《まさかつあかつかちはやひ》天《あめの》忍穂耳命《おしほみみのみこと》の知らす国なり」と言よさしたまひて天降《あまくだ》したまひき。

天照大御神は、我が御子天忍穂耳命《あめのおしほみみのみこと》に葦原中津国《あしはらなかつのくに》を治めさせようと思い、大国主命の治める出雲の国に使者を送る。初めに天菩比神《あめのほひのかみ》、次に天若日子《あめのわかひこ》を遣わすが失敗する。逆に大国主命の家来になってしまったのである。この天若日子は大国主命の娘、下照比売《したてるひめ》と結婚している。最後に送り込んだ、建御雷命《たけみかづちのみこと》と天鳥船神《あめのとりふねのかみ》は、大国主命とその二人の子、事代主命《ことしろぬしのみこと》と建御名方命《たけみなかたのみこと》に、武力で国譲りを迫り、ようやく成功させた。

そのときの様子はこうである。

出雲の国の伊耶佐《いざさ》の小浜に降《ふ》り到《いた》りて、十掬剣《とつかのつるぎ》を抜き、逆《さか》さに浪《なみ》の穂《ほ》に刺し立て、その剣の前に趺《あぐ》み坐《いま》して、その大国主命に問《と》うて言《の》りたまわく、「汝《いまし》のうしはける葦原中津国《あしはらなかつのくに》は、我が御《み》子《こ》の知《し》らす国と言依《ことよ》さしたまひき。かれ、汝《いまし》の心如何《いか》に」とのりたまひき。

(古事記)

するとと、なぜか大国主命は自分では答えず、子の事代主命に返答させるのである。出雲の美保の崎で釣りをしていた、美保《みほ》神社（島根県松江市美保関町）の祭神事代主命は、帰ってきて父に次のように語った。

「恐《かしこ》し、この国は天津神の皇子《みこ》に立奉《たてまつ》らん」

(日本書紀)

「今回の天津神の仰せごとに、父上は抵抗されぬのがよいでしょう。私も仰せに逆らうことはしません」

なんと、あっさり国譲りを承諾したのである。そして乗ってきた船を踏み傾け、その中に隠《こも》ってしまったのだ。何か後ろめたいことでもあったのだろうか。

一方、次男の建御名方命《たけみなかたのみこと》は、異を唱え「誰ぞ我が国に来て忍び忍びかくもの言う、しからば力競《ちからくらべ》をせむ」と勝負するが、建御雷命《たけみかづちのみこと》に敗れたのである。

これが今日の「相撲《すもう》」の始まりだといわれている。

彼は信濃の国の諏訪の海（長野県の諏訪湖）に逃げたものの、とうとう追い詰められて曰く、

「恐《かしこ》し、わが父大国主神の命《めい》に違《たが》はじ。八重事代主神《やえことしろぬしのかみ》の言《こと》に違はじ。この葦原中津の国は、天津神の御子の命《みこと》のままに献《たてまつ》らむ」

建御名方命は、永遠に今日に至るまで諏訪の海（諏訪湖）を出ないと誓ったのである。

旧暦一〇月を「神無月《かんなづき》」という。これは全国の神様が出雲大社に集まり、出雲以外には神様がいなくなるのでこの名がある。しかし建御名方命は、この月にも諏訪《すわ》大社（長野県諏訪市）を出ないため、長野県の諏訪周辺は「神在月《かみありづき》」という。

建御名方命が降伏したと聞いた大国主命は、条件を一つ出して国譲りを了承するのである。大国主命は答えて曰く、

「僕《あ》が子等《こら》二柱の神の申すままに僕《あ》も違《たが》はじ。この葦原中国は、命《みこと》のままに既《すで》に献《たてまつ》らむ。ただ僕《あ》が住処《すみか》は、天津神の御子の天津日継《あまつひつぎ》知らしめす、とだる天の御巣《みす》の如くして、底つ石根《いわね》に宮柱《みやばしら》ふとしり、高天原に氷木《ひぎ》たかしりて治《おさ》めたまはば、僕《あ》は百足《ももた》らず八十坰手《やそくまで》に隠《かく》りて侍《はべ》らん」

「天津神の御子が皇位をお継ぎになる立派な宮殿のように、底つ石根に宮柱を太く立て、天空に千木高々《ちぎたかだか》とそびえさせた神殿を造っていただければ、そこで隠居いたしましょう」と約束した。こうして出雲大社は建立されたのである。

天照大御神は、これをもって葦原中国を平定したとの報告を受け、孫の邇邇芸命《ににぎのみこと》を、筑紫（九州）の日向《ひむか》の高千穂のくしぶるたけに降臨させた。

以上は『古事記』の記録であるが、『日本書紀』では次の

出雲の国一ノ宮出雲大社〈祭神大国主命〉
（島根県出雲市大社町杵築東）

ようになっている。

皇祖の高皇産霊尊《たかみむすひのみこと》は、孫の邇邇芸命を葦原中国の君主にしたいと考え、初めに天穂日命《あめのほひのみこと》を、次に天稚《あめのわか》彦《ひこ》を葦原中国の大己貴神《おおあなむちのかみ》に遣わした。しかし二人とも任務を果たさなかった。

最後に、経津主神《ふつぬしのかみ》と建御雷神《たけみかづちのかみ》を葦原中国へ遣わし、大己貴神と子の事代主神《ことしろぬしのかみ》に、同様に国譲りを迫り成功させた。その後高皇産霊尊は、孫の邇邇芸命を日向の襲《そ》（鹿児島）の高千穂の峰に降臨させた。

大国主命が譲ったのは纒向の国

これが、『記紀』の大国主命の国譲《くにゆず》りであるが、なんとなく意味不明である。大国主命がお譲りした国は、葦原中国である。それはどこなのだろうか。

『記紀』の演出では、高天原は雲の上にあり、地上の国が葦原中国である。その王が『古事記』では大国主命であり、また『日本書紀』では大己貴神である。

しかしながら前述のとおり、高天原《たかまがはら》は高海人原《たかあまばる》であり、海原の首都であり、海人王の王府である。この時、一〇代崇神天皇の宮は、磯城《しき》の瑞籬《みずがき》の宮《みや》（奈良県磯城郡）である。天照大御神（八咫《やた》鏡）も、この宮で祭られている。天上界ではない。国譲りとは明け渡しであるから、国譲りを成功させたのであれば、大国主命が出雲の国から出国し、天孫の王が入国すべきである。だがそうはなっていない。大国主命は、国譲りの条件として高くそびえる神殿を要求し、その願いはかなえられた。この神殿こそ出雲大社である。大国主命は、余生を静かにここで過ごしたのである。つまり、出雲の国を出ていないのだ。

ということは、出雲の国は、国譲りをした葦原中国でも、国譲りの交渉をした場所でもなかったのである。ましてや「豊葦原《とよあしはら》の千秋長五百秋《ちあきながいほあき》の水穂《みずほ》の国《くに》」という倭国全土を指しているはずもない。

ではどこなのか。私は種々考察を重ねた結果、譲り渡した国はヤマトの纏向《まきむく》の国（奈良県桜井市）であることを発見した。

『日本書紀』には次のようにある。

大己貴神《おおあなむちのかみ》と少彦名命《すくなひこなのみこと》は力を合わせ、心を一つにして天下を造られた。その後、少彦名命が常世に去られた。これから後、国の中でまだ出来上がらない所を大己貴神が一人でよく巡り造られた。

そしていわれるのに「そもそも葦原中国《あしはらなかつのくに》は、元から荒れて広い所だった。岩や草木に至るまですべて強かった。けれども私が皆くだき伏せて、今は従わないという者はいない」と。そして「今この国を治める者はただ私一人である。私と共に天下を治めることができる者が他にあるのだろうか」と。

そのとき不思議な光が海を照らして、こつ然として浮かんでくるものがあった。「もし私がいなかったら、お前はどうしてこの国を平らげることができたろうか。私があるからこそ、お前は大きな国を造る手柄を立てることができたのだ」と。この時大己貴神は尋ねていわれるのに、「ではお前は何者か」と。答えて、「私はお前に幸いをもたらす不思議な魂――幸魂《さきみたま》・奇魂《くしみたま》――だ」と。……「私は日本国《やまとのくに》の御諸山《みもろやま》に住みたいと思う」と。そこで宮をその所に造って行き住まわせた。これが大三輪《おおみわ》の大神《おおかみ》である。この神の御子は賀茂《かも》の君《きみ》たち・大三輪《おおみわ》の君《きみ》たち・また姫蹈鞴五十鈴姫命《ひめたたらいすずひめのみこと》である。

大神《おおみわ》神社の由緒によると、

当社の創祀に関わる伝承が『古事記』や『日本書紀』の神話に記されています。『古事記』によれば、大物主大神が出雲の大国主命の前に現れ、国造りを成就させる為に「吾をば倭の青垣、東の山の上にいつきまつれ」と三輪山に祭られることを望んだとあります。また『日本書紀』でも同様の伝承が語られ、二神の問答で大物主大神は大国主命の幸魂・奇魂であると名乗られたとあります。

大和の国一ノ宮大神神社〈祭神大物主大神〉（奈良県桜井市）

しかし、幸魂《さきみたま》・奇魂《くしみたま》がこのように語りかけるわけがない。この幸魂・奇魂は、奈良県三輪、纒向地区を開拓した大三輪大神本人なのである。その末裔に姫蹈鞴《ひめたたら》五十鈴《いすず》姫命《ひめのみこと》がいるということは、大三輪大神は八俣大蛇伝説に登場した稲田宮主《いなだのみやぬし》須《す》賀《が》之《の》八耳神《やつみみのかみ》の末裔なのだ。八耳神《やつみみのかみ》には須佐之男命と結婚した櫛名田比売《くしなだひめ》のほかに、七人の娘がいたのである。その娘たちの末裔ということである。

また大神《おおみわ》神社の祭神は蛇神として有名であるが、それは八耳神の末裔で、八俣大蛇の女系の神だからである。

大三輪大神は「縄文後期に渡来したオーストロネシア語族」であり、国つ神大山津見神の末裔である。通説では、この大三輪大神と、大物主大神は同神であるとされているが、少し違う。大物主大神は、大国主命の直系で須佐之男命と櫛名田比売の系譜であるのに対して、大三輪大神は、八耳神のほかの七人の娘の女系の神である。

大物主大神が三輪山に祭られるのは、これよりずっとあとの一〇代崇神《すじん》天皇（天皇在位一三年説では二六四年即位）のときである。

『記紀』では纒向の開拓の神、大三輪大神を大己貴神の幸魂・奇魂とし、大物主大神と入れ替えたのである。それは大三輪大神が、箸墓古墳の被葬者であることを隠すためでもあった。

ヤマトで一番の大型前方後円墳である、箸墓古墳の被葬者が、国つ神大三輪大神であってはならないのだ。この創作は、今日でも見事に成功しているのである。素晴らしい演出といわざるを得ない。これで最もわかり難い三輪《みわ》山型説話《やまがたせつわ》・蛇婿入型《へびむこいりがた》昔話《むかしばなし》が解読できたのである。これは昔話ではなく事実だったのである。この大三輪大神の治めた時代を、本書では「三輪王権」と呼ぶことにする。

こうして大三輪大神の助けもあり、纒向の国は、ひとまず大己貴神＝大国主命の国となったのである。このあと一〇代崇神天皇は、大国主命にこの纒向の国譲りを迫ったのである。そして国譲りの交渉をしたのも、実は『記紀』に記されている出雲の伊耶佐浜《いざさはま》ではなく、丹波の国だったのである。

丹波の国には出雲大神宮《いずもだいじんぐう》（京都府亀岡市千歳町千歳出雲）がある。

この出雲大神宮には、国譲りの大きな秘密が隠されていたのである。

由緒によると、

当宮は大国主命とその后神、三穂津姫命《みほつひめのみこと》御二柱の御神格を併せて、主祭神と称え祭り、丹波国に御

出雲大神宮

> 鎮座なされています。他に天津彦根命《あまつひこねのみこと》・天夷鳥命《あめのひなどりのみこと》を祭るという説もあります。殊に三穂津姫命は天祖高皇産霊神《たかみむすひのかみ》の娘神で、大国主命の国譲りの砌《みぎり》、天祖の命により后神となられました。天地結びの神、即ち縁結びの由緒はまたここに発するもので、俗称元出雲《もといずも》の所以《ゆえん》であります。
>
> 日本建国は国譲りの神事に拠《よ》るところですが、丹波国は恰《あたか》も出雲・大和両勢力の接点にあり、此処《ここ》に国譲りの所由《しょゆう》に依り祭られたのが当宮です。御神体山の御陰山《みかげやま》を奉斎し古来より今尚禁足の地であります。又御陰山はもともと国常立尊《くにのとこたちのみこと》のお鎮まりになられる聖地と伝えられています。
>
> 『丹波国風土記』によれば、「奈良朝のはじめ元明《げんめい》天皇和銅年中、大国主命御一柱のみを島根の杵築《きづき》の地に遷す。すなわち今の出雲大社これなり。」と記します。とって当宮に古来より元出雲の信仰があります。

バリバリの出雲の神様たちが祭られているではないか。旧称は「出雲神社」であり、古来より出雲神社といえば当社を指していたのだという。島根県の出雲大社は明治時代まで「杵築神社」と称しており、この地より勧請されたものである。妻の三穂津姫命は出雲の美穂《みほ》神社（島根県松江市美保関町）の祭神である。

これで葦原中国と国譲りの交渉をした丹波の国がわかった。やはり国譲りのあと、城を明け渡して出雲へ下っていたのである。

column
13

三輪山型説話・蛇婿入型昔話とは？

倭《やまと》迹迹《とと》日《ひ》百《もも》襲《そ》姫命《ひめのみこと》の夫、大物主大神はいつも夜にやってきた。そこで、妻は夫に訴えた。

「あなたはいつも夜しかおいでにならないので、そのお顔を見ることができません」

大神は答えて言った。

「もっともだ。明日の朝、あなたの櫛箱《くしばこ》に入っていよう。どうか私の姿に驚かないように」

あくる朝、櫛箱を見るとまことに麗《うるわ》しい小蛇《こおろち》が入っていた。驚いて叫ぶと、大神は恥じてたちまち人の形になった。

「おまえは私に恥をかかせた。今度は私がおまえに辱《はずかし》めを与えよう」

こう言うなり、大神は大空を踏んで御諸山《みもろやま》（三輪山）に登られた。

妻は山を仰《あお》ぎ見て悔《く》い、ドスンと坐《すわ》り込《こ》んだ。そのとき箸で陰部を撞《つ》いて死んでしまわれた。そこで大市《おおち》に葬った。時の人はその墓を名づけて箸墓《はしはか》という。

これが箸墓古墳の名の由来であるという。

このように、蛇が男性に変身して娘に求婚し、のちに正体がわかってしまうというような形式の物語を、三輪山型説話《みわやまがたせつわ》・蛇婿入型昔話《へびむこいりがたむかしばなし》という。類型はいろいろあるが、夜な夜な通ってくる男の正体を暴こうと服に糸を通し、翌朝その糸をたどっていくと蛇がいた、などという物語が典型である。

このような説話は日本全土に分布しており、朝鮮や台湾でも古から伝えられているという。その源流は東南アジアやインドネシア方面にあると考えられている。これも、我々の祖先が、南からやってきたオーストロネシア語族であることを示すものである。

倭迹迹日百襲姫命は卑弥呼《ひみこ》であり、箸墓《はしはか》古墳は彼女の墓であるといわれている。だが、残念ながら彼女は被葬者ではあり得ない。この理由について、また被葬者については、のちに詳しく述べることとしよう。

余談であるが、『記紀』には「陰部」がよく登場する。もちろん、私の創作ではない。確かに『記紀』にそう書かれているのである。たとえば、伊邪那美命は火の神、火之迦《ひのか》具土神《ぐつちのかみ》を生んだとき、陰部におおやけどをして死んでしまう。また、天の岩屋戸事件でも、須佐之男命の狼藉に驚いた機織女《はたおりめ》が、梭《ひ》で陰部を突いて死ぬのである。こういう表現は、この後もいたるところに出てくる。

皆様と同じく私も少々閉口しているのだが、いかんともしがたいのでお許し願いたい。

国譲りを迫ったのは崇神天皇である

『記紀』では、天孫降臨は国譲りの後となっているが、これは時代が逆転している。天孫降臨ののち、国譲りが行われたのである。

実際の天孫降臨は、天の岩屋戸事件の前すなわち天照大御神の生存中で、井国（怡土国）がまだ隆盛を誇っていた頃のことである。

天孫降臨後、天の岩屋戸事件と倭国大乱《わこくたいらん》（一三〇〜一七〇年）という二つの事件が起こり、北九州では日御子（卑弥呼）の一大国連合が隆盛を極めるのである。

この頃、天照大御神は、丹波の国の天《あま》の岩戸《いわと》神社に隠遁《いんとん》しており、襲の高千穂の峰に降臨した天孫邇邇芸命は、日向《ひむか》の国で国造りに励んでいたのである。

国譲りは、神武《じんむ》天皇東遷後の、一〇代崇神《すじん》天皇（天皇在位一三年説では二六四年即位）の時代に行われた。つまり、天孫降臨の一五〇年もあとの出来事なのである。

これで国譲りの謎は解けたが、もう一つわからないことがある。

葛城《かつらぎ》の王、事代主命《ことしろぬしのみこと》と出雲の美穂《みほ》神社の祭神、事代主命の関係である。葛城の事代主命はヤマト最大の豪族なのである。ヤマトの葛城の神、一言主命《ひとことぬしのみこと》（葛城《かつらぎ》一言主《ひとことぬし》神社・奈良県御所市）と同一神であるともいわれている。

纏向《まきむく》の国は、出雲の国の大国主命と少名彦那命が作り堅めた国とされているが、その中心には同じ出雲系の大三輪大神がいた。纏向に遅れてやってきた神武天皇は、吉備の後ろ盾のもと、纏向の国の西はずれの橿原《かしはら》の地に、宮を構えさせてもらっている。その後の歴代天皇（実際は海人王であるが）は、葛城の王、事代主命の娘と婚姻を重ね、同盟を深めている。

『日本書紀』によると、初代神武天皇から三代までの天皇の妻は、事代主命の長女、次女および孫となっている。すなわち、彼は天皇家の義父にあたる神である。

ところが国譲りでは、事代主命は大国主命の子とされ、出雲の国で父である大国主命に代わって、国譲りを承諾するのである。まことにややこしい。つまりこういうことなのである。

美穂神社の祭神、事代主命は、間違いなく大国主命の子なのである。『古事記』には、大国主命が神《かむ》屋楯比売《やたてひめ》を娶りて生みし子とある。そして葛城一言主神社の一言主命は、事代主命の末裔なのである。

一言主命が『記紀』に登場するのは、二一代雄略天皇（四五六年即位）の時代である。

ヤマトを支配した大国主命は、葛城の国を、我が子事代主命に託し、自分自身は丹波の国の出雲大神宮で隠居していたのである。その後、事代主命は天皇家と縁戚関係となった。

一〇代崇神《すじん》天皇は、義父である葛城の国の事代主命のところに赴き、次のように懇願《こんがん》したのである。

「どうか大国主命が治める葦原中国（纏向の国）を、天孫にお譲りくださるよう、父上にかけあっていただきたい」と。

大国主命は、かわいい娘の婿殿の頼みを断りきれず、承諾したのである。

奈良県地図を開けば一目瞭然。崇神《すじん》天皇が纒向《まきむく》の国《くに》を欲しがるのも無理はない。奈良盆地の中央に位置する纒向を手に入れれば、奈良盆地はすべて彼の領土となる。

崇神天皇の磯城《しき》の瑞籬《みずがき》の宮《みや》は奈良県磯城郡《しきぐん》、神武天皇の橿原の宮は奈良県橿原市《かしはらし》、事代主命の葛城の国は奈良県御所市《ごせし》・葛城市《かつらぎし》である。この真ん中に纒向の国、奈良県桜井市《さくらいし》はある。

天孫は、事代主命を利用して纒向の国譲りを迫ったのだ。この崇神天皇の作戦は見事成功したのである。大国主命は最後にこう言っている。

また僕《あ》が子ら百八十神《ももやそのかみ》は、すなはち八重事代主神《やえことしろぬしのかみ》、神の御尾前《みおさき》となりて仕え奉《まつ》らば、違《たが》ふ神はあらじ。

私の治める百八十神《ももやそのかみ》たち（出雲王国の酋長たち）は、首領の八重事代主神が、天孫の前に立ち後に立ってお仕え申したならば、背《そむ》く者はありますまい。

大国主命も、天孫と事代主命の密約を見抜いていたのであろう。かわいい孫のためにはしかたないと許したのである。今も昔も変わらぬ爺心である。

すなわち、事代主命は親を裏切ったのだ。そうとわかれば前述の「乗ってきた船を踏み傾け、その中に隠ってしまった」という謎が解ける。板ばさみになり、胸の痛みを感じていたのであろう。

大国主命も、老いては子に従がえの心境だったのである。長男と次男の二人の意見に従っている。譲った国は百八十神たちであるから、纏向の国を始め、大国主命の支配する出雲王国全域である。ただし、のちに大国主命が暮らす出雲の国と、次男、建御名方命《たけみなかたのみこと》の暮らす信濃の国は除いている。

ただ僕《あ》が住処《すみか》は、天津神の御子の天津日継《あまつひつぎ》知らしめす、とだる天の御巣《みす》の如くして、底つ石根《いわね》に宮柱《みやばしら》ふとしり、高天原に氷木《ひぎ》たかしりて治《おさ》めたまはば、僕《あ》は百足《ももた》らず八十坰手《やそくまで》に隠《かく》りて侍《はべ》らん。

ご存じのように、発掘された出雲大社の宇豆柱《うずばしら》は、この『古事記』の記述を彷彿《ほうふつ》とさせるものである。また現在、出雲大社の大国主命は、拝殿正面の南側を向かず西側を向いて鎮座している。これがさまざまな憶測を呼んでいるのであるが、答えは簡単。東側の飛鳥にソッポを向いているのである。

出雲大社の社伝によれば創建は神代《しんだい》とされているが、一一代垂仁《すいにん》天皇（天皇在位一三年説では二七二年即位）のと

古代御本殿の1/10模型（島根県立古代出雲歴史博物館所蔵）

き、第一回の造営がなされている。垂仁天皇は、磯城《しき》の瑞籬《みずがき》の宮《みや》で即位したが、天皇在位一三年説では、二七四年に纏向に珠城《たまき》の宮《みや》を造り、都としている。

大国主命が纏向の国を明け渡したのちに、出雲大社も珠城の宮も造営されているのである。一二代景《けい》行《こう》天皇（同じく三一一年即位）もまた纏向に日代《ひしろ》の宮《みや》を建てている。この時代が纏向の最も栄えた時代である。これを本書では「崇神王権《すじんおうけん》」と名づける。

考古学によると、纏向遺跡の最盛期は、三世紀終わり頃から四世紀初めにかけてであるという。ちょうど一〇代崇神天皇（天皇在位一三年説で二六四年即位）から一一代垂仁天皇（天皇在位一三年説で二七二年即位）、一二代景行《けいこう》天皇（天皇在位一三年説で三一一年即位）の時代と符合しているではないか。のちに詳しく述べるが、天皇在位一三年説で計ると、すべての年代がぴったり符合するのである。そして歴史の真実が見えてくる。正しく解読すれば『記紀』は見事な歴史書なのである。

このように考えていくと、纏向が邪馬臺国であるなどという畿内説《きないせつ》は、全くの見当違いであることがわかる。

だが、なぜ『記紀』の撰者は、このような国譲りを演出したのであろうか。

それは面子《めんつ》である。いやしくも天皇家が敗北を喫《きっ》し、筑紫の井国（怡土国）を追われて一家離散し、長い逃亡生活《とうぼうせいかつ》を余儀なくされたなどということはあってはならないのだ。天照大御神《あまてらすおおみかみ》が、丹波の国の岩戸山《いわとやま》に隠れていたことはタブーなのである。

しかし稲羽《いなば》の素莵《しろうさぎ》や羽衣伝説《はごろもでんせつ》など、歌や物語で手がかりを残しているのは素晴らしいことである。

真実を伝えたいという『記紀』の誠意である。

奈良県桜井市の三輪山《みわやま》の麓に広がる纒向遺跡には、出雲大社と同じような天空《てんくう》の宮《みや》が眠っているのかもしれない。

また、島根県出雲市大津町西谷《にしたに》墳墓郡の、四隅突出型墳丘《よすみとっしゅつがたふんきゅう》墓《ぼ》に眠る王は誰なのであろうか。

弥生時代の終わりから古墳時代にかけての、二世紀末〜三世紀に築かれたという墳丘の上に立つと、古代の祭人の一人になったような錯覚を覚える。祭りの太鼓の響きや料理の匂いが立ち昇ってくるようだ。

なかでも西谷九号墓は、全国の四隅突出型墳丘墓の中でも最大の規模で、最後の王の墳墓だという。その大きさゆえに墳墓と知らず、現在は墳丘の上に神社が建っている。

このあと四隅突出型墳丘墓はゆるやかに終焉《しゅうえん》を迎え、方墳・円墳・前方後方墳・前方後円墳の時代が到来するのである。出雲王国が滅び、天孫時代の幕開けである。

四隅突出型墳丘墓

天孫降臨は天孫族の新地開拓

邇邇芸命は陸路で降臨

『古事記』による天孫降臨では、建御雷命《たけみかづちのみこと》が大国主命《おおくにぬしのみこと》に迫って国譲《くにゆず》りをさせ、葦原中国が平定されたという報告を聞いて、天照大御神《あまてらすおおみかみ》が邇邇芸命《ににぎのみこと》に降臨を命じたことになっている。しかし今、そうではないことを論証した。

天孫降臨は天照大御神の生存中、井国（怡土国）の大日孁貴《おおひるめのむち》として、君臨しているときに行われていたのである。紀元一二〇年頃のことである。

天照大御神と高木神《こうぼくのかみ》は、初めは我が御子（養子）の天忍穂耳命《あめのおしほみみのみこと》を派遣しようとした。ところが天忍穂耳命は「天降ろうと準備をしている間に子が生まれたので、この子を降臨させるとよいでしょう」と進言するのである。

いったいどんな準備をしていたのかと突っ込みたくなるが、その子こそ、日向《ひむか》の初代王となる邇邇芸命である。天照大御神と高木神の孫である。

天孫降臨とは、天孫族の「新地開拓《しんちかいたく》」である。天孫族が降臨したゆえ、天孫降臨である。遠い先祖は日向の国から北上し、あるいは東進し、幾多の試練を乗り越え、国邑を切り開いてきた。しかし、その末裔が落ち着く先は、やはり高天原《たかまがはら》の本宮である日向の国だったのである。里帰りともいえそうだ。たまたま高祖の孫が派遣されたのである。

天照大御神は、邇邇芸命に五部族の首長を家来につけ、「八咫鏡《やたのかがみ》、八尺瓊勾玉《やさかにのまがたま》、天叢雲剣《あめのむらくものつるぎ》」の三種《さんしゅ》の神器《じんぎ》を持たせ、日向の襲《そ》の国《くに》（のちの大隅の国）へ、さらにそこから阿多《あた》の国《くに》（のちの薩摩の国）へ天降りさせたのである。このとき、『古事記』によると天照大御神は邇邇芸命にこう仰せになった。

ここに、天児屋命《あめのこやねのみこと》・布刀玉命《ふとだまのみこと》・天宇受売命《あめのうずめのみこと》・伊斯許理度売命《いしこりどめのみこと》・玉祖命《たまのおやのみこと》、併せて五伴緒《いつとものお》を支《わか》ち加えて、天降《あまくだ》したまひき。

ここにそのをきし八尺の勾玉・鏡、また草なぎの剣、また常世の思金神《おもいかねのかみ》・手力男神《たぢからおのかみ》・天石《あめのいわ》門別神《とわけのかみ》を副《そ》へたまひて、詔りたまわく、「この鏡は、専《もっぱ》ら我が御霊《みたま》として、吾が前を拝《いつ》くが如くいつき奉《まつ》れ。次に思金神《おもいかねのかみ》は、前の事を取り持ちて、政《まつりごと》をせよ」とのりたまひき。

この二柱の神は、さくくしろ五十鈴《いすず》の宮《みや》に拝《いつ》き祭る。次に登由気神《とゆけのかみ》、こは度相《わたらひ》に坐す神なり。

ここに天照大御神の御霊の鏡と思金神の二神は、五十鈴の宮、すなわち現在の伊勢神宮（内宮）に祭られていると記されている。たいへん興味深い記事である。

「五伴緒《いつとものお》」は、天の岩屋戸事件と同じ顔ぶれである。邇邇芸命の親衛隊である。筑紫の国、志摩の国、壱岐、対馬の神々の末裔たちである。天孫降臨の際に伴いし神は、前述の九柱に天忍日命《あめのおしひのみこと》、天津久米《あまつくめの》命《みこと》を加えた一一柱である。

もちろん、邇邇芸命の一行は天から地上へ天降ったのではない。人間が生身で空を飛ぶなんてことは今も昔も不可能である。空路でも海路でもなく陸路である。

では、邇邇芸命の降臨の道筋をたどってみよう。

出発地は、高天原である筑紫（福岡県）の井国（怡土国）の高祖山《たかすやま》である。そこから日向の襲《そ》（鹿児島県）の霧島山の韓国岳《からくにだけ》に向かった。

襲《そ》は、大隅半島の北部の鹿児島県曽於《そお》市を中心とする国で、霧島山がある。吾田《あた》（阿多）は、薩摩半島の西部の鹿児島県南さつま市を中心とする国で、笠狭の御崎や野間岳がある。事勝国勝長狭《ことかつくにかつながさ》はこの国の国主である。

『日本書紀』一書（第二）によると、

日向《ひむか》の槵日《くしひ》（霊《くし》ぶる）の高千穂の峯《たけ》に降られて、膂宍《そしし》の胸副国《むなそうくに》（背肉のような痩せた国）を、丘続に求め歩いて、浮渚《うきじま》の平地《たいら》（水際の平らな土地）に立たれて、国主事勝国勝長狭《ことかつくにかつながさ》を召されて尋ねられた。

『日本書紀』一書（第四）によると、

日向《ひむか》の襲《そ》の高千穂の、槵日《くしひ》（霊《くし》ぶる）の二上峯《ふたかみのたけ》の天の浮橋（天地の間に架かった梯子）に至り、浮渚《うきじま》の平地《たいら》に立たれて、膂宍《そしし》の空国《むなくに》を、丘続きに求め歩いて、吾田《あた》の長屋《ながや》の笠狭《かささ》の崎《みさき》につかれた。

『日本書紀』一書（第六）によると、

その天降りされたところを呼んで、日向《ひむか》の襲の高千穂の添《そほり》の山峯《やまのたけ》という。そのおいでになるときになって、云々と。

吾田の笠狭《かささ》の御崎《みさき》においでになった。そしてついに長島の竹島に登られた。そこでその地を巡りご覧になると、そこに人があり、名を事勝国勝長狭《ことかつくにかつながさ》という。

これらを解読すると、ひとまず、瓊瓊芸命は襲《そ》の韓国岳《からくにだけ》に降臨したのである。日向の槵日《くしひ》の高千穂の峯《たけ》とは霧島山である。霧島山は、韓国岳、獅子戸岳《ししどだけ》、新燃岳《しんもえだけ》、中岳《なかだけ》、御鉢《おはち》、高千穂峰《たかちほのみね》などからなる山岳

霧島山

である。

高千穂とは、稲穂や稲藁《いなわら》、籾《もみ》などを高く積み上げた形という意味で、円錐形《えんすいけい》を示す。高千穂峰とは、もともと山の名前ではなく、山の容姿を表したものである。

天孫族の宮の嶽は、どこも高千穂の形をしている。天孫族には、琉球神話にいう御嶽《うたき》信仰がある。ゆえに、天孫族の国邑には、必ず高千穂峰＝御嶽が存在するのである。南西諸島では、御嶽は聖林であったが、九州島に上陸後は、高千穂峰に変わっている。

伝説では、邇邇芸命はこの霧島山の高千穂峰と御鉢《おはち》の二上峯《ふたかみのたけ》に降臨したとされている。現在でも高千穂峰には、天孫降臨の地としてさまざまな神話が残されている。

だが、邇邇芸命が実際に山峯《やまのたけ》に天降ったわけではない。山の麓の国邑を徒歩で巡っていたのである。そのとき彼が仰いだのは、高千穂の添《そほり》の山峯《やまのたけ》、すなわち最高峰の韓国岳《からくにだけ》ではなかったか。韓国岳は、かつて高天原《たかまがはら》であった朝鮮半島のカラクニ＝韓国＝加羅国を偲んで名づけたものである。

日本地図を開いて、井国（怡土国）から次の峰々を追ってみよう。

高祖山《たかすやま》（福岡県）、井原山《いはらやま》（福岡県・佐賀県）、背振山《せぶりやま》（福岡県・佐賀県）、英彦山《ひこさん》（福岡県・大分県）、久住山《くじゅうさん》（大分県）、阿蘇山《あそさん》（熊本県）、祖母山《そぼさん》（大分県・宮崎県）、国見岳《くにみだけ》（熊本県・宮崎県）、市房山《いちふさやま》（宮崎県・鹿児島県）霧島山《きりしまやま》（鹿児島県）。

これが邇邇芸命の一行の歩いた道のりである。山を越え、谷を渡り、あるいは川沿いに、またあるときは、下流の平野部の国邑を回りながら移動したのである。この道中に残した神話や伝説は、それが史実であることを物語っている。

とりわけ、宮崎県の祖母山の麓にある高千穂町は有名である。同町には、命が降臨した高千穂峰や、天の岩屋戸事件の舞台とする天岩戸《あまのいわと》神社などがある。

また、霧島山の現地を訪れて感じたことがある。膂宍《そしし》の胸副国《むなそうくに》とか、膂宍の空国《むなくに》とかいうのは、霧島山麓の国邑の様子をとてもよく表現している。この地は第一章で述べたごとく、AT火山灰やアカホヤ火山灰の降り積もったシラス大地で、まさに背肉のような痩せた国であったことが伺える。

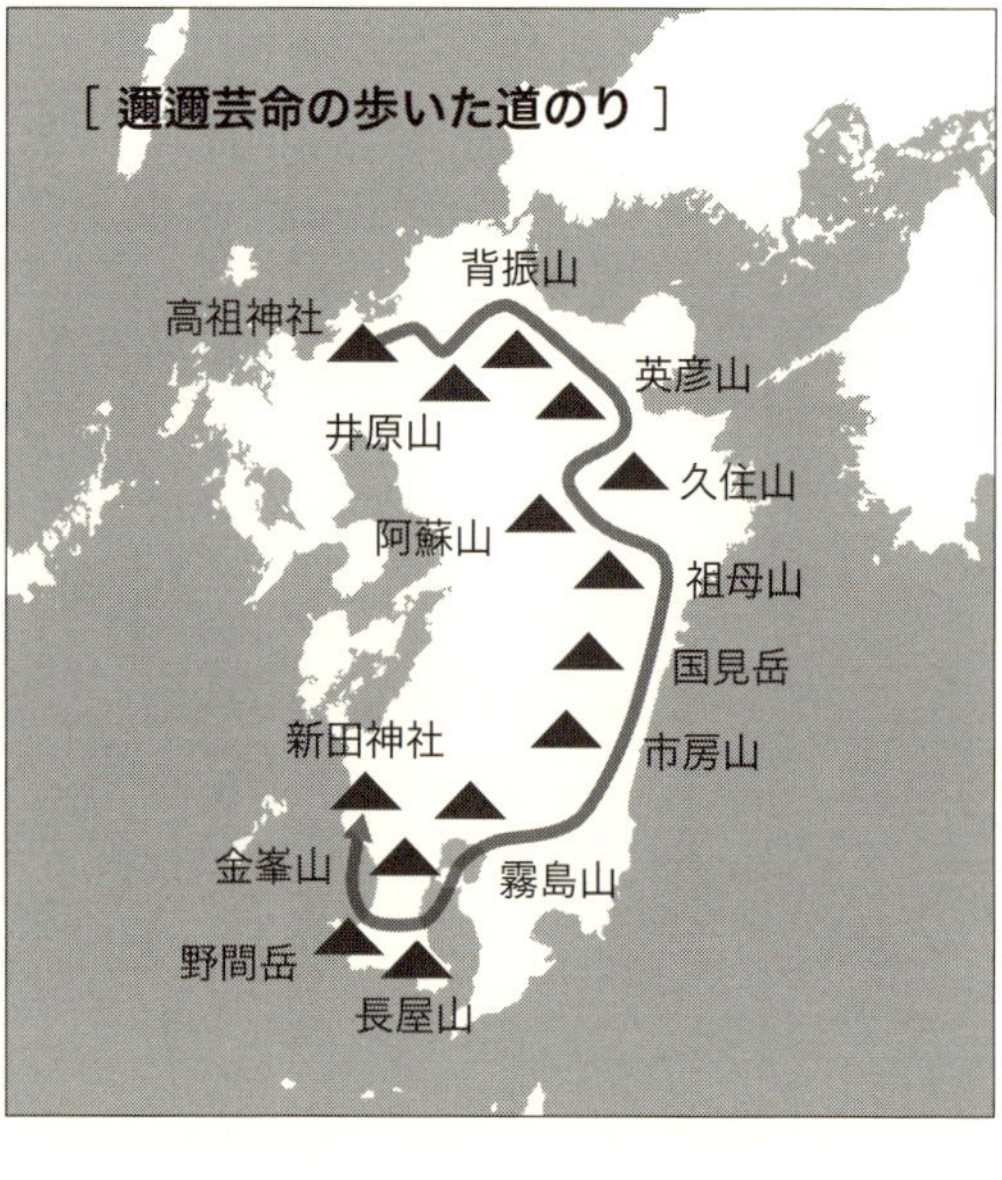

ひとまず成功した新地開拓

さてこの後、瓊瓊芸命《ににぎのみこと》の一行は、大隅半島の襲《そ》の高千穂峰を出発し、徒歩で吾田《あた》の野間半島の笠沙《かささ》の岬《みさき》へ到着した。彼はこの襲の国があまり気に召さなかったようである。シラス台地は稲作に適していなかったのである。前述の『日本書紀』一書（第四）の続きは次である。

> 膂宍《そしし》の空国《むなくに》を、丘続きに求め歩いて、吾田《あた》の長屋《ながや》（長屋山）の笠狭《かささ》の崎《みさき》につかれた。ときにそこに一人の神あり、名を事勝国勝長狭《ことかつくにかつながさ》といった。そこで天孫がその神に問われるのに「国があるだろうか」と。答えていう「あります」と。そして「勅《みことのり》のままに奉《たてまつ》りましょう」と。それで天孫はそこに留まられた。

その事勝国勝長狭は、伊邪那岐命《いざなぎのみこと》の子で、またの名を塩土老翁《しおつちのおじ》という。

塩土老翁の治める吾田（阿多）の国（現在の南さつま市）も、先祖の第一七代海人王伊邪那岐命の領地だったのである。歩いたルートは次のようである。

長屋山《ちょうやさん》（南さつま市加世田）から野間岳《のまだけ》・女岳《めだけ》（南さつま市笠沙町）へ、さらに金峯山《きんぽうざん》（南さつま市金峯町）へ。

しかし『古事記』の伝える天孫降臨は、『日本書紀』とは少し異なっており、いきなり阿多の国の高千穂の岳となっている。これは野間岳である。

かれここに、邇邇芸命に詔《の》りたまひて、天の石位離《いわくらはな》ち、天の八重たな雲を押し分けて、いつのちわきちわきて、天の浮橋にうきじまり、そりたたして、竺紫《つくし》の日向《ひむか》の高千穂のくじふる岳に天降《あまくだ》りましき。

ここに詔《の》りたまはく「此地《ここ》は韓国《からくに》に向ひ、笠沙《かささ》の御前《みさき》に真来《まき》通り、朝日の直《ただ》さす国、夕日の日照る国なり。かれ此地《ここ》はいと吉《よ》き地《ところ》」と詔《の》りたまひて、底《そこ》つ石根《いしね》に宮柱《みやばしら》ふとしり、高天原に氷木《ひぎ》たかしりて坐《いま》しき。

邇邇芸命は、日向《ひむか》（南九州）の高千穂《たかちほ》の、霊《くし》ぶる岳（野間岳《のまだけ》）に登り、この地に宮殿を建てたという。これが笠沙《かささ》の宮《みや》である。邇邇芸命はこの地が非常に気に入ったのである。

野間岳（男岳）は南側に女岳《めだけ》を従え、野間半島（鹿児島県南さつま市）にある円錐形のとても美しい山である。金峰山《きんぽうざん》、開聞岳《かいもんだけ》と合わせて「薩南《さつなん》の三岳《さんがく》」といわれている。

野間岳

開聞岳には、薩摩の国一ノ宮枚聞《ひらきき》神社があり、金峰山には大《おお》山祇《やまつみ》神社がある。野間岳の山腹には野間《のま》神社があり、邇邇芸命と妻の阿多津姫《あたつひめ》を祭っている。

『笠沙町郷土誌』によると、町名の「笠沙《かささ》」は、『記紀』の神話に由来しており、本来この地域に残っていた地名ではないという。西加世田村＝笠砂村＝笠沙町と改称されたものである。現在の野間神社も、以前から権現社《ごんげんしゃ》として野間岳山頂に祭られていたという。その後台風で社殿が倒れたため、現在地に移転再建されたものだという。

では、笠沙の宮はどこだろうか。

現地を走ってみると、祓川《はらいがわ》の上流の赤生木《あかおぎ》地区に、邇邇芸命の降臨の地があった。祓川は禊《みそ》ぎ祓《はら》いにつながり、皇孫の地にふさわしい名である。伊邪那岐命《いざなぎのみこと》が禊ぎ祓いした、筑紫の日向《ひむか》の橘《たちばな》の小門《おど》の阿波岐原《あわきがはら》にも祓川があった。

野間岳の麓に「宮ノ山《みややま》」という場所があり、「皇孫邇邇芸命御駐蹕《ごちゅうひつ》の地」という標柱が建っている。宮ノ山入り口を登ると古代の住居跡があり、墳墓のドルメン（支石墓）がある。ここが笠沙の宮跡である。

険しい林道を小型のレンタカーで登る。スリル満点を超えていたが、引き返すこともできない。無事

笠沙の宮跡

山腹を走破したときは、ほっと胸をなでおろした。

野間岳の山腹からの眺望は素晴らしく、確かに邇邇芸命の言葉どおりであった。彼が、木花開耶姫《このはなのさくやひめ》と出会った吹上浜《ふきあげはま》の白砂が美しく輝いている。その向こうには、悠然《ゆうぜん》とそびえる金峯《きんぽう》山《ざん》がある。

山の形が美人の寝た横顔に見えることから、地元では「美人《びじん》岳《だけ》」とも呼ばれているという。なるほど、いわれてみるとそのとおりだ。しばし二人の恋を瞑想《めいそう》する。その北方には、糸島半島や朝鮮半島がある。

なぜ、カラコク＝韓国＝加羅の国を偲ぶのであろうか。なぜ井国（怡土国）や志摩の国ではないのか。いずれも元高天原《たかまがはら》である。それほど加羅の国の高天原は、天孫族にとって思い出深い王国だったのだろうか。

だが栄枯盛衰《えいこせいすい》は世の習い。井国（怡土国）へ都落ちし、そして今、新地開拓の命を受け日向《ひむか》の国へ――。

邇邇芸命の胸中には、どんな思いが去来したのであろうか。不安と希望が交錯していたにちがいない。

これが「天孫降臨《てんそんこうりん》」の真実である。新地開拓はまずは成功したのである。

木花開耶姫を娶る

この後、瓊瓊芸命は、その地を巡り歩いて吹上浜においでになり、一人の美人に出会うのであった。
『日本書紀』一書（第二）によると、

後に浜辺においでになって、一人の美人をご覧になった。皇孫が尋ねていわれるのに「お前は誰の娘か」と。答えて「私は大山祇神《おおやまつみのかみ》の娘で、名は神吾田鹿葦津姫《かむあたかしつひめ》、またの名を木花開耶姫《このはなのさくやひめ》といいます」と。ついで「また私の姉に磐長姫《いわながひめ》がいます」と。

皇孫が言われるのに「私はお前を妻にしたいと思うがどうだろうか」と。答えて「私の父大山祇神がいます。どうか父にお尋ねください」と。

皇孫はそれで大山祇神に話して「私はお前の娘を見た。妻に欲しいと思うが」と。そこで大山祇神は、二人の娘に数多くの物を並べた机を持たせて奉らせた。

こうして二人は一夜をともにし、木花開耶姫《このはなのさくやひめ》は妊娠された。しかし皇孫は疑われていわれた。
「天神の子であるといっても、どうして一晩で妊《はら》ませられようか。もしや我が子ではないのではあるまいか」

それを聞いた木花開耶姫はたいへん恥じて、戸のない室《むろ》の中に入って火をつけ、「火中出産《かちゅうしゅっさん》」をするのであった。

『日本書紀』一書（第三）によると、

初め炎が明るくなったときに生まれた子を、火明命《ほのあかりのみこと》。次に炎の盛んになったときに生まれた子を、火進命《ほのすすみのみこと》。または火酢芹命《ほのすせりのみこと》。次に炎がなくなるときに生まれた子を、火折彦火火出見尊《ほおりひこほほでみのみこと》という。この三人の御子は火も損なうことはできなかった。母親もまた少しも損なうところがなかった。そのとき竹刀で御子のへその緒を切った。その捨てた竹刀が後に竹林となった。そこでその所を名づけて竹屋《たかや》という。


吹上浜のある南さつま市（旧加世田市、笠沙町、大浦町、坊津町、金峰町が合併）は、これら『記紀』にみえる地名が多く残るところである。ここで前述の民俗学者の言葉を思い出す。

「地名とは、日本人が大地につけてきた足跡である」

南さつま市も、木花開耶姫市《このはなのさくやひめし》とされたほうがよかったのではないか。

南さつま市には、邇邇芸命にゆかりの神社が多くある。

野間《のま》神社（南さつま市笠沙町片浦）は、社記によれば、創始の年代は不明であるが、野間岳は瓊瓊杵尊《ににぎのみこと》が最初に上陸した地であり、山腹に神代の都「笠沙の宮」があったとされる。標高五九一メートルの小山ながら古くから山岳信仰の対象となっており、海上から目立つ山容のため、特に航海者からの信仰が厚かった。祭神は、瓊瓊杵尊と鹿葦津姫命《かしつひめのみこと》である。

また、御子のへその緒を切った竹刀を捨てた竹屋（竹屋《たかや》神社・南さつま市加世田宮原）の由緒によると、皇孫瓊瓊芸命が高千穂より、笠沙に行幸なされたときに、大山祇神《おおやまつみのかみ》の娘、木花開耶姫を娶られた。彦《ひこ》火火出見命《ほほでみのみこと》ほか兄弟の皇子は、加世田郷竹屋が尾にて降臨され、宮原の今の地に移られてご成長されたという。竹屋《たかや》神社の祭神は彦火火出見命である。

大山祇命《おおやまつみのみこと》を祭る大山祇《おおやまつみ》神社（南さつま市金峰町新山）は、由緒によると、創建年代は不詳である。当社の後方山角ヶ丘の山頂には、大山祇神霊跡があり、古代人が信仰した磐座とされる。直下の平坦地は命を祭った神社の跡とされる。

神社付近には、大山祇命の御営田と伝えられる宮田・御衣祓田・一町田、娘木花開耶姫の遺跡・狭田長田、および山幸彦の遺跡・山崎があり、また同所を流れる川を鳥居川と呼んでいる。

この後、瓊瓊芸命は川内《せんだい》川流域へと北上し、薩摩の国の領域を治めている。この地は薩摩隼人《さつまはやと》の支配地である。

薩摩の国一ノ宮新田《にった》神社（鹿児島県薩摩川内市）の境内には、瓊瓊芸命の御陵である「可愛山陵《えのやまのみささぎ》」がある。由緒によると、神亀山上に鎮まり、創始の年月は詳らかにはできない。旧薩摩随一の大社で、八六七石を寄進され、皇室代々の御崇敬も厚く、また島津氏が封を受けて以来、薩摩の国一ノ宮として藩内の首社に列した。大正九年昭和天皇が皇太子の時御参拝があり、以来皇族の御参拝は九度に及んでいる。

瓊瓊芸命が、野間半島からこの地に移ったのには理由がある。ここは命の祖父、須佐之男命《すさのおのみこと》の生まれ故郷であり、統治した国だったからである。

このとき、『古事記』にはないもう二人の天孫降臨があったのである。瓊瓊芸命の兄彦火明命《ひこほあかりのみこと》と、従兄弟《いとこ》の瓊芸速日命《にぎはやひのみこと》である。彼らについては後述する。

猿田彦大神は弥五郎どんだった

道中のメーンイベントはなんといっても猿田彦神《さるたひこのかみ》の登場である。

『古事記』によると、

ここに瓊瓊芸命天降りまさむとする時に、天《あま》の八衢《やちまた》（分かれ道）に居て、上は高天原を光《てら》し、下は葦原中津国を光《てら》す神ここにあり。

『日本書紀』によると、

先祓《さきばら》いの神が帰っていわれるのに、一人の神が天の八衢（分かれ道）に居り、その鼻の長さ七《なな》握《つか》、背の高さ七尺あまり、正に七尋《ななひろ》というべきでしょう。また口の端が明るく光っています。目は八咫鏡《やたのかがみ》のようで、照り輝いていることは赤酸漿《あかほおずき》に似ています。

そこで天照大御神は天鈿女《あめのうずめ》に勅《ちょく》して見に行かせた。

そこで天鈿女は自分の胸を露《あら》わにむき出して、腰の紐を臍《へそ》の下まで押し下げ、あざ笑って向かいたった。この時、衢神《ちまたのかみ》が問われて言うのに「天鈿女よ、あなたがこんな風にされるのは何故ですか」と。答えて言われるのに「天照大御神の御子がおいでになる道に、このようにいるのは一体誰なのか、あえて問う」と。衢神が答えて言う。「天照大御神の御子が、今降っておいでになると聞いています。それでお迎えしてお待ちしているのです。私の名は猿《さる》田《た》彦大神《ひこのおおかみ》です」と。

この後二人は押し問答をするが、最後に猿田彦大神は天鈿女にプロポーズをするのである。

「天神の御子をお送りしたら、一緒に伊勢の狭長田《さなだ》の五十鈴川《いすずがわ》の川上へ行きましょう」

猿田彦大神は、まず邇邇芸命《ににぎのみこと》を筑紫の日向《ひむか》の高千穂の槵触峯《くしぶるみね》にお届けした。すなわち自邸にお招きして饗応したということである。

その後天照大御神のお許しを得て、約束どおり二人で伊勢の狭長田《さなだ》の五十鈴川の川上に行った。天鈿女は天照大御神より猿女君《さるめのきみ》の名を賜ったのである。

こうして、現在伊勢の五十鈴川の畔には猿田彦《さるたひこ》神社（三重県伊勢市）があり、境内社には佐瑠女《さるめ》神社がある。

この一八〇年後に、当地には天照大御神を祭る伊勢神宮が建立される。猿田彦大神はそれを予感していたのであろうか。

とかく謎に包まれた猿田彦大神であるが、私は自身の旅を通してこの神を発見したのである。『記紀』を解き明かす一大発見ではないだろうか。これにより、天孫降臨神話は実話となるのである。また、もう一つの謎も解けたのである。

鹿児島県曽於《そお》市にある岩川《いわかわ》八幡神社では、毎年一一月三日に、九〇〇年以上の伝統をもつ県下三大祭の一つ、「弥五郎《やごろう》どん祭り」が行われる。

弥五郎どんは身丈四メートル八五センチの大男で、二五反もの梅染めの衣をまとっている。現在日向《ひむか》の熊襲の国には三兄弟の弥五郎どんがいる。田ノ上《たのうえ》八幡神社（宮崎県日南市飫肥）、的野正《まとのしょう》八幡宮（宮崎県都城市山之口町）、岩川《いわかわ》八幡神社（鹿児島県曽於市大隅町）である。

この三つの神社の祭神は、いずれも八幡神《はちまんしん》（応神天皇）であるが、祭りの御神幸行列には、巨大人形の「弥五郎どん」が町を練り歩くのである。八幡神（応神天皇）とは全く無関係の神である。不思議だ、なぜだろうか。

八幡神社となる以前は、おそらく猿田彦神社であり猿田彦大神が祭られていたのであろう。その姿は『記紀』の記述どおりである。弥五郎どんはどこから見ても猿田彦大神である。猿田彦大神はまぎれもなく「弥五郎どん」だったのである。

しかも猿田彦大神は襲の国の大王だったのだ。ゆえに前述の天孫を出迎えた天の八衢《あまのやちまた》（分かれ道）とは、襲の国の国境《くにざかい》なのである。それは高千穂の槵触峯《くしぶるみね》の麓である。すべて『記紀』の記述どおりである。やはり、天孫降臨は実話だったのだ。これでまた一つ『記紀』の神話が消えた。

弥五郎どん

二つの阿波岐原

日向の国か吾田の国か

では、ここで須佐之男命誕生の場とされる、橘《たちばな》の小門《おど》の阿波岐原《あわきがはら》について探ってみよう。

『古事記』によると、伊邪那岐命《いざなぎのみこと》は、黄泉の国より這這《ほうほう》の体《てい》で逃げ帰った。

ここを以《も》ちて伊邪那岐命詔りたまわく、吾《あ》はいなしこめし穢《きたな》き国《くに》に至りてありけり。かれ、吾《あ》は御身《みみ》の禊《みそぎ》せむ。とのりたまひて、筑紫（九州島）の日向《ひむか》の橘《たちばな》の小門《おど》の阿波岐原《あわきがはら》に到りまして、禊ぎ祓へたまひき。

このとき伊邪那岐命は、綿津見神《わたつみのかみ》三神、住吉神《すみよしのかみ》三神、三貴神《さんきしん》ほか、二三柱の神々をお生みになっている。彼らは子供というわけではなく、恭順《きょうじゅん》したまたは同盟を結んだ酋長たちである。
通説では阿波岐原＝アワキガハラというが、海人族風に読むと阿波岐原＝アワキバルである。
この筑紫（九州島）の日向《ひむか》の橘の小門の阿波岐原はどこだろうか。ここでも私は、みごとにこの謎を解き明かしたのである。
『古事記』の国生《くにう》みでは、「筑紫島《つくしのしま》は身一《みひと》つにして面四《おもよつ》つあり、面《おも》ごとに名《な》あり」という。筑紫《つくし》の国は福岡県であるが、筑紫島というと、広く九州島全域をさしている。それは国境を山地《さんち》とした次のようである。
◉筑紫《つくし》の国（白日別《しらひわけ》という）
筑紫《つくし》山地を挟んだ北側の福岡平野と、南側の筑紫平野である。福岡県全域、佐賀県の東部。のちに筑《ちく》前《ぜん》の国、筑後《ちくご》の国に分かれる。
◉豊《とよ》の国（豊日別《とよひわけ》という）
筑紫山地と筑肥《ちくひ》山地の東側である。大分県全域。のちに豊前《ぶぜん》の国、豊後《ぶんご》の国に分かれる。
◉肥《ひ》の国（建日向日豊久士比泥別《たけひむかひとよくじひねわけ》という）
筑肥山地と筑紫山地の西側である。熊本県全域、長崎県全域、佐賀県西部。阿蘇山《あそざん》、雲仙岳《うんぜんだけ》、多良岳《たらだけ》があり、火山が多い国で「火の国」である。のちに肥前《ひぜん》の国、肥後《ひご》の国に分かれる。
◉熊襲《くまそ》の国（建日別《たけひわけ》という）
九州山地の南側全域である。宮崎県全域、鹿児島県全域。のちに薩摩《さつま》の国、大隅《おおすみ》の国、日向《ひゅうが》の国に分かれる。

それぞれの国名に別《わけ》が付いているのは、その国を治めた海人族の別《わけ》=分家の名前である。しかし日向《ひむか》の国が見当たらない。なぜだろうか。

『日本書紀』によると、

一二代景行《けいこう》天皇（天皇在位一三年説では三一一年即位）一七年春三月一二日、天皇は、熊襲《くまそ》の国の子湯県《こゆのあがた》（宮崎県児湯郡）においでになり、丹裳小野《にものおの》に遊ばれた。このとき東方を望まれて、お側《そば》の者《もの》にいわれるのに、

「この国は、真直に日の出る方に向いているなあ」とそれでその国を名づけて日向《ひむか》の国という。

このとき熊襲《くまそ》の国は日向《ひむか》の国と、国名の変更がなされたのである。さらに『続日本紀《しょくにほんぎ》』によると、四三代元明《げんめい》天皇のとき、次の記録がある。

和銅《わどう》六（七一三）年、日向《ひむか》の国の肝坏《きもつき》郡・贈於《そお》郡・大隅《おおすみ》郡・始羅《あいら》郡の四郡を割いて、始めて大《おお》隅《すみ》の国《くに》を置く。

日向《ひむか》の国の大隅半島の全域である。薩摩の国はそれより以前の七〇二年頃に置かれている。出水《いずみ》郡・高城《たかき》郡・薩摩《さつま》郡・甑島《こしきじま》郡・日置《ひおき》郡・伊作《いさく》郡・阿多《あた》郡・河辺《かわのべ》郡・頴娃《えの》郡・揖宿《いぶすき》郡・給黎《きいれ》郡・谿山《たにやま》郡・鹿児《かご》島《しま》郡の一三郡である。日向《ひむか》の国の薩摩半島の全域である。

このように、日向《ひむか》の国から大隅の国と薩摩の国が分離し、残された宮崎県が日向《ひゅうが》の国《くに》となったのである。また五二代嵯峨《さが》天皇天長《てんちょう》元（八二四）年には「多褹島司《たねのとうし》（種子島の司）をやめ、大隅の国に併合された」とある。この後、五畿七道六六国二島となったのである。その理由は、この時代の遣唐使《けんとうし》の衰退によるものともいわれている。

では伊邪那岐命《いざなぎのみこと》が、黄泉の国から逃げ帰り禊《みそ》ぎ祓《はら》いをした、筑紫（九州島）の日向《ひむか》の橘《たちばな》の小門《おど》の阿波《あわ》岐原《きがはら》を探してみよう。この場所が判明すれば『古事記』の解釈は大きく変わる。

日向《ひゅうが》の国といえば宮崎県である。宮崎県には天孫降臨にゆかりのある高千穂峰《たかちほのみね》や天岩戸《あまのいわと》神社があることはすでに述べた。さらに宮崎市内を流れる大淀川（小門川《おどがわ》か）には、小戸《おど》の橋、橘橋《たちばなばし》があり、河口の北側は宮崎市阿波岐原町《あわきがはらちょう》である。

ここには江田《えだ》神社（宮崎市阿波岐原町）がある。祭神は伊邪那岐尊《いざなぎのみこと》と伊邪那美尊《いざなみのみこと》である。神社の祝詞《のりと》の冒頭で「かけまくも畏《かしこ》き伊邪那岐の大神、筑紫の日向《ひむか》の橘《たちばな》の小門《おど》の阿波岐原《あわきがはら》に禊《みそ》ぎ祓《はら》えたまいしとき……」と読み上げられる阿波岐原が当地であると伝えられている。ここで三貴神が生まれたという。近くには「みそぎ池」がある。

あまりにもできすぎである。宮崎県が神話の国といわれるゆえんである。しかしこれは後世（江戸時代）に創られたものであるらしい。

阿波岐原のありか

『古事記』によると、

ここを以《も》ちて伊邪那岐命詔《の》りたまはく「吾《あ》はいなしこめしこめき穢《きたな》き国に到りてありけり。かれ、吾《あ》は御身《みみ》の禊《みそぎ》せむ」とのりたまひて、筑紫《つくし》（九州）の日向《ひむか》の橘《たちばな》の小門《おど》の阿波岐原《あわきがはら》に到りまして、禊《みそ》ぎ祓《はら》へたまひき。……

ここに詔りたまわく、上つ瀬は瀬速し、下つ瀬は瀬弱しとのりたまひて、初めて中つ瀬に堕ちかづきて漱《すす》きたまふ時、成りし神の名は……。

伊邪那岐命《いざなぎのみこと》は第一七代海人王である。阿波岐原は海人王の宮殿のある高天原である。それは、とある川の中流にあるというのである。海人王の宮殿は「鹿」（シカ）に関係する。鹿児島《かごしま》＝麑島《かのこじま》＝鹿《か》の児《こ》島＝鹿《しか》島＝牡鹿《しか》島＝志賀《しか》島＝鹿屋《しかのや》＝鹿屋《かのや》……である。

鹿児島県地図を見ると、鹿児島県大隅半島に「鹿屋市《かのやし》」がある。志布志湾に流れ込む肝属川《きもつきがわ》の上流域である。その肝属川の北側支流に、御岳《うたき》から流れる祓川《はらいがわ》がある。祓川は邇邇芸命《ににぎのみこと》の天孫降臨の地、野間半島の笠沙の宮跡にもあり、天孫の宮殿と深いつながりがある。上祓川、祓川、下祓川、西祓川からなる広い地域である。その少し下流は鹿屋市の中心街である。

この二つの地域の中間を走る、国道二二〇号線の鹿屋バイパス工事では、多くの縄文・弥生の遺跡が見つかっている。その中の一つ「王子《おうじ》遺跡」からは、竪穴式住居跡二七軒、棟持柱を有する掘立柱建物跡六棟、掘立柱建物跡八基などが出土した。それまでの南九州の弥生時代の様相を一変させる内容で、弥生時代の「クニ」の存在を彷彿《ほうふつ》とさせるものであると、いわれている。

そう、ここがまぎれもなく阿波岐原跡である。

同じく南側支流の姶良川《あいらがわ》には、後述の日向《ひむか》三代目の波限建鵜葺《なぎさたけうが》草葺不合命《やふきあえずのみこと》を祭る、吾平山《あいらのやま》の西洲《にしのくに》の宮《みや》（鵜戸神社）がある。その川上には、命が眠る吾平山上陵《あいらのやまのうえのみささぎ》（鹿屋市吾平町）がある。

さらにその上流は神野《かみの》地区といわれ、美しい山容の吾平富士《あいらふじ》がある。この山の麓に、神倭伊波礼彦命《かむやまといわれひこのみこと》（神武天皇）の后である、

吾平富士

吾平津媛《あいらつひめ》を祭る大川内《おおかわうち》神社（鹿児島県鹿屋市吾平町神野大川内）がある。ここが吾平津媛の実家である。路線バスの終着点であり、かなり海抜の高い地点であるが、のどかな稲作地帯である。神野《かみの》という地名も、ほんのり歴史を感じさせてくれる。悠久の昔に思いを馳せる。花嫁衣裳を身にまとった姫が、そこにたたずんでいるような気がする。

吾平津媛は神武東遷の際に、御子、手研耳命《たぎしみみのみこと》を随伴させ、自らは吾平の地にとどまり、ひたすら夫君や我が子の御東遷と武運長久をお祈りしたという。しかし無情にも、夫君はヤマトの橿原の宮で新しい后を娶り、我が子は、天皇に就くと間もなくその義兄弟に討たれ、哀れな最期を遂げたのである。

肝属川《きもつきがわ》流域の東串良《ひがしくしら》町は、唐仁《とうじん》古墳群など鹿児島県最大の古墳地帯で、肝属町には塚崎《つかさき》古墳群、大崎町の横瀬《よこせ》古墳などがある。この地は大隅《おおすみ》の隼人《はやと》の領域である。ここが吾田《あた》の国である。北側には弥五郎どんの襲の国があり、上野原《うえのはら》縄文の里がある。この地は曾《そ》の隼人《はやと》の領域である。さらに宮崎県の西都原《さいとばる》古墳群がある。この地は日向隼人《ひゅうがはやと》の領域である。これら古墳群は、皆関係があるものと考えられている。

筑紫（九州島）の日向《ひむか》の橘《たちばな》の小門《おど》の阿波岐原《あわきがはら》は、この吾田の国の肝属川の中つ瀬の「祓川《はらいがわ》」だったのだ。

これで神生《かみう》み神話も史実となったのだ。

神世七代《かみよななよ》の時代の終わり頃になると、高天原《たかまがはら》も、開聞岳の枚聞神社から吾田の国に遷都していたのである。現在の鹿屋《かのや》市を中心に、北は志布志《しぶし》市、日南《にちなん》市、南は、大崎《おおさき》町、東串良《ひがしくしら》町、肝属《きもつき》町、錦江《きんこう》町にわたる領域である。当地に残る遺跡群は、どこから見ても海人王が暮らすにふさわしい条件をそろえている。

ここ吾田の国が、第一七代海人王伊邪那岐命《いざなぎのみこと》の旧都なのである。彼はここより沼島＝淤能碁呂島へ進出し、淡路島を始め、大八島《おおやしま》の国生《くにう》みを行ったのである。

この時代のそれぞれの首領が治めた海人原《あまばる》は次のようである。

◉伊邪那岐命《いざなぎのみこと》　阿波岐原《あわきがはら》（鹿児島県鹿屋市・御岳）
◉天照大御神《あまてらすおおみかみ》　井国《いこく》（怡土国）（福岡県糸島市・高祖山）
◉月読命《つくよみのみこと》・卑弥呼《ひみこ》　筑後の壹国《いちこく》（福岡県みやま市・女山）
◉須佐之男命《すさのおのみこと》　冠《かんむり》神社（鹿児島県いちき串木野市・冠岳）
◉綿津見三神《わたつみさんじん》　志賀海《しかうみ》神社（福岡県福岡市・志賀島）
◉住吉山神《すみよしさんじん》　住吉《すみよし》神社（福岡県福岡市博多区）
◉大山津見神《おおやまつみのかみ》　鹿児島《かごしま》神宮（鹿児島県霧島市隼人町）
◉大山祇命《おおやまつみのみこと》　大山祇《おおやまつみ》神社（鹿児島県南さつま市・金峯山）
◉事勝国勝長狭命《ことかつくにかつながさのみこと》（塩土老翁《しおつちのおじ》）　野間《のま》神社（鹿児島県南さつま市・野間岳）

このあたりには次のような伝説がある。

冠岳《かんむりだけ》と金峯山《きんぽうざん》が喧嘩をして、金峯山が投げた材木が当たったため、冠岳の肩が低くなった。一方、冠岳がススキの穂で目を射たため、金峯山は片目になった。また野間岳《のまだけ》と金峯山も仲が悪く、金峯山が野間岳に射た矢が耳に刺さって野間岳は片耳となり、射られた野間岳が耳を取って金峯山に投げつけたため、金峯山の一方の肩が低くなった。

これらは隣国同士である、須佐之男命《すさのおのみこと》、大山《おおやま》祇命《つみのみこと》、事勝国勝長狭《ことかつくにかつながさ》の三者の領土争いを伝えたものであろう。

須佐之男命は、出雲の神と思われがちであるが、実は薩摩の串木野の神様なのである。それは出雲熊野神社の祭神の名前が、伊射那伎日真名子《いざなぎのひまなこ》加夫《かぶ》呂伎《ろぎ》熊野大神櫛御気野命《くまののおおかみくしみけぬのみこと》となっていることからもわかる。これは須佐之男命の別名である。。

伊射那伎日真名子《いざなぎのひまなこ》は、伊射那伎命がかわいがる、加夫呂伎《かぶろぎ》は、神聖な祖神という意味である。熊野《くまのの》大神《おおかみ》は鎮座する地名であり、櫛御気野命《くしみけぬのみこと》は神名である。櫛御気野《くしみけぬ》=串木野で、冠岳のある鹿児島県串木野市《くしきのし》の神ということである。ここは阿多の隼人の領域であるが、須佐之男命は全隼人族の首領ともいうべき存在である。

須佐之男命は、この地から北九州・対馬へと北上し、さらに出雲に進出して、八俣大蛇を退治したのである。

大きな足跡を残した隼人族

前に述べたとおり、隼人族にはいくつもの系統がある。隼人族は「縄文後期に渡来したオーストロネシア語族」である。

鹿児島神宮史および霧島市立隼人塚史跡館の資料によると、阿多《あた》の隼人《はやと》、大隅《おおすみ》の隼人《はやと》、薩摩隼人《さつまはやと》、日向隼人《ひゅうがはやと》、曽《そ》の隼人《はやと》、衣《え》の隼人《はやと》、甑隼人《こしきはやと》、多禰《たね》の隼人《はやと》などがある。日向《ひむか》の国の全域を制しているのがわかる。ここから北上して、日本各地に国邑を拓いていったのである。

その隼人族の足跡の一端を見てみよう。

鹿児島県に射楯兵主《いたてつわものぬし》神社（別名釜蓋《かまふた》神社・南九州市頴娃町）がある。須佐之男命《すさのおのみこと》と宇気母知命《うけもちのみこと》が祭られている。射楯兵主は衣の隼人であり、須佐之男命は阿多の隼人である。

この神社の創建年代は不詳であるが、枚聞《ひらきき》神社の古い末社であるという。当地は衣の隼人の本拠地である。支配関係があったかどうかはわからないが、天孫族と衣の隼人との親密な間柄を示すものである。

その後、同じ漢字表記の神社が姫路城の隣にあるのがわかった。播磨国総社射楯兵主《いたてひょうず》神社（兵庫県姫路市惣社本町）である。祭神は五十猛命《いたけるのみこと》（射楯《いたて》大神）と大国主命《おおくにぬしのみこと》（兵主《ひょうず》大神）である。

由緒によると、五六四年の創建で、一四〇〇年あまりの歴史があるという。また当社は播磨の国総社として、播磨の国のおもな神様をお祭りしているという。姫路城の大手前公園横にある、赤い荘厳な門構えの神社である。

この二つの神社は、祭る神様と呼び名が異なっている。前者は須佐之男命であり、後者はその子五十猛命と大国主命となっている。実はこの播磨の地も、衣の隼人の末裔たちの国邑だったのだ。

こうしてみると日本国中、隼人族の神々の末裔の治める国だらけである。

多禰の隼人と隼人の抗戦

『日本書紀』によると、四〇代天武《てんむ》天皇（六七三〜六八六年）の項に、ことに多禰《たね》の隼人《はやと》との親密な交流の記録がある。

◉六七九年二月

この月多禰島《たねのしま》（種子島）の人らに、飛鳥寺《あすかでら》の西の槻《つき》の木《き》の下で饗応された。

◉六八一年十一月

大乙下 倭 馬飼部 造《やまとのうまかいべのみやつこ》 連《むらじ》を大使として、小乙下上寸主光父《うえのすぐりこうぶ》を小使として、多禰島（種子島）に遣わし、爵位《しゃくい》一級を賜った。

◉六八三年八月

多禰島（種子島）に遣わした使人らが、多禰島の地図をたてまつった。その国は京を去ること五千余里、筑紫の南の海中にある。住民は髪を短く切って草《くさ》の裳《も》を着《つ》けている。稲は常に豊かに実り、年に一度植えれば二度収穫できる。土地の産物は支子《くちなし》・莞子《いぐさ》および種々の海産物が多い。

◉六八三年九月

多禰島（種子島）の人達に、飛鳥寺《あすかでら》の西の川《かわ》の畔《ほとり》で饗応された。さまざまな舞楽を奏した。

◉六八四年七月三日

隼人が大勢来て国の産物を奉った。この日大隅の隼人と阿多の隼人が、朝廷で相撲《すもう》をとり大隅の隼人が勝った。

同月二十五日、多禰《たね》の人（種子島）、掖玖《やく》の人（屋久島）、阿麻弥《あまみ》の人（沖縄か奄美大島）に禄《ろく》を賜った。

同月二十七日、隼人らに明日香寺《あすかでら》（飛鳥寺）の西で饗を賜った。さまざまな舞楽を奏しそれぞれに禄を賜った。出家者も俗人もそれを見た。

◉六八五年三月

多禰島（種子島）に遣わされていた使人が帰ってきた。

天武《てんむ》天皇は隼人との関係を強化しているようだが、何を意図していたのだろうか。

多禰島の人はなぜ飛鳥に上ってきたのか。朝廷から命令されたのか、島人の自発的行動なのか。あるいは両者それぞれに働きかけたのか。

いずれにしても、多禰島の人は忽然《こつぜん》と飛鳥に現れている。しかもその使者に対して朝廷は厚遇をもって迎えている。遠い祖先への天武天皇の郷愁《きょうしゅう》であろうか。それとも、のちの遣唐使による中国交易の海路の足固めであろうか。

『笠沙町郷土誌』によると、その背景には、多禰島を拠点にして、南島といわれる島々の支配を目指すという、朝廷の政策があったのではないかといわれている。

この後も、隼人や南島の人々の来訪は続くのである。やはり手厚いもてなしを受けている。

もし大和朝廷が飛鳥の国で興っていたら、このようなことはあり得ない。学説の唱えるとおり、南島も北海道と同じく、明治時代まで続縄文時代であったろう。

私は、多禰島にゆかりのある天種子命《あめのたねのみこと》を祖とする時の実力者、藤原不比等《ふじわらのふひと》の影響ではないかと考える。

これは、天皇を頂点とする大和朝廷の氏族の祖が、南島の人たち、すなわちオーストロネシア語族であるという証左なのである。

また『続日本紀《しょくにほんぎ》』には次の記録がある。

◉大宝《たいほう》二（七〇二）年八月

薩摩と多禰（種子島）は王化《おうか》に従わず、政令に逆らっていたので、兵を遣わして征討し、戸口を調査して常駐の官人を置いた。

◉和銅《わどう》六（七一三）年三月
隼人は道理に暗く荒々しく、法令にも従わない。よって豊前《ぶぜん》の国の民、二〇〇戸を移住させて、統治に服するよう勧め導かせるようにした。
同年一二月、少初位の太朝臣遠健治《おおあそんおけじ》らが、南嶋《みなみのしま》の奄美（沖縄か奄美大島）・信覚《しかく》（石垣島）・球美《くみ》（久米島）などの島民五二人を率いて南嶋から帰った。

◉霊亀《れいき》元（七一五）年春正月
天皇は大極殿《だいごくでん》に出御して、官人の朝賀を受けられた。南嶋の奄美（沖縄か奄美大島）・夜久（屋久島）度感《とこ》（徳之島）・信覚（石垣島）・球美（久米島）などの島民が来朝し、土地の産物を献上した。

◉神亀《じんき》四（七二七）年一一月
南嶋の人一三二人が来朝した。身分に応じて位階を授けられた。

◉天平五（七三三）年六月
多禰島（種子島）熊毛《くまげ》郡（現在の西之表市《にしのおもて》）の大領で、外従七位下の安志託《あした》ら一一人に、多禰後国造《たねのしりのくにのみやつこ》の氏姓を賜った。
益救《やく》郡（現在の屋久島）の大領で、外従六位下の加理伽《かりが》たち一三六人には、多禰直《たねのあたい》を、能満《のま》郡（現在の熊毛郡中種子町）の少領で、外従八位上の粟麻呂《あわまろ》ら九六九人には、居住所によって直《あたい》の姓《かばね》を賜った。

どうやら大宝律令が施行された頃、薩摩隼人と多禰の隼人は王化《おうか》に従わず、政令に逆らっていたらしい。これも同胞であるがゆえの抵抗である。昨日まで仲間だったのに急に偉そうなことを言うな、ということであろう。これによく似たケースが筑紫君磐井《つくしのきみいわい》の乱《らん》であり、明治維新の戊辰《ぼしん》戦争であり、西郷隆盛の西南《せいなん》の役《えき》である。

そこで朝廷は、大隅の国には豊前の国および豊後の国（大分県）から、薩摩の国には肥後の国（熊本県）から人民の移動を行っている。移住の目的は、隼人族の分断《ぶんだん》・監視《かんし》・順化促進《じゅんかそくしん》などであったという。

また四〇代天武《てんむ》天皇、四一代持統《じとう》天皇の頃（六七三〜六九七年）、大隅の隼人、阿多の隼人の一部は畿内やその周辺に移住し、さまざまな仕事をして王権に奉仕した。これらの隼人族を「畿内隼人《きないはやと》」といい、彼らを監督した役所が「隼人司《はやとのつかさ》」である。

『笠沙町郷土誌』によると、

阿多の隼人が畿内に移住させられた地のうち、最も関連が深いのが奈良県五条市《ごじょうし》である。五条市は、和歌山市に河口をもつ紀ノ川《きのかわ》が、奈良県に入り吉野川《よしのがわ》となる県境に近い川沿いの地域である。五条市には、東阿田、西阿田、南阿田、阿太などアタのつく町名が多い。土地の人は「アダ」と呼ぶのが普通である。

この地域の人々は、自分たちの祖先が薩摩の阿多《あた》と関係があるのではないかと思っている。平安時代には、この一帯は大和の国宇智郡《うちぐん》阿陁郷《あだのさと》であり、阿陁郷には鎮守の社として阿陀比売《あだひめ》神社がある。祭神はコノハナノサクヤヒメである。

「少なくとも薩摩半島の阿多よりも史跡や伝承地に富んでおり、祖先の息吹を肌で感じることができる」という。

このように、一口に隼人族といっても、早くからヤマト王権の支配下に入った者と、養老四（七二〇）年の「隼人《はやと》の乱《らん》」にみられるように、最後まで律令制に抵抗した者とに分かれる。

『続日本紀』によると、

◉養老《ようろう》四（七二〇）年二月

隼人が反乱を起こして、大隅の国守の陽侯史麻呂《やこしまろ》を殺害した。

同三月、中納言・正四位下の大伴宿禰旅人《おおとものすくねのたびと》を、征隼人《せいはやと》持節大将軍に任命し、授刀助・従五位下の笠《かさの》朝臣御室《あそんみむろ》、民部少輔・従五位下の巨勢朝臣真人《こせのあそんまひと》を副将軍に任命した。

◉養老五（七二一）年七月

征隼人副将軍・従五位下の笠朝臣御室、従五位下の巨勢朝臣真人らが帰還した。斬首したものや捕虜は合わせて千四百人あまりであった。

朝廷は隼人を完全に支配しようとして、たびたび強硬な手段をとった。それが隼人たちを刺激し、反発行動を呼び起こすこともある。これを「隼人の乱」というが、はたしてそうだろうか。

隼人が外部に進出し、他領を奪取したというわけではない。朝貢、国郡制への編入、生業の転換などを朝廷から強く迫られ、自衛のために抗戦したのである。

いわば「隼人《はやと》の抗戦《こうせん》」である。「筑紫の君磐井の乱」も「蝦夷の乱」も同じく抗戦なのである。

反乱とは朝廷側の一方的な論理である。隼人の抗戦も身内ゆえのことである。天皇家と隼人族の密接な関係を物語っている。

以上のことからも、『記紀』にいう筑紫（九州）の日向《ひむか》の国は鹿児島県であり、ここで「日向三代《ひむかさんだい》」といわれる天皇の祖は誕生したのである。

一方、東日本の国々に対して、大和朝廷がとった政策は「武力制圧《ぶりょくせいあつ》」である。坂上田村麻呂《さかのうえのたむらまろ》が、征《せい》夷《い》大将軍としてよく知られている。

大和朝廷による陸奥《みちのく》＝ミチノオクの支配は、神亀《じんき》元（七二四）年に多賀城《たがじょう》を築城したことに始まる。その後天平二一（七四九）年、多賀城の近くで大量の黄金が見つかった。これは当時完成間近であった、奈良東大寺の大仏に使われた。

この黄金を欲しい朝廷と、蝦夷《えみし》と蔑《さげす》まれながらも自分たちの楽土を守りたい陸奥の民との、長い戦いが「蝦夷《えみし》の乱《らん》」である。蝦夷といわれた人たちは反乱を起こしてはいない。朝廷の侵略にただ抗戦しただけである。自らの生命と生活と楽土を守るためである。

今日の日本が築かれるまでに、どれほど多くの内戦があったことであろうか。『続日本紀』の大半は、この蝦夷との戦いの記録である。

高橋克彦著『火炎《かえん》・北の耀星《ようせい》アテルイ』（講談社）には、阿弖流為《あてるい》と母礼《もれ》を中心とした蝦夷の族長たちの苦悩の歴史が描かれている。坂上田村麻呂《さかのうえのたむらまろ》が創建したとされる京都の清水寺の境内には、二人の顕彰碑《けんしょうひ》が建っている。

この蝦夷といわれた人たちも、祖は「旧石器時代から縄文草創期に渡来した古モンゴロイド」なのである。

column
14

天皇を支える天種子命一族

天種子命《あめのたねのみこと》は、藤原不比等の祖神である。また、邇邇芸命《ににぎのみこと》の天孫降臨に随行した「天児屋根命《あめのこやねのみこと》」の孫にあたる。天児屋根命は、降臨先の鹿児島神宮で比売大神《ひめおおかみ》と結婚した。生まれた子が天押雲根命《あめのおしくもねのみこと》である。またの名を「鹿島押雲命《かしまおしくものみこと》」という。この、鹿島押雲命の長男が天種子命である。母の名は不明であるが、おそらく多禰の隼人の娘なのであろう。天種子命という名前が、その出自を表している。また種子島には、奈良興福寺《こうふくじ》（藤原不比等ゆかりの寺院）の末寺として、大同四（八〇九）年に創建された、薩南諸島鎮護の大伽藍慈恩寺《じおんじ》がある。このことも種子島との所縁を感じさせる。

天種子命にゆかりのあるおもな神社に、春日《かすが》神社（福岡県春日市春日一丁目）、春日《かすが》大社（奈良県奈良市春日野町）、河内の国一ノ宮枚岡《ひらおか》神社（大阪府東大阪市出雲井町）などがある。この三社には、天児屋根命とともに、比売大神、経津主大神《ふつぬしのおおかみ》、武甕槌大神《たけみかづちのおおかみ》が祭られている。天児屋根命は天種子命の祖父である。比売大神は天児屋根命の妻であり、天種子命の祖母である。天児屋根命は経津主命《ふつぬしのみこと》の甥である。比売大神は武甕槌命《たけみかづちのみこと》の娘である。ややこしいが、いずれも天皇家を支え、政治を担ってきた家系の祖なのである。

私見であるが、経津主命は武甕槌命の別《わけ》である。彼らは、『日本書紀』では大国主命《おおくにぬしのみこと》に国譲りをさせ、葦原中国を平定した神となっているが、『古事記』では武甕槌命のみである。また、どちらも伊邪那岐命が火之迦具土神《ひのかぐつちのかみ》を斬ったときに生まれている。ただし、『日本書紀』では二人別々に生まれ、『古事記』では武甕槌命が一人で生まれ、亦の名が建《たけ》布都神《ふつのかみ》、または豊布都神《とよふつのかみ》となっている。『記紀』で亦の名というのは、人数合わせであっておおむね別人であることが多い。常陸の国一ノ宮鹿島神宮（茨城県鹿嶋市宮中）には武甕《たけみか》槌大神《づちのおおかみ》が、下総ノ国香取神宮（千葉県香取市香取）には、経津主大神が祭られている。

　これらの神社は、天種子命や藤原不比等が自らの先祖を祭った神社なのである。河内国一ノ宮枚岡神社も、神武《じんむ》天皇の命により、天種子命が祖神の天児屋根命を祭ったものである。だが、藤原不比等により奈良に春日大社が創建されると、祭神は春日大社に遷座され、枚岡神社は「元春日」となったのである。天児屋根命は、幼名を春日麻呂《かすがまろ》という。それにちなんで春日《かすが》神社、春日《かすが》大社というのである。全国の春日神社の祭神は天児屋根命である。その元宮は福岡県の春日神社である。

　邇邇芸命の天孫降臨から神武《じんむ》天皇の東遷《とうせん》、即位まで、天種子命の一族の貢献があったればこそ、天皇は誕生したのである。さらに千七百年後の今日まで、その末裔の藤原氏や近衛家に支えられ、日本の象徴として君臨しているのである。そんな偉人が、我が故郷、種子島にゆかりのある人物であることは、私のみならず島の誇りでもある。

劇的な復活を遂げた天照大御神

天照大御神の旅立ちを描いた羽衣伝説

さて、降臨した天孫のその後の足取りを追ってみよう。

実は降臨したのは邇邇芸命《ににぎのみこと》だけではなかった。邇邇芸命の兄彦火《ひこほ》明命《あかりのみこと》は丹波の国へ、従兄弟《いとこ》の邇芸《にぎ》速日命《はやひのみこと》も河内の国へ降臨していたのである。

邇邇芸命の降臨については『記紀』に詳しく記されている。しかし、あとの二人についての記録は希薄で、その末裔の系譜も断片的である。『記紀』のいう「子」や「孫」といった表記は、正確に時代考証がなされているわけではなく、ただ単に血のつながった末裔であると解釈するのが妥当である。

では、まずは兄の彦火明命の降臨の様子から見てみよう。

彼は天照大御神の孫であり、誓約生《うけいう》みで生まれた高祖天之忍穂《あめのおしほ》耳命《みみのみこと》の長男である。母萬幡豊秋津師《よろずはたとよあきつし》比売命《ひめのみこと》の祖は別天津神高御産巣日神《たかみむすひのかみ》である。

彦火明命は宗像《むなかた》の国の沖ノ島を経由して、丹波の国の凡海人郷《おおしあまのさと》(京都府宮津市)へ天降った。

ゆえに、丹後ノ国一ノ宮籠《この》神社(京都府宮津市)や冠島《かんむりじま》(若狭湾沖の大島)では、彦火明命が祭られている。この地は、天照大御神の天の岩屋戸隠れの場所でもある。

天照大御神が、筑紫の井国(怡土国)を追われて、一三〇年あまりも天の岩戸神社に隠遁《いんとん》していられたのは、この孫の彦火明命や凡海人族《おおしあまぞく》(海部直《あまべのあたい》・凡海連《おおしあまのむらじ》・海部氏《あまべし》の祖)の協力があったからである。

一方、邇芸速日命は、河内の国に降臨した。私見ではあるが彼は誓約《うけい》生みで生まれた河内の国造の祖、天津日子根命《あまつひこねのみこと》の子であり、天照大御神の孫である。太祖は別天津神の宇摩志阿斯訶備比古遅神《うましあしかびひこぢのかみ》である。

『日本書紀』によると、邇芸速日命は、天照大御神より「十種の神宝」を授かり、河内の国河上《かわかみ》の哮《たける》ケ峯《みね》磐船《いわふね》神社(大阪府枚方市)へ降臨し、さらにヤマトの国へと進出したという。そこで、国つ神登美彦《とみひこ》、別名長髄彦《ながすねひこ》の妹、登美夜姫《とみやひめ》を娶り国邑を築いた。これが奈良県生駒郡斑鳩町の「斑鳩《いかるが》の国」である。登美彦とは地名で、現在の奈良市登美ケ丘一帯である。

また、邇邇芸命は、前述のように日向《ひむか》の国に降臨した。天照大御神の孫であり彦火明命の弟である。

邇邇芸命は降臨先の日向の国で没した。その末裔の四代目若御毛沼命《わかみけぬのみこと》が、日向の国から東遷《とうせん》し、ヤマトの橿原の地に「飛鳥《あすか》の国」を築き、神武《じんむ》天皇として即位したのである。

このように、天照大御神と高御産巣日神が、新規開拓を託して降臨させた三人の孫の末裔たちは、見事に東国に、丹波の国と斑鳩の国、飛鳥の国を築いたのである。

この頃、「八咫鏡《やたのかがみ》」となった天照大御神は、丹波の天の岩戸神社に隠遁したままである。ようやくヤマトの国作りが落ち着いた頃、時の一〇代崇神天皇（天皇在位一三年説で二六四年即位）が、丹波の国からヤマトの国へ天照大御神を呼び寄せたのである。

『日本書紀』に次の記述がある。


　十代崇神《すじん》天皇六年（天皇在位一三年説で二七〇年）のとき、天照大御神と倭大国魂神《やまとおおくにたまのかみ》の二神を、天皇の御殿の内にお祭りした。


こうして、天照大御神は、御殿の磯城《しき》の瑞籬《みずがき》の宮《みや》に祭られたのである。

一緒に祭られた倭大国魂神は速秋津日子神《はやあきつひこのかみ》の末裔で、神武東遷の折、豊の国（大分県）で水先案内をしたあの珍彦《うずひこ》の子孫である。倭国造《やまとこくぞう》の祖である。

孫やその末裔たちのおかげで、天照大御神はやっと長い隠遁生活から解放された。丹波の国の天《あま》の岩《いわ》戸《と》神社（福知山市岩戸山）から、ヤマトの崇神《すじん》天皇の磯城の瑞籬の宮（奈良県磯城郡）へと旅立ったのである。天に舞い上がったのではなく、羽衣を着て輿《こし》に乗り、お供の者たちと徒歩で向かったのだ。

このときの、天照大御神の旅立ちの姿を描いたのが「羽衣伝説《はごろもでんせつ》」である。羽衣を身にまとった天女は天照大御神だったのだ。

筑紫の井国（怡土国）を追われて百三十年あまり、天の岩屋戸にお隠れになっていた天照大御神の劇的な復活であった。

海人族の守る伊勢へ

『丹後国風土記』「逸文比治真奈井《ひじまない》　奈具社《なぐしゃ》」の項に、羽衣伝説が残されている。せっかく仲良く祭られたというのに、天照大御神と倭大国魂神《やまとおおくにたまのかみ》は折り合いが悪かったようである。国内が乱れ、疫病多く、天照大御神を御殿内から笠縫邑《かさぬいむら》へ移して祭ったという。

『日本書紀』に次の記述がある。

　ところが共に住むには不安があった。そこで豊鍬入姫命《とよすきいりひめのみこと》に託して、天照大御神を笠縫邑に祭った。よって堅固《けんご》な石の神籬《ひもろぎ》を作った。

豊鍬入姫命は崇神天皇の皇女である。彼女が笠縫邑に建て、祭ったのが檜原《ひばら》神社（奈良県桜井市三輪字檜原）である。

当社は本殿も拝殿もなく「三ツ鳥居」という珍しい鳥居がある。元伊勢といわれている。前に述べたように、檜原神社を原＝バルと読むのは、北九州地方の方言で海人族のなごりである。

では、天照大御神が、笠縫邑の檜原神社から伊勢神宮に遷座されたのはいつなのか。

『日本書紀』一一代垂仁《すいにん》天皇二五年（天皇在位一三年説では二九七年）の伊勢《いせ》の祭祀《さいし》の項に次の記述がある。

天照大御神を豊鋤入姫命からはなして、倭姫命《やまとひめのみこと》に託された。倭姫命は大神を鎮座申し上げるところを探して、宇陀《うだ》の篠幡《しのはた》に行った。さらに引き返して近江の国に入り、美濃《みの》を巡って伊勢の国に至った。そのとき天照大御神は、倭姫命に教えていわれるのに「伊勢の国はしきりに浪の打ち寄せる、傍国《かたくに》の美しい国である。この国に居りたいと思う」と。そこで大神のことばのままに、その祠《ほこら》を伊勢の国に立てられた。そして斎宮《さいぐう》を五十鈴川《いすずがわ》のほとりに立てた。これを磯《いそ》の宮《みや》という。天照大御神が始めて天より降られたところである。

檜原神社〈祭神天照大神若御魂神　伊弉諾命　伊弉冊命〉
（奈良県桜井市三輪字檜原）

倭姫命は老齢になった豊鍬入姫命の跡を継ぎ、諸国を巡業して、天照大御神を鎮座申し上げるところを探したのである。

通説では、豊鋤入姫命や倭姫命は、磯城《しき》の瑞籬《みずがき》の宮《みや》や笠縫邑から、最初に丹波《たんば》の国に巡幸したといわれているが、そのような事実はない。これも、天照大御神の逃避行を覆《おお》い隠《かく》すための粉飾なのである。天皇家の面子《めんつ》である。

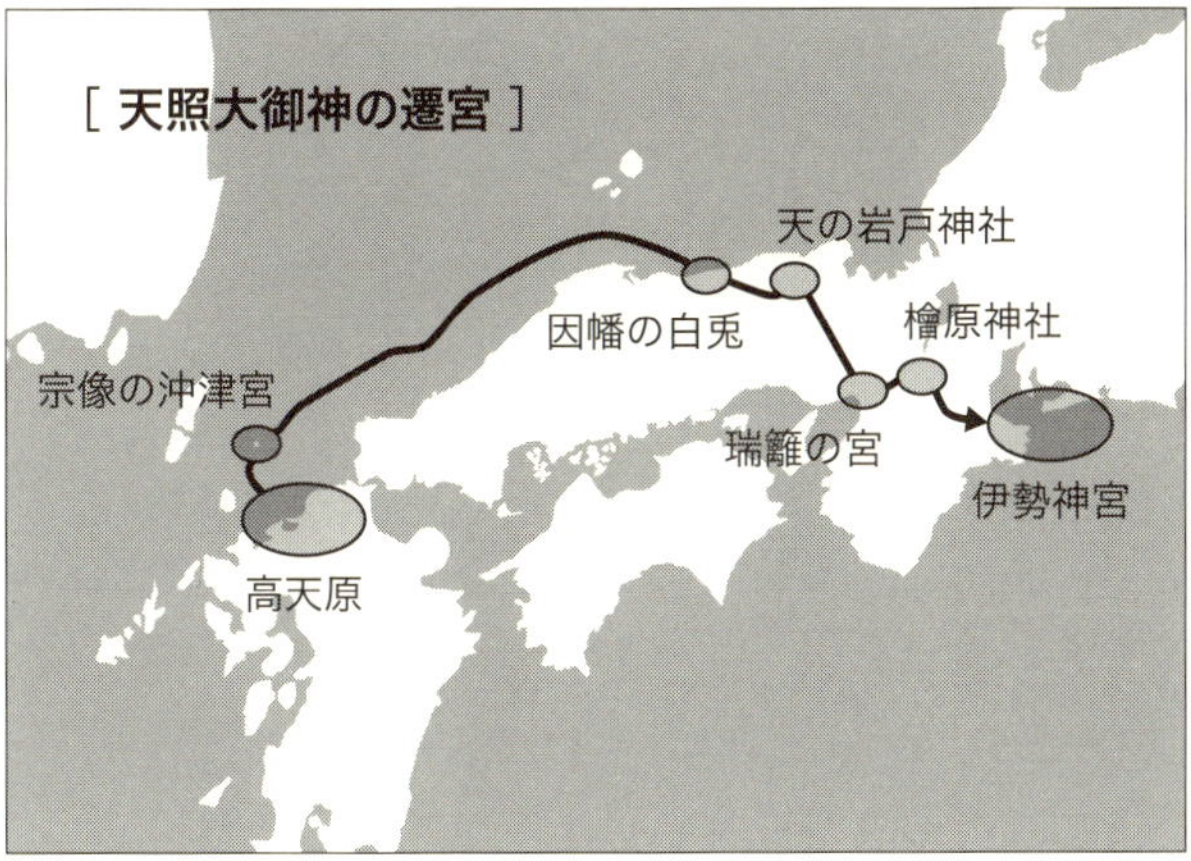

天照大御神は間違いなく、丹波の国からヤマトの宮殿磯城の瑞籬の宮へ、そこから笠縫邑を経て伊勢神宮に移ったのである。ルートは通説とは全く逆なのである。

天照大御神は「八咫の鏡」であるから、前述の文中の天照大御神が、倭姫命に教えていわれた言葉というのは演出である。鏡はしゃべれないのだ。

ちなみに伊勢神宮は創建二千年といわれるが、私の天皇在位一三年説では千七百年となる。

ではなぜ、天皇家は伊勢の地を選んだのであろうか。また日本地図を見てみよう。

伊勢湾の奥は「名古屋《なごや》市」である。名古屋市の西側一帯は「海部《あま》郡」である。現在は「あま市」となっている。ここは丹波へ降臨した彦火明命《ひこほあかりのみこと》の末裔で、丹後の凡海人族《おおしあまぞく》の末裔、海部直《あまべのあたい》、凡海連《おおしあまのむらじ》、海部氏《あまべし》たちの国邑である。

伊勢志摩《いせしま》半島は、もともと、筑紫の怡土志摩《いとしま》半島の志摩の国から移住した、海人の人たちが暮らす海《あ》人原《まばる》である。伊良湖水道《いらこすいどう》を挟んだ渥美《あつみ》半島は安曇《あずみ》半島であり、渥美湾《あつみわん》は安曇湾《あずみわん》であり、同じ海人原である。伊勢の地は、海人族に守られた安住の地なのである。また東国や琉球をにらんだ海上交通の要所でもあり、傍国《かたくに》の美しい国といわれるゆえんである。

井国（怡土国）を脱出して一七〇年あまりが過ぎ、天照大御神はようやく安息の地を見つけたのである。

このときから今日に至るまで、天皇家の守り神として伊勢神宮に鎮座されている。

今の日本を見て何を思われているのだろうか。象徴天皇制をどう感じておられるのだろうか。

天照大御神は「天皇の祖」ではなく、天皇家の守り神なのである。琉球神道にいう「オナリ神」だったのである。

神武天皇につらなる日向三代

兄弟の後継者争いを描く海幸彦と山幸彦

『記紀』は、邇邇芸命《ににぎのみこと》と木花之佐久夜毘売《このはなのさくやひめ》の子どもたちについても、詳しく述べている。

木花之佐久夜毘売は、三柱の御子を火中出産《かちゅうしゅっさん》する。『古事記』によると、その三人の御子は次のようである。

◉長男　火照命《ほでりのみこと》　海幸彦《うみさちひこ》という。隼人阿多君の祖である。
◉次男　火須勢理命《ほすせりのみこと》。『古事記』には詳しい記録がない。
◉三男　火遠理命《ほおりのみこと》　山幸彦《やまさちひこ》という。別名を穂穂手見命《ほほでみのみこと》という。

この長男火照命と三男火遠理命の確執《かくしつ》を描いたのが、海幸彦・山幸彦の物語である。

物語は次のように展開する。

かれ、火照命《ほでりのみこと》は、海佐知毘古《うみさちひこ》として、鰭《ひれ》の広物《ひろもの》、鰭《ひれ》の狭物《さもの》を取り、火遠理命《ほおりのみこと》は、山佐知毘古《やまさちひこ》として、毛の麁物《あらもの》、毛の柔物《にこもの》を取りたまひき。ここに火遠理命、その兄火照命に「各《かく》さちを相易《あいか》へて用《もち》いん」と謂《い》ひて、三度《みたび》乞《こ》ひたまえども許さざりき。然《しか》れども遂《つい》に纔《わずか》かに相易《あいか》ふること得たまひき。

火照命は海幸彦として海で釣りをし、穂穂手見命は山幸彦として山で猟をして暮らしていた。ある日、山幸彦は、海幸彦に「それぞれの猟具と漁具を交換して使ってみたい」とお願いして、やっとのことで許され、兄の釣針を借りて海に釣りに出かけた。ところが一匹も釣れなかったうえ、借り物の釣り針まで失くしてしまったのだ。

それを聞いた兄は激怒して、きちんと返してくれと弟を責め立てるのであった。山幸彦は十拳《とつか》の剣《けん》から五〇〇の釣針を作り、箕《み》（竹の薄片を編んで作った器）の上に盛って償われた。しかし兄に強く拒否され、途方に暮れて浜辺で泣いていると、塩椎神《しおつちのかみ》が現れ、竹を編んで小船を作ってくれた。

塩椎神は「吾この船を押し流せば暫らくして味御路《うましみち》あり、すなわちその道に乗りて行けば魚鱗《いろこ》の如く造れる宮に至るべし。これ綿津見神《わたつみのかみ》の宮《みや》または海神《わたづみ》の宮《みや》（対馬の和多都美神社）成り」と教えて押し流した。

こうしてたどり着いたところが対馬である。薩摩半島から対馬まで籠船《かごぶね》で旅をしたのである。山幸彦は海神豊玉彦《とよたまひこ》のたいそうな歓迎を受け、その娘豊玉姫《とよたまひめ》を娶り、三年を過ごす。郷心《さとごころ》がついたある日、事情を話すと、豊玉彦は、失くした釣針と潮満玉《しおみちのたま》・潮干玉《しおひのたま》を授けてくれた。一尋鰐《ひとひろわに》に乗って隼人の国に帰還した山幸彦は、潮満玉・潮干玉の霊力で兄を屈服させ、「今より後は汝《いまし》尊《みこと》の俳優《わざおぎ》の民となり、宮門《みかど》の守護人となりて仕奉《つかえまつ》らん」と誓わせたのである。

山幸彦は、御父《おんちち》邇邇芸命の後を継ぎて天津日高日子《あまつひこひこ》の御《み》位《くらい》に即位し給い、天津日高日子穂穂手見尊《あまつひこひこほほでみのみこと》と申し上げた。

ここより阿多《あた》の隼人《はやと》、すなわち海幸彦の末裔は、今に至るまで宮門《みかど》の警護《けいご》にあたっているのである。元日・即位・践祚《せんそ》・大嘗祭《だいじょうさい》・行幸供奉の際に、吠聲《はいせい》（犬の唸り声）を発したり、風俗舞踊を奏するのである。

二〇一〇年、奈良県で開催された「平城遷都一三〇〇年祭」でも、隼人の兵が「隼人《はやと》の盾《たて》」を持ち、警護にあたっていた姿を目にした人は多いことであろう。

ここからは、三男火遠理命を、穂穂手見命と記すこととする。この穂穂手見命こそ、神武天皇の祖父で皇祖となる人である。

隼人兵

山幸彦を隼人の国まで送り届けてくれた一尋鰐《ひとひろわに》は、対馬の北端にある鰐浦《わにうら》の豪族、和邇氏《わにし》（和珥氏《わにし》・丸邇氏《わにし》）である。稲羽の素菟に登場する「鰐」も同様である。のちにヤマト王権の中央豪族となっている。

この海幸彦・山幸彦の物語は、長男火照命と三男穂穂手見命の「皇位継承争い《こういけいしょうあらそい》」を描いたものなのである。

浦嶋太郎伝説と混同しがちであるが、全く異なる史実を伝えている。ここでは末子が長兄に勝利したのである。この後、時代は末子相続《まっしそうぞく》が主流となる。徳川幕府の長子相続《ちょうしそうぞく》とは対照的である。

神武天皇の父の産屋を比定する

無事帰還した穂穂手見命《ほほでみのみこと》は、再び隼人の国で暮らし始めた。そんなある日、豊玉姫がやってきて、あなたの子どもを身ごもっていると告げたのである。

「妾《あ》は已《すで》に妊身《はら》み、今産む時になりぬ。こを念《おも》ふに、天津神の御子は海原《あまばる》（対馬）に生むべからず。かれ、参出到《まいできた》れり」とまおしき。

天孫の子は対馬の国では生めないので、天孫の国にまいりましたという。穂穂手見命は、すぐさまその海辺に、鵜《う》の羽《はね》を葺草《かや》にして産屋《うぶや》を作り始めたが、まだ屋根が葺《ふ》き上がらないうちに、豊玉姫は産気づいてしまった。

「私は本来の姿になってお産をします。だから決して見ないでください」

こう懇願されたものの、穂穂手見命は定番の覗《のぞ》き見《み》をしてしまうのである。すると姫は巨大な鰐となってのたうちまわっていた。穂穂手見命は恐ろしくなって逃げ出した。豊玉姫は御子を産み落とすと、醜《みにく》い姿を見られたのを恥じて、海神《わたづみ》の宮《みや》（対馬の和多都美神社）へ帰っていかれた。

このときに生まれた子が、神武天皇の父にあたる鵜葺草葺不合命《うがやふきあえずのみこと》である。鵜の羽を葺草にして、まだ屋根が葺き上がらないうちに生まれた子という意味である。

この場所が、通説では宮崎県の鵜戸神宮《うどじんぐう》であるとされている。が、もう一つ鹿児島県には鵜戸《うど》神社がある。はたしてどちらが本当の産屋《うぶや》なのだろうか。

鹿児島県の鵜戸神社（鹿屋市吾平町麓字宮ノ前）の祭神は、彦波限建鵜葺草葺不合尊《ひこなぎさたけうがやふきあえずのみこと》である。ちなみに、宮崎県の鵜戸神宮（日南市）の祭神は、日子波瀲武鸕鷀草葺不合尊《ひこなぎさたけうがやふきあえずのみこと》となっている。

人である豊玉姫が巨大な鰐になるはずはない。豊玉姫が本来の姿の鰐になったということは、豊玉姫は対馬の鰐浦の豪族、和邇《わに》氏《し》の血族であるということを意味している。豊玉姫は豊玉彦の長女であり、オナリ神であるから、その母親が和邇氏の娘ということである。

見事な演出ではないか。産屋は海辺に作ったとあり、また豊玉姫も巨大な鰐となって産んだのであるから、海辺にある宮崎県の鵜戸神宮が比定されるのである。俗に鵜戸《うど》とは、鵜戸＝穴＝洞窟＝波打ち際などと理解されているので、それからすると宮崎県の鵜戸神宮という名称はぴったりあてはまる。だが、鵜戸神宮は、吾平山の宮殿とは距離的に離れすぎている。地形的にも宮跡としては似つかわしくない感がある。宮跡はここではない。宮崎県はことごとく作られた神話の国なのである。

私は、鵜戸とは、鵜飼いの鵜の鳥であると解釈する。ゆえに鵜の羽を葺草にして、産屋を作ったのである。

鹿児島県の鵜戸神社は、海辺でも川辺でもなく洞窟とは全く縁遠い地に建っている。そこで吾平山《あいらのやまの》上陵《うえのみささぎ》へ行ってみた。

吾平山は、通称鵜戸山《うどやま》といわれる。鵜がたくさんいるから鵜戸山である。鵜戸山を流れる姶良川《あいらがわ》に開いた岩窟《うど》を、吾平山上陵《あいらのやまのうえのみささぎ》という。吾平山上陵の前のゆったりと流れる広い川では、たくさんの鮎が銀鱗を輝かせて跳ねていた。目の前は鵜戸山である。当時は多くの川鵜がいたことであろう。

これを見て、鵜の羽を葺草《かや》にして川のなぎさに産屋を作った、という美しい演出が生まれたのではないか。渚《なぎさ》とは『広辞苑』によると、川・海・湖などの波打ちぎわとある。海に限らない。

調べてみると、鵜戸神社は当初吾平山上陵《あいらのやまのうえのみささぎ》の東側にあり、鵜戸六所権現《うどろくしょごんげん》と称されていたという。しかし、明治四年の水害により流され、現在地の旧吾平《あいら》町役場の南隣に遷座して、名称も鵜戸神社と改められたという。

江戸時代の『三国名勝図会』には、壮大な鵜戸神社が描かれている。ここが穂穂手見命が治めた吾平山の西洲《にしのくに》の宮《みや》なのである。豊玉姫が鵜葺草葺不合命《うがやふきあえずのみこと》を生むにふさわしい場所である。邇邇芸命から穂穂手見命、この鵜葺草葺不合命までの三代を「日向三代《ひむかさんだい》」という。

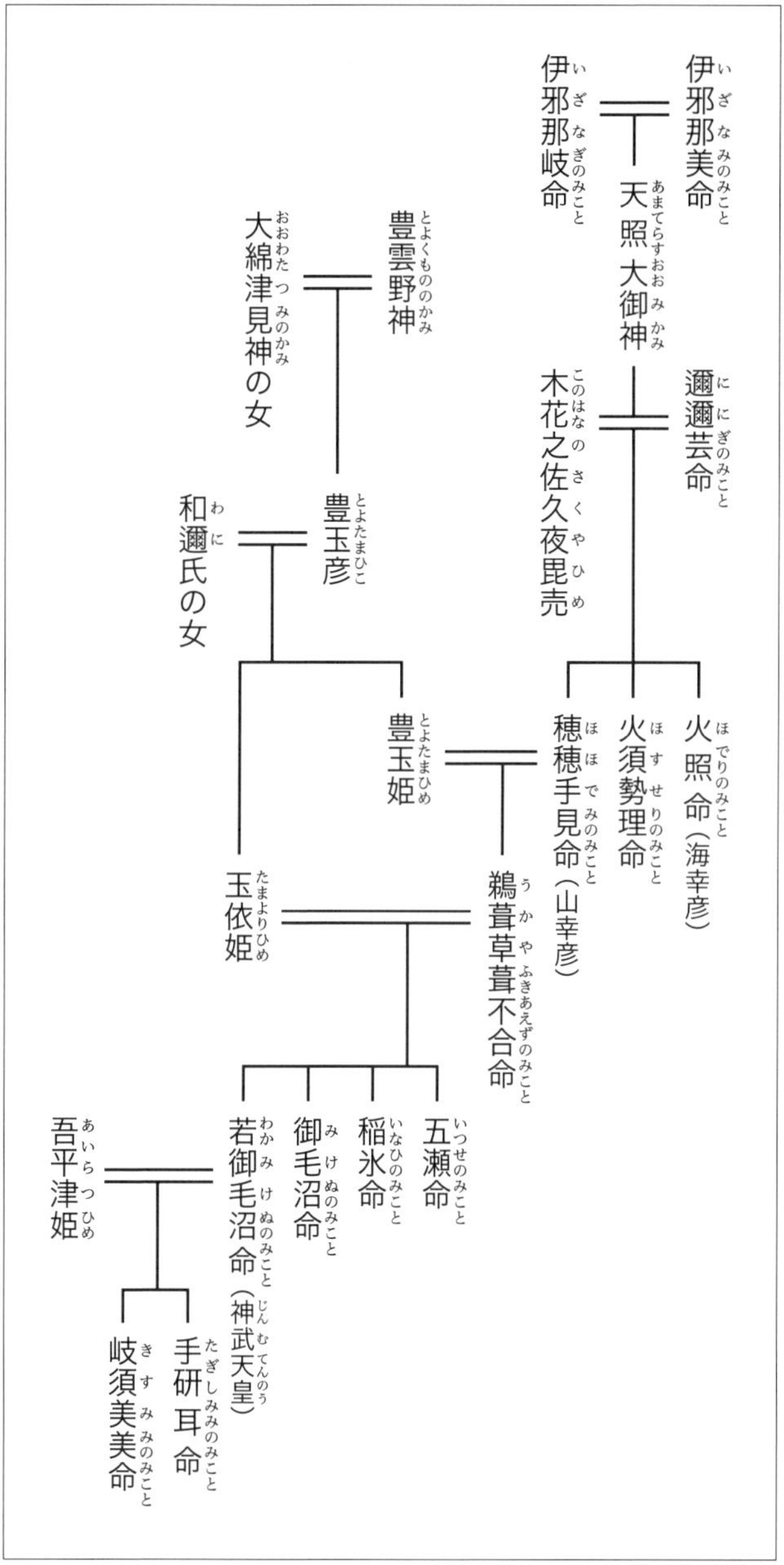

『宋史』王年代記には、海人族は、この第二三代海人王の鵜葺草葺不合命まで、日向《ひむか》の宮《みや》で過ごしたと記されている。日向三代とは、第二四代海人王である神武《じんむ》天皇につらなる系譜である。三代《さんだい》の宮《みや》と陵《みささぎ》は次のようである。

●初代　天津日高日子番能邇邇芸命《あまつひこひこほのににぎのみこと》　第二一代海人王
野間岳《のまだけ》の笠沙《かささ》の宮《みや》（野間神社）
可愛山陵《えのやまのみささぎ》（薩摩川内市宮内町）

●二代目　天津日高日子穂穂出見命《あまつひこひこほほでみのみこと》　第二二代海人王
韓国岳《からくにだけ》の高千穂《たかちほ》の宮《みや》（鹿児島神宮）
高屋山上陵《たかやのやまのうえのみささぎ》（霧島市隼人町）

●三代目　天津日高日子波限建鵜葺草葺不合命《あまつひこひこなぎさたけうがやふきあえずのみこと》　第二三代海人王
吾平山《あいらのやま》の西洲《にしのくに》の宮《みや》（鵜戸神社）
吾平山上陵《あいらのやまのうえのみささぎ》（鹿屋市吾平町）

鵜葺草葺不合命の陵については、宮崎県が、鵜戸神宮の背後の速日峯《はやひのみね》山上にある前方後円墳を、強く推したという。『記紀』に登場する事柄は、なにもかも宮崎県でなければならないようである。そうして宮崎県は、神話の国というイメージが生まれたのだが、彼は一二〇年頃の人である。この時代には前方後円墳はまだ存在していないのではないか。

なぜこのような説が生まれるのか不思議でならない。間違いなく、鹿児島県の吾平山上陵が、鵜葺草葺不合命の陵なのである。

日向は天孫族の国

日向《ひむか》三代は、日向《ひむか》の国で生まれた。彼らに深く関与していたのは、隼人族の国つ神大山津見神《おおやまつみのかみ》（大山祇神）であった。大山津見神とは、数ある山の神の首領である。伊邪那岐命《いざなぎのみこと》と伊邪那美命《いざなみのみこと》が神生みで最初に生んだ神であり、大山津見神は、皇室第一の外戚《がいせき》となっている。

このほか、『古事記』に記載されている山の神には、正鹿山津見神《まさかやまつみのかみ》・淤縢山津見神《おどやまつみのかみ》・奥山津見神《おくやまつみのかみ》・闇《くら》山津見神《やまつみのかみ》・志藝山津見神《しぎやまつみのかみ》・羽山津見神《はやまつみのかみ》・原山津見神《はらやまつみのかみ》・戸山津見神《とやまつみのかみ》などがいる。これら八神は、伊邪那岐命が火之迦具土神《ひのかぐつちのかみ》を成敗したときに生まれた神たちである。つまり、日向の国の阿波岐原から伯耆の国の比婆山に駆けつけ、伊邪那美命の仇討ちに加勢した隼人族の一族の神たちである。

一方、『日本書紀』による山の神には、大山祇《おおやまつみ》、中山祇《なかやまつみ》、麓山祇《はやまつみ》、正勝山祇《まさかやまつみ》、佳山祇《しぎやまつみ》などがいる。これらの神々が生まれた舞台も『古事記』と全く同じである。ゆえに隼人族の一族の神たちである。

私見であるが、大山津見神は、隼人族の祖となる大隅の隼人であり、吾田の国（大隅の国）の国つ神である。大山祇神は、その末裔で、阿多の隼人であり、阿多の国（薩摩の国）の国つ神である。『記紀』では併用されている。

ここで、皇祖穂穂出見命《ほほでみのみこと》の系譜を見てみよう。

別天津神天之常立神《あめのとこたちのかみ》→神世七代神国之常立神《くにのとこたちのかみ》→神世七代神伊邪那岐命（禊ぎ祓い）→
国つ神須佐之男命→天照大御神（誓約生み）→高祖天之忍穂耳命《あめのおしほみみのみこと》→邇邇芸命《ににぎのみこと》→穂穂出見命

邇邇芸命は、国つ神大山津見神の娘、木花之佐久夜毘売《このはなのさくやひめ》と結婚し、穂穂出見命をもうけた。穂穂出見命は、豊玉彦の娘豊玉姫と結婚した。

豊玉彦の系図は次のようである。

別天津神高御産巣日神《たかみむすひのかみ》→神世七代神豊国主尊《とよくにぬしのみこと》（婚姻）→国つ神大綿津見神《おおわたつみのかみ》→
海神豊玉彦《とよたまひこ》→豊玉姫《とよたまひめ》→玉依姫《たまよりひめ》

豊玉彦はのちに安曇族の祖となるが、彼には二人の娘がいた。長女豊玉姫と次女玉依姫である。豊玉姫は、穂穂出見命と結婚し鵜葺草葺不合命《うがやふきあえずのみこと》を生んだ。しかし彼女は育児をしなかった。そのため鵜葺草葺不合命は叔母の玉依姫に育てられ、甥と叔母の関係でありながら、のちに二人は結婚し、長男五瀬命《いつせのみこと》、次男稲氷命《いなひのみこと》、三男御毛沼命《みけぬのみこと》、四男若御毛沼命《わかみけぬのみこと》の四人の御子をもうけたのである。

四男若御毛沼命《わかみけぬのみこと》もまた、日向の国吾田邑《あたのむら》（鹿児島県鹿屋市）の吾平津姫《あいらつひめ》を娶った。

ここに、天孫族と隼人族と安曇族の四代にわたる固い血縁が生まれたのである。これが「天皇の祖」である。このうち皇祖となるのが穂穂出見命である。つまり天皇の祖は、天孫族と隼人族の国つ神大山津見神と安曇族の国つ神大綿津見神の血縁により生まれたのだ。

では、それぞれを祭っている日向のおもな神社を見てみよう。

◉大隅国一ノ宮鹿児島《かごしま》神宮（鹿児島県霧島市隼人町）
祭神　天津日高日子穂穂出見命《あまつひこひこほほでみのみこと》　豊玉姫命《とよたまひめのみこと》
◉薩摩国一ノ宮新田《にった》神社（鹿児島県薩摩川内市）
祭神　天津日高日子番能邇邇芸命《あまつひこひこほのににぎのみこと》　天照大御神《あまてらすおおみかみ》
◉薩摩国一ノ宮枚聞《ひらきき》神社（鹿児島県指宿市）
祭神　大日孁貴命《おおひるめのむちのみこと》　五男神・三女神の誓約《うけい》生みの神
◉霧島《きりしま》神宮（鹿児島県霧島市）
祭神　天津日高日子番能邇邇芸命《あまつひこひこほのににぎのみこと》　木花之佐久夜姫命《このはなのさくやひめのみこと》
◉鵜戸《うど》神宮（宮崎県日南市）
祭神　日子波瀲武鸕鷀草葺不合尊《ひこなぎさたけうがやふきあえずのみこと》　大日孁貴命《おおひるめのむちのみこと》

◉鵜戸《うど》神社（鹿児島市吾平町）
祭神　天津日高日子波限建鵜葺草葺不合命《あまつひこひこなぎさたけうがやふきあえずのみこと》　玉依姫命《たまよりひめのみこと》
◉鹿児島《かごしま》大明神（鹿児島県垂水市）
祭神　天津日高日子穂穂出見命《あまつひこひこほほでみのみこと》　豊玉姫命《とよたまひめのみこと》　塩土老翁命《しおつちのおじのみこと》
◉宮崎《みやざき》神宮（宮崎市神宮）
祭神　神日本磐余彦尊《かむやまといわれひこのみこと》

こうしてみると、日向の国は薩摩半島から大隅半島の東西南北隅々まで、天皇の祖の国である。まさに天孫族の国なのである。

三大大山祇神社

では次に、皇室第一の外戚《がいせき》である大山祇神《おおやまつみのかみ》（大山津見神）を祭る大山祇神社を探してみよう。私はこれを三大大山祇神社ということにする。大山祇神はなぜか三島大明神ともいわれている。

◉大隅の国鹿児島《かごしま》神社（鹿児島県霧島市）

祭神　鹿児島皇大神《かごしまのすめのおおかみ》

鹿児島神宮史によると、御神号を鹿児島皇大神と称し、神社を鹿児島神社と称する。別に御神号を吾田神《あたのかみ》と称していたと思われる節がある。

吾田神は、吾田の国（大隅の国）の神様である。当神社のある霧島市は吾田の国の範疇である。創始は古く、現在の鹿児島神宮＝大隅国正八幡宮《おおすみのくにしょうはちまんぐう》と称する以前の神社である。私見では、祭神吾田神は大山祇神（大山津見神）と同神であると思われる。

鹿児島神社とは、桜島をご神体とする神社である。古くは桜島を麑島《かのこじま》といったそうだ。麑島＝鹿《か》の児《こ》島《じま》＝鹿児島《かごしま》＝祭神鹿児島皇大神＝吾田神である。

ここは神武東遷の出発地、日向の高千穂の宮でもあるところから、次の伊予の国一ノ宮大山祇神社の由緒と符合するのである。

◉伊予の国一ノ宮大山祇《おおやまつみ》神社（愛媛県今治市）

祭神　大山積神《おおやまつみのかみ》

由緒によると、

御祭神はまたの名を吾田国主事勝国勝長狭命《あたのこくしゅことかつくにかつながさのみこと》と称し、女《むすめ》木花開耶姫命を邇邇芸命の后妃として国を奉られたわが国建国の大神であります。

神武《じんむ》天皇御東征に先駆け、祭神大山積神の子孫の小千《おちの》命《みこと》、または吾田乎致命《あたのおちのみこと》、越智玉澄命《おちのたまずみのみこと》が先駆者として伊予の二名島に渡り、大隅の国からこの伊予の国に勧請したものである。御社号を日本総鎮守・三島大明神・大三島宮と称し、全国津々浦々に御分社が奉斎された。現在、大山祇神社の総社である。

『大山祇神社略誌』によると、『伊予国風土記』に、「越智郡、御島に坐す神の名は大山積神」とある。芸予諸島（瀬戸内海の、広島県と愛媛県にはさまれた島群）には文字どおり諸々の島があるが、その中の大山積神を祭る神聖な島に敬称をかぶせて「御島」と呼ぶのはごく自然ななりゆきである。その御島が三島となり、やがて芸予諸島最大の三島が、大三島となるのもまた自然な姿というべきである。

大山祇神社

◉伊豆の国一ノ宮三嶋《みしま》大社（静岡県三島市）
祭神　大山祇神《おおやまつみのかみ》

由緒によると、ご創建の時は不明であるが、古くより三島の地に御鎮座し、三島大明神と称せられた。伊予の国から遷座したものである。

社名の「三嶋」とは、伊豆大島・三宅島からなる伊豆諸島を指すといわれ、主祭神は伊豆諸島の開拓神である。芸予諸島の神様と同じ意味合いである。

三嶋大社の正面には、立派なソテツがある。ソテツは九州南部から南西諸島に自生する常緑低木である。少々違和感もあるが南国ムードたっぷりで、ここにも琉球から渡来した海人族の名残を見ることができる。

『古事記』によると、皇祖穂穂手見命《ほほでみのみこと》は、日向の高千穂の宮、すなわち大隅の国一ノ宮鹿児島神宮で五八〇年過ごされたことになっている。御陵は、鹿児島神宮の西にある高屋山上陵《たかやのやまのうえのみささぎ》（鹿児島県霧島市溝辺町）である。

訪ねてみると、さすがに皇祖ゆえか手入れも行き届き、すがすがしい雰囲気に満ちている。天皇陛下、皇后陛下がご成婚のときの記念樹の碑が建っている。美智子皇后ファンの我が相棒はたいへんな感激ぶりであった。

御陵の前に立つと、明らかに神ではなく王の存在を感じる。墓地の入り口の駐車場で昼食をとった。昨夜の霧島温泉の湯宿のおにぎりであったが、皇祖に参拝したせいか、とてもおいしく感じた。

『記紀』を解く鍵となる「天皇在位一三年説」

あまりにも長寿すぎる登場人物

今述べたように、穂穂手見命《ほほでみのみこと》は、五八〇年も高千穂の宮で過ごされたという。この穂穂手見命の五八〇歳を筆頭に、武内宿禰命《たけのうちのすくねのみこと》の三六〇歳、初代神武《じんむ》天皇の一二七歳、六代孝安《こうあん》天皇の一三七歳、一一代垂仁《すいにん》天皇の一四〇歳など、『記紀』の登場人物は異常に寿命が長い。

いくら皇祖や天皇とて、こんなに長生きできるわけがない。我々と同じ人間なのだから。

これは単なる年数稼ぎである。神武天皇即位の年を、紀元前六六〇年にすべく、あちらこちら引き延ばしたのである。では、なぜ作者はこのような茶番を演じたのであろうか。

初代神武《じんむ》天皇即位の以前、いや第四〇代海人王天武《てんむ》天皇の即位以前に、倭国には多くの王権が存在したのである。

たとえば、王の名は不詳であるが、『後漢書』にいう金印の井国（委奴国）王や、同じく臺国《たいこく》の大倭王、『魏志』倭人伝にいう壹国《いちこく》の女王日御子（卑弥呼）、『宋書』にいう倭《わ》の五王讃《ごおうさん》・珍《ちん》・済《さい》・興《こう》・武《ぶ》、さらに『隋書』にいう俀国《たいこく》の阿毎多利思比弧阿輩雞弥《あまのたりしひこのおおきみ》などである。

だが『記紀』は一言も彼らに触れてはいない。これらの王の存在を歴史から抹消するには、どうしても初代神武天皇の即位を、紀元前六六〇年とするのが都合が良かったのである。

『記紀』の編纂者たちは、つじつま合わせにさぞ頭を悩ませたにちがいない。いやむしろ、笑い話であったのかもしれない。こんなに長寿になるのはおかしいと思いながらも、どうしようもなかったのである。

だが「天皇在位一三年説」をもってこの喜劇は終わりとしたい。

これまで何度か「天皇在位一三年説」という言葉が出てきたが、これは私の説である。

『記紀』を読んで、異常に長く不自然な天皇の年齢や在位年数に、私は何度も首をかしげた。ヒトが三百年も五百年も生きられるはずは絶対にないのだ。だから、『記紀』は神話なのだと片づけてしまっては身も蓋もない。この謎解きに挑んだ結果、私は見事に正解を導き出したと自負している。

これにより、『記紀神話』が実話となったのである。

私の計算によると、天皇の在位年数は平均一三年である。この天皇在位一三年説で『記紀』を読むと、歴史の有り様が鮮やかに浮かび上がり、さまざまな謎が解明できたのである。

天皇在位一三年説によって計算すると、初代神武天皇の即位の年も変わってくる。『日本書紀』によると、神武天皇の即位は、紀元前六六〇年の辛酉《しんゆう》の年《とし》とされているが、実際は西暦一八一年の辛酉の年なのである。

ではなぜ『記紀』は、紀元前六六〇年の即位にこだわったのであろうか。

実はこの時期は天孫族の開拓者、別天津神《ことあまつかみ》が鹿児島に渡来した時期と重なる。歴史を覆い隠すためだけではなく、天皇の祖である別天津神に配慮して、『日本書紀』ではこの年を神武即位の年としたのである。

こうなると、八四一年も引き延ばさなくてはならない。そのため、皇祖穂穂手見命の五八〇歳を始め、初代から一六代仁徳《にんとく》天皇までの、天皇の年齢や在位年数が異常に長くなっているのである。また逆の見方をすれば、仁徳天皇が退位する三九九年までは、天孫族の王権は存在していなかったという証でもある。

天皇在位一三年説で『日本書紀』を読み返すと、神武天皇の即位の様子は次のようになる。

神武天皇は、太歳《たいさい》の甲寅《こういん》の年一七四年の冬一〇月、日向《ひむか》の高千穂の宮（現鹿児島神宮）を出発した。天下を治めるために東に向かうのである。これを「神武東征《じんむとうせい》」という。

庚申《こうしん》の年一八〇年の夏八月、媛蹈鞴五十鈴媛命《ひめたたらいすずひめのみこと》を娶った。

辛酉《しんゆう》の年一八一年の春一月、大和の橿原《かしはら》の宮《みや》で即位した。

東征についてから六年が過ぎている。これは『日本書紀』の太歳《たいさい》の記述と符合している。太歳とは干《かん》支《し》のことである。『日本書紀』では「神武東征」から即位まで六年間であり、『古事記』では「神武東《じんむとう》遷《せん》」として、即位まで一六年かかっている。一説には東征はなかったともいわれるが、確固たる史実なのである。

では一三年説の根拠を示そう。

第五章で詳しく述べるが、『宋史《そうし》』日本伝によると、九八四年、日本国の僧奝然《ちょうねん》（東大寺の僧）が、日本国の『職員令《しょくいんれい》』と『王年代記《おうねんだいき》』各一巻を献ずとある。その記すところによると、当時の天皇は第六四代守平《しゅへい》天皇（円融天皇のこと）であるという。

系図が正確とされる二六代継体《けいたい》天皇から、円融《えんゆう》天皇の一代前の六三代冷泉《れいぜい》天皇までの、四六二年間の平均在位年数を計算すると「一三年」である。

また、六四代円融天皇から一二四代昭和《しょうわ》天皇までの、一〇二〇年間の平均在位年数は一七年である。平均寿命の差異もあろうが、似たような数字である。『記紀』にあるような百年在位ということはない。

ちなみに、中国の後漢時代の、一九五年間の歴代皇帝の平均在位年数を計算してみると、なんと「一三年」であった。

また古代エジプトにおけるクレオパトラ七世の、プトレマイオス朝二七五年間の歴代ファラオの平均在位年数も、同じく「一三年」である。

この一三年説で計算していくと、もっとも近い辛酉《しんゆう》の年《とし》は一八一年である。

一八一年を、神武天皇の即位の年と仮定して、宮内庁による天皇在位一覧と比較すると、二六代継体天皇の即位は五〇五年で二年の差異、三三代推古《すいこ》天皇の即位は五九六年で四年の差異、三八代天智《てんじ》天皇の即位は六六一年でぴたりと符合する。また、一八一年の初代神武天皇から、一九八九年の一二四代昭和天皇までの、一八〇八年間の、平均在位年数は一四年である。以上のことから「天皇在位一三年説」は的を射ているのではないかと考える。

また『日本書紀』によると、一七代履中《りちゅう》天皇から二六代継体天皇までは、「即位の太歳の年」と「在位年数」がぴたりと符合する。それ以降も同様である。

よって一七代履中《りちゅう》天皇以降は、『日本書紀』すなわち宮内庁一覧による在位年数は、正確であるといえる。しかし、一六代仁徳《にんとく》天皇以前の在位年数は信頼性が薄い。前述のとおり、在位年数を意図的に長く記しているのである。

よって、それらの天皇の在位年数についてはこれを無視して、即位の太歳の年のみを合わせてみた。太歳の年と年代の合わない天皇は、三名だけであった。

不思議なぐらい年代が符合する

では、天皇在位一三年説で、各天皇の即位と在位年数を検証してみよう。

かっこ内の数字は、『日本書紀』による即位の年、在位年数、享年《きょうねん》である。太歳の年の符合しない天皇は（該当せず・○○年頃）と記す。

初代神武《じんむ》天皇＝太歳辛酉《かのととり》の年。一八一年即位。在位一九年間。（紀元前六六〇年即位・在位七六年間・一二七歳）

二代綏靖《すいぜい》天皇＝太歳庚辰《かのえたつ》の年。二〇〇年即位。在位三三年間。（紀元前五八一年即位・在位三三年間・八四歳）

三代安寧《あんねい》天皇＝太歳癸丑《みずのとうし》の年。二三三年即位。平均在位五年間。（紀元前五四九年即位・在位三八年間・五七歳）

四代懿徳《いとく》天皇＝太歳辛卯《かのとう》の年。（該当せず・二四〇年頃即位）。平均在位五年間（紀元前五一〇年即位・在位三四年間・七七歳）

五代孝昭《こうしょう》天皇＝太歳丙寅《ひのえとら》の年。二四六年即位。平均在位五年間。（紀元前四七五年即位・在位八三年間・一一三歳）

六代孝安《こうあん》天皇＝太歳己丑《つちのとうし》の年。（該当せず・二五〇年頃即位）。平均在位五年間。（紀元前三九二年即位・在位一〇二年間・一三七歳）

七代孝霊《こうれい》天皇＝太歳辛未《かのとひつじ》の年。二五一年即位。平均在位五年間。（紀元前二九〇年即位・在位七六年間・一二八歳）

八代孝元《こうげん》天皇＝太歳丁亥《ひのとい》の年。（該当せず・二六〇年頃即位）。平均在位五年間。（紀元前二一四年即位・在位五七年間・一一六歳）

九代開化《かいか》天皇＝太歳甲申《きのえさる》の年。二六四年即位。在位一年間。（紀元前一五八年即位・在位六〇年間・一一一歳）

一〇代崇神《すじん》天皇＝太歳甲申《きのえさる》の年。二六四年即位。在位八年間。（紀元前九七年即位・在位六八年間・一二〇歳）

一一代垂仁《すいにん》天皇＝太歳壬辰《みずのえたつ》の年。二七二年即位。在位三九年間。（紀元前二九年即位・在位九九年間・一四〇歳）

一二代景行《けいこう》天皇＝太歳辛未《かのとひつじ》の年。三一一年即位。在位一年間。（紀元七一年即位・在位六〇年間・一〇六歳）

一三代成務《せいむ》天皇＝太歳辛未《かのとひつじ》の年。三一一年即位。在位一年間。（紀元一三一年即位・在位六〇年間・一〇七歳）

一四代仲哀《ちゅうあい》天皇＝太歳壬申《みずのえさる》の年。三一二年即位。在位九年間。（紀元一九二年即位・在位九年間・五二歳）

神功《じんぐう》皇后摂政元年＝太歳辛巳《かのとみ》の年。三二一年。摂政九年間。（紀元二〇〇年摂政・摂政七〇年間・一〇〇歳）

一五代応神《おうじん》天皇＝太歳庚虎《かのえとら》の年。三三〇年即位。在位四三年間。（紀元二七〇年即位・在位四一年間・一一〇歳）

一六代仁徳《にんとく》天皇＝太歳癸酉《みずのととり》の年。三七三年即位。在位二七年間。（紀元三一三年即位・在位八七年間・年齢不詳）

これ以降の天皇は『日本書紀』と同じとなる。

一七代履中《りちゅう》天皇＝太歳庚子《かのえね》の年。四〇〇年即位。在位六年間。

一八代反正《はんぜい》天皇＝太歳丙午《ひのえうま》の年。四〇六年即位。在位六年間。

一九代允恭《いんぎょう》天皇＝太歳壬子《みずのえね》の年。四一二年即位。在位四二年間。
二〇代安康《あんこう》天皇＝太歳癸巳《みずのとみ》の年。四五三年即位。在位三年間。
二一代雄略《ゆうりゃく》天皇＝太歳丙申《ひのえさる》の年。四五六年即位。在位二三年間。
二二代清寧《せいねい》天皇＝太歳庚申《かのえさる》の年。四八〇年即位。在位五年間。
二三代顕宗《けんぞう》天皇＝太歳乙丑《きのとうし》の年。四八五年即位。在位三年間。
二四代仁賢《じんけん》天皇＝太歳戊辰《つちのえたつ》の年。四八八年即位。在位一一年間。
二五代武烈《ぶれつ》天皇＝太歳己卯《つちのとう》の年四九九年即位。在位八年間。
二六代継体《けいたい》天皇＝太歳丁亥《ひのとい》の年。五〇七年即位。在位二五年間。

太歳の年が符合しない四代懿徳天皇の前の三代安寧天皇から、八代孝元天皇までの三一年間は、六人で平均すると在位年数は五年間となる。

このように、天皇在位一三年説で歴史を見ると様相が一変する。天皇在位一三年説で『日本書紀』を改めて読み返すと、不思議なくらい年代が符合するのである。

そして、神話の呪縛《じゅばく》から解放されるのである。

神武東征苦難の道のり

生駒での敗戦

前項で述べたように、天皇在位一三年説では、神武《じんむ》天皇の即位は一八一年である。しかし、邪馬臺国《やまたいこく》畿内説を唱える人は「神武東征《じんむとうせい》」を否定する。これは、古代史を考えるうえで非常に重要な問題であるから、はっきりさせなければならない。畿内説は事実無根であり、東征は史実であると私は考える。

『日本書紀』による神武東征の様子は次のようである。

ヤマトの橿原《かしはら》の宮《みや》における即位の六年前の一七五年、四五歳になられた神日本磐余彦尊《かむやまといわれひこのみこと》は、兄や子どもたちにこう言っている。

実際はこの頃はまだ若御毛沼命《わかみけぬのみこと》という名なのだが、『記紀』では神日本磐余彦尊となっている。磐余《いわれ》とはヤマトの橿原《かしはら》の地名であり、磐余彦《いわれひこ》とは橿原の宮での即位後の名である。

塩土《しおつち》の翁《おじ》に聞くと、「東の方に良い土地があり、青い山が取り巻いている。その中に、天《あま》の磐《いわ》船《ふね》に乗って飛び降ってきた者がある」と。思うにその土地は、大業《たいぎょう》をひろめ天下を治めるのによいであろう。きっと此の国の中心だろう。その飛び降ってきた者は、邇芸速日《にぎはやひ》という者であろう。そこに行って都を作るにかぎる。

と、のりたまいて、船軍を率いて日向《ひむか》の高千穂の宮（鹿児島神宮）を発たれた。現在の肝属川《きもつきがわ》を下り日向灘《ひゅうがなだ》に出て、海路北上したのである。

その後『古事記』によると、

筑紫に幸行《い》でましき。かれ、豊の国の宇佐《うさ》に到りましし時、その土人《くにびと》、名は宇佐津彦《うさつひこ》、宇佐津《うさつ》姫《ひめ》の二人、足一騰《あしひとつあがり》の宮《みや》を作りて、大御饗《おおみあえ》献《たてまつ》りき。其地《そのち》より遷《うつ》移りまして、筑紫《つくし》の岡田《おかだ》の宮《みや》に一年坐《いま》しき。また、その国より上りいでまして安芸《あき》の国の多祁理《たけり》の宮《みや》に七年坐《いま》しき。また、その国より遷《うつ》り上りいでまして吉備《きび》の高島《たかしま》の宮《みや》に八年坐《いま》しき。

前にも述べたように『日本書紀』では六年で完了しているが、『古事記』では一六年間というたいへん長い年月をかけて東遷している。まさに文字どおりの東遷なのだ。

この頃、まだ宇佐神宮（大分県）は田舎である。神日本磐余彦尊の一行は、ちょっと食事休憩をした程度であるが、もてなしてくれた宇佐津姫《うさつひめ》を侍臣《じしん》の天種子命《あめのたねのみこと》に娶《め》あわせている。『記紀』では恭順・講和の条件には、必ずというほど女性が利用されている。のちの戦国時代も同様であった。

天種子命は、前にも述べたが中臣氏《なかとみし》、藤原不比等《ふじわらのふひと》の先祖で、母親は隼人族の一つ、多禰《たね》の隼人《はやと》の娘である。多禰島《たねのしま》（種子島）の出自であろうことが名前よりうかがえる。この血縁がのちの宇佐八幡宮の勢力の礎《いしずえ》となったのである。

「吉備《きび》の高島《たかしま》の宮《みや》に八年坐《いま》しき」とある。この頃、すでに吉備の国はヤマトの国と交流があり、その新開地である河内の国（大阪府）を通じて、神日本磐余彦尊は、ヤマト勢力との外交交渉を続けていたのである。

古代吉備の国は、広島県東部から岡山県全域、香川県島嶼《とうしょ》部および兵庫県西部にまたがる一大勢力であった。出雲の国やヤマトの国と並ぶ力をもっていたのだ。この吉備の国の支援を受けて、神日本磐余彦尊の一行は、順調にヤマトに進攻したのである。

彼らは、難波《なにわ》の碕《みさき》から川をさかのぼり、河内の国の白肩《しらかた》の津《つ》（大阪府枚方市）に船を停めた。さらに生駒山を越え、内つ国に入ろうとしたとき、待ち構えていた登美《とみ》の長髄彦《ながすねひこ》の急襲を受け、進めなくなったのである。登美とは地名であり、現在の奈良市登美ヶ丘一帯である。日本地図を開けば位置関係がよくわかる。

神日本磐余彦尊は、「苦戦しているのは太陽に向かって戦っているからだ、太陽を背にして日神《ひのかみ》の威光を借りて戦うのが天道にかなっている。ここはいったん退去すべき」と言い、紀の国の熊野へ向かうのであった。

このとき、長男の五瀬命《いつせのみこと》は長髄彦の矢を受けて負傷し、紀の国で力尽きる。次男の稲氷命《いなひのみこと》や三男の御《み》毛沼命《けぬのみこと》については『古事記』ではほとんど語られていない。『日本書紀』では、稲氷命は航海中に暴風雨に遭って海に入り、御毛沼命も波頭を踏んで常世の国においでになったとある。天皇家の完敗である。

しかし、この後もっと大きな苦難が待ち受けていようとは知る由もなかったのである。

熊野路の戦い

四男の神日本磐余彦尊と自身の長男手研耳命《たぎしみみのみこと》だけが、無事熊野の荒坂の津（和歌山県新宮市）に上陸した。新宮市には彦火明命の子天香山命《あまのかごやまのみこと》が国邑を開いていた。

また新宮市は徐福伝来地としても有名である。神日本磐余彦尊は二人を頼って、この地を訪れたのである。天照大御神や高皇産霊神《たかみむすひのかみ》にも助けられ、次々に敵を退けて北上し、ヤマトを目指したのである。

この道中の様子は、次の八咫烏《やたがらす》の項で詳しく述べることにする。

その頃ヤマト地方には、次のような八十梟帥《やそたける》（勇猛な異種族の頭）が覇を競っていた。ある者は神日本磐余彦尊と戦い、またある者は同盟を結んだのである。

◉宇陀《うだ》市宇賀志《うかし》地区＝兄宇迦斯《えうかし》・弟宇迦斯《おとうかし》
兄宇迦斯を殺害、弟宇迦斯は恭順。

◉磯城《しき》郡田原《たばる》地区＝兄磯城《えしき》・弟磯城《おとしき》
兄磯城を殺害、弟磯城は恭順。

◉奈良市登美《とみ》地区＝長髄彦《ながすねひこ》
長髄彦を殺害。

◉生駒郡斑鳩《いかるが》地区＝邇芸速日命
同盟関係。

◉桜井市三輪《みわ》纏向《まきむく》地区＝出雲系の大三輪の大神
同盟関係。

◉大阪河内《おおさかかわち》地区＝吉備勢
同盟関係。

◉御所《ごぜ》市鴨神《かもがみ》地区＝出雲系の阿治須岐高日子根命《あじすきたかひこねのみこと》
同盟関係。

◉御所市葛城《かつらぎ》地区＝出雲系の事代主命《ことしろぬしのみこと》

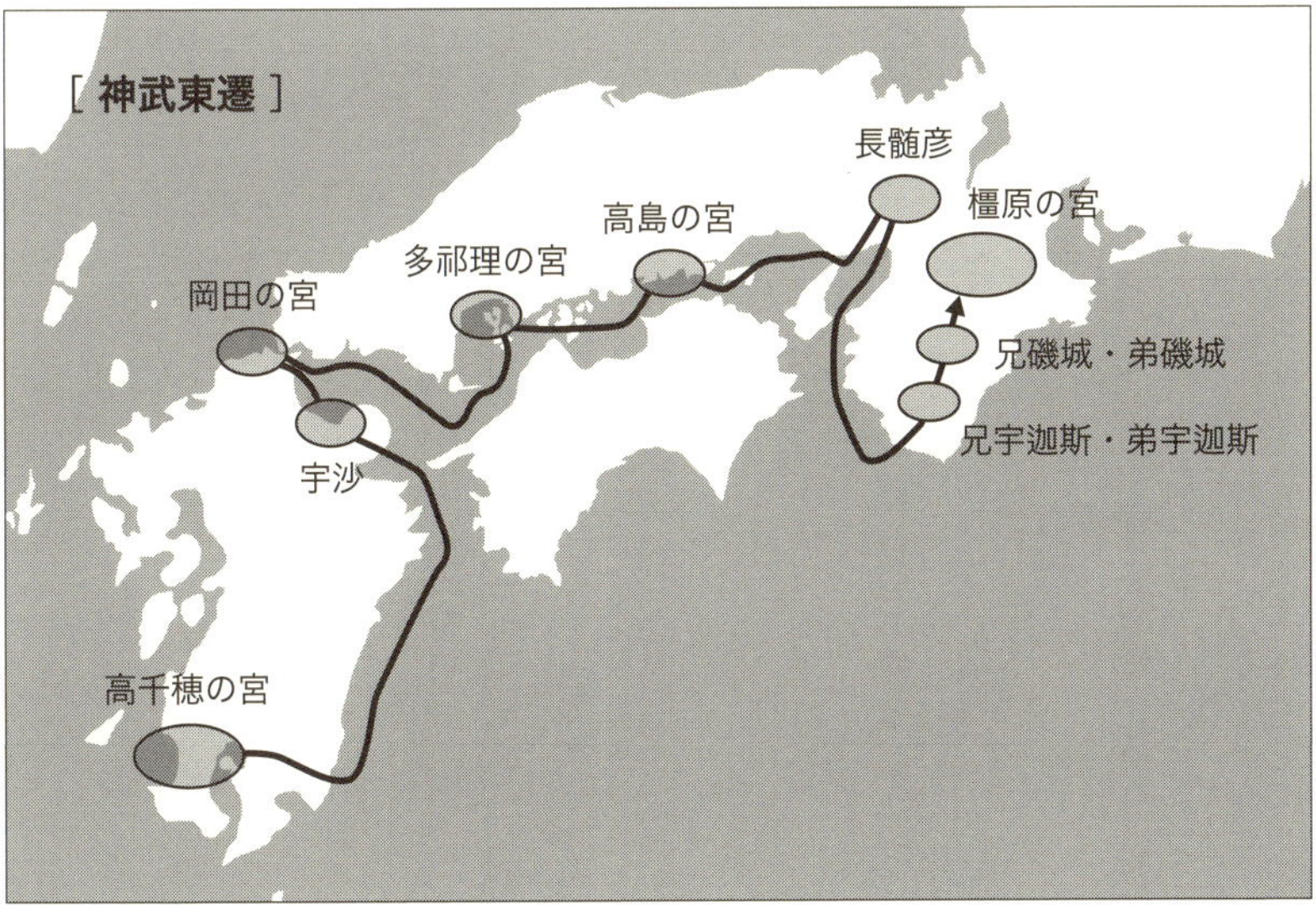

同盟関係。

こうして神日本磐余《かむやまといわれ》彦尊《ひこのみこと》は、纒向のはずれの飛鳥の橿原の「磐余《いわれ》地区」に根を下ろした。宮殿の造営にあたるとき、彼は次のように令《のりごと》を下している。

　東征についてから六年になった。天神の勢威のお蔭で兇徒は殺された。しかし周辺の地はまだ治まらない。残りの災いはなお根強いが、内州《うちつくに》の地は騒ぐものもいない。皇都を開きひろめて御殿を造ろう。……見れば畝傍山の東南の橿原《かしはら》の地は、思うに国の真中である。ここに都を造るべきである。……畝傍《うねび》の橿原《かしはら》に、御殿の柱を大地の底の岩にしっかりと立てて、高天原に千木高《ちぎたか》く聳《そび》え、始めて天下を治められた天皇《すめらみこと》と申し、名づけて神日本磐余《かむやまといわれ》彦火火出見《ひこほほでみ》天皇《のすめらみこと》という。

そして辛酉《しんゆう》の年（一八一年）春一月一日、橿原の宮に御即位になった。初代神武《じんむ》天皇の誕生である。しかしこれはまだ、海人族の国盗り物語のほんの序章《じょしょう》にすぎない。天皇とは名ばかりで、橿原の一首領にすぎず、実態は二四代海人王である。

この後、天孫族は葛城の国（奈良県御所市・葛城市）の国つ神である鴨族《かもぞく》、事代主命《ことしろぬしのみこと》と縁戚を重ね、近隣の豪族たちを懐柔《かいじゅう》していくのである。

その末裔《まつえい》たちも、橿原地区を中心に、葛城《かつらぎ》、平群《へぐり》、磯城《しき》、斑鳩《いかるが》と、次々に周りの豪族と縁戚を結び勢力を拡大していった――。

欠史八代の真実

ところが、ここに大きな謎が浮上する。神武天皇の後継である、第二代綏靖《すいぜい》天皇から第九代開化《かいか》天皇までの八人の天皇の詳細が、『古事記』『日本書紀』ともにほとんど語られていないのである。

そのため、これらの天皇の時代は「欠史八代《けっしはちだい》」と呼ばれている。さらに日本史学者で『記紀』の研究で知られる津田左右吉《つだそうきち》氏は、「欠史十三代」を主張していたこともある。現代の研究では、これらの天皇は実在せず、後世になって創作された系譜であるという説が有力である。

その理由としてはいくつかあるが、一つは今述べたように『記紀』に事績が見られないことである。これらの天皇については淡々と、皇妃や御子の名前、宮殿を構えた場所、陵墓の場所、享年などを記しているだけなのである。

二つめは、一〇代崇神《すじん》天皇の別名が「ハツクニシラススメラミコト」といわれることである。これは初めて国を統治した天皇という意味だ。つまり、一〇代崇神天皇こそ本当の初代天皇であり、前の系譜は後世に付け加えたものであるというのである。これでは欠史九代である。

一方、実在説もある。

代表的な説の一つが、俗にいう「葛城王朝説《かつらぎおうちょうせつ》」である。これは、初代神武天皇から欠史八代までの系譜を、一〇代崇神天皇の一族とは別の王朝と考え、その所在地が葛城（奈良盆地の南西部）であったとする説である。現在の奈良県葛城市・御所市であるが、当地にある高鴨神社の由緒にも、同じようなことが書かれている。

この説は邪馬臺国《やまたいこく》論争とも関連して、さまざまな憶測を呼んでいる。はたして真実はいかに？というところであるが、私の考えでは葛城王朝はなかったのである。そこには、初代から欠史八代までの天皇と、同盟を結んだ「鴨王権」が存立していたのである。鴨王権については後述する。

欠史八代の謎を解明するため、私は初代から一〇代までの天皇の即位を、天皇在位一三年説で詳しく調べてみた。カッコ内の年代は『日本書紀』による即位である。

◉初代神武《じんむ》天皇＝一八一年即位。（前六六〇年即位）
正妃＝姫蹈鞴五十鈴姫命《ひめたたらいすずひめのみこと》。葛城の事代主命《ことしろぬしのみこと》の長女。

◉二代綏靖《すいぜい》天皇＝二〇〇年即位。（前五八一年即位）
皇后＝五十鈴依姫《いすずよりひめ》。事代主命の次女。

◉三代安寧《あんねい》天皇＝二三三年即位。（前五四九年即位）
皇后＝渟名底仲姫命《ぬなそこなかつひめのみこと》。事代主命の孫。

◉四代懿徳《いとく》天皇＝二四〇年頃即位。（前五一〇年即位）

皇后＝天豊津姫命《あめのとよつひめのみこと》。

◉五代孝昭《こうしょう》天皇＝二四六年即位。（前四七五年即位）
皇后＝世襲足姫《よそたらしひめ》。尾張《おわり》の連《むらじ》の祖の娘。
子＝天押帯日子命《あめのおしたらしひこのみこと》。近淡海《ちかつあふみ》の国造《こくぞう》の祖。

◉六代孝安《こうあん》天皇＝二五〇年頃即位。（前三九二年即位）
皇后＝押姫《おしひめ》。姪。

◉七代孝霊《こうれい》天皇＝二五一年即位。（前二九〇年即位）

皇后＝細姫命《ほそひめのみこと》。磯城《しき》の県主《あがたぬし》の娘。

妃＝倭国香媛《やまとくにかひめ》。

子＝倭迹迹日百襲姫命《やまとととひももそひめのみこと》。のちに大物主命《おおものぬしのみこと》の妻となる。

子＝彦五十狭芹彦命《ひこいさせりひこのみこと》。のちに吉備津彦命《きびつひこのみこと》を名乗る。吉備の上道《かみつみち》の臣《おみ》の祖、吉備の桃太郎という。

妃＝絙某弟《はえいろど》。

子＝稚武彦命《わかたけひこのみこと》。吉備《きび》の下道《しもつみち》の臣《おみ》、笠《かさ》の臣《おみ》の祖、讃岐の桃太郎という。

◉八代孝元《こうげん》天皇＝二六〇年頃即位。（前二一四年即位）
皇后＝欝色謎命《うつしこめのみこと》。穂積《ほづみ》の臣《おみ》の祖の娘。
子＝大彦命《おおひこのみこと》。筑紫の国造、越の国造ほか七族の祖。
妃＝伊香色謎命《いかがしこめのみこと》。のちに九代開化《かいか》天皇の皇后となる。

子＝彦太忍信命《ひこふつおしのまことのみこと》。

ひ孫＝武内宿禰命《たけのうちのすくねのみこと》。九人の子あり。波多《はた》の臣《おみ》、許勢《こせ》の臣《おみ》、蘇我《そが》の臣《おみ》、平群《へぐり》の臣《おみ》、木《き》の臣《おみ》などの祖となっている。

◉九代開化《かいか》天皇＝二六四年即位。（前一五七年即位）

皇后＝伊香色謎命《いかがしこめのみこと》。物部《もののべ》氏の祖の娘。もと八代孝元天皇の皇后。

妃＝姥津媛《ははつひめ》。

子＝日子坐王《ひこいますのみこ》。丹波の国大江山の鬼退治をした四道将軍。

ひ孫＝息長帯比売命《おきながたらしひめのみこと》。のちの神功皇后《じんぐうこうごう》。

◉十代崇神《すじん》天皇＝二六四年即位。（前九七年即位）

皇后＝御間城姫《みまきひめ》。大彦命《おおひこのみこと》の娘。


神武天皇の正妃である姫蹈鞴五十鈴姫命《ひめたたらいすずひめのみこと》は、『日本書紀』では事代主命の長女となっているが、『古事記』では、三輪の大物主命の子となっている。

『記紀』では、このような食い違いはまま見られるが、いずれも須佐之男命《すさのおのみこと》の末裔である。しかし現在宮中三殿に事代主命が祭られているところから、ここは『日本書紀』に軍配を上げたいと思う。

二人のハツクニシラススメラミコト

『古事記』では、ハツクニシラススメラミコトは一人で、一〇代崇神《すじん》天皇のみである。

◉初代神武《じんむ》天皇＝神倭《かむやまと》伊《い》波《は》礼《れ》毘《ひ》古《こ》天皇《のすめらみこと》という。

◉一〇代崇神《すじん》天皇＝初国《はつくに》知《しらし》御《み》真《ま》木《き》天皇《のすめらみこと》という。

『日本書紀』では二人いて、初代神武天皇と一〇代崇神天皇である。

◉初代神武天皇＝始馭天下之天皇《はつくにしらすすめらみこと》という。

また神日本《かむやまと》磐余《いわれ》彦《ひこ》火《ほ》火《ほ》出見《でみ》天皇《のすめらみこと》ともいう。

◉一〇代崇神天皇＝御肇国天皇《はつくにしらすすめらみこと》という。

これらの説を唱えるのは、当然ながら「神武東遷」を否定する人たちである。あくまでヤマト王権の祖は畿内だと主張する。ゆえに邪馬臺国《やまたいこく》畿内説となる。

しかし私はそうは思わない。もしそうだとしたら、『記紀』のすべてが創作となってしまう。神武東遷は確かにあったのである。すなわち答えはこうである。

神武天皇の諡号《しごう》は、初めて天下を馭《ぎょ》（支配）した天皇なのである。

二世紀末に神武天皇が東遷してくると、出雲纒向、吉備河内、天孫飛鳥の三国は、ヤマトの地で同盟を結んだのである。そして、神武天皇は橿原の宮で即位した。

一方、崇神天皇の諡号は、初めて国の肇《ちょう》（扉を開けた）をした天皇なのである。

この三国同盟が終わりヤマトを単独支配したのが、およそ八〇年後の一〇代崇神《すじん》天皇である。

この天皇の御世三〜四世紀に、纒向は全盛を迎えたのである。ゆえに二人のハツクニシラススメラミコトが生まれたのである。

つまり、二代から九代までの八人の天皇は実在していたのである。『古事記』に事績が見られないから、欠史八代とはあまりにもお気の毒だ。何もしなかったわけではない。非常に大きな仕事をされている。それは結婚による在地豪族の懐柔《かいじゅう》である。前述のとおり、葛城《かつらぎ》、磯城《しき》、尾張《おわり》、春日《かすが》など、近隣の豪族と次々に婚姻関係を結んでいる。前述のごとくその子孫は桃太郎あり、倭の五王あり、四道将軍あり、武内宿禰命あり、神宮皇后あり、のちの日本の歴史を築いた人たちばかりである。またその末裔は多くの国造《こくぞう》の祖《そ》となっている。

欠史八代が、大和朝廷の天下取りの強固な基礎を築いたのは、間違いのない史実である。

しかし、この頃はまだヤマト王権の時代で、天皇といえるほどの勢力はなかったのである。小さなヤマトの国の海人王の物語なのである。それは、天下を治めたと記されている「宮」の所在地からわかる。歴代天皇の宮跡は次のように全国に散らばっている。

海人王の高天原は、二三世まで日向《ひむか》の国の日向の宮である。

ここから東遷して、神武天皇が即位したのが、奈良県橿原市の橿原の宮である。続いて、奈良県葛城市、奈良県大和高田市、奈良県御所市、奈良県磯城郡、奈良県桜井市。ここまでは奈良盆地の範疇である。

その後、滋賀県大津市、山口県下関市、福岡県福岡市、大阪府大阪市、大阪府羽曳野市、奈良県天理市、奈良県高市郡などを転々とする。

天皇が変わるたびに遷宮したように見えるが、これは遷宮ではなく、別《わけ》の海人王の所在地なのである。その時代に権勢を振るっていた身内を、男系の一系に書き並べただけなのである。すべてが父子相続となっているが、その真実は怪しいものである。

また、各天皇の事績も同様である。むしろ、『記紀』に事績のない天皇の方が真実なのである。功績を謳いあげている天皇こそ創作なのだ。特に、一六代仁徳《にんとく》天皇、二一代雄略《ゆうりゃく》天皇、三三代推古《すいこ》天皇はかなり粉飾されている。それは後章で明らかにする。

三～四世紀の日本で、最も開けていたのは九州であり、壹国《いちこく》の女王日御子（卑弥呼）や二代目壹與《いちょ》や、臺国《たいこく》の大倭王《だいわおう》が勢力を誇った時代なのである。ヤマトはまだ、中国との交易も開かれていない、日本の奥地の遅れた国だった。

その様子を如実に示しているのが、『日本書紀』による、神武天皇が橿原の宮の造営にあたる時の令《のりごと》の続きである。

……しかしいま世の中は開けていないが、民の心は素直である。人々は巣に棲んだり穴に住んだりして、未開のならわしが変わらずにある。そもそも大人《ひじり》(聖人)が制《のり》(律令)を立てて、道理が正しく行われる。人民の利益となるならば、どんなことでも大人の行うわざとして間違いはない。

まさに山林を開き払い、宮室を造って謹んで尊い位につき、人民を案ずるべきである。

未だ人民は横穴式住居に暮らしていることがわかる。天皇というより酋長である。日本中に天孫以外の酋長はいくつも存在したのである。

column 15

墳墓の形は時代の変遷を映す

ヤマトで覇を競っていた、出雲纒向《まきむく》、吉備河内《かわち》、天孫飛鳥《あすか》は三国同盟を結んだ。天孫族の円墳《えんぷん》、吉備族の方墳《ほうふん》、出雲族の四隅突出型方墳《よすみとっしゅつがたほうふん》を合わせると前方後円墳となる。つまり、前方後円墳は「三国同盟」のシンボルなのである。

現代においても、国には国旗や国章があり、企業には社章があり、家庭には家紋がある。これらは集団の統制と団結を図るものであり、集団の威力を示すものでもある。集団名は、九州筑紫の「倭《わ》」や肥後の「大倭《だいわ》」に対し、倭＝和と改め、「大和《だいわ》」となり大和＝ヤマトとなったのである。このときの都が纒向遺跡である。纒向遺跡から出土する吉備や出雲の考古学的資料は、この同盟の証なのである。

三世紀初め、覇を制したのは纒向の出雲族であった。考古学では、纒向遺跡は二世紀後半～四世紀にかけて栄えた都であるといわれている。神武天皇が、橿原の宮で即位したのは一八一年である。時代も符合している。

このヤマトの初代の王が、箸墓《はしはか》古墳に眠る大三輪大神である。ゆえに、三世紀初めには前方後円墳は作られていたのである。

しかし、四世紀に入ると同盟は崩れ、天孫族は吉備族と手を結び、出雲族を滅ぼした。大国主命に纏向の「国譲り《くにゆず》」を迫り、出雲へ追いやったのだ。交換条件があの大きな出雲大社であった。

五世紀になると、河内の別《わけ》の吉備族が大王国を築いた。これを「倭《わ》の五王《ごおう》」という。河内の国が隆盛し、纏向は衰退したのである。最大級の前方後円墳が、吉備の国と河内の国に集中しているのはこのためである。百舌鳥《もず》古墳群は、その代表格である。

六世紀以降になると、天孫族は纏向から飛鳥を本拠地として、単独でヤマト王権を築いていった。そして、さまざまな濡れ衣を着せ、「吉備つぶし」を敢行したのである。

有名な「筑紫《つくし》の君磐井《きみいわい》の乱《らん》」は、まさに映画ゴッドファーザーもどきである。磐井は反乱軍とされ、天孫族が勝ち残ったのである。屁理屈を並べ立て、武力で他国の領土を奪うのは、現在でも一部の国では常套手段となっている。

この頃からしだいに前方後円墳は下火となり、天皇陵の墓型も円墳、上円下方墳、八角墳、山形墳、九重塔墳などと変化する。これはヤマト王権が成立した証であり、天孫単独支配の証拠である。時代の流れと符合しているのである。

ちなみに昭和天皇は、上円下方墳である。

ヤマトは三人の末裔たちが築いた国

謎多き三本足の八咫烏の正体とは？

神武東征《じんむとうせい》の折、『古事記』では高御産巣日神《たかみむすひのかみ》、『日本書紀』では天照大御神の命により、苦悩する神武《じんむ》天皇のもとに遣わされ、熊野の国からヤマトの国へ道案内した者がいる。それが八咫烏《やたがらす》である。

この八咫烏とはいったい何者なのか。

俗に、三本足の烏《からす》として有名である。されど、三本足の鳥などこの世に存在するはずはない。咫《あた》とは上代の長さの単位で、親指と中指を開いた長さだという。

八咫烏は、中国古代説話に出てくる、太陽の中にいるという、三本足の赤色の鳥の日本の呼び名ともいわれるが、日本の烏は黒色である。

多くの謎をもつ八咫烏の正体を、今明らかにしよう。

そのものずばり、八咫烏をお祭りする神社が奈良県宇陀市にある。まずは、その神社を訪ねることにする。八咫烏神社の創建については、『続日本紀』に次の記録がある。

慶雲二（七〇五）年九月、八咫烏の神社を、大倭国《おおやまとのくに》宇太郡《うだぐん》に置き、これを祭らせた。

神社のある宇陀地区は、熊野からのヤマトへの東の入り口にあたる。伊那佐山《いなさやま》があり、古代の製鉄にゆかりのある地域である。前述のごとく、吉備、出雲などの鉄の産地は、ことごとく天孫族の支配地である。

八咫烏神社（奈良県宇陀市榛原区）の祭神は、建角身命《たけつぬみのみこと》、神紋は「葵」である。

ご由緒によると、

御祭神の建角身命とは、伝承によると、神武天皇が大和へ東遷する折り、熊野の山中で停滞する一行を大和へと道案内し、天皇の勝利に貢献した「八咫烏」の化身と伝えられています。

また由緒には次のようにもあります。伊那佐山は、『記紀』にも登場する由緒ある山なのです。

八咫烏神社の八咫烏

「いなさ」とは、東南の風という意味だといわれています。古代の製鉄、砂鉄から鉄を精製するための「タタラ」には、風がとても重要で、製鉄に由緒ある神社は、東南向きに建てられることがおおいそうです。そんな御縁からか、当地には伝説の刀匠「天国《あまくに》」の言い伝えも残されています。ちなみに伝説の名刀「小烏丸《こがらすまる》」は、彼の作品と伝えられています。

これにより、八咫烏は建角身命《たけつぬみのみこと》であることがわかった。だが、古文書には次のようにある。

『延喜式神名帳《えんぎしきじんみょうちょう》』頭注には、「八咫烏賀茂建角身命也《やたがらすかもたけつぬみのみことなり》」とあり、『新撰姓氏録《しんせんしょうじろく》』では、「賀茂建角身命は神魂命《かみむすひのみこと》の孫で、神武東征の祭、高木神・天照大御神の命を受けて日向の曾の峰に天降り、大和の葛木山に至り、八咫烏に化身して神武天皇を先導した」と伝えています。

ここには賀茂建角身命《かもたけつぬみのみこと》が八咫烏だと書かれている。賀茂建角身命は京都下鴨神社の祭神で、建角身命と賀茂建角身命は、祖父と孫以上の隔世の関係であり別人である。

推察するに、八咫烏神社《やたがらす》は下鴨神社《しもがも》の「元宮《もとみや》」なのである。八咫烏神社の例大祭には、下鴨神社から「奉幣使《ほうへいし》」が派遣されていたという。

よってこの記述は、次のように訂正したいと思う。八咫烏は元宮の建角身命である。神魂命《かみむすひのみこと》は、紀元前六六〇年頃の別天津神であり、賀茂建角身命は早くても紀元二〇〇年頃の人物であるから、八六〇歳違いの孫は存在しない。これは『記紀』にもよくある、命が天孫族の末裔であると謳っているのである。また、賀茂建角身命は鹿児島の霧島山から、奈良の葛木山へ八咫烏となって駆け付けたという。これは、神武東征を暗示した記述である。

　これでは、古文書から八咫烏を解明するのは無理がある。よって『記紀』を中心に、関係する神社の祭神、縁起をたどって解明することにしよう。

　賀茂建角身命を祭る山城の国一ノ宮下鴨《しもがも》神社（京都市左京区）は、正式名を賀茂御祖《かものみおや》神社という。神紋は「葵」である。

　由緒によると、祭神の賀茂建角身命は、山城の賀茂氏（賀茂県主）の始祖である。

『山城国風土記』逸文によれば、大和の葛木山から、山代の岡田の賀茂（岡田賀茂神社、京都府木津市加茂町）に至ったのち、葛野河（高野川）と賀茂河（鴨川）が合流する地点（下鴨神社）に鎮座なされたとされている。

　当祭神は、いわれているように山城（京都）の賀茂氏（賀茂県主）の始祖であって、鴨氏（賀茂氏・加茂氏）の御祖ではない。鴨氏の御祖はヤマト葛木にあるのだ。これが高鴨神社（奈良県御所市鴨神・祭人阿治《あじ》須岐高日子根命《すきたかひこねのみこと》）の鴨族である。祭人は別名迦毛大御神《かものおおみかみ》＝鴨大御神といわれている。

　また、山城の国一ノ宮上賀茂神社（京都市北区上賀茂）の祭神は賀茂別雷大神《かもわけいかづちのおおかみ》である。

　私見であるが、その名の示すとおり、下鴨神社の賀茂建角身命の別《わけ》、すなわち分家の神様である。

『山城国風土記』逸文（賀茂伝説）によると、賀茂別雷大神の出生について次のような記述がある。

賀茂建角身命の娘の玉依姫が、石川の瀬見の小川（鴨川）で遊んでいたところ、川上から丹塗矢《にぬりや》が流れてきた。それを持ち帰って寝床の近くに置いたところ、玉依姫は懐妊し男の子が生まれた。これが賀茂別雷命である。命が成人し、その祝宴の席で義父が、おまえのお父さんにもこの酒をあげなさい、と言ったところ、命は酒杯をささげて屋根を突き抜け天に昇ったという。丹塗矢の正体は、乙訓《おとくに》神社（旧乙訓郡・現京都府長岡京市・向日市）の火雷神《ほのいかづちのかみ》であったという。

この出生譚は、「丹塗矢型神婚説話《にぬりやがたしんこんせつわ》」といわれ、『古事記』では他の場面でも現れる。この乙訓神社の「元宮」もヤマト葛木にあるのだ。これが葛城坐火雷神社《かつらぎいますほのいかづち》（奈良県葛城市笛吹、祭人火雷大神）である。

籠神社に伝わる極秘伝

丹後の国一ノ宮籠《この》神社（京都府宮津市）の祭神は、彦火明命《ひこほあかりのみこと》、神紋は「左三つ巴紋」である。由緒によると、二千五百年の伝統をもつ「藤《ふじ》祭り」という例祭が、四月二四日に行われる。この神事を「葵《あおい》祭り」ともいい、また「御蔭《みかげ》祭り」とも呼ぶ。これは四代懿徳《いとく》天皇四年（天皇在位一三年説では二四四年頃）に始まったと伝えられ、之の祭儀には豊受大神および、彦火明命、彦火火出見命《ひこほほでみのみこと》、丹波道主命《たんばのみちぬしのみこと》に関する深秘がある。

二九代欽明天皇（五三九年即位）の御代に始まった、京都山城の国一ノ宮上賀茂《かみがも》神社、下鴨《しもがも》神社の「御《み》蔭《かげ》祭り」「賀茂《かも》祭り」が、葵祭りと称されるようになってから、同じく「葵祭り」と称するようになったという。賀茂祭りは、勅祭《ちょくさい》（天皇より使者が派遣されて行われる祭り）である。

籠神社の祭神は、時代とともに変遷している。奥宮は「外宮元宮《げくうもとみや》」といわれ、初めの祭神は豊受大神である。本宮は「内宮元宮《ないぐうもとみや》」といわれ、現在の主神は彦火明命である。しかし養老元（七一七）年以前は、瓊瓊芸命《ににぎのみこと》の子彦火火出見命であり、神代に同命が、籠船にて竜宮（海神の宮）に行かれたという伝説により籠神社という。前述の山幸彦の物語と類似している。

また極秘伝《ごくひでん》に依れば、同神（彦火明命）は、山城の国一ノ宮上賀茂神社の祭神賀茂別雷神と「異名同神《いめいどうじん》」であり、その御祖の大神である、下鴨神社の祭神賀茂建角身命も併せ祭られているとも伝えられる。

たいへん興味深いことである。これはしっかりと解き明かしてみたい。賀茂祭りは、その名のとおり賀茂氏・鴨氏の祭りである。賀茂祭りがこの三社で行われているということは、何かつながりがあるのである。

賀茂建角身命は、八咫烏といわれる神である。二人が異名同人ということであれば、彦火明命も八咫烏ということになる。八咫烏＝彦火明命＝賀茂別雷命＝賀茂建角身命＝建角身命となる。これはいったいどういうことだろうか。

籠神社の由緒によると、

　祭神の彦火明命には亦の名が多くあり、また古伝に依れば天照国照彦《あまてるくにてるひこ》天《あめの》火《ほ》明《あかり》櫛玉《くしだま》饒速日尊《にぎはやひのみこと》であると云い、また彦火火出見命《ひこほほでみのみこと》の御弟火明命《ほのあかりのみこと》であると云い、更にまた大汝命《おおなむちのみこと》の御子であると云い、一に丹波道主命《たんばのみちぬしのみこと》とも云う。

困ったことに祭神の正体がはっきりしないのだ。よくあることだが、この場合は『古文書』が曖昧だからである。大切な事柄なので、おそれながらまずは神様を特定してみよう。

『先代旧事本紀《せんだいくじほんぎ》』によると、天照国照彦天火明櫛玉饒速日尊として二人は同人として記されている。しかし『古事記』、『日本書紀』には、父天之忍穂耳命《あめのおしほみみのみこと》と母萬幡豊秋津師比売命《よろずはたとよあきつしひめのみこと》の子は、長男天火《あめのほ》明命《あかりのみこと》（彦火明命）、次男邇邇芸命（瓊瓊杵尊）と記されている。

また『新撰姓氏録《しんせんしょうじろく》』によると、邇芸速日命は天神（高天原系の神）であり、彦火明命は、天孫であると記されている。

結論をいうと、彦火明命と邇邇芸命は兄弟であり、邇芸速日命は従兄弟なのである。『先代旧事本紀』は、序文に聖徳太子、蘇我馬子らが著したとあるところから、一説にいう偽書《ぎしょ》であることに間違いない。理由は後述するが、聖徳太子は人間でなく観音様だからである。

『日本書紀』一書（第五）には、瓊瓊芸命と木花開耶姫の御子は、長男火明命《ほのあかりのみこと》、次男火進命《ほのすすみのみこと》、三男火折尊《ほおりのみこと》、四男彦火火出見命の四人となっている。籠神社の由緒は、この『日本書紀』の記述から、彦火明命と火明命は同じ人物であると誤解し、瓊瓊芸命の御子としたのである。しかし彦火明命は瓊瓊芸命の兄であるから、二人は叔父と甥の関係であり別人である。

『播磨国風土記』には、火明命は大汝命《おおなむちのみこと》の子としての伝説がある。しかし、国つ神大汝命は須佐之男命の六代末であり、火明命は須佐之男命のひ孫である。よって大汝命の御子ではない。丹波道主命は、『記紀』によると、九代開化天皇（天皇在位十三年説で二六四年即位）の孫で、四道将軍の一人として丹波地方を平定した人物である。権力の前には、丹波道主命を主神として祭った時期があったのかもしれないが、現祭神とは別人である。

このように神社の神様は時代により増減しまた変遷するのである。

瓊芸速日命は物部氏の祖

ここで『先代旧事本紀』の同人説の誤りについて、別の角度からも見てみたい。『日本書紀』によると、瓊芸速日命は神武東遷の折、斑鳩での長髄彦《ながすねひこ》との戦いの場面に登場する。次のようである。

長髄彦が天皇に曰く「昔、天神《てんじん》の御子が、天磐船に乗って天降れました。櫛玉邇芸速日命《くしたまにぎはやひのみこと》といいます。この人が我が妹の三炊屋姫《みかしきやひめ》を娶って子が出来ました。名を可美真手命《うましまでのみこと》また宇麻志麻遅《うましまぢの》命《みこと》といいます。そこで、手前は邇芸速日命《にぎはやひのみこと》を君として仕えています」と。

天神の御子であり、櫛玉邇芸速日命となっている。邇芸速日命は、神日本磐余彦尊《かむやまといわれひこのみこと》が天孫《てんそん》であると知ると、すぐさま帰順し長髄彦を手討ちにしたのである。もしも彼が、邇邇芸命の兄彦火明命であったならこの行為は不自然である。

邇芸速日命は物部氏の祖先でもある。石見《いわみ》の国《くに》（島根県）には、物部氏の祖神を祭る物部《もののべ》神社（島根県大田市川合町）がある。祭神は宇麻志麻遅命《うましまぢのみこと》、相殿右座邇芸速日命で、神紋はひおい鶴である。

御由緒によると、

> 御祭神宇麻志麻遅命は、物部氏の御祖神として知られております。御祭神の父神である邇芸速日命は、十種神宝を奉じ、天磐船に乗って大和国哮峯《たけるがみね》に天降り、御炊屋姫命《みかしきやひめのみこと》を娶られ御祭神を生まれました。
>
> 御祭神は、鶴に乗り鶴降山《つるぶさん》に降りられ国見をして、八百山《やおやま》がヤマトの天香具山《あまのかぐやま》に似ていることから、この八百山の麓に宮居《みやい》を築かれました。この鶴に乗って勝運を運んできた神にちなんで、

真っ赤な太陽を背負った鶴を、全国で唯一この物部神社の御神紋と定められました。

八百山には、宇麻志麻遅命の墳墓があるとされている。

邇邇芸命の系譜は、日向三代《ひむかさんだい》として、さらに四代目が神武天皇であると明らかにされている。しかし丹波の国へ降臨した彦火明命や河内の国へ降臨した邇芸速日命の系譜は、さほど詳しくはわからない。はっきりしているのは、彦火明命の末裔の天香山命《あまのかごやまのみこと》は、尾張連の祖であり、邇芸速日命の末裔の宇麻志麻遅命は、物部氏、穂積氏の祖であるということだ。

『記紀』では、神武天皇の東遷の最後に、長髄彦《ながすねひこ》を討つ場面で邇芸速日命本人が現れる。しかし実際は、その末裔の宇麻志麻遅命なのである。物部神社の御由緒にも、神武東遷に忠誠を尽くしたのは、宇麻志麻遅命であると書かれてある。

同じく『記紀』では、邇芸速日命は天照大御神の御孫神にあたり、大御神より十種の神宝を授かり、天の磐船に乗って河内の国河上の哮《たける》ケ峯《みね》に降臨されたという。この伝説によって創始された磐船《いわふね》神社（大阪府交野市私市）は天野川の渓谷沿いにあり、天の磐船といわれる天野川に横たわる高さ一二メートル、幅一二メートルの圧巻の舟形大巨岩を御神体としている。この磐船神社も、肩野物部氏《かたのもののべし》という一族の氏神であるという。この地も邇芸速日命の末裔の物部氏の国邑だったのである。これで年代が神武天皇と符合したのである。

ご由緒によると、

磐船神社

磐船神社は、御祭神饒速日命《にぎはやひのみこと》が天照大御神の詔により天孫降臨された記念の地であり、古典によると「河内国河上哮ヶ峯」と呼ばれているところです。

邇芸速日命は、天照大御神の御孫神ということであるから、私見であるが、誓約《うけい》生みで天照大御神の養子となった天津日《あまつひ》子根命《こねのみこと》の子なのである。彼は河内の国造、山城の国造ほか、多くの国造の祖神となっている。

このように『記紀』では、丹波の国へ降臨した彦火明命と、河内の国へ降臨した邇芸速日命の系列は、簡略にしてわかりやすく彦火明命本人、邇芸速日命本人として書かれているのである。

神武天皇は邇邇芸命の四代目孫であるので、時代を考証すると、建角身命《たけつぬみのみこと》も宇麻志麻遅命も、共に彦火明命や邇芸速日命の四～五代目頃の末裔なのである。彦火明命や邇芸速日命がどんなに長寿でも、そこまで生きられるわけはないのである。

よってヤマトの国は、天照大御神と高御産巣日神の三人の孫、すなわち邇邇芸命、邇芸速日命、彦火明命の、それぞれの四～五代目にあたる末裔たちが築いた国なのである。

籠神社の国宝、『籠名神社祝部《このみょうじんじゃはふり》海部直氏系図《あまべのあたいうじけいず》』によると、

始祖天照国照彦《あまてるくにてるひこ》火《ほ》明命《あかりのみこと》↓子天《あまの》香《か》語《ご》山命《やまのみこと》……↓五世建《たけ》登米命《とめのみこと》↓六世建《たけ》田《た》勢命《せのみこと》↓七世建《たけ》日《ひ》潟命《がたのみこと》……一五世建稲種命《たけいなだねのみこと》↓一九世建振熊宿祢《たけふるくまのすくね》……となっている。

私見であるが、おそらくはこの「建」の一族が、ヤマトに移住して踏鞴製鉄を興した建角身命の祖なのである。系譜をたどれば次のようになる。婚姻による血統である。

◉彦火明命（籠神社の祭神）↓天香語山命（和歌山県新宮市に国邑を開き高倉下を名乗る）↓建登米命（奈良県宇陀市に製鉄業を開く）↓建角身命（八咫烏神社の祭神・奈良県宇陀市）

◉賀茂建角身命（下鴨神社の祭神）↓岡田賀茂神社（祭神建角身命・京都府木津市）↓高鴨神社の鴨族（祭人阿治須岐高日子根命・奈良県御所市鴨神）

◉賀茂別雷命（上賀茂神社の祭神）↓乙訓神社（祭神火雷大神・京都府長岡京市）↓葛城坐火雷神社（祭神火雷神・奈良県葛城市笛吹）↓笛吹神社（祭神天香山命・奈良県葛城市笛吹）

神武東遷に功労した建角身命と天香山命は、ヤマトの国で賀茂氏の御祖である鴨族と縁戚を結んでいた。

ここに前述の籠神社の極秘伝、彦火明命と賀茂別雷命が異名同人であるという、謎が解けたのである。

一世一代の大博打

葵祭りはおかげ祭り

では、生駒山で長髄彦《ながすねひこ》に敗れた神武天皇が、和歌山県新宮市へ落ち延びた後の道程を、『日本書紀』からたどってみよう。新宮市には、徐福公園や熊野《くまの》速玉《はやたま》神社がある。

天皇は皇子手研耳命《たぎしみみのみこと》と軍を率いて進み、熊野の荒坂の津（和歌山県新宮市）に着かれた。そこで丹敷《たしき》戸畔《とべ》という女賊を殺害された。そのとき神が毒気を吐いて人々を萎《な》えさせた。

天皇は、またもやここで負けそうになったのである。するとそこに、熊野の「高倉下《たかくらじ》」という人が来た。彼は、天照大御神のお告げにより、武甕雷神《たけみかずちのかみ》の御神体「布都御魂《ふつのみたま》の剣《つるぎ》」を伴って、援軍として駆けつけたのだ。

この高倉下は、彦火明命の子で熊野に国邑を開いていた天香山命《あまのかごやまのみこと》である。布都御魂は、物部氏の石《いその》上《かみ》神宮の祭神である。すなわち、天香山命の道案内で、物部氏の祖の宇麻志麻遅命《うましまぢのみこと》が、援軍として駆けつけたということである。

布都御魂の剣は、武甕雷神と、その末裔の物部氏の両方の御神体で、現在鹿島神宮と石上神宮でそれぞれ祭られている。鹿島神宮のほうが二代目である。

天皇はこの女賊を討ち、さらに内つ国に向かおうとしたが、山は険しく行くべき道もなかった。そこで、新宮市から熊野川《くまのがわ》沿いに北上し、熊野本宮《くまのほんぐう》大社（和歌山県田辺市本宮町）付近に到着したのである。

本宮の創祀によると、

　熊野国造家の開祖は、天孫邇邇芸命《ににぎのみこと》の御兄君天火明命《あめのほあかりのみこと》です。その子孫に当たる高倉下《たかくらじ》は、熊野の村に在って神武天皇に天剣布都御魂を献げてお迎えし、時を併せて、高御産巣日神《たかみむすひのかみ》は天より八咫烏を遣わし大和の橿原まで導かれました。
　初代の熊野国造には、高倉下の子孫大阿斗宿禰《おおあとのすくね》が就任しました。

ここにあるように、進むことも退くこともならず、迷っているときに駆けつけたのが、「八咫烏《やたがらす》」である。これも素晴らしい神話的演出である。実際には八咫烏などいるはずもない。現在熊野本宮大社の門前には、大きな八咫烏の幟が立てられている。

天照大御神が、天皇に「吾は今、八咫烏を遣わすから、これを案内にせよ」と教えていわれ、この命により、八咫烏は大空を飛び降って熊野に来たとされる。だが、まぎれもなく宇陀《うだ》（奈良県宇陀市）から駆けつけたのである。八咫烏といえど、建角身命《たけつぬみのみこと》は人であるから空は飛べない。宇陀は建角身命の国である。ゆえに地理に詳しいのである。

このとき、大伴氏の先祖の日臣命《ひのおみのみこと》は、大来目《おおくめ》を率いて大群の監督者として、山を越え、路を踏み分けて、八咫烏の導きのままに仰ぎ見ながら追いかけた。十津川《とつかわ》沿いに上り、奈良県五條市に到着した。そこには、阿陀《あだ》の鵜養部《うかいべ》の祖《そ》（奈良県五条市東阿田・西阿田の部民）がいた。彼らは阿多の隼人族である。

さらに、吉野川《よしのがわ》沿いに東に進み吉野町に着いた。そこには吉野首《よしのおびと》等の祖《そ》（奈良県吉野郡吉野町）がいた。さらに、高見川《たかみがわ》沿いに進み同町国栖《くず》に到着した。そこには吉野の国巣《くず》の祖《そ》（吉野郡吉野町国栖）がいた。そして八咫烏は天皇を宇陀の下県《しもつこおり》に導いた。よってその着かれた所を名付けて、宇陀の穿《うかち》（奈良県宇陀市宇賀志）という。前述の兄宇迦斯《えうかし》、弟宇迦斯《おとうかし》がいたところである。

天皇は日臣命《ひのおみのみこと》をほめて、「これからはお前の名を改めて道臣《みちのおみ》としよう」と仰せられた。

このように、神武東征も高木神や天照大御神の御加護のもと、身内の応援があって成功したのである。

しかし、なぜ、五條市《ごじょうし》からまっすぐに御所市《ごせし》を抜けなかったのか不思議である。太陽を背にするため東に向かったとも考えられるがそうではない。御所市には、とんでもない大豪族がいたのである。大国主命の子、阿治須岐高日子根命《あじすきたかひこねのみこと》の末裔「鴨氏《かもし》」である。

この、阿治須岐高日子根命を祭る高鴨《たかかも》神社（奈良県御所市鴨神）の御由緒によると、この地は、大和の名門の豪族である鴨の一族の発祥の地で、本社は、その鴨族が守護神としていつきまつった社の一つであります。

賀茂の一族は広く全国に分布し、その地で鴨族の神を祭りました。賀茂（加茂・賀毛）を郡名にするのが安芸・播磨・美濃・三河・佐渡の国にみられ、郷村名にいたっては数十におよびます。中でも京都の賀茂大社は有名ですが、本社はそれら賀茂社の総社に当たります。

神武・綏靖・安寧の三帝は鴨族の主長の娘を后とされ、葛城山麓に、葛城王朝の基礎をつくられました。この王朝は大和・河内・紀伊・山城・丹波・吉備の諸国を支配するまでに発展しましたが、わずか九代で終わり、三輪山麓に発祥した、崇神天皇にはじまる大和朝廷によって滅亡しました。

一方、丹波の彦火《ひこほ》明《あかりのみこと》命の末裔のうち、建角身命《たけつぬみのみこと》の一族は、奈良の宇陀市《うだし》を本拠としていた。八咫烏に化身して神武天皇をヤマトに道案内した縁により、天皇家、建角身命、鴨氏の三家は縁戚となったのだ。その末裔は鴨建角身命となり、山背国相楽郡の岡田鴨《おかだかも》神社（京都府木津市加茂町）に移った。都が平安京に遷都すると、現在の京都市の下鴨神社に国邑を開いたのである。そして賀茂建角身命《かもたけつぬみのみこと》となった。賀茂建角身命は、建角身命の末裔だったのだ。前述の下鴨神社の由緒どおりである。

神武天皇は、東遷中に熊野路で命を救ってくれた三人、すなわち高倉下《たかくらじ》＝天香山命《あまのかぐやまのみこと》（笛吹《ふえふき》神社、奈良県葛城市笛吹）、布都御魂《ふつのみたま》＝宇麻志麻遅命《うましまぢのみこと》（石上神宮）、八咫烏＝建角身命（八咫烏神社）、および縁戚となった鴨氏＝阿治須岐高日子根命（高鴨神社）に、橿原の宮で即位したのち、大きな恩賞を与えたのである。

彼らだけではなく、この戦いに貢献したすべての天津神や国つ神に、のちに多大の恩賞を与えている。

それほど神武天皇にとって、ヤマト進出は一世一代の大博打《おおばくち》だったのだ。

都が東京奠都《てんと》された今日、なお京都で続いている「葵祭り《あおい》」がある。弟邇邇芸命の末裔の天皇家が、神武東遷の熊野路で助けてもらった、兄彦火明命の末裔の、高倉下（天香山命）＝上賀茂神社と、八咫烏（建角見命）＝下鴨神社へ、御礼奉公しているのである。故に、葵祭は「御蔭《おかげ》祭り」なのである。太祖の彦火明命の、籠神社の三社で行われる所以である。

左三つ巴紋に込められた意味

籠神社の銘碑のシンボルは「左三つ巴紋《ひだりみどもえもん》」である。これは琉球王国の国章《こくしょう》と同じである。また藤原一族の末裔の家紋でもある。

調べてみると、全国の有名な神社のうち、神功皇后《じんぐうこうごう》系、須佐之男命《すさのおのみこと》系、豊玉彦《とよたまひこ》系、綿津見《わたつみ》系、住吉《すみよし》系、藤原《ふじわら》系の神社はみな同じ左三つ巴紋である。

◉琉球《りゅうきゅう》王国

沖縄本島を中心として、奄美群島・沖縄諸島・先島諸島を統治した王国。
王家の紋章は「左三つ巴紋」である。
◉丹後の国一ノ宮籠《この》神社（京都府宮津市）
祭神彦火明命《ひこほあかりのみこと》
神紋は「左三つ巴紋」
◉熊野《くまの》本宮大社（和歌山県田辺市本宮町）
祭神須佐之男命《すさのおのみこと》
神紋は「左三つ巴紋」。神使は「八咫烏」
◉和多都美《わたづみ》神社（長崎県対馬市豊玉町仁位）
祭神彦火火出見尊《ひこほほでみのみこと》
神紋は「左三つ巴紋」
これはいったい何を意味するのであろうか？
巴とは日本の伝統的な紋様の一つで、家紋や神紋、寺紋として用いられ、太鼓などにも描かれている。一つ巴、二つ巴、三つ巴、また回転の方向によって右巴と左巴がある。左三つ巴が天孫族であり、他は別《わけ》の一族である。
このともえは、弓を射るときに使う鞆《とも》を図案化したもので、鞆絵《ともえ》であるとも、勾玉を表したものとも、水が渦を巻くさまともいわれている。だが、いずれも間違いではないか。

左三つ巴紋

私の考えでは、稲の種籾《たねもみ》が発芽《はつが》した様を表しているのである。子供の頃、稲の苗代で見た形によく似ている。それは、稲のルーツが天孫氏王統であることの証でもある。稲を日本に持ち込んだのが「縄文後期に渡来したオーストロネシア語族」であり、また「縄文晩期に渡来した別天津神」であるということである。

丹後の国一ノ宮籠神社と熊野本宮大社、対馬和多都美神社の神紋が、琉球王国と同じ左三つ巴紋ということは、先祖が同じ一族であることを示している。籠神社の彦火明命は「縄文晩期に渡来した別天津神」の末裔である。先島諸島の隣は台湾である。台湾は第一章で述べたように、オーストロネシア語族の発祥の地である。左三つ巴紋は、縄文時代に台湾、琉球を経て日本列島に北上してきたオーストロネシア語族が、別天津神であるという確かな証拠なのである。

また、八咫烏に先導され、日臣命《ひのおみのみこと》とともに天皇を宇陀の下県《しもつこおり》に導いた大来目《おおくめ》とは、久米直《くめのあたらい》らの祖である。彼はまた、邇邇芸命の天孫降臨の際にお供をした、天津久米命《あまつくめのみこと》の後裔でもある。彼が、沖縄県久米島の海人の末裔であるといわれるのも真実なのである。

こうして、『古事記』や神社などの伝説を読み解いていくと、すべてが史実であることがわかる。伝説で終わらせてはいけない。どんな伝説でも解けない伝説はないのである。神武東遷も間違いなく史実である。それはまた、邪馬臺国《やまたいこく》九州説を裏付ける、確かな証拠なのである。

第四章

ついにベールを脱いだ邪馬臺国

日本の歴史上、最も有名な女王卑弥呼――。
なぜか『記紀』はひたすらだんまりを決め込み、
その実態はほとんどわかっていない。
そもそもヤマイチコクなのかヤマタイコクなのか、
その国はどこにあったのか。
中国の『史書』を手がかりに、古代史最大の謎を解く。

『三国志』魏志倭人伝を解く

謎多き女王卑弥呼

『三国志』とは、中国西晋《せいしん》の陳寿《ちんじゅ》（二三三〜二九七年）が叙述した歴史書である。『魏書《ぎしょ》』三〇巻、『呉《ご》書《しょ》』二〇巻、『蜀書《しょくしょ》』一五巻の計六五巻から成っている。

この魏《ぎ》・呉《ご》・蜀《しょく》の三国が鼎立《ていりつ》した時代を三国時代といい、後漢滅亡から西晋《せいしん》の再統一まで、すなわち、紀元二二〇〜二八〇年までのおよそ六〇年間の出来事が描かれている。なかでも、曹操《そうそう》、孫権《そんけん》、劉備《りゅうび》の覇権争いはあまりにも有名である。

この『三国志』の『魏書・東夷伝・倭人条』が、いわゆる『魏志』倭人伝である。当時の倭の位置や国名、官名、生活様式、風俗、動植物の様子などが詳しく書かれている。

ところが、倭の女王卑弥呼《ひみこ》は、ベールに包まれたままである。邪馬壹国《やまいちこく》のありかについても諸説入り乱れ、いまだに決着がついていない。
まずは『三国志』の和訳文からおさらいしてみよう。

『魏志《ぎし》』倭人伝

倭人《わじん》は、帯方《たいほう》の東南、大海の中にあり、山島によって国邑《くにむら》をなす。旧《もと》百余国。漢のとき朝見する者あり、いま使訳《しやく》の通ずる所三十国。

郡《ぐん》（帯方郡）より倭に至るには、海岸《かいがん》に循《したが》って水行《すいこう》し、韓国《かんこく》を歴《へ》て、あるいは南しあるいは東し、その北岸狗邪韓国《くやかんこく》（加羅国）に到る、七千余里。

始めて一海を渡る千余里、對海国《たいかいこく》（対馬国）に至る。その大官を卑狗《ひこ》といい、副官を卑奴母離《ひどもり》という。居るところ絶島、方四百余里ばかり。土地は山険《やまけわ》しく、深林多く、道路は禽鹿《きんろく》の径《けい》の如し。千余戸あり。

良田なく、海産物を食して自活し、船に乗りて南北に市糴《してき》す（米を買うなどする）。

また南一海を渡る千余里、名づけて瀚海《かんかい》という。一大国《いちだいこく》に至る。官をまた卑狗《ひこ》といい、副を卑《ひ》奴母離《どもり》という。方三百里ばかり。竹木・叢林《そうりん》多く、三千ばかりの家あり。やや田地あり、田を耕せどもなお食するに足らず、また南北に市糴《してき》す（米を買うなどする）。

また一海を渡る千余里、末盧国《まつろこく》に至る。四千余戸あり。山海に沿うて居る。草木盛茂《せいも》し、行くに前人《ぜんじん》を見ず。好んで魚鰒《ぎょふく》（魚や鮑《あわび》）を捕え、水深浅くなく、皆沈没《ちんぼつ》してこれを取る。

東南、陸行《りくこう》五百里にして、伊都国《いとこく》に到る。官を爾支《にき》といい、副を泄謨觚《せつもこ》・柄渠觚《ひょうごこ》という。千余戸あり。世々《せぜ》王あるも、みな女王国に統属《とうぞく》す。郡使《ぐんし》の往来常に駐《とど》まる所なり。

東南、奴国《どこく》（土国）に至る百里。官を兕馬觚《じまこ》といい、副を卑奴母離《ひどもり》という。二万余戸あり。

東行、不弥国《ふみこく》に至る百里。官を多模《たも》といい、副を卑奴母離《ひどもり》という。千余家あり。

南、投馬国《とうまこく》に至る水行《すいこう》二十日。官を弥々《みみ》といい、副を弥々那利《みみなり》という。五万余戸ばかり。

南、邪馬壹国《やまいちこく》に至る、女王の都する所、水行《すいこう》十日・陸行《りくこう》一月。官に伊支馬《いきま》あり、次を弥馬升《みましょう》といい、次を弥馬獲支《みまわくき》といい、次を奴佳鞮《どけてい》という。七万余戸ばかり。

女王国より以北、その戸数道里は得て略載《りゃくさい》すべきも、その余の傍国《ぼうこく》は遠絶にして得て、詳《つまびら》かにすべからず。

つぎに斯馬国《しまこく》あり、つぎに已百支国《いひゃくきこく》あり、つぎに伊邪国《いやこく》あり、つぎに都支国《ときこく》あり、つぎに弥奴国《みどこく》あり、つぎに好古都国《こうことこく》あり、つぎに不呼国《ふここく》あり、つぎに姐奴国《しゃどこく》あり、つぎに対蘇国《ついそこく》あり、つぎに蘇奴国《そどこく》あり、つぎに呼邑国《こおうこく》あり、つぎに華奴蘇奴国《かどそどこく》あり、つぎに鬼国《きこく》あり、つぎに為吾国《いごこく》あり、つぎに鬼奴国《きどこく》あり、つぎに邪馬国《やまこく》あり、つぎに躬臣国《くじんこく》あり、つぎに巴利国《はりこく》あり、つぎに支惟国《きいこく》あり、つぎに烏奴国《うどこく》あり、つぎに奴国《どこく》あり。これ女王の境界の尽くる所なり。

その南に狗奴国《くどこく》（球国）あり、男子を王となす。その官に狗古智卑狗《くくちひこ》があり。女王に属せず。

郡より女王国に至る一万二千余里。

男子は大小の区別なく、皆、黥面文身《げいめんぶんしん》（顔や体の入墨）す。古より以来、その使い中国に詣《いた》るや、皆、自《みずか》ら大夫《たゆう》と称す。夏后少康《かごうしょうこう》の子、会稽《かいけい》に封ぜられ、断髪文身《だんぱつぶんしん》、以《も》って蛟竜《こうりゅう》の害を避ける。今、倭の水人《すいじん》、好んで沈没して魚蛤《ぎょこう》（魚やはまぐり）を捕え、文身（入墨）し大魚や水禽《すいきん》（水鳥）を厭《はら》う。後、文身（入墨）は飾りとなす。諸国の文身（入墨）各々異なり、あるいは左に、あるいは右に、あるいは大きく、あるいは小さく、身分の尊卑によって差あり。

その道里《どうり》を計るに、当に会稽《かいけい》の東冶《とうや》の東にあるべし。

その風俗淫《みだ》らならず。男子の髪は皆、露紒《ろけい》（みずら）し、木綿を以って頭にかけ、その衣は横幅、ただ結束して相連《あいつら》ね、ほぼ縫うことなし。婦人は、被髪屈紒《ひはつくつけい》（束髪）し、衣を作ること単被の如く、その中央を穿《うが》ち（穴をあける）、頭を貫《つらぬ》きてこれを衣《き》る（貫頭衣）。

禾稲《かとう》（いね）・紵麻《ちょま》（あさ）を植え、蚕桑緝積《さんそうしゅうせき》（蚕をかい、糸をつむぎ）し、細紵《さいちょ》（麻織物）・縑綿《けんめん》（絹綿）を出す。

その地には牛《うし》・馬《うま》・虎《とら》・豹《ひょう》・羊《ひつじ》・鵲《かささぎ》はなし。兵には矛《ほこ》・楯《たて》・木弓《きゆみ》を用う。木弓は下を短く上を長くし、竹箭《ちくせん》（竹矢）は、あるいは鉄鏃《てつぞく》（鉄の矢じり）、あるいは骨鏃《こつぞく》（骨の矢じり）なり。有無する所、儋耳《たんじ》・朱崖《しゅがい》と同じ。

倭の地は温暖、冬夏生菜《しょうさい》を食す。皆、徒跣《とせん》（はだし）。屋室あり、父母兄弟、臥息処《がそくところ》（寝室）を異にす。朱丹を以ってその体に塗る。中国の粉を用いるが如きなり。食飲にはへんとう（高坏《たかつき》）

を用い手で食す。

その死には、棺《かん》あるも槨《かく》なく、土を封じて冢《ちょう》（塚）を作る。始め死するや、喪に服すること十余日、その間肉を食わず、喪主、哭泣《こくきゅう》（号泣）し、他人については歌舞・飲酒す。埋葬がおわると、家族を挙げて水中に詣《まい》りて澡浴《そうよく》（体を洗う）し、以って練沐《れんもく》（練り衣をきて水浴する）の如くす。

その行来《こうらい》・渡海《とかい》、中国に詣《まい》るには、恒に一人をして頭をくしけずらず、しらみがわいてもとらず、衣服垢で汚れ、肉を食わず、婦人を近づけず、喪人《もじん》の如くせしむ。これを名づけて持衰《じさい》という。もし行く者、吉善《きちぜん》なれば、生口《せいこう》（奴婢）財物を顧《こ》し、もし疾病《しっぺい》あり、暴害にあえば、すなわちこれを殺さんと欲す。その持衰《じさい》、謹《つつし》まずといえばなり。

真珠や青玉を出す。その山には丹あり。その木には柟《だん》・杼《どんぐり》・予樟《くす》・楺《じゅう》・櫪《くぬぎ》・投《とう》・橿《かし》・烏号《からすごう》・楓香《かえで》がある。竹には篠《しの》・簳《かん》・桃支《ももささ》がある。薑《しょうが》・橘《たちばな》・椒《さんしょう》・蘘荷《みょうが》があるが、以って滋美《じみ》（美味しい滋養）となすを知らず。猿や黒雉《くろきじ》がいる。

その習俗は、挙事や往来などの時は骨を灼《や》いて卜《ぼく》し、吉凶を占い、まず卜するところを告ぐ。その辞は令亀《れいき》の法の如く、火坼《かたく》（火のさけ目）をみて兆《ちょう》を占う。

その会同《かいどう》・坐起《ざき》には、父子男女の別なし。人は性・酒を嗜《たしな》む。大人の敬するところを見れば、ただ手を打ち跪拝《きはい》（ひざまずき拝する）にあたる。

その人寿考《じゅこう》（長生き）、あるいは百年、あるいは八、九十年。その俗、国の大人は皆、四、五婦、下戸もあるいは二、三婦。婦人淫《いん》せず、嫉妬せず、盗窃《とうせつ》せず、諍訟《そうしょう》（訴えごと）少なし。その法を犯すや、軽き者はその妻子を没し、重き者はその門戸および宗族を滅ぼす。身分の尊卑によって各々差別・順序あり、互いに臣服《しんぷく》するに足る。

租賦《そふ》（年貢）を収《おさ》む。邸閣《ていかく》あり、国々に市《いち》あり。交易を行い、大倭《だいわ》をしてこれを監督せしむ。

女王国より以北には、特に一大率《いちだいそつ》を置き、諸国を検察《けんさつ》せしむ。諸国これを畏憚《いたん》（恐れはばかる）す。つねに伊都国に治す。国中において刺史《しし》の如きあり。

王、使を遣わして京都（魏《ぎ》の洛陽《らくよう》）・帯方郡・諸韓国に詣《まい》り、および郡の倭国に使するや、皆、津に臨みて捜露《そうろ》（隅々までさぐる）し、文書・賜遺《しい》の物を伝送して女王に詣らしめ、差錯《ささく》（入り乱れまじわる）することを得ず。

下戸《げこ》が大人《だいじん》と道路に相逢えば、逡巡《しゅんじゅん》して草に入り、辞を伝え、事を説くには、あるいは蹲《うずくま》り、あるいは跪《ひざまず》き、両手は地に拠《よ》り、これが恭敬《きょうけい》を為す。対応の声を噫《あい》という、比するに、然諾《ぜんだく》（承知）の如し。

その国、もとまた男子を以って王となし、住《とど》まること七、八十年。倭国乱《わこくみだ》れ（倭国大乱）、相攻《あいこう》伐《ばつ》すること歴年、乃《すなわ》ち共に一女子を立てて王となす。名づけて卑弥呼《ひみこ》という。鬼道《きどう》につかえ、よく衆を惑《まど》わす。年己《ねんき》に長大なるも、夫婿《ふせい》なく、男弟《だんてい》あり、佐《たす》けて国を治む。王となりしより以来、見るある者少なく、婢千人を以って自ら侍《はべら》せしむ。ただ男子一人あり、飲食を給《きゅう》し、辞《じ》を伝え、居処に出入りす。宮室《きゅうしつ》・楼観《ろうかん》・城柵《じょうさく》、厳《おごそ》かに設け、常に人あり、兵を持して守衛す。

女王国の東、海を渡る千余里、また国あり、みな倭種なり。また侏儒国《しゅじゅこく》（こびとの国）あり、その南にあり。人のたけ三、四尺、女王を去る四千余里。また裸国《らこく》・黒歯国《こくしこく》あり、またその東南にあり。船行《せんこう》一年にして至るべし。

倭の地を参問《さんもん》するに、海中州島《かいちゅうしゅうしま》の上に絶在し、あるいは絶えあるいは連なり、周旋《しゅうせん》五千余里ばかりなり。

景初《けいしょ》二年（二三八年）六月、倭の女王、大夫難升米《たゆうなんしょうまい》らを遣わし郡（帯方郡）に詣り、天子に詣りて朝献せんことを求む。太守劉夏《たいしゅりゅうか》、吏《り》（役人）を遣わし、京都（魏の洛陽）に詣らしむ。

その年十二月、詔書して、倭の女王に報じていわく、

「親魏倭王卑弥呼《しんぎわおうひみこ》に制詔《せいしょう》す（勅を下す）。帯方の太守劉夏《たいしゅりゅうか》、使を遣わし、汝の大夫難升米《なんしょうまい》・次使都市牛利《としごり》を送り、汝献ずる所の男生口《おとこせいこう》四人・女生口《おんなせいこう》六人・班布《はんぷ》二匹《き》二丈《じょう》を奉《たてまつ》り以って到る。

汝がある所はるかに遠きも、のち使を遣わして貢献す。これ汝の忠孝、我れ甚《はなは》だ汝を哀《あわ》れむ（愛しく思う）。いま汝を以って親魏倭王《しんぎわおう》となし、金印紫綬《きんいんしじゅ》を仮《か》し（仮に与え）、装封《そうふう》して帯方《たいほう》の太守《たいしゅ》に付し仮授《かじゅ》せしむ。汝、それ種人《しゅじん》（国民）を綏撫《すいぶ》（安心を与え）し、勉めて孝順《こうじゅん》（仕えて逆らわない）をなせ。

汝が来使難升米《なんしょうまい》・牛利《ごり》、遠きを渉《わた》り、道路勤労す（はるばるご苦労であった）。今、難升米を以って率善中郎将《そつぜんちゅうろうしょう》となし、牛利を率善校尉《そつぜんこうい》となし、銀印青綬《ぎんいんせいじゅ》を仮《か》し、引見労賜《いんけんろうし》（対面しねぎらって物をたまう）し遣わし還す。いま絳地交竜錦《こうちこうりゅうきん》五匹《き》・絳地縐粟罽《こうちすうぞくけい》十張《はり》・蒨絳《せんこう》五十匹《き》・紺青《こんじょう》五十匹《き》を以って、汝が献ずる所の貢直《こうちょく》（貢物に対するお返し）に答う。

また、特に汝に紺地句木綿《こんじくもめん》三匹《き》・細班華罽《さいはんかけい》五張《はり》・白絹《しろぎぬ》五十匹《き》・金《きん》八両・五尺刀《ごしゃくとう》二口・銅鏡《どうきょう》百枚・真珠《しんじゅ》・鉛丹《えんたん》各々五十斤《きん》を賜《たま》い、みな装封して難升米《なんしょうまい》・牛利《ごり》に付す。還《かえ》り到《いた》らば録受《ろくじゅ》（目録どおり受けとり）し、悉《ことごと》く以って汝が国中の人に示し、国家が汝を哀れむ（愛しく思っていること）を知らしむべし。故に鄭重《ていちょう》に汝に好物を賜《たま》うなり」と。

正始《せいし》元年（二四〇年）、太守弓遵《たいしゅきゅうしゅん》、建中校尉梯儁《けんちゅうこういていしゅん》らを遣わし、詔書《しょうしょ》・印綬《いんじゅ》を奉じて倭国に詣り、倭王に拝仮《はいか》し、ならびに詔《みことのり》をもたらし、金帛《きんはく》・錦罽《きんけい》・刀・鏡・采物《さいもの》を賜《たま》う。倭王、使《つかい》に因《よ》って上表《じょうひょう》し、詔恩《しょうおん》を答謝《とうしゃ》す。

その四年（二四三年）、倭王、また使者の大夫伊声耆《いせいき》・掖邪狗《えきやく》ら八人を遣わし、生口《せいこう》・倭錦《わきん》・絳《こう》青縑《せいけん》・緜衣《めんい》・帛布《はくふ》・丹《たん》・木附《きづき》・短弓矢《たんきゅうし》を献上した。掖邪狗《えきやく》らは率善中郎将《そつぜんちゅうろうしょう》の印綬を拝受した。

その六年（二四五年）、詔して倭の難升米《なんしょうまい》に黄幢《こうどう》（黄色の旗）を賜い、郡（帯方郡）に付して仮授せしむ。

その八年（二四七年）、太守王頎《たいしゅおうき》、官に到る。倭の女王卑弥呼、狗奴国《くどこく》（球国）の男王卑弥弓呼《ひみくこ》と素《もと》より和《わ》せず。倭の載斯《さいし》・烏越《うおち》らを遣わして郡に詣り、相攻撃《あいこうげき》する状《じょう》を説く。塞曹掾史張政《さいそうえんしちょうせい》らを遣わし、因《よ》って詔書《しょうしょ》・黄幢をもたらし、難升米に拝仮《はいか》せしめ、檄《げき》をつくりてこれを告喩《こくゆ》す（告げさとす）。

卑弥呼以《も》って死す。大いに冢《ちょう》を作る。径《けい》百余歩、殉葬《じゅんそう》する者、奴婢《ぬひ》百余人。

更に男王を立てしも、国中《くにじゅう》服せず。更々相誅殺《こもごもあいちゅうさつ》し、当時千余人を殺す。

また卑弥呼の宗女壹與《そうじょいちょ》、歳十三なるを立てて王となし、国中遂《くにじゅうつい》に定まる。張政《ちょうせい》ら檄を以って壹與を告喩《こくゆ》す（告げさとす）。

壹與、倭の大夫率善中郎将掖邪狗《そつぜんちゅうろうしょうえきやく》ら二十人を遣わし、張政らの還《かえ》る（帰る）を送らしむ。因って臺《たい》（魏の洛陽）に詣り、男女生口三十人を献上し、白珠《はくじゅ》五千孔《こう》・青大勾珠《せいだいこうじゅ》二枚・異文雑綿《いぶんざつめん》二十匹《き》を貢《こう》す。

壹臺論争を解く

古代史には、壱台《いちたい》論争というのがある。この「壱」「台」は現代の表現である。正しくは壹臺《いちたい》論争である。女王卑弥呼《ひみこ》の都《みやこ》する国が、邪馬壹国（ヤマイチコク）か、はたまた邪馬臺国（ヤマタイコク）なのか、長く続いている論争である。

前述の『三国志』には邪馬壹国《やまいちこく》と記され、後述の『後漢書』には邪馬臺国《やまたいこく》と記されている。現在は邪馬臺国説が優勢であるが、そろそろここで決着をつけたいものだ。

倭について書かれている中国のおもな史書を、王朝の年代順に並べてみると次のようになる。

◉『後漢書《ごかんじょ》』

中国「後漢朝」（二五〜二二〇年）の、一九五年間の歴史書。編者は東晋《とうしん》の范曄《はんよう》（三九八〜四四五年）である。成立は四三二年。後漢滅亡から二〇〇年以上を経て完成したのである。

◉『三国志《さんごくし》』

中国の「三国時代」（二二〇〜二八〇年）の、およそ六〇年間の歴史書。編者は西晋《せいしん》の陳寿《ちんじゅ》（二三三〜二九七年）。成立は二九〇年頃である。

ちなみに晋の時代とは、西晋（二六五〜三一七年）、東晋（三一七〜四二〇年）、合わせて一五五年間を指す。

◉『宋書《そうしょ》』

中国南北朝時代の、「南朝宋《なんちょうそう》」（四二〇〜四七九年）の五九年間の歴史書。編者は沈約《しんやく》（四四一〜五一三年）。成立は四九〇年頃である。

◉『隋書《ずいしょ》』

中国「隋《ずい》」（五八一〜六一九年）の、三八年間の歴史書。編者は魏徴《ぎちょう》（五八〇〜六四三年）。成立は六三六年である。

これを見るとわかるように、『三国志』は、年代的には『後漢書』より遅い時代を扱っているのだが、成立は『後漢書』より一四〇年も早いのである。このためさまざまな憶測が飛び交い、壹臺論争へと発展したのである。

邪馬壹国《やまいちこく》派の言い分はこうである。

先に完成した『三国志』を読んで、范曄《はんよう》は『後漢書』倭伝を著したのだ。その際、邪馬壹国（ヤマイチコク）を邪馬臺国（ヤマタイコク）と誤記したのである。だから邪馬壹国《やまいちこく》が正しいのだ。

また、畿内説を掲げる邪馬臺国《やまたいこく》派の言い分はこうである。

邪馬臺《やまたい》＝ヤマトと読んで畿内なのだ。だから邪馬臺国《やまたいこく》が正しいのだ。

はたしてどちらの説が正しいのか、あるいはどちらも間違っているのだろうか。私も自分なりに検証してみた。私の基本姿勢は『史書』の記述に忠実に従うことである。

卑《ひ》・邪馬《やま》は、中華思想に基づく卑語である。邪馬壹国《やまいちこく》から邪馬をとれば壹国《いちこく》である。同じく、邪馬臺《やまたい》国《こく》から邪馬をとれば臺国《たいこく》である。つまり壹国《いちこく》・臺国《たいこく》である。今後は卑語の邪馬を省略して、壹国《いちこく》・臺国《たいこく》と表記する。同じく女王卑弥呼についても、卑語を改め日御子《ひみこ》（卑弥呼）とする。

『三国志』の編者陳寿は、前述のように「西晋の時代」の二三三〜二九七年に生きた人物である。二三八年に魏に朝貢した日御子（卑弥呼）、二六六年頃まで治めた二代目壹與《いちよ》とまさに同時代の人である。中国で陳寿と日御子（卑弥呼）の使者が、面会していてもおかしくはない。陳寿は間違いなく、日御子（卑弥呼）の壹国《いちこく》からの使者だとはっきり認識して、『三国志』に壹国《いちこく》（邪馬壹国）と記したのである。

また正始《せいし》元（二四〇）年に帯方郡の大守弓遵《たいしゅきゅうしゅん》が、倭国に遣わした建中校尉梯儁《けんちゅうこういていしゅん》は、帰国後、当然出張報告書を書いている。陳寿はそれを見て、倭国の様子などを知ったのである。

よって、日御子（卑弥呼）の都は、壹国《いちこく》（邪馬壹国）である。

では、『後漢書』の編者范曄は、『三国志』を模写してやはり壹《いち》を臺《たい》と書き間違えたのであろうか。范曄は当然『三国志』を読んでいる。

通説では、「国の様子や習慣、地理的な事柄が、『後漢書』と『三国志』はよく似ている。それが模写した証であり、よって臺《たい》は壹《いち》の誤写である」などといわれている。

しかし、私はそうは思わない。范曄は模写など全くしていないのだ。范曄に対してたいへん申し訳なく思っている。

范曄は、前述のごとく三九八〜四四五年に生きた人物で、「東晋の時代」にあたる。東晋とは三一七〜四二〇年の王朝である。その頃、倭国から臺国《たいこく》が朝貢してきたのである。臺国《たいこく》は、壹国《いちこく》を滅ぼして倭王となったのである。その使者を確認して范曄は、臺国《たいこく》（邪馬臺国）と『後漢書』に記したのである。

> 国、みな王を称し、世々統を伝う。その大倭王《だいわおう》は邪馬臺国《やまたいこく》に居る。その地、おおむね会稽《かいけい》の東《とう》冶《や》の東にあり、朱崖《しゅがい》・儋耳《たんじ》と相近《あいちか》し。故にその法俗多《ほうぞくおお》く同《おな》じ。

『三国志』の壹国《いちこく》は「女王《じょおう》の都《みやこ》するところ」であり、女王日御子（卑弥呼）の国であることに間違いはない。しかし、『後漢書』の臺国《たいこく》は「大倭王《だいわおう》の都《みやこ》」であるといっている。女王日御子（卑弥呼）の都とは書かれていないのだ。ゆえに二つの都は別の都である。

ところが学説は、『後漢書』は『三国志』を模写したものであるから、同じ都と思い込んでいるのである。女王日御子（卑弥呼）＝大倭王であると勘違いしているのだ。

これが江戸時代からの論争の種になっているのだから、学説とは不思議なものである。『広辞苑』によると、学説とは「学問上の説」とある。同じく学問とは、「一定の理論に基づいて体系化された知識」とある。学者とは、「学問を研究する人」とある。

壹臺《いちたい》論争とは、学問ではなく単なる読解力の問題ではないのだろうか。素直に読めばわかるはずだ。陳寿も范曄も、ありのままの真実を書いている。いずれも正しいのである。両書には確かにそう書いてある。

つまり、壹国《いちこく》も臺国《たいこく》も二国とも存在したのである。それぞれの王が、朝貢した時代が違っていたのだ。学界では『三国志』が重んじられ、『後漢書』を軽んじる風潮にあるが、私は范曄の名誉のためにも言いたい。『後漢書』もまた素晴らしい内容なのである。詳しくは『後漢書』の項で述べることにする。

九州説・畿内説論争に終止符を打つ

明らかになった「水行」の意味

では、壹国《いちこく》や臺国《たいこく》はどこにあるのだろうか。
『三国志』には次の記述がある。

その南に狗奴国《くどこく》あり、男子を王となす。その官に狗古智卑狗《くくちひこ》があり。女王に属せず。……その八年（二四七年）、太守王頎《たいしゅおうき》、官《かん》に到る。倭の女王卑弥呼《ひみこ》、狗奴国《くどこく》の男王卑弥弓呼《ひみくこ》と素《もと》より和《わ》せず。倭の載斯《さいし》・烏越《うおち》らを遣わして郡に詣り、相攻撃《あいこうげき》する状《じょう》を説く。……卑弥呼《ひみこ》以《も》って死す。大いに冢《ちょう》を作る。径《けい》百余歩、殉葬《じゅんそう》する者、奴婢《ぬひ》百余人。

狗奴国は、壹国《いちこく》の南にあり、女王国に属さない男王の国であり、その官を、狗古智卑狗というとある。さらに、卑弥弓呼が官のとき、壹国《いちこく》の女王日御子（卑弥呼）を殺したというのである。学説では、狗奴国＝クナコクと呼んでいるが、奴＝ドであり、奴＝ナではない。狗奴国《くなこく》は存在しないのだ。しかも、狗《く》・奴《ど》は卑語であり狗は犬の総称であるから、今後は狗奴国《くどこく》＝狗国＝球国《くこく》とする。この球国（狗奴国）と臺国《たいこく》の関係がわかると、壹国《いちこく》の所在地もわかりそうである。

『三国志』には、壹国《いちこく》について次の記述がある。

その道里《どうり》を計るに、当に会稽《かいけい》の東冶《とうや》の東《ひがし》にあるべし。……その風俗淫《みだ》らならず。……有無する所、儋耳《たんじ》・朱崖《しゅがい》と同じ。

また『後漢書』には、臺国《たいこく》について次のように書かれている。

その地、おおむね会稽《かいけい》の東冶《とうや》の東にあり、朱崖《しゅがい》・儋耳《たんじ》と相近《あいちか》し。故にその法俗《ほうぞく》多く同じ。

壹国《いちこく》と臺国《たいこく》は、いずれも会稽の東冶の東にあるという。また朱崖・儋耳に近く、その風俗は同じであるという。だから同じ国ということではない。

朱崖・儋耳とはどういう意味なのだろうか。いずれにせよ、壹国《いちこく》と臺国《たいこく》は隣り合わせの位置にありそうだ。

まずは、女王日御子《ひみこ》（卑弥呼）の都する壹国《いちこく》の所在地から探ってみよう。九州なのか、はたまた畿内なのか。これが九州説・畿内説論争である。新井白石《あらいはくせき》に始まる江戸時代からのこの論争も、いまだに決着を見ていない。これもそろそろ結論を出したいものだ。

それでは『三国志』最大の謎を解いてみよう。ここでも私は基本姿勢を貫くことにした。

そもそも論争の発端になったのは、『三国志』文中の「水行《すいこう》」と「東南陸行《とうなんりくこう》」の解釈であった。水行と東南陸行が解ければ、壹国《いちこく》のありかもわかるのである。

学説では、水行とは船行と同じで、陸沿いに船で移動すること、とある。海岸水行《かいがんすいこう》もまた、海岸に沿って航行することである、とされている。すなわち、水行＝船行＝海岸水行と解釈されている。これも学説の思い込みである。たとえ思い込みでも、それが正しければ混乱は起きないのであるが、間違っているために大混乱である。

私の解釈では、水行と船行とは違う。「船行《せんこう》」とは、文字どおり船で行くこと。では「水行」はどう解釈すればよいのだろうか。正解は次のとおりである。

水行《すいこう》＝水辺を歩く・川辺を歩く・川洲を歩く・川に沿って歩く。
海岸水行《かいがんすいこう》＝浜辺を歩く・海岸を歩く・干潟を歩く・海岸に沿って歩く。
陸行《りくこう》＝陸道を歩く・山中を歩く・田畑の中を歩く。

船行《せんこう》＝川や海を船で行く。
渡《と》一海《いっかい》＝海を船で渡る。
すなわち、水行とは川辺を「徒歩」で行くことである。

歴史学には想像力が必要だ。この時代、道らしき道が完備しているわけではなく、多くは獣道《けものみち》または海岸、川辺であろう。『三国志』にも、対馬の国の項に「道路は禽鹿《きんろく》の径《けい》の如し」とある。徒歩で行くのだから、それほど遠い距離ではない。ましてや現代の道路とはわけが違う。一日あたりの走行距離も短いのである。

この、「水行」の謎を解くヒントになったのは、子供の頃に聞いた先祖の、年貢米の種子島城主への上納話と、私自身の小学校時代の思い出であった。余談だが、私の先祖の父方は島南の穀倉地帯の地主で、母方は島北の士族であった。父方の先祖は、馬車に年貢米を積んで、砂丘を南から北へ運んだのだという。

また、私の通った小学校は、島の西海岸のとある港町にあった。そこより北へ一二キロほどの長い砂丘が続いている。この近くの集落から通学する児童は、畑の中の通学路ではなく、近道の海岸を歩いて集団登校していた。海亀の産卵時期になると、彼らのランドセルの中は、海亀の卵でいっぱいになり、教科書は手に持たねばならなかった。

『三国志』を読んだとき、この、浜辺伝いの登校こそ「海岸水行」だと閃《ひらめ》いたのである。ならば水行は、「川岸水行《かがん》」であろう。水行が解ければ、三〇国の壹国《いちこく》連合の所在地もおのずとわかるのである。

『三国志』には次のようにある。

東南、奴国《どこく》に至る百里。官を兕馬觚《じまこ》といい、副を卑奴母離《ひどもり》という。二万余戸あり。
東行、不弥国《ふみこく》に至る百里。官を多模《たも》といい、副を卑奴母離《ひどもり》という。千余家あり。
南、投馬国《とうまこく》に至る水行《すいこう》二十日。官を弥々《みみ》といい、副を弥々那利《みみなり》という。五万余戸ばかり。
南、邪馬壹国《やまいちこく》に至る、女王の都する所、水行《すいこう》十日・陸行《りくこう》一月。

詳しい道順については後述するとして、文中の「投馬国に至る水行二十日」、また「壹国《いちこく》に至る女王の都する所、水行十日・陸行一月」とは、それぞれ不弥国からの「参問の距離《さんもん》」なのである。参問の距離とは、聞き及んだ距離であり、実際に歩いて測った距離ではない。つまり、魏の使者梯儁《ていしゅん》の一行は不弥国までは自身で歩いたが、以後の投馬国・壹国《いちこく》には行っていないのだ。

また裸国《らこく》・黒歯国《こくしこく》あり、またその東南にあり。船行《せんこう》一年にして至るべし。

これも、同じく参問の距離であるが、「船行一年」というのは、「はるかに遠い」という意味である。よって裸国・黒歯国は畿内である。船で一年かかるということではない。

船で一年の距離なのだから、二国の所在地は太平洋の洋上だとか、南米大陸エクアドルだという説もある。ゆえに、『三国志』は信頼がもてないのだという。

だが、これは歴史家の勝手な解釈ではないのか。『隋書』には次のような記述がある。

夷人里数《いじんりすう》を知《し》らず、ただ計《はか》るに日《ひ》を以ってす。

私が、参問の距離であるという証拠はこれである。倭人は、まだ距離を測る術を知らなかったのである。このため、使者梯儁が、実際に歩いた不弥国までは里数で示し、参問した投馬国・壹国《いちこく》へは「水行〇〇日」と日を以って記されているのである。加羅国から壹国《いちこく》まで、あくまでも倭国の九国の位置について説明しているのであるから、水行はさほど遠い距離ではない。

倭の地を参問するに、海中州島《かいちゅうしまじま》の上に絶在し、あるいは絶えあるいは連なり、周旋《しゅうせん》五千余里ばかりなり。

倭国は、周旋（ぐるっと一巡り）五千余里ばかりなりと書かれている。それほど広い範囲ではない。現在のメートル法では、日本では一里＝三・九キロメートル、中国では五〇〇メートル、朝鮮では四〇〇メートルに相当する。しかし、古代中国ではもともと面積の単位であり、のちに、その一辺の長さが距離の単位になったのだという。

そこで私は計算してみた。『三国志』には、壱岐（一大国）の島は方三百里ばかりであると記されている。壱岐（一大国）の島は南北一七キロである。「方《ほう》」とは一辺と解釈されるから、計算すると一里＝六〇メートルぐらいとなる。これで、倭国の周旋（ぐるっと一巡り）五千余里を逆算すると、半径八〇〇里＝四八キロぐらいとなる。面積では、およそ七二三四平方キロメートルの広さである。

現在の福岡県の面積は、四九七一平方キロメートル、佐賀県の面積は、二四三九平方キロメートルであり、合計すると七四一〇平方キロメートルである。

周旋（ぐるっと一巡り）五千余里ばかりなり、と似たような面積である。この後述べる壹国《いちこく》連合三〇国の所在地はこの福岡県と佐賀県の範疇であり、『三国志』の記述と符合しているのである。

『三国志』によると、朝鮮半島の群《ぐん》（帯方郡）から女王国まで一万二千余里（七二〇キロ）、郡（帯方郡）から加羅国まで七千余里（四二〇キロ）とある。加羅国から壹国《いちこく》までは差し引き五千余里（三〇〇キロ）となる。

一か月で歩く距離や、船で行く一年の距離を想定するのは間違いであることがわかる。

また、加羅国から対馬国まで千余里（六〇キロ）、さらに一大国《いちだいこく》まで千余里（六〇キロ）、そこからまた千余里（六〇キロ）で末盧国《まつろこく》に至るという。よって末盧国から壹国《いちこく》までは、およそ二千里（一二〇キロ）である。不弥国《ふみこく》からは千三百里（七八キロ）である。

地図上で、末盧国の唐津から二千里（一二〇キロ）を測ると、まぎれもなく北九州の範疇《はんちゅう》である。

私は、九州説に軍配を上げたい。私には、畿内説そのものの論拠《ろんきょ》が見当たらないのである。裸の王様説と言わざるをえない。「三国志を解く」の図のとおりである。

九州説を裏付ける『宋史』の記述

それを裏付けるように、後述の『宋史』日本伝は次のように伝えている。九八四年、日本国の僧奝然《ちょうねん》が献じた、本国の『王年代紀』に次のように書かれていたというのだ。

その年代紀《ねんだいき》に記する所にいう、初めの主は天御中主《あめのみなかぬし》と号す。次は天村雲尊《あめのむらくものみこと》といい、その後は、みな尊《みこと》をもって号とな

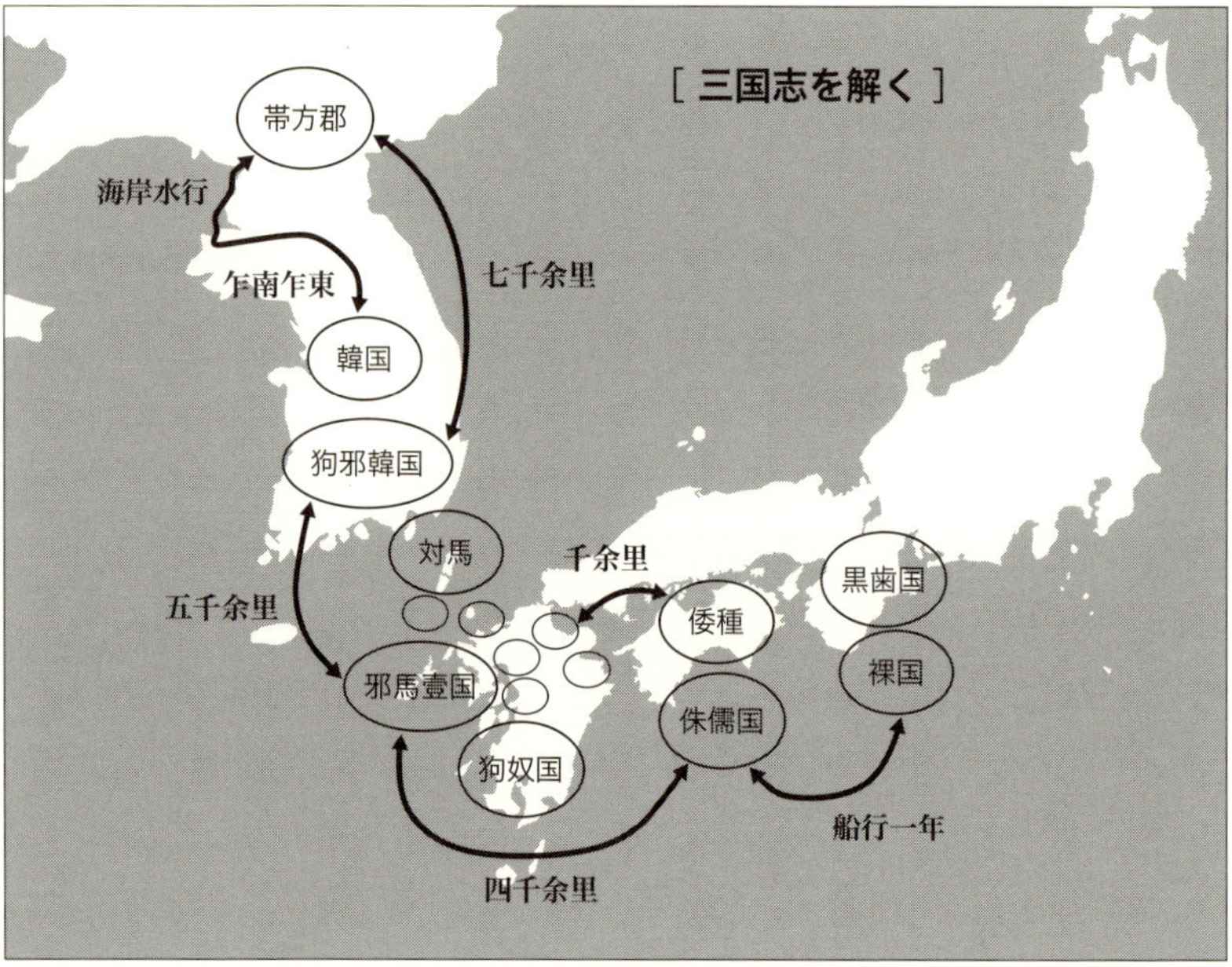

す。……

次は伊弉諾尊《いざなぎの》（伊邪那岐命《いざなぎの》）、次は素戔烏尊《すさのおの》（須佐之男命《すさのおの》）、次は天照大神尊《あまてらすおおみかみの》、次は正哉吾勝速《まさかあかつはや》日天押穂耳尊《ひあめのおしほみみの》（正勝吾勝勝速日天忍穂耳命《まさかつあかつかちはやひあめのおしほみみの》）、次は天彦尊《あめのひこの》（天津日高日子番能邇邇芸命《あまつひこひこほのににぎの》）、次は炎《ほのおの》尊（天津日高日子穂穂出見命《あまつひこひこほほでみの》）、次は彦瀲尊《ひこなぎさの》（天津日高日子波限建鵜葺草葺不合命《あまつひこひこなぎさたけうかやふきあえずの》）。

およそ二十三世、並びに筑紫《つくし》の日向宮《ひむかのみや》に都す。彦瀲尊《ひこなぎの》の第四子を神武《じんむ》天皇と号す、筑紫の宮より入りて大和州《やまとしゅう》の橿原《かしはら》の宮《みや》に居る。即位の元年甲寅《こういん》は、周《しゅう》の僖王《きおう》の時に当たるなり。

筑紫の日向《ひむか》の宮《みや》とは、大隅国一ノ宮鹿児島《かごしま》神宮（鹿児島県）である。これが最後の宮であるが、これ以前には、遷宮が行われているので日向の宮は数か所ある。天皇家自らがその『王年代紀』において、天地開闢《てんちかいびゃく》の頃から二三世まで南九州にいたと述べているのである。天皇在位一三年説で計ると、一七五年頃までである。「神武東遷《じんむとうせん》」もここに認めている。都が畿内にあろうはずがないではないか。

神武天皇の即位は、『日本書紀』によると紀元前六六〇年（天皇在位一三年説では一八一年）の辛酉《しんゆう》の年である。だが、この『宋史』日本伝の記述では、即位の元年は甲寅《こういん》の年となっている。周《しゅう》の僖王《きおう》は、紀元前六八一～六七七年の在位である。甲寅の年に即位という記述は皇帝におもねたものであり、問題視する必要はない。

ヤマト王権が献上した『宋史』日本伝の『王年代紀』には、なぜか、『中国史書』に記録の残る日本から朝貢した王家の記録はない。『古事記』や『日本書紀』も同様である。

たとえば、『後漢書』に残る五七年に朝貢した委奴国王《いどこくおう》や、『三国志』に残る二三八年に朝貢した親魏《しんぎ》倭王《わおう》の女王日御子（卑弥呼）、『宋史』に残る四二一年に朝貢した倭の五王の讃《さん》・珍《ちん》・済《さい》・興《こう》・武《ぶ》、『隋書』に残る六〇〇年に朝貢した俀国《たいこく》の王、阿毎多利思比孤阿輩雞弥《あまのたりしひこのおおきみ》などの記録はないのである。その意味を熟考し、私は学説にはない新しい発見をした。

中国『史書』には記録があって、『王年代紀』や『記紀』に記録のない王家は、現在の天皇家とは血縁関係のない別の王家ということである――。

中国で政変が起こり、王朝や皇帝が変わるたびに、倭国の王も朝貢している。周《しゅう》・秦《しん》・漢《かん》・三国時代・晋《しん》・南北朝時代・隋《ずい》・唐《とう》・宋《そう》を通して、朝貢は続いている。それぞれの皇帝から一〇個以上の金印・銀印を賜っている。いや、使いの者の分を合わせると、実際には一〇〇個以上にもなる。しかし唐以前の倭王については、『記紀』に記録がないのである。『記紀』に記録がない人は、天孫族ではないことを意味する。これらの王家については、のちほど中国『史書』に基づいて詳しく解説する。

この頃、倭国の中心は、中国『史書』が物語るように西九州であり、近畿はまだまだ未開の奥地である。

にもかかわらず、『日本書紀』は、神武天皇の即位を紀元前六六〇年の辛酉の年とし、さらに天地創造の神が先祖であると説いている。これは、天皇家が表舞台に躍り出る、七世紀までの倭国の歴史を覆い隠すための造作である。

『記紀』は『帝紀』としては素晴らしい作品である。『日本書紀』の編年体の内容は賞賛に値するものである。ただし、日本の歴史書としては創作が多く含まれているので、中国『史書』と併せて読み、真実を探求する必要がある。

その鍵が、前述の私の「天皇在位《てんのうざいい》一三年説」なのである。この時代はまだヤマトには、いや日本には天皇は存立していなかったのである。もっとも、すべての天皇に天皇号がついたのは、明治時代になってからだという。

私は、三九代弘文《こうぶん》天皇（六七一年即位）までは、ヤマト王権は天皇といえるほどの勢力はもっていなかったと考えている。まだ列島の奥地の片隅の海人王だったのだ。

内紛が収まった七世紀後半、四〇代天武《てんむ》天皇（六七三年即位）によって、初めて西日本を治める天皇すなわちスメラミコトが誕生したのである。

この頃、文化は世界的に西から東へ、また南から北へと移動している。移動手段は徒歩と船である。動力は人力と風と海流である。人も神社も地名も同様である。西九州や出雲地方と同名の神社や地名、河川が、関西・関東方面に多いのはその証である。

地名とは、日本人が大地につけた足跡である。地名とは、最も身近な民族の遺産である。地名とは、時間の化石である。

月読命と日御子（卑弥呼）が治めた一大国

一大国の首都伊都国は怡土国ではない

では、『三国誌』にいう一大国はどこにあるのだろうか。

一大国《いちだいこく》＝壱大国《いちだいこく》＝壹大国《いちだいこく》である。一大国の大とは、文字どおり「大きな」という意味である。一国《いちこく》（壱国・壹国）の大きな国、それが一大国である。また一国（壱国・壹国）とは、一つの島の国という意味である。それは現在の長崎県壱岐島《いちきしま》＝壱岐である。つまり一大国とは、壱岐の大きな連合国ということである。

壱岐は、三貴神の一人月読命《つくよみのみこと》の国である。第二章の神生みの項で述べたように、伊邪那岐命の命《めい》により、月読命は一国（壱岐）を治めるようになったのである。私の考えでは、この当時の月読命の本拠地は、筑紫平野（福岡県みやま市）の女山《ぞやま》の壹国《いちこく》であった。そして、この壹国《いちこく》のオナリ神が日御子（卑弥呼）だったのである。

一大国は四〇〇年後の『隋書』にいう、一支国《いちきこく》＝壱支国《いちきこく》＝壹支国《いちきこく》である。一大国は、二代目女王壹《いち》與《よ》が臺国《たいこく》に敗れて以後、「大国《たいこく》」から「支国《きこく》」に変わっている。支《し》は枝《し》、または岐《き》で分かれを意味する。つまり、臺国《たいこく》の枝《えだ》の国となったのである。

『魏志倭人伝』（石原道博編訳　岩波文庫）では、『隋書』『梁書』『北史』に壱岐国を一支国《いちきこく》とあるところから、一大国は一支国の誤記《ごき》であると説かれている。私の敬愛する原田大六氏も同じように述べている。だが、これは誤記などではない。時代の変遷により、国威も変化するのである。学説は、安易に誤記と片づけがちだが、原文のまま一大国が正しいのである。

そのわけを説明しよう。私の基本姿勢は、『史書』の記述に忠実に従うことである。『三国志』には、一大国について次のように書かれている。

　また南一海を渡る千余里、名づけて瀚海《かんかい》という。一大国《いちだいこく》に至る。官をまた卑狗《ひく》といい、副を卑《ひ》奴母離《どもり》という。四方三百里ばかり。竹木・叢林《そうりん》多く、三千ばかりの家あり。やや田地《でんち》あり、田を耕せどもなお食するに足らず、また南北に市糴《してき》す（米を買うなどする）。

このように食糧が足りなかったため、一国は、新地開拓国あるいは屯倉《みやけ》的占領国《てきせんりょうこく》をもつ必要があった。幸いにも一七〇年頃、一国の月読命は倭国大乱《わこくたいらん》を武力で平定した。

その国、もとまた男子を以って王となし、住《とど》まること七、八十年。倭国乱《わこくみだ》れ〈倭国大乱〉、相攻《あいこう》伐《ばつ》すること歴年《れきねん》、乃《すなわ》ち共に一女子を立てて王となす。名づけて卑弥呼《ひみこ》という。

そして三〇国を治める大きな一国となり、一大国《いちだいこく》と改めたのである。このとき、彼の本国である筑紫平野の女山の壹国《いちこく》は、オナリ神の日御子（卑弥呼）に託した。さらに三〇国の首長の合意により、日御子（卑弥呼）を共立の倭王としたのである。

女王国より以北には、特に一大率《いちだいそつ》を置き、諸国を検察《けんさつ》せしむ。諸国これを畏憚《いたん》（恐れはばかる）す。つねに伊都国《いとこく》に治す。国中において刺史《しし》の如きあり。

さらに伊都国《いとこく》に「一大率《いちだいそつ》」を置き、一大国（壱岐）・伊都国・壹国《いちこく》（女山）の三国で三〇国を統率したのである。率《そつ》はひきいることであり、一大率《いちだいそつ》とは、一大国の率史《そつし》（長官）のいる役所をいう。伊都国は、一大国連合三〇国の首都なのである。記述のごとく、一大率による引き締めは相当厳しいものであったようだ。

では、伊都国はどこにあったのだろうか。学説では、伊都国＝怡土国《いどこく》であり、現在の糸島半島の福岡県糸島市とされている。はたしてそうだろうか。

『日本書紀』によると、一四代仲哀《ちゅうあい》天皇（天皇在位一三年説で三一二年即位）の項に伊都国が登場する。だが、一大国連合が、球国《くこく》（狗奴国）に滅ぼされた後の物語である。

倭国大乱の後、一七〇年頃から一〇〇年ほど栄えた一大国連合三〇国であったが、二六六年頃、二代目壹與《いちょ》が再び球国（狗奴国）に討たれると、首長国である臺国《たいこく》連合の支配下となり、一支国《いちきこく》となったのである。

その後、一支国となった月読命の依頼を受けた、長門《ながと》の国（山口県下関市）の別《わけ》王一四代仲哀天皇が、同じ別《わけ》の、越《こし》の国の角鹿《つぬが》（福井県敦賀市）の神功《じんぐう》皇后と結婚し、元の一大国連合三〇国の奪還《だっかん》に乗り出したのである。『日本書紀』の記述をまとめると、次のようである。

> 仲哀八年（天皇在位一三年説で三二〇年である）、仲哀天皇と神功皇后が熊襲《くまそ》征伐《せいばつ》のため、穴門豊浦《あなとのとゆらの》宮《みや》（山口県下関市）から筑紫の儺県《ながのあがた》（福岡市東区）の橿日宮《かしひのみや》（香椎宮）に向かわれたとき、まず岡県《おかのあがた》主《ぬし》（福岡県遠賀郡）の先祖の熊鰐《くまわに》が、周芳《すほう》の沙麼《さば》（山口県）にお迎えになり、御料の魚や塩をとる区域を献上した。
>
> また、伊都県主《いとのあがたぬし》の先祖五十迹手《いとて》が、穴門の引島《ひこしま》（下関市彦島）にお迎えになり、「是非天皇に天下を平定していただきたいと思います」と申し上げた。
>
> 天皇は、五十迹手を誉められて伊蘇志《いそし》とおっしゃった。時の人は、五十迹手の本国を名づけて伊蘇国《いそのくに》といった。いま伊都《いと》というのは訛《なま》ったものである。二十一日、儺県《ながのあがた》（福岡市東区）におつき

になり、橿日宮《かしひのみや》（香椎宮）に居られたと。

五十迹手の国ゆえに、伊都県《いとのあがた》であり伊都国《いとこく》である。

五十迹手が、仲哀天皇と妙に親しいのにはわけがある。伊都県主は、その昔、仲哀天皇が別王として統治していた穴門の国（山口県）の王伊都都彦《いつつひこ》の血縁なのである。


『日本書紀』はこう続いている。


仲哀天皇は橿日宮（香椎宮）で亡くなられた。その後、神功皇后は吉備臣《きびのおみ》の祖、鴨別《かものわけ》を遣わして熊襲《くまそ》の国を征伐した。いくらも経たぬのに自然と服従した。……

二十五日、移って山門県《やまとのあがた》（福岡県みやま市）にいき土蜘蛛田油津媛《たぶらつひめ》を殺した。


この記述による熊襲の国は筑後川流域であり、筑紫平野の投馬国《とうまこく》や元の壹国《いちこく》の置かれた領域である。田油津媛は八女津媛《やめつひめ》の跡を継いだ投馬国の二代目女王である。山門県（福岡県みやま市）はかつて日御子（卑弥呼）が治めた壹国《いちこく》の領域である。この地で田油津媛が殺されるとはただ事ではない。しかも土蜘蛛と呼ばれている。投馬国はかつての一大国連合の仲間である。

やはり投馬国は、日御子（卑弥呼）を裏切り臺国《たいこく》と手を結んでいたのである。ゆえに土蜘蛛とののしられているのである。神功皇后は、五十迹手の願いをかなえて、元の一大国連合の全域を奪還したのである。

そして秋九月、神功皇后は新羅征討に向かうのである。

時がたまたま皇后の臨月《りんげつ》になっていた。皇后は、石をとって腰にはさみお祈りしていわれるのに、「事が終わって還る日に、ここで産まれて欲しい」と。その石は今、筑前怡土郡《いどぐん》の道のほとりにある。

以上のことから、儺県《ながのあがた》・伊都県《いとのあがた》・怡土郡《いどぐん》はそれぞれ別地であることがわかる。それぞれの位置についても見当がつく。そこで重要な結論が導かれる。

伊都国《いとこく》は怡土国《いどこく》ではない。

伊都県が伊都国であり、怡土郡が怡土国（福岡県糸島市）なのである。さらに儺県（福岡市東区）は奴国《なこく》ではないということである。

多くの学者が、伊都国＝怡土国であり、儺県＝奴国であるという、二つの間違った思い込みをしている。これが「漢《かん》の委《わ》の奴《な》の国王《こくおう》」を生んだ元凶なのである。

私は、この一四代仲哀天皇と神功皇后による北九州統一を、「仲哀・神功西征《せいせい》」と呼ぶことにする。

一支国《いちきこく》に降格された月読命《つくよみの》の、要請を受けての西征なのである。月読命と神功皇后とは非常に仲が良いのである。まとめると次のようになる。

球国（狗奴国）に、日御子（卑弥呼）と壹與《いちよ》が討たれ、壹国《いちこく》は臺国《たいこく》連合の支配下となり、筑紫平野は投馬国に首長国が移った。その後、月読命は、長門の別王仲哀天皇と神功皇后に援助を求めたのである。ゆえに、伊都国の五十迹手も、すすんで新しい王を迎え入れたのであろう。神功皇后の本拠地である福岡市東区の香椎宮《かしいぐう》と、壱岐の国二ノ宮聖母宮《しようもぐう》はつながりが深く、聖母宮も一時期香椎宮や聖母大明神《しようもだいみようじん》を名乗っており、所在地も香椎村《かしいむら》であったという。私見であるが、香椎宮は聖母宮の「元宮」なのである。聖母宮は、三韓征討の折神功皇后が、壱岐で風待ちされたとき行宮《あんぐう》を建てたのが起源とされている。その後、凱旋して勝本《かつもと》としたという。月読命の要請を受けた神功皇后は、鴨別《かものわけ》を派遣し元の一大国連合三〇国を再び統一したのである。

私が、聖母宮（壱岐市勝本町。壱岐国二ノ宮）を訪れたのは、少し肌寒い季節であった。若い聡明な宮司さんが、多忙な中を懇切丁寧に案内してくださった。とても歴史に造詣《ぞうけい》が深く熱心で、これで日本の歴史は守られると一縷の希望を感じたものである。

その宮司さんが書かれた由緒付記によると、聖母宮（旧称聖母大明神）の宮司を世襲する吉野家《よしのけ》は、天孫降臨のときの五伴緒《いつとものお》の一人天児屋命《あめのこやねのみこと》の子孫であり、現在八二代目であるという。

海人族《あまぞく》の王都の近くには必ず吉野山がある。吉野山といえば、奈良県南部の元大和の国の一群で、吉野桜で有名であるがここも吉野家の在所だったのだ。これは、その国の天児屋命の子孫が祭祀を行った場所なのである。

伊都国は佐賀県の與止日女神社である

ずばり、伊都国は佐賀県佐賀市大和町《やまとちょう》である。ここに肥前の国一ノ宮與止日女《よどひめ》神社がある。この與止日女神社が伊都国なのである。

與止日女は、壱岐の国二ノ宮 聖母宮《しょうもぐう》の神功皇后の妹であるとも、また、対馬の竜宮城（和多都美《わたずみ》神社）の乙姫様である豊玉姫であるともいわれている。しかし、第二章で述べたように、與止日女は、大綿津見神の后で志摩の国の大日孁貴《おおひるめのむち》である。その末裔の豊玉姫、聖母《しょうも》大明神は、皆高天原《たかまがはら》の大日孁貴なのである。いずれも、高天原の女房神すなわちオナリ神である。これらが相俟《あいま》って、同人といわれるのである。

佐賀市の與止日女神社や伊万里市淀姫《よどひめ》神社、糸島市與止日女大明神（桜井神社）など、連合国内には與止日女（淀姫・与止妃）が多く祭られている。

肥前国一ノ宮與止日女神社〈祭神與止日女命〉（佐賀市大和町）

よって、肥前の国一ノ宮與止日女神社こそが伊都国であり、近くにある、肥前国府跡は一大率跡なのである。肥前国府は南下して現在の佐賀県庁となっている。

「東南、陸行《りくこう》五百里にして、伊都国《いとこく》に到る」という『三国志』の記述と、末盧国《まつろこく》（佐賀県唐津市）からの方角も距離もぴったりと符合するのである。

佐賀県立博物館の解説書によると、この頃、有明海の海岸線は大きく山側にあり、武雄《たけお》市、大和《やまと》町、吉野《よしの》ケ里《り》遺跡、久留米《くるめ》市あたりまでが海に面していたのである。その後、佐賀平野が南下するにつれ、現在の佐賀県庁も神社も南下して、今は佐賀市内に與賀《よか》神社、本庄《ほんじょう》神社として分祀されている。

これで伊都国は、佐賀市大和町の肥前国一ノ宮與止日女神社であるのがわかった。だが、学説では今でも、前述のごとく、伊都国《いとこく》＝怡土国《いどこく》として糸島半島に、さらに奴国《なこく》＝那国《なこく》として、博多湾那珂《なか》川河口付近に比定され、これは異論のないところであろうなどといわれている。いやいや、大いに異論ありである。

日本地図を開いてみるとわかることだが、仮に伊都国が糸島半島だとすると、『三国志』にある末盧国から、「東南陸行《とうなんりくこう》」ではなく「東北陸行《とうほくりくこう》」になってしまうのである。ところが、学説は、北と南は『史書』の誤りであると平然と言ってのける。

なぜそう決めつけられるのか不思議だ。『三国志』の編者が北と南を間違えたわけはなく、使者の梯儁《ていしゅん》が間違えるはずもない。後世の歴史家が、伊都国《いとこく》＝怡土国《いどこく》、さらに奴国《なこく》＝那国《なこく》と勝手に思い込んだのである。

漢字辞典によると、奴は「ド・ヌ」であって「ナ」ではない。奴国《なこく》など存在しないのである。奴＝ドは卑語である。仮に伊都国《いとこく》＝怡土国《いどこく》であるならば、壱岐の国から直接船で東北の糸島半島へ向かうはずである。距離的にも末盧国へ行くのと大差なく、あえて遠回りする理由が見当たらない。

それゆえ、多くの歴史家が『三国志』による伊都国以後の比定地を見つけられず、永遠の謎となってしまったのである。「幻のヤマタイコク」とか「ヤマタイコクはなかった」とか、美しい衣装に身を包んだ若い女王日御子（卑弥呼）だけが、スポットライトを浴び、古代史のロマンなどともてはやされているのである。

私の基本姿勢は、史書の記述に忠実に従うことである。伊都国へ行くには、下船後さらに「東南陸《とうなんりく》行《こう》」するから、船は南の東松浦半島の唐津へ向かうのである。

『三国志』を難しくしている要因が、この「東南陸行《とうなんりくこう》」と「水行《すいこう》」であるのは前に述べた。この二つが解けた今、『三国志』は古代史の新たな門を開く。これこそが古代史のロマンである。ロマンとは、歴史を正しく繙《ひもと》くことなのである。

では、伊都国に置かれた「一大率《いちだいそつ》」の歩みを見てみよう。

◉一大率

三〇国の連合国を率《ひき》いる一大国の統率府である。佐賀市大和《やまと》町にあった。七世紀に跡地は肥前国府《ひぜんこくふ》となった。

◉肥前国府

ヤマト王権による肥前の国（壱岐・対馬を除く佐賀県、長崎県）を統治する国府である。国府とは国ごとに置かれた国司の役所である。現在の佐賀県庁の前身である。一大率の跡地である佐賀市大和町にあった。この地から竪穴式住居が発掘されており、一大率の跡地であろうことがうかがえる。

◉大宰府《だざいふ》

大和朝廷による西海道九国三島（筑前・筑後・豊前・豊後・肥前・肥後・日向・薩摩・大隅の九国と壱岐・対馬・多禰島の三島）を管轄した役所である。福岡県太宰府《だざいふ》市にあった。権限が強かったことから「遠の朝廷《とうのみかど》」とも呼ばれる。前身は一大率である。大宰《だざい》とは百官の長の意であり、大宰府（都府楼）の長官を宰《さい》・帥《そつ》・率《そつ》という。一大率の機構が移転して大宰府となったものである。

佐賀県博物館の解説書によると、肥前国府と大宰府政庁の建物は、その配置や門の位置、発見された瓦などがよく似ているという。

大宰府は、一期（七世紀後半）・二期（八世紀初頭）・三期（十世紀中葉）と三代にわたって遺構が見つかっている。七世紀後半の最初の遺構は掘立柱建物郡であり、朝堂院形式の建物はそれ以降のものである。大宰府という名が『日本書紀』に現れるのは、天智天皇一〇（六七二）年一一月の項で、「対馬の国司が使いを大宰府に遣わして……唐の使人……総計二千人が着いたと報告した」とある。

唐津から東南五百里、佐賀市大和町への国道を走ると、壱岐の付く地名が複数あることに気づく。これも一大率の名残りではないかと思う。

與止日女神社の所在地は、大和町であり一ノ宮である。もともとヤマトとは山のあるところ、山の辺《やまべ》という意味である。山とは神南備山《かんなんびやま》である。

ヤマト＝大和・山門・山登・山都・大倭など、日本全国にヤマトはいろいろあるが、常に国邑の中心である。ゆえに現在も、佐賀県庁の所在地となっているのである。

当地を訪れたのは五月初旬であり、川幅いっぱいに鯉のぼりが泳いでいた。この日は佐賀城内の有名ホテルに宿泊した。眼下に聳《そび》える大木の楠と鳥居が気になり、翌朝お参りした。それが與賀《よか》神社であった。さらに本庄《ほんじょう》神社へ。祭人はいずれも與止日女命である。そして「本庄・淀姫・與賀三身一体なり」との言い伝えがあることを知った。

壹国のありかを突き止める

『三国志』魏志倭人伝の九国を比定する

吉野ヶ里《よしのり》遺跡は、佐賀県神埼郡の吉野ヶ里丘陵で発掘された、およそ五〇ヘクタールにも及ぶ日本最大級の弥生時代の環濠集落《かんごうしゅうらく》跡である。紀元前四世紀頃にこの地に集落が形成され始め、やがて邑となり、三世紀頃に最盛期を迎えたと推定されている。

筑紫平野に広がるこの吉野ヶ里遺跡は、土国《どこく》（奴国）である。奴は卑語であるから土国とした。冒頭で述べたとおり、私の基本姿勢は『史書』に忠実であることだ。方向・距離・人口、すべて忠実に従うことである。

おそらく『三国志』の記述は、魏の使者梯儁《ていしゅん》の出張報告書に基づいたものであろう。その記事に沿って解いていくと、壹国連合九国《いちこく》の位置は次のようになる。

朝鮮半島南部から、対馬・壱岐・唐津を経て、博多湾岸、有明海ベイエリア、筑後川の流域である。

博多湾岸の那珂川流域は、井国（委奴国）連合の領域である。

この時代の国邑《くにむら》は、都市国家であり領土を境としていない。律令時代の郡《こうり》が豪族の国邑である。現在の市町村に該当する。対馬から順にこれらの国々を巡ってみた。

「水行《すいこう》」が解けているので、投馬国や壹国《いちこく》も簡単に見つけられる。『三国志』の謎がまた一つ解決したのである。

①狗邪韓国《くやかんこく》（加羅国）

韓国を歴《へ》て、あるいは南しあるいは東し、その北岸狗邪韓国に到る、七千余里。

狗邪韓国は、朝鮮半島南部であるが倭である。弁韓《べんかん》・伽耶《かや》・任那《みまな》といわれた地域である。その証拠に、筑前の国一ノ宮住吉神社の由緒には、新羅の都に国の鎮護として住吉の大神をお祭りした、と記されている。

②對海国《たいかいこく》（対馬国）

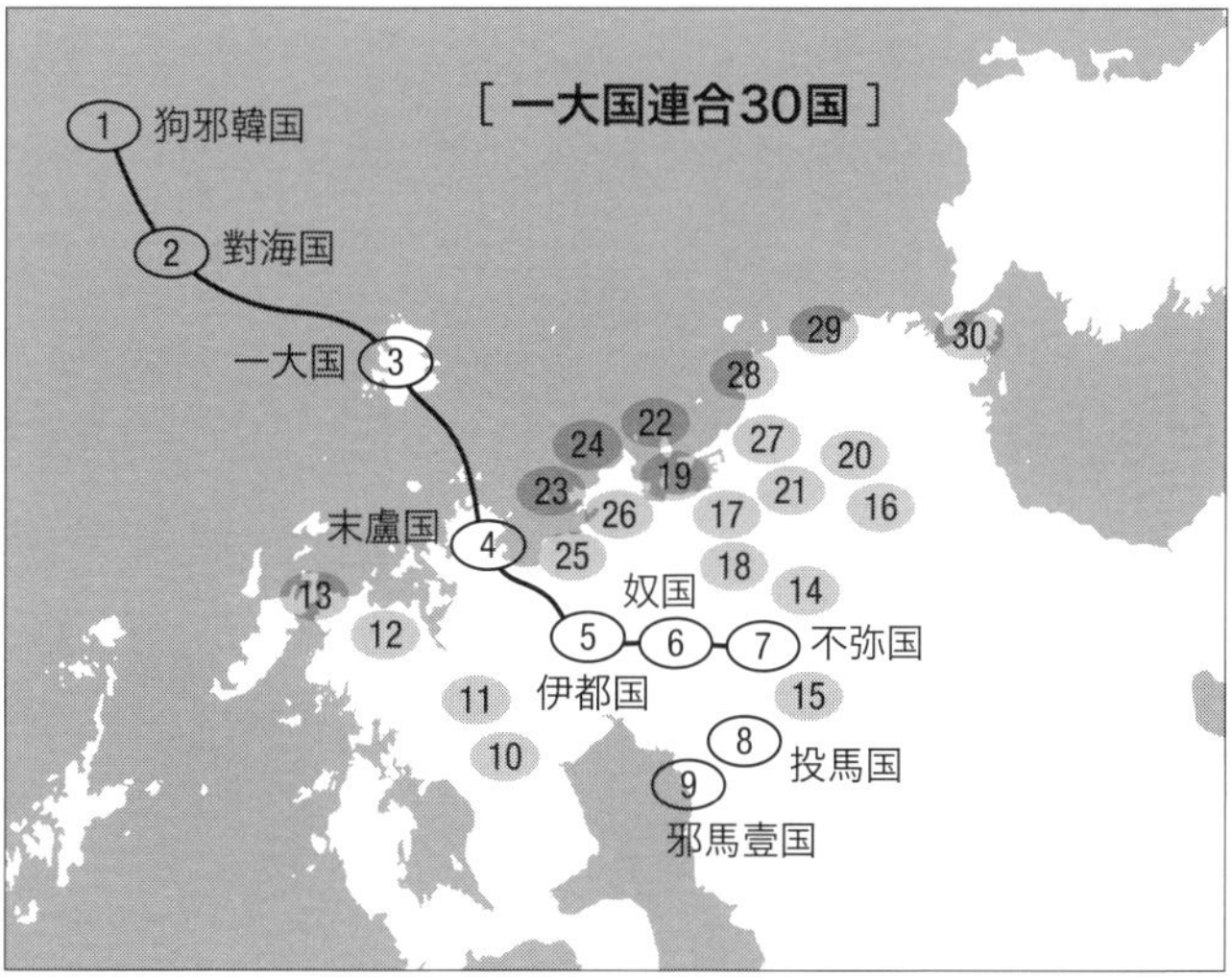

始めて一海を渡る千余里、對海国に至る。……千余戸あり。

長崎県対馬である。対馬の国一ノ宮海神《かいじん》神社がある。豊玉姫命《とよたまひめのみこと》の国である。

③一大国《いちだいこく》

また南一海を渡る千余里、名づけて瀚海《かんかい》という。一大国に至る。……三千ばかりの家あり。

長崎県壱岐である。月読命《つくよみのみこと》の国である。壱岐の国一ノ宮天手長男《あめのたながお》神社がある。原《はる》の辻《つじ》遺跡がある。

④末盧国《まつろこく》

また一海を渡る千余里、末盧国に至る。四千余戸あり。

佐賀県唐津市である。菜畑《なばたけ》遺跡がある。

⑤伊都国《いとこく》

東南、陸行《りくこう》五百里にして、伊都国に到る。……千余戸あり。

佐賀県佐賀市大和町《やまとちょう》である。肥前の国一ノ宮與止日女《よどひめ》神社がある。古くから一大国連合の首都であり、迎賓館《げいひんかん》としての機能も果たしていた。農村ではないので人口も少なく千余戸なのである。

⑥奴国《どこく》（土国）

東南、奴国《どこく》に至る百里。……二万余戸あり。

佐賀県神埼郡吉野ヶ里である。吉野ヶ里遺跡がある。同遺跡の収容人口は、専門家の予想でも二万余戸であるという。

⑦不弥国《ふみこく》

東行、不弥国《ふみこく》に至る百里。……千余家あり。

佐賀県三養基《みやき》郡みやき町である。肥前の国一ノ宮千栗《ちりく》八幡宮がある。規模も千余戸と小さい。千栗八幡宮の宮司さんのお話によると、当時の筑後川は大きく蛇行しており、神社の門前が川であったという。福岡県地図を開くとよくわかる。

魏の使者梯儁の一行は、伊都国の役人の案内でここまでは足を運んだのである。ゆえに里数で記してある。この三国は、いずれも筑後川の左岸である。

ここで梯儁は、投馬国と壹国《いちこく》までの道のりを参問したのである。その返事を聞いて、あまりにも遠いと感じたのか、それとも右岸に渡るのが困難だったのか、それとも探索もこれぐらいでよかろうと思ったのか、それとも、そろそろ晩餐《ゆうげ》の時刻だったのか、歩くのを止めたのである。

⑧投馬国《とうまこく》

南、投馬国に至る水行《すいこう》二十日。……五万余戸ばかり。

福岡県八女郡広川町および八女市である。八女《やめ》古墳群および岩戸山《いわとやま》古墳郡がある。福岡県地図を開いて、肥前の国一ノ宮千栗八幡宮から筑後川《ちくごがわ》を下り、分かれて広川《ひろかわ》沿いに水行して南へ行くと、八女古墳群および岩戸山古墳郡に突き当たる。水行二十日である。『三国志』の記述とぴったり符合している。平野の規模も五万余戸が暮らすに十分である。この大きな古墳群は、この国の最後の王である、吉備の鴨別《かものわけ》を祖とする筑紫君磐井《つくしのきみいわい》が築いたものである。

私は、さっそく待望の岩戸山歴史資料館に向かった。

ところが、肝心の石人は大阪府立近つ飛鳥博物館で開催中の、「継体大王の時代」に出品中であまり残っていないという。私が大阪から来たということで、もちろん、帰展示会の無料招待券を二枚くださった。もちろん、帰阪後有意義に使わせていただいた。紙面を借りてお礼を申し上げたい。

各地の歴史資料館や博物館の対応は、いつも丁寧で爽やかな気分にさせてくれる。やはり人には歴史が必要である。もちろん、写真撮影はしてもよいということであった。

ところで、八女古墳群の八女《やめ》とは、女が多いから八

武装石人

女である。女王国ゆえである。この地名には次のような由来がある。

『日本書紀』によると、一二代景行《けいこう》天皇（天皇在位一三年説で三一一年即位）が筑紫巡行された折、青くけむるはるかな山脈を望んでこうお尋ねになった。

「あの山の峰は幾重にも重なってまことに美しい。きっと神がおられるのではないか」

この地を治めていた水沼県主猿大海《みずぬまのあがたぬしさるおおみ》が答えて曰く、

「女神がおられます。名を八女津媛《やめつひめ》といい、常に山中においでです」

ここから八女《やめ》の国《くに》となったのである。

⑨邪馬壹国《やまいちこく》（壹国）

　　南、邪馬壹国に至る、女王の都する所、水行十日・陸行一月。……七万余戸ばかり。

福岡県みやま市および大牟田《おおむた》市である。規模も七万余戸を十分に収容可能である。間違いなく女王日御子（卑弥呼）の都である。

福岡県地図を開いて、肥前国一ノ宮千栗八幡宮から、筑後川《ちくごがわ》沿いに、南へ水行一〇日の後、陸行一月で、みやま市女山《ぞやま》や大牟田市甘木山《あまぎやま》である。

以上九国の位置は、史書の記述と方向・距離・人口・道程ともぴたりと符合するのである。それにしても、梯儁という男はなかなかの文才である。また『三国志』は、次のようにも述べている。

女王国より以北、その戸数道里は得て略載《りゃくさい》すべきも、その余の傍国《ぼうこく》は遠絶にして得て、詳《つまび》らかにすべからず。

壹国《いちこく》以外の八国は、いずれも壹国《いちこく》のあるみやま市・大牟田市より北にある。この記述とも符合している。「その余の傍国」とは、残す二一国である。

また、一大率の案内人は、魏の使者梯儁を、女王日御子（卑弥呼）に会わせたくなかったのではないかと思われる節がある。

伊都国から船で有明海を南下すれば、半日か一日で壹国《いちこく》に至るのに、わざと東に回り、「水行十日・陸行一月」などと、いかにも遠くにあるかのように答えたのだ。有明海は海人族の縄張りである。なぜ海路を使おうとしなかったのか不思議である。

政治的思惑であろうか。ひょっとしたら日御子（卑弥呼）は年己《ねんき》に長大であり（九〇歳ぐらいの老婆）、三〇国の女王として使者に紹介するには、風体《ふうてい》に問題があったのかもしれない。それとも最高権威者は、使いの者などとそうやすやすと面会しないということか。

『三国志』では日御子（卑弥呼）について、次のように記している。

王となりしより以来、見るある者少なく、婢千人を以って自ら侍《はべら》せしむ。ただ男子一人あり、飲食を給《きゅう》し、辞《じ》を伝え、居処に出入りす。宮室《きゅうしつ》・楼観《ろうかん》・城柵《じょうさく》、厳《おごそ》かに設け、常に人あり、兵を持して守衛す。

巫女の館であり、それほど豪華絢爛《ごうかけんらん》とはいえない。日御子（卑弥呼）の館は、甘木山《あまぎやま》の北方みやま市の女山《ぞやま》である。女山も、女が多いから女山という。また女王山ともいうらしい。日御子（卑弥呼）の死後、女王は二代目壹與《いちよ》に引き継がれた。壹與も日御子（卑弥呼）同様、婢千人をもっていたのであろうか。

二一国の位置を比定する

では、『三国志』にいうその他の二一国の位置を調べてみよう。壹国《いちこく》はみやま市・大牟田市である。その南側は熊本県で敵国である。『三国志』では球国《くこく》（狗奴国）であるが、『後漢書』では臺国《たいこく》であり、『隋書』では俀国《たいこく》である。

もともと男王の国であり、日御子（卑弥呼）とは仲が悪く、日御子（卑弥呼）は球国（狗奴国）戦争で敗北を喫している。『三国志』には、次のようにある。

その南に狗奴国《くどこく》あり、男子を王となす。その官に狗古智卑狗《くくちひこ》があり。女王に属せず。

ゆえに一大国連合の領土は、南側の球国（狗奴国）を除く、北側の筑紫平野、福岡平野および博多湾岸であり、井国（委奴国）連合の領域を含むものである。

「次に斯馬国《しまこく》あり」で始まる斯馬国は、志摩半島（糸島半島）の志摩国と同じで、佐賀県鹿島市《かしまし》であろう。鹿島《かしま》→鹿島《しかしま》で、鹿は海人原《あまばる》の代名詞である。

筑後の国一ノ宮高良《こうら》大社（福岡県久留米市）の宝物殿で、王と海人族のやりとりの場面を描いた掛軸《かけじく》を見せてもらったことがある。海人族の男は亀に乗って遅れて現れるのだが、その顔はフンドシのようなベールで覆われている。牡蠣《かき》や鮑《あわび》などがくっついて醜《みにく》いので、布で隠しているのだという。王は船を出すよう懇願している。周りには妖怪のような渡来の軍兵がいる。おそらく朝鮮半島出兵時か、はたまた迎え撃つ準備をしているのか、いずれにしても戦時の、王と海人族の力関係がよく表れている。

佐賀県立博物館の解説書によると、当時この高良大社のあたりは、有明海の海岸線であったという。この頃から有明海は海人族の縄張りであり、佐賀県の鹿島市も海人原《あまばる》だったのだ。

神社や遺跡は、そこに国邑があったことを示している。遺跡はその時代を映すものであるが、神社は必ずしもそうではない。時の権力者により神様が変わることもある。

二一国に当てはまりそうな神社や遺跡は、次のようではなかったかと思う。律令時代の郡《こうり》が、国邑であることを念頭にいれる必要がある。井国（委奴国）連合の範疇《はんちゅう》については、天岩屋戸事件や天孫降臨の神々の国を取り入れた。

⑩佐賀県鹿島《かしま》市＝祐徳《ゆうとく》稲荷神社。
⑪佐賀県武雄《たけお》市＝武雄《たけお》神社。
⑫佐賀県伊万里《いまり》市＝淀姫《よどひめ》神社・黒曜石の腰岳がある。
⑬長崎県松浦《まつうら》市＝今福《いまふく》遺跡。
⑭佐賀県鳥栖《とす》市＝田代太田《たしろおおた》古墳。
⑮福岡県久留米《くるめ》市＝筑後の国一ノ宮高良《こうら》大社。
⑯福岡県朝倉《あさくら》市＝平塚川添《ひらつかがわぞえ》遺跡。
⑰福岡県筑紫野《つくしの》市＝筑紫《つくし》神社。
⑱福岡県太宰府《だざいふ》市＝太宰府《だざいふ》天満宮。
⑲福岡県春日《かすが》市＝春日《かすが》神社・須玖岡本《すくおかもと》遺跡。天児屋命《あめのこやねのみこと》の国である。
⑳福岡県糟屋郡《かすやぐん》宇美町《うみまち》＝宇美《うみ》八幡宮。神功《じんぐう》皇后が応神《おうじん》天皇を生んだ国である。
㉑福岡県糟屋郡《かすやぐん》粕屋町《かすやまち》＝江辻《えつじ》遺跡。隋書にいう秦王国《しんおうこく》である。
㉒福岡県博多区＝板付《いたづけ》遺跡。
㉓福岡県糸島《いとしま》市前原《まえばる》＝平原《ひらばる》遺跡・三雲伊原《みくもいはら》遺跡。後漢書にいう倭奴国《わどこく》である。

㉔福岡県糸島《いとしま》市志摩《しま》＝與止妃《よどひめ》大明神（桜井神社）。

㉕福岡市西区＝野方《のかた》遺跡。

㉖福岡市博多区＝住吉《すみよし》神社。

㉗福岡市東区＝香椎宮《かしいぐう》。

㉘福岡県福津《ふくつ》市＝宮地嶽《みやじだけ》神社。

㉙福岡県宗像《むなかた》市＝宗像《むなかた》神社。

㉚福岡県北九州市門司＝和布刈《めかり》神社。祭神比賣大神。

大雑把《おおざっぱ》ではあるがこんなところではないだろうか。それほどはずれてもいないはずである。

このほか有望な候補として次のような神社があるが、それぞれの理由により連合国からはずした。

◉長門国一ノ宮住吉《すみよし》神社（山口県下関市）

祭神住吉三神

『日本書紀』によると、神功皇后の三韓征伐後に奉祀されたものである。

◉周防の国一ノ宮玉祖《たまのおや》神社（山口県防府市）

祭神玉祖命《たまのおやの》

社伝によると、玉祖命が、この地で亡くなったので社殿を造営して祭ったものであるという。

玉祖命は『日本書紀』の天の岩屋戸事件では、八尺瓊勾玉《やさかにのまがたま》を作った神であり、天孫降臨の五伴緒《いつとものお》の一人でもある。

◉豊浦《とゆら》の津（山口県下関市豊浦町）

大八島の国生みの両児島《ふたごのしま》である。『日本書紀』垂仁《すいにん》天皇の項に記述のある、穴門の王伊都都比古《いっつひこ》の国である。のちに仲哀天皇と神功皇后の国となる。

これらのことから長門の国は、一大国連合に属さない国であるといえる。連合国の境は、間違いなく関門海峡の西側である。

また、次のようにも言っている。

女王国より以北、その戸数道里は得て略載《りゃくさい》すべきも、その余の傍国《ぼうこく》は遠絶《えんぜつ》にして得て、詳《つまびら》かにすべからず。……また裸国《らこく》・黒歯国《こくしこく》あり、またその東南にあり。船行《せんこう》一年にして至るべし。

この二一国は遠絶の距離にあるというのだ。実際に歩いたのではなく、参問の距離だからである。まして畿内の裸国・黒歯国となれば、船行一年《せんこういちねん》の超遠絶の距離といえるのである。

国名と位置を特定するのは難しい作業である。頼りは、地元の伝説と今後の考古学による新たな遺跡の発掘である。それによって、眠っていた王たちが雄々しくよみがえるかもしれない。

実際に神社や遺跡を巡ると、その大きさと悠久の歴史に畏怖《いふ》の念《ねん》を抱かずにはいられない。国と王の確かな存在を感じるのである。

『後漢書』倭伝を解く

邪馬臺国に居る大倭王が登場

『後漢書《ごかんじょ》』とは、中国「後漢朝」の時代について書かれた歴史書である。後漢滅亡から二〇〇年以上経った四三二年に成立。編者は范曄《はんよう》（三九八～四四五年）である。

後漢については、『八家後漢書《はっけごかんじょ》』といわれるほど、多くの史家が著しているそうだが、残念ながら現存していない。范曄はこれらの書物を参考にして『後漢書』を著したものであろう。

漢王朝は次の三つの時代に分けられる。

前漢《ぜんかん》時代＝紀元前二〇六～紀元八年までの二一四年間の王朝。秦王朝《しんおうちょう》（秦の始皇帝）滅亡後、劉邦《りゅうほう》によって建国。長安《ちょうあん》を都とした。

新《しん》時代＝紀元八～二三年までの一五年間の王朝。重臣王莽《じゅうしんおうもう》が帝位を簒奪《さんだつ》したが、現実から遊離した政策であっけなく崩壊。

後漢《ごかん》時代＝紀元二五〜紀元二二〇年までの一九五年間の王朝。劉秀《りゅうしゅう》（光武帝）が再興。洛陽《らくよう》を都とした。

五つの大きな事柄を除いて、気候や地理的条件、風俗についての記述は『三国志』とほぼ同じである。

だが、拘奴国《くどこく》、朱儒国《しゅじゅこく》の道順については相違がある。

『後漢書』倭伝

倭《わ》は韓《かん》の東南、大海の中にあり、山島《さんとう》に依《よ》りて居《きょ》をなす。凡《およ》そ百余国あり。武帝《ぶてい》（前漢第七代皇帝・在位前一四一年〜前八七年）、朝鮮を滅ぼしてより、使駅《しえき》の漢に通じるもの三十許国《きょこく》なり（三十国ばかり）。

国、みな王を称し、世々統《せぜとう》を伝う。その大倭王《だいわおう》は邪馬臺国《やまたいこく》に居る。

楽浪郡《らくろうぐん》の境は、その国を去ること一万二千里、その西北界の拘邪韓国《くやかんこく》（加羅国）を去ること七千余里。その地、おおむね会稽《かいけい》の東冶《とうや》の東《ひがし》にあり、朱崖《しゅがい》・儋耳《たんじ》と相近《あいちか》し。故にその法俗多《ほうぞくおお》く同《おな》じ。

土《くに》（国土）は禾稲《いね》・麻紵《あさ》・蚕桑《くわ》に宜《よろ》しく、織績《しょくせき》（つむぎを織る）を知り、絹布《けんぷ》をつくる。白珠・青玉を出し、その山には丹《たん》あり。

土気《どき》（国の気温）温暖で、冬夏菜茹《さいじょ》（野菜）を生じ、牛《うし》・馬《うま》・虎《とら》・豹《ひょう》・羊《ひつじ》・鵲《かささぎ》はなし。

その兵には矛《ほこ》・楯《たて》・木弓《きゆみ》・竹矢《たけや》あり、あるいは骨をもって鏃《やじり》をつくる。

男子はみな黥面文身《げいめんぶんしん》（入れ墨）す、その文《ぶん》の左右大小を以《も》って、尊卑《そんぴ》の差を別《わか》つ。男衣はみな横幅、結束して相連《あいつら》ぬ。

女人は被髪屈紒《ひはつくつけい》（束髪《そくはつ》のたぐい）、衣は単被《たんぴ》の如く、頭を貫きてこれを着る（貫頭衣《かんとうい》）。ならびに丹朱《にしゅ》をもって身を扮する（化粧する）こと、中国の粉《こな》を用いるが如きなり。

城柵《じょうさく》・屋室《おくしつ》あり。父母兄弟は処（寝室）を異にする。ただ会同には男女の別なし。飲食は手をもってし（手づかみ）、へんとう（高坏《たかつき》）を用いる。俗は皆徒跣《みなとせん》（素足）。蹲踞《そんきょ》（膝を立てて腰をおろす）をもって恭敬《きょうけい》をなす。

人は性《せい》、酒《さけ》を嗜《たしな》む。多くは寿考《じゅこう》（長生き）、百余歳にいたる者ははなはだ多し。国には女子多く、大人はみな四、五妻あり、その余もあるいは両《りょう》（二妻）、あるいは三《さん》（三妻）。女人淫せず、嫉妬せず、また俗、盗窃《とうせつ》せず、争訴《そうそ》少し。法を犯す者はその妻子を没し、重き者はその門族を滅す。

その死には、停喪《ていも》（喪に服す）すること十余日、家人哭泣《こくきゅう》し、酒食を進めず。そして等類《とうるい》（親類・縁者）就《つ》いて歌舞し楽《がく》をなす。

骨を灼《や》いて卜《ぼく》し、もって吉凶を決す。行来《こうらい》・渡海《とかい》には、一人をして櫛沐《しつもく》（髪をきったり入浴）せず、肉を食わず、婦人を近づけざらしめ、名づけて持衰《じさい》という。もし塗《みち》（道中）にありて吉利ならば、すなわち雇《こ》する（与える）に財物をもってし、もし病疾害に遭わば、以って持衰《じさい》を謹まずとなし、すなわち共にこれを殺す。

建武中元二年《けんむちゅうげん》（五七年）、倭奴国奉貢朝賀《わどこくほうこうちょうが》す。使人《しじん》自《みずか》ら大夫《たゆう》と称《しょう》す。倭国の南界《なんかい》の極《きわ》みなり。

光武《こうぶ》、賜《たま》うに印綬を以《も》ってす。

安帝《あんてい》の永初元年《えいしょがんねん》（一〇七年）、倭国王帥升等《すいしょうとう》（ここは私見において、倭国王の使い太夫帥升等《たゆうすいしょうら》、と訳す）、生口《せいこう》百六十人を献じ、請見を願う。

桓《かん》・霊《れい》の間《あいだ》、倭国大《わこくおお》いに乱《みだ》れ、こもごも相攻《あいこう》伐《ばつ》し、歴年主《れきねんしゅ》なし（倭国大乱）。

一女子あり、名を卑弥呼《ひみこ》という。年長じて嫁《か》せず（嫁にゆかず）、鬼神の道につかえ、よく妖《よう》をもって衆《しゅう》を惑《まど》わす。ここにおいて、共に立てて王となす。侍婢千人《じひせんにん》。見るある者少なし。ただ男子一人あり、飲食を給し、辞語を伝え、居《きょ》処《しょ》・宮室《きゅうしつ》・楼観《ろうかん》・城柵《じょうさく》、みな兵を持して守衛し、法俗厳峻《ほうぞくげんしゅん》なり。

女王国より東、海を渡ること千余里、拘奴国《くどこく》に至る。みな倭種なりといえど女王国に属せず。

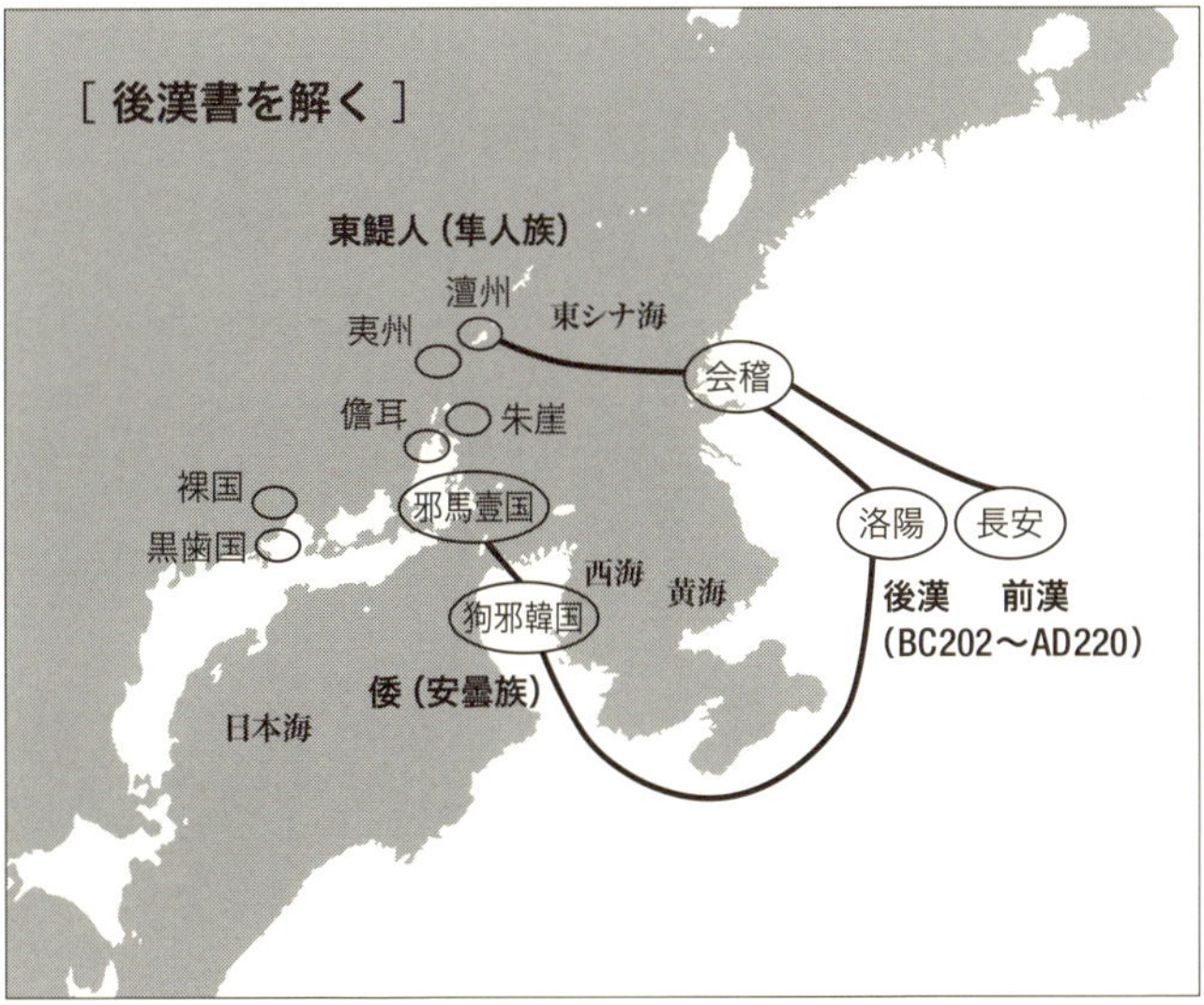

女王国より南、四千余里、朱儒国《しゅじゅこく》（小人国《こびとのくに》）に至る。人の身長は三、四尺。朱儒国から東南、船でゆくこと一年、裸国《らこく》・黒歯国《こくしこく》に至る。使駅の伝える所、ここに極まる。会稽《かいけい》の海外に、東鯷人《とうていじん》あり、分かれて二十余国となる。また、夷州《いしゅう》および澶州《せんしゅう》あり。伝え言う、「秦《しん》の始皇帝《しこうてい》、方士徐福《ほうしじょふく》を遣わし、童男女《どうなんにょ》数千人を将《ひき》いて海に入り、蓬莱《ほうらい》の神仙《しんせん》を求めしむれども得ず。徐福《じょふく》、誅《ちゅう》を畏《おそ》れ敢《あ》えて還《かえ》らず、ついにこの州に止まる」と。世々《せぜ》相承《あいう》け、数万家あり。人民時《じんみんとき》に会稽に至《いた》りて市《いち》す。会稽の東冶《とうや》の県人《けんじん》、海に入りて行き、風に遭《あ》いて流移し、澶州《せんしゅう》に至《いた》る者《もの》あり。所在絶遠《しょざいぜつえん》にして往来《おうらい》すべからず。

邪馬臺国は意外な場所にあった

『後漢書』で注目すべきは、次の五つの記述である。

◉国、みな王を称し、世々統《せぜとう》を伝う。その大倭王《だいわおう》は邪馬臺国《やまたいこく》に居る。（邪馬臺国）
◉建武中元《けんむちゅうげん》二年（五七年）、倭奴国奉貢朝賀《わどこくほうこうちょうが》す、光武《こうぶ》賜《たま》うに印綬を以《も》ってす。（漢委奴国王）
◉会稽《かいけい》の海外《かいがい》に、東鯷人《とうていじん》あり、分かれて二十余国と為る。（東鯷人の国）

◉桓《かん》・霊《れい》の間《あいだ》、倭国大《わこくおお》いに乱《みだ》れ、相攻伐《あいこうばつ》し、歴年主《れきねんしゅ》なし。（倭国大乱）
◉秦《しん》の始皇帝《しこうてい》が方士徐福《ほうしじょふく》を遣わし、童男女数千人を率いて海に入り、……ついにこの州に止まる。（徐福の渡来）

『後漢書』では、「その大倭王は邪馬臺国に居る」と明記されており、邪馬臺国は「大倭王」の国となっている。しかるに、古代史説では、江戸時代より女王日御子（卑弥呼）の都する国が、邪馬臺国とされてきた。女王日御子（卑弥呼）と大倭王は別人であるのに、学説は同人だと決めつけたのである。では、大倭王とその都する臺国《たいこく》の謎解きにかかろう。

『三国志』には、次のような文言がある。

その南に狗奴国《くどこく》あり、男子を王となす。その官に狗古智卑狗《くくちひこ》があり。女王に属せず。

壹国《いちこく》（みやま市・大牟田市）の南に球国《くこく》（狗奴国）があるという。この球国（狗奴国）はどこにあるのだろうか。球国（狗奴国）は、大倭王の支配する臺国《たいこく》連合七十余国の一つである。後に、一大国連合三〇国を支配して、「凡《およ》そ百余国あり」となる。

ここでは、結論を先に申し上げよう。

球国《くこく》（狗奴国）は、熊本県山鹿《やまが》市菊鹿町米原にある「鞠智城《きくちじょう》」である。

臺国《たいこく》の都は、熊本市城南町《じょうなんまち》に残る塚原《つかはら》古墳群を王墓とする所である。のちに『隋書《ずいしょ》』にいう俀国《たいこく》の都邪靡堆《やまたい》である。

少しは驚いていただけたであろうか。なんと古代史のロマンといわれたヤマタイコクは、熊本県にあったのだ。多くの歴史学者が、また歴史研究家が、予想だにしなかった場所である。この論拠については、後述の『隋書』の項で明らかにする。『隋書』にはこの道のりが詳しく記されている。

臺国《たいこく》連合百余国の勢力範囲は、首長国の臺国《たいこく》（熊本市）のほか、球国（狗奴国・山鹿市）、阿国《あぐに》（阿蘇市）、球磨国《くまこく》（人吉市）などをも含み、熊本県、福岡県、佐賀県全域に及んでいる。ゆえに『後漢書』には「大倭王」とある。大倭《だいわ》はこの時代に使われていたのである。壹国《いちこく》の「倭《わ》」に対し、臺国《たいこく》は「大倭《だいわ》」としたのだ。のちに飛鳥の国は、倭＝和と改め、大和《だいわ》＝ヤマトとしたのである。

臺国《たいこく》は、三世紀に壹国《いちこく》を倒して台頭するが、四世紀初め、「仲哀《ちゅうあい》・神功《じんぐう》西征」により、北部九州を奪還され、五世紀に吉備族の倭の五王が興るといったん影をひそめる。だが、六世紀初めには俀国《たいこく》となり、再び北九州・中九州全域を治める大王国となったのである。

『史書』にあるように、井国（委奴国）の時代から倭国の諸国の王は、競うようにして中国に朝貢していた。中国の南北朝《なんぼくちょう》時代（四三九～五八九年）の北朝について書かれた歴史書、『北史《ほくし》』倭国伝には次の記述がある。

正始中《せいしちゅう》（二四〇～二四九年）卑弥呼《ひみこ》が死に、改めて男王を立てたが、国中服さず、ますます相《あい》誅殺《ちゅうさつ》したので、再び卑弥呼の宗女「臺與《たいよ》」（壹與《いちよ》のこと）をたてて王とした。その後再び男王が立ち、それぞれに中国から爵位を拝命した。晋《しん》・宋《そう》・斉《せい》・梁《りょう》を経て朝貢は絶えなかった。

このことからわかるように、壹與のあと「晋《しん》」（二六五～四二〇年）に、倭国の男王が朝貢していたのである。壹與のあと、再び立ったという男王が臺国《たいこく》の王なのである。彼は「西晋《せいしん》」に朝貢した。このとき『後漢書』が生まれたのである。『後漢書』の編者は東晋《とうしん》の范曄《はんよう》（三九八～四四五年）であり、成立は四三二年である。

また『梁書《りょうしょ》』には次の記述がある。

晋《しん》の安帝《あんてい》の時、倭王、賛《さん》あり、賛、死して弟、彌《み》立つ（宋書では珍立つ）……。

『梁書』とは、六二九年に成立した、南朝梁（五〇二～五五七年）の歴史を記した中国の史書である。安帝とは、東晋の第一〇代皇帝である。在位期間は三九六～四一八年である。倭の五王の「賛」は東晋の末期には同国に朝貢していたのである。次の宋（四二〇～四七九年）の時代には、倭の五王が隆盛を極め、朝貢を続けた時代である。斉・梁の時代に朝貢した王は、誰なのか判然としないがそれぞれに中国から爵位を拝命し、絶えず朝貢していたのである。

また、『日本書紀』には次の記述がある。

神功《じんぐう》六十六年（二六六年）、この年は晋の武帝《ぶてい》の泰初《たいしょ》二年である。晋の国の天子の言行などを記した『起居注《ききょちゅう》』に、武帝の泰初二年十月、倭の女王が何度も通訳を重ねて、貢献した。

これらのことから、二六六年に武帝に貢献した倭の女王は、『三国志』にいう壹與と推定できる。この後の壹與の消息は不明である。

壹與は、何度も通訳を重ねて貢献した、だが武帝には謁見《えっけん》できなかったのではないか。晋王朝に朝貢したのは、臺国《たいこく》の王だったからである。

日御子（卑弥呼）を倒した球国（狗奴国）が、再び壹與をも滅ぼしたのである。その時期は定かではないが、『北史』に残る二六六年頃である。

というのは、『日本書紀』によると、一二代景行天皇（天皇在位一三年説で三一一年即位）の三一一年の筑紫巡行の折、投馬国の女王八女津媛《やめつひめ》が登場するからである。八女津媛の登場は、壹国《いちこく》から投馬国に首長国が移行したことを表しているので、この間に壹国《いちこく》は滅びたのである。また、臺国《たいこく》は西晋（二六五～三一六年）、東晋（三一七～四二〇年）に朝貢している。ゆえに壹国《いちこく》が滅びたのは二六六年頃と考えられる。

范曄《はんよう》は、『三国志』を模写したのではなく、明らかに臺国《たいこく》の使者の存在を知って、次のように『後漢書』倭伝に記したのだ。この記述は、彼が生きた東晋時代の様子を表しているのである。

国、みな王を称し、世々統を伝う。その大倭王《だいわおう》は邪馬臺国《やまたいこく》に居る。その地、おおむね会稽《かいけい》の東《とう》冶《や》の東《ひがし》にあり、朱崖《しゅがい》・儋耳《たんじ》と相近《あいちか》し。故にその法俗多《ほうぞくおお》く同《おな》じ。

そして過去の出来事として、光武帝の建武《けんむ》中元二（五七）年の井国（委奴国）の奉貢朝賀、安帝《あんてい》の永初元（一〇七）年の倭国王の使い太夫帥升等《すいしょうら》の請見、倭国大乱《わこくたいらん》、女王日御子（卑弥呼）の存在、東鯷人《とうていじん》の国の存在などを記しているのである。

風俗的、地理的な記述が、『三国志』と『後漢書』が似ているのは、壹国《いちこく》も臺国《たいこく》も西九州にあったので当然のことである。これを模写した証と解釈するのは早計である。

また文中の「倭国王帥升等《わこくおうすいしょうとう》」の解釈については諸説あり、結論を見ていないが、これについても解明しよう。

安帝《あんてい》の永初元年《えいしょがんねん》（一〇七年）、倭国王帥升等が、生口《せいこう》百六十人を献じ、請見を願う。（本文）

安帝の永初元年（一〇七年）、倭国王の使い太夫《たゆう》帥升等が生口百六十人を献じ、請見を願う。（私見）

学説では、帥升とは国王の名であるとされている。その名は帥升等《すいしょうとう》であるともいわれる。また帥升《すいしょう》等《ら》と読んで、国王の一行であるとも訳されている。しかし、国王自ら朝貢するわけはないので、これは明らかに間違いである。

建武《けんむ》中元《ちゅうげん》二年（五七年）、倭奴国《わどこく》奉貢《ほうこう》朝賀《ちょうが》す。使人《しじん》自《みずか》ら大夫《たゆう》と称《しょう》す。

このように、前文に「使人自ら大夫と称す」とあるところから、ここは私見が正解であろう。古代史とは読解力の問題である。また次の文の解釈も同様である。

倭国の極《きわ》み南界《なんかい》なり。光武《こうぶ》、賜《たま》うに印綬を以《も》ってす。（古田武彦説）

倭国の南界の極みなり。光武、賜うに印綬を以ってす。（私見）

これは、井国（委奴国）は倭国の南の端であるという意味である。

地図に示すとおり、福岡県糸島市は、当時の認識では朝鮮半島南部から対馬・壱岐にかかる倭国の南端である。世界地図を、中国側から日本を見るとよくわかる。

また、学説では壹国《いちこく》の二代目女王壹與《いちよ》を臺與《たいよ》と呼んでいる。『魏志倭人伝』（石原道博編訳　岩波文庫）でも、『梁書』『北史』に臺與《たいよ》とあるところから、壹與《いちよ》は臺與《たいよ》の誤記であるとされている。ここでも壹臺《いちたい》論争が起きている。なぜか、この手の論争が多い古代史説である。

私は、『三国志』にあるとおり壹與《いちよ》が正解と考える。「壹《いち》」は壹国《いちこく》の壹であり「與《よ》」は與止日女《よどひめ》の與である。壹国《いちこく》の大日靈貴《おおひるめのむち》ということである。

余談ではあるが、レンタカーで福岡県大牟田市の甘木山から熊本方面へ向かおうとしたとき、地元の方にこう言われたことがある。

「福岡ナンバーで、熊本へ行くのは気をつけたほうがいいよ、なにかと危ないですよ」

両県の皆さんには申しわけないが、今でも「壹臺《いちたい》戦争」の名残りがあるのかと驚き入った次第である。

漢の委の奴の国王などいなかった

印綬を賜ったのは井国（委奴国）の王

エジプトのピラミッドも、かつては、何十万という奴隷の血と汗によって築かれた王の墓であると信じられていた。しかし、その定説はすでにおとぎ話となっている。日本においても、そろそろおとぎ話にしてもいいのではないかと思う定説がある。それが、カンノ・ワノ・ナノ・コクオウである。

『後漢書』によると、

建《けん》武《む》中《ちゅう》元《げん》二年（五七年）、倭《わ》奴《ど》国《こく》奉《ほう》貢《こう》朝《ちょう》賀《が》す。使《し》人《じん》自《みずか》ら大《た》夫《ゆう》と称《しょう》す。倭国の南界《なんかい》の極《きわ》みなり。光《こう》武《ぶ》、賜《たま》うに印綬を以《も》ってす。

この印綬が、教科書にも登場する「漢委奴国王」と刻まれていた有名な金印である。

学説では、三宅米吉説により、漢の委の奴の国王＝カンノ・ワノ・ナノ・コクオウと読む。現在も教科書にはそう記されている。中学時代に、この読み方に疑問をもったことが、私が古代史の世界に足を踏み入れるきっかけになったのである。

「なぜ、カンノ・ワノ・ナノ・コクオウなのか。カンノ・イドコクオウではないのか？」

あれから五十年あまりの時が流れた今、確信をもって言いたい、カンノ・ワノ・ナノ・コクオウは存在しなかったのである。

正しくは漢委奴国王《かんのいどこくおう》＝漢委国王《かんのいこくおう》＝漢井国王《かんのいこくおう》だったのだ。

『後漢書』には「倭奴国《わどこく》」となっているのに、もらった金印は「委奴国《いどこく》」となっている。ここがポイントである。後述するが、『隋書』では「俀奴国《たいどこく》」となっている。

では、カンノ・ワノ・ナノ・コクオウの謎解きにかかるとしよう。

安帝《あんてい》の永初元年《えいしょがんねん》（一〇七年）、倭国王帥升等《すいしょうとう》
（私見であるがここは、倭国王の使い太夫帥升等《たゆうすいしょうら》、と訳す）が、生口《せいこう》百六十人を献じ、請見を願う。

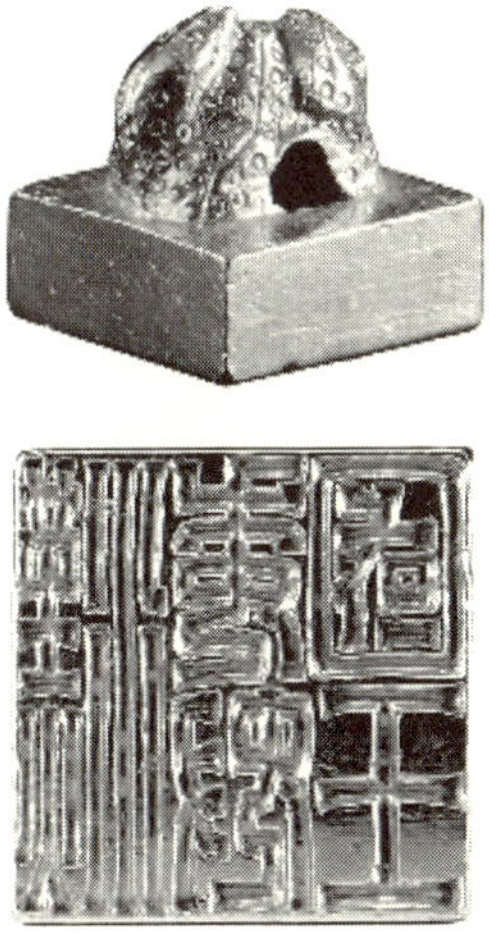

金印

金印を後漢の光武《こうぶ》帝より賜った年＝五七年。金印には委奴国《いどこく》とある。
倭国王の使い太夫帥升等《たゆうすいしょうら》の請見＝一〇七年。倭国王となっている。
范曄《はんよう》が『後漢書』を完成させた年＝四三二年。書には倭奴国《わどこく》となっている。
魏徴《ぎちょう》が『隋書』を完成させた年＝六三六年。書には俀奴国《たいどこく》となっている。

倭《わ》は韓《かん》の東南、大海の中にあり、山島《さんとう》に依《よ》りて居《きょ》をなす。凡《およ》そ百余国あり。武帝《ぶてい》（前漢第七代皇帝・在位前一四一年～前八七年）、朝鮮を滅ぼしてより、使駅《しえき》の漢に通じるもの三十許国《きょこく》なり（三十国ばかり）。……建武中元《けんむちゅうげん》二年（五七年）、倭奴国奉貢朝賀《わどこくほうこうちょうが》す。

このように范曄《はんよう》は、『後漢書』の冒頭で「倭《わ》」といっている。中華思想でいうと倭に住んでいる住人は「倭奴《わど》」である。倭奴の住む国は「倭奴国《わどこく》」である。
「凡《およ》そ百余国あり」とは、倭から臺国《たいこく》が朝貢した東晋（三一七～四二〇年）の時代のことである。また「使駅《しえき》の漢に通じるもの三十許国《きょこく》なり」とは、委奴国が倭奴国となり、倭国王の使い太夫帥升等《たゆうすいしょうら》が、朝貢した安帝の頃（一〇七年）の倭国の数である。范曄が生きた東晋の時代に朝貢してきたのが、大倭王の邪馬臺国《やまたいこく》＝臺国《たいこく》であるのは前述のとおりである。ゆえに文中に次のようにある。

　国、みな王を称し、世々統を伝う。その大倭王《だいわおう》は邪馬臺国《やまたいこく》に居る。

世々統を伝うのであるから、范曄の認識では、建武中元二《けんむちゅうげん》（五七）年に朝賀した国も同じ「倭《わ》」である。卑語をつければ倭奴国《わどこく》である。そして『後漢書』に倭奴国と記したのである。

また、『隋書』の冒頭は俀国《たいこく》となっているが、これも同様に考えられる。

　俀国《たいこく》は、百済《くだら》・新羅《しらぎ》の東南にあり。水陸三千里、大海の中において、山島によって居る。
　……漢の光武《こうぶ》のとき（五七年）、使を遣わして入朝し、自ら大夫《たゆう》と称す。
　安帝《あんてい》のとき（一〇七年）、また使を遣わして朝貢す、これを俀奴国《たいどこく》という。

『隋書』の編者魏徴《ぎちょう》（五八〇～六四三年）も、范曄と同じように、自分が生きた隋の時代に朝貢してきたのは俀国であるから、漢の光武帝のときや安帝のときに朝賀したのも、同じ俀国だと思い込んでいるのである。卑語をつければ俀奴国である。そして『隋書』に俀奴国と記したのである。

だが、あくまでも建武中元《けんむちゅうげん》二（五七）年に朝賀し、光武《こうぶ》帝より印綬を賜ったのは委奴国《いどこく》なのである。

だから、当然金印は委奴国となる。

『後漢書』の倭奴国も『隋書』の俀奴国も、金印のいう委奴国なのである。この謎が解けていたら、カンノ・ワノ・ナノ・コクオウは、誕生していなかったのである。

奴《ど》は卑語であるから卑語をはずすと委国（イコク）である。その文字のとおり素直に読めばよい。漢字辞典によると、奴は「ド・ヌ」であって「ナ」ではない。同じく、倭《わ》・委《い》・怡《い》はともに「イ」と発音する。さらに、倭《わ》は「ワ・イ」であるが、委《い》は「イ」であって「ワ」ではない。どうして考古学者は、漢字の読み方まで自己流なのだろうか。

北狄《ほくてき》の遊牧民を匈奴《きょうど》と呼ぶように、東夷《とうい》は倭奴《わど》である。中国は異民族を野蛮人として、西戎《せいじゅう》・東夷・北狄・南蛮《なんばん》と呼んだのである。

井国（委奴国）をきっぱり解明する

井国（委奴国）は、七世紀にヤマト王権のいう怡土国《いどこく》である。怡土国＝イトコクとも読めるが、伊都国《いとこく》ではない。もちろん三宅米吉説のいう委奴国＝ワノ・ナコクでもない。多くの歴史家が、『後漢書』にいう倭奴国《わどこく》＝怡土国《いどこく》＝伊都国《いとこく》としているが、前述のごとく伊都国は別国なのである。

では、井国（委奴国）の場所はどこか、それは「三雲井原遺跡《みくもいはらいせき》」（福岡県糸島市）である。

井原山から流れる、瑞梅寺川《ずいばいじがわ》が潤す井原平野《いはらへいや》の中にある。かつて、ここには天照大御神の宮殿があった。

井国（委奴国）連合の勢力範囲は、井原平野を中心として、糸島半島から博多湾、玄界灘さらに福岡平野の北部九州に及ぶ。当然、壱岐・対馬・加羅が含まれる。井国（委奴国）の時代は、百余国というからかなり小さな国々の集まりである。

私の敬愛する原田大六《はらだだいろく》氏は、著書『悲劇の金印』の中で次のような自説を展開している。

伊都国《いとこく》の中心部は、弥生時代以来現在の前原町《まえばる》三雲《みくも》付近であったが、そこを古くは「井《い》」といっていたらしい。現在小字名《こあざめい》に「井の川」というのがあり、三雲の北の集落を「井田《いだ》」、南の集落を「井原《いはら》」といい、井原山《いはらやま》という山もある。古代では「井《い》」は神聖視されたので、それが国名になることはありうる。

鋭い考察である。さらにこう述べている。

委《い》＝井《い》は同じ発音の「イ」である。ただし魏志倭人伝にはこの国を「伊都国」と記している。「伊《い》」は母音で、委《い》＝井《い》とは発音が異なるのである。

原田大六氏も疑問を感じているのである。しかし最終的には次のように結論付けている。

倭奴国《わどこく》＝委奴国《いどこく》＝伊都国《いとこく》という思い込みは間違いであり、「三宅米吉説」の倭奴国＝委奴国＝ワノナコク、と読むという決定に従うこととなった。

まことに残念である。先生のお見込みどおり「井国《いこく》」なのである。倭国《わこく》＝委国《いこく》＝井国《いこく》である。すなわち倭奴国《わどこく》＝委奴国《いどこく》＝井奴国《いどこく》なのである。

推察するに、三宅米吉氏は金印の委奴国ではなく、『後漢書』の倭奴国を正解とし、倭＝委＝ワと読み、倭は「凡《およ》そ百余国」であるから、その中の奴国《なこく》が漢に朝見したと解釈したのであろう。

原田大六氏も、伊都国《いとこく》＝怡土国《いどこく》であり、さらに、それは三雲井原遺跡《みくもいはらいせき》であるという二つの思い込みがあり、倭奴国＝委奴国を別国としたのである。

実際は倭奴国《わどこく》＝委奴国《いどこく》＝怡土国《いどこく》であり、伊都国《いとこく》が別国なのである。繰り返しになるが、倭奴国《わどこく》＝委奴国《いどこく》の奴は、「ド」であって卑語であり国名にはなりえない。歴史学とは読解力がものをいう学問だ。もしもここで、「井国《いこく》」が解明されていたらその後の日本の古代史は大きく変わっていたことであろう。重ねて残念に思う。

このあと本書では、委奴国＝委国＝井国であるから、井国（委奴国）として表記する。

現在、福岡県春日市岡本の「須玖岡本遺跡《すくおかもと》」が、奴国《なこく》に比定され奴国の丘《おか》歴史資料館があり、奴国の丘歴史公園として整備されている。だが、今後は名を改めざるを得ないだろう。奴国《なこく》は存在しないのであるから。ただし、須玖岡本遺跡が、井国（委奴国）連合から一大国連合に続く三〇国の一国であるのは間違いない。新しい国名をぜひ見つけてほしいものである。

井国（委奴国）は、日本の歴史上最初に現れた男王の国であり、西暦五〇～一三〇年頃まで七〇～八〇年続いたのである。

『三国志』に次の記録がある。

　その国、もとまた男子を以って王となし、住《とど》まること七、八十年。

しかし、井国（委奴国）王の記録は『記紀』にはない。これによって、井国（委奴国）王は天孫族とは無縁の王家であることがわかる。

私見であるが、この王は徐福の末裔であろう。井国（委奴国）の東南には金立山《きんりゅうざん》があり、徐福伝来地として有名である。すなわち、井国（委奴国）は「縄文後期に渡来したオーストロネシア語族」の国ということである。

この後、井国（委奴国）は、向かいの怡土志摩半島（糸島半島）の志摩の国の天照大御神と大綿津見神《おおわたつみのかみ》の支配下に入り、天孫族の国となった。すなわち「縄文晩期に渡来した別天津神」の国となったのである。これ以降の井国（委奴国）を、ここでは井国（怡土国《いどこく》）と表記する。

この井国（怡土国）の大日孁貴《おおひるめのむち》として君臨したのが、與止姫《よどひめ》大明神＝天照大御神である。第一章で述べた志摩の国の桜井神社である。

平原遺跡

原田大六氏によると、天照大御神は今、糸島市の「平原《ひらばる》遺跡《いせき》」に静かに眠っている。平原遺跡は、王都の西側の曽根丘陵の日向峠《ひなたとうげ》を望む丘の上にある。井国（怡土国）を取り巻く遺跡の数々は、男王の時代と天孫族の時代のものが混在しているようにも思える。

須佐之男命との戦いに敗れて、天照大御神が亡くなり井国（怡土国）が亡ぶと、倭国は長い大乱の時代を迎えるのである。

福岡県糸島市の伊都国《いとこく》歴史博物館は、伊都国ではなく井国（怡土国）であるから、今後は「委国《いこく》歴史博物館」または「井《い》国《こく》歴史博物館」と呼ぶべきであろう。

ここに展示されている、復元された平原遺跡の副葬品を見ると、銅鏡が粉々に割られている。鏡四〇面に相当するという。これは、須佐之男命の勝ち戦の昂ぶりを表しているのであろうか。それとも天照大御神への憎しみか。戦のあとで叩き割ったものであろう。鏡は天照大御神の命でもある。

column 16

千七百年の時を経て金印出土

建武中元《けんむちゅうげん》二（五七）年に光武帝《こうぶてい》より賜ったかの金印は、一七八四年、福岡県の志賀島《しかのしま》から出土した。『悲劇の金印』（原田大六著　學生社）によると、遺棄《いき》説、漂着《ひょうちゃく》説、紛失《ふんしつ》説、隠匿《いんとく》説などさまざまな説があるそうだ。また鋳潰《いつぶ》し説、偽物《ぎぶつ》説などもあり、受難の金印である。

だがこれらの説は皆、『記紀』や『三国志』、『後漢書』が解けていないゆえである。それらが明らかとなった今、金印の出土の経緯も推測できる。天照大御神が殺され、倭国大乱に陥ったとき、近親者の綿津見神《わたつみのかみ》（志賀海神社）の一族が印綬を守ったのである。おそらくは志摩の国の桜谷《さくらだに》神社（福岡県糸島市志摩船越桜谷、現在は若宮神社）で保管されていたのではないか。その後、時期を見てさりげなく返還されたのである。

同じく『悲劇の金印』によると、発見時の様子は次のようである。

「一七八四年志賀島の百姓甚兵衛《じんべえ》が私有地の水田の溝を補修していたところ、小石が積んであった。その下に、二人で持ち上げられるほどの石があり、その下から金印が出てきた」

出土したのは金印のみである。それも箱にも入っておらず裸のままである。一辺が二センチあまりの小さな立方形の金印を、よくぞ見落とさなかったものだ。今風に言うと「ヤラセ」に違いない。

現在、この金印は「福岡市博物館」で保管・展示されている。恥ずかしながら、ここを訪れて初めてその小ささを実感し、驚いた次第である。

ところで、二つ目の金印はどこに眠っているのだろうか。二三八年に魏の皇帝曹叡《そうえい》から、女王日御子（卑弥呼）が賜った「親魏倭王《しんぎわおう》」の金印である。壹国《いちこく》だろうか、一大国だろうか、伊都国だろうか、日御子（卑弥呼）の墓だろうか？

その他の男王が、それぞれの皇帝から賜った印綬も、記録ではざっと一〇個以上ある。使いの者の分も合わせると一〇〇個以上ある。王が賜ったものは、きっと王の墳墓の中であろう。だがそれらの墳墓は、天皇家の墳墓として立ち入り禁止である。

されど指定されていない墳墓がある。倭の五王の墓と日御子（卑弥呼）の墓である。日御子（卑弥呼）の墓には金印はないともいわれるが、掘ってみないとわからない。私が本書の最後で日御子（卑弥呼）の墓と比定した墓を、ぜひ発掘してほしいものである。それで古代史最大の謎は決着を見るのである。

日本に最新技術を伝え永住した徐福たち

『後漢書』にいう「徐福伝説《じょふくでんせつ》」は史実である。長らく伝説として語られていたが、三三年前、中国で徐福村が発見され、にわかに真実味を帯びてきた。

徐福は、中国の前漢時代（前二〇六～八年）の歴史家、司馬遷《しばせん》が著した『史記《しき》』に登場する方士《ほうし》である。方士とは、呪術師《じゅじゅつし》、祈禱師《きとうし》、薬剤師《やくざいし》、占星術師《せんせいじゅつし》などの方術士をいう。

『史記』によると、徐福は、秦の始皇帝に「東方の三山に長生不老（不老不死）の霊薬がある」と具申し、始皇帝の命を受けて、三〇〇〇人の童男童女（若い男女）と百工（多くの技術者）を従え、五穀の種を持って東方に船出した。その地で平原広沢（広い平野と湿地）を得て王となり、戻らなかったと記されている。徐福の渡来地として、日本各地に多くの伝承が残されている。

『後漢書』倭伝では次のように述べている。

> 秦《しん》の始皇帝《しこうてい》（前二二一～前二〇六）、方士除福《ほうしじょふく》を遣《つか》わし、童男女数千人《どうなんにょすうせんにん》を将《ひき》いて海に入り、蓬萊《ほうらい》の神仙《しんせん》を求めしむれども得ず、徐福、誅《ちゅう》を畏《おそ》れて敢《あ》えて還《かえ》らず、この洲《しま》に止まる。

徐福が止まったこの洲こそ、朱崖《しゅがい》（薩摩国）、儋耳《たんじ》（大隅国）、夷洲《いしゅう》（種子島）、澶洲《せんしゅう》（屋久島）の鹿児島である。これについては後述する。

秦の始皇帝は、蓬萊《ほうらい》・方丈《ほうじょう》・瀛洲《えいしゅう》の三神山に、不老不死の薬を求め徐福を送り出したのである。出港地は諸説あるが、中国浙江省寧波市《せっこうしょうにんぽうし》で、『後漢書』にいう会稽《かいけい》の東冶《とうや》である。

徐福一行は、黒潮と対馬海流に乗って日本にやってきたのである。一艇に百人乗れば三〇艇、五〇人乗れば六〇艇からなる大船団である。到着というより、漂着といったほうが正しいのかもしれない。それも全員が無事上陸できたかどうかはわからない。あちらこちらの港に漂着し、その後不老不死の薬を探して日本国中を彷徨《さまよ》ったのであろう。よって、日本各地に残る徐福渡来伝説はすべて事実であろうと考える。徐福は何人もいたのである。漂着した船のリーダーたちが皆徐福を名乗ったからである。

一行は、薬術はもちろん、土木技術、製紙技術、農耕技術、造船技術などに長けた技術集団である。一説には五穀の種も持ち込んだといわれている。産業を興し、村人の信頼を得て、永住してしまったのである。

『史記』によると、徐福は日本で「徐福得平原廣澤、止王不来」（徐福は平原広沢を得て王となり帰らず）とあるところから、「平原広沢《へいげんこうたく》の王《おう》」になったという。

通説では、平原広沢の王とは広い平野と湿地を手に入れた王の意とされているが、そうではなかろう。そのままではないか。広沢《こうたく》とは、人々に恵みや潤いをもたらすことである。また平原《へいげん》とは、地名・国名であり、井国（委奴国）（福岡県糸島市）の現在の平原《ひらばる》なのである。平原で恵みや潤いをもたらすという徳を積み、人民の尊敬を得て平原光沢王といわれるようになった。そしてその洲《しま》に止まり還らなかった。そう訳すべきではないか。彼が井国（委奴国）王なのである。

私見であるが、間違いなくこの井国（委奴国）の王は、秦《しん》からやってきた「徐福の末裔《すえ》」だったのである。除福の渡来から井国（委奴国）の後漢への朝貢まで、およそ二五〇年が経っている。徐福の末裔だったからこそ、中国の事情に明るかったのである。

周《しゅう》王朝に朝貢した東鯷人《とうていじん》の隼人族も、呉《ご》の「太伯《たいはく》の末裔《すえ》」といわれている。二人の中国系リーダーによって、日本の発展の基礎が築かれたのである。

井国（委奴国）には、天照大御神の眠る平原遺跡《ひらばる》＝平原遺跡《へいげん》がある。この後、井国（委奴国）は天照大御神へと受け継がれたのである。

徐福ゆかりの地としては、鹿児島県いちき串木野市《くしきの》、和歌山県新宮市《しんぐう》、三重県熊野市《くまの》、山梨県富士吉田市《ふじよしだ》、佐賀県佐賀市《さが》、京都府与謝郡伊根町《よさぐんいねちょう》などが有名である。いくつかある徐福公園の徐福像の顔が違うのも、複数の徐福がいたことを物語っている。

徐福はまた徐市《じょいち》ともいう。鹿児島県いちき串木野市は、串木野市と市来町《いちきちょう》が合併してできた市だが、市来町は「市《いち》が来《き》た町」すなわち「徐福が来た町」という意味だ。その町名の由来を裏付けるように、同市の展望公園には大除福像が立っている。遠い目をして何を見つめているのだろうか。

大徐福像の左側に見える冠嶽《かんむりだけ》は、徐福が冠を奉納した場所であるという。京都府与謝郡伊根町沖の冠島《かんむりじま》も同様であろうか。冠嶽にある冠嶽神社の祭神は櫛御気野命《くしみけぬのみこと》という。須佐之男命《すさのおのみこと》の別名であり、

大徐福像

櫛御気野《くしみけぬ》＝串木野《くしきの》の地名の由来であるという。この神社の隣には、「冠嶽園《かんがくえん》」という徐福の伝承を顕現《けんげん》する中国風庭園がある。また佐賀市の金立山《きんりゅうざん》には、徐福が発見したフロフキの薬草が自生しているという。金立《きんりゅう》神社（佐賀県佐賀市金立町）にはやはり徐福が祭られている。

徐福は各地で必ずその地の国王に取り入っている。徐福伝来地と天津神の国邑はなぜか重なっている。

鹿児島県いちき串木野市＝須佐之男命、和歌山県新宮市＝天香具山命《あまのかごやまのみこと》、佐賀県佐賀市＝天忍穂耳之命《あめのおしほみみのみこと》、京都府与謝郡伊根町＝彦火明命《ひこほあかりのみこと》という具合だ。

また、徐福は秦から来た。秦《しん》は幡《はた》であり、秦氏《はたし》・幡氏《はたし》であり、太秦《うずまさ》・八幡《やはた》につながる。秦氏もまた徐福の末裔であろうか。福岡県北九州市八幡東区があり、京都府八幡市があり、滋賀県近江八幡市があり、京都市右京区には有名な太秦映画村がある。

鹿児島神宮史によると、鹿児島県にも「ハタ」を語源とする地名が少なくないという。桑幡《くわはた》・桑波《くわは》多《た》・旗田《はただ》・金波田《かねはた》・波多《はた》・広幡《ひろはた》・波陀《はだ》・秦大蔵《はたおおくら》などである。徐福が市来町に渡来し、子孫が増えていった証左であろうか。

熊本県山鹿市の朝鮮式山城といわれる「鞠智城《きくちじょう》」跡からは、「秦人忍《はたひとのおし》」という人物が供出した米俵の荷札木簡が見つかっている。

さらに『隋書』には、福岡県糟屋郡《かすやぐん》粕屋町の江辻《えつじ》遺跡郡にあたる場所に「秦王国《しんおうこく》」があると記されており、西九州では南から北まで秦氏の足跡をたどることができる。徐福の末裔なのか、それとも後述の辰韓人《しんかんじん》（泰韓人）の末裔なのか、おそらくその両方であろう。

朱崖・儋耳・夷洲・澶洲が鹿児島県であるわけ

『後漢書』には次のような重要な記事がある。

国、みな王を称し、世々統《せぜとう》を伝う。その大倭王《だいわおう》は邪馬臺国《やまたいこく》に居る。

……その地、おおむね会稽《かいけい》の東治《とうや》の東にあり、朱崖《しゅがい》・儋耳《たんじ》と相近《あいちか》し。故にその法俗多《ほうぞくおお》く同《おな》じ。

また、『三国志』にも次のように記されている。

その地には牛《うし》・馬《うま》・虎《とら》・豹《ひょう》・羊《ひつじ》・鵲《かささぎ》はなし。兵には矛《ほこ》・楯《たて》・木弓《きゆみ》を用う。木弓は下を短く上を長くし、竹箭《ちくせん》(竹矢)は、あるいは鉄鏃《てつぞく》(鉄の矢じり)、あるいは骨鏃《こつぞく》(骨の矢じり)なり。有無する所、儋耳《たんじ》・朱崖《しゅがい》と同じ。

後述する『隋書』にも次のように記されている。

その地勢は、東高くして西下り、邪靡堆《やまたい》に都《みやこ》す、即ち、『魏志』(実際は『後漢書』)のいわゆる邪馬臺《やまたい》なる者なり。古《いにしえ》より言う「楽浪郡《らくろうぐん》の境、および帯方郡《たいほうぐん》を去ること、並びに一万二千里にして、会稽《かいけい》の東《ひがし》にあり、儋耳《たんじ》と相近《あいちか》し」と。

これら『史書』に記されている朱崖《しゅがい》・儋耳《たんじ》について考察してみた。
『後漢書倭伝』(石原道博編訳　岩波文庫)には、朱崖・儋耳は中国広東省《かんとんしょう》の郡の名で、今の海南島《かいなんとう》にあると書かれている。だが、それでは「会稽《かいけい》の東冶《とうや》の東《ひがし》」にならないではないか。また壹国《いちこく》の福岡県や臺《たい》国《こく》の熊本県と「相近《あいちか》し」とは言えないのではないか。どう見ても中国の海南島は不自然である。
実はこの朱崖・儋耳は鹿児島県なのである。壹国《いちこく》は福岡県みやま市、臺国《たいこく》は熊本県熊本市であり、会稽の東冶の東にある。鹿児島県と、福岡県・熊本県は、会稽からみれば相近しである。世界地図を開いてみれば一目同然である。

朱崖とは赤い山の意で、開聞岳《かいもんだけ》を指している。開聞岳は鹿児島県薩摩半島の南端に位置する火山で、その美しい山容から薩摩富士《さつまふじ》ともいう。鹿児島県指宿市《いぶすき》にあり、紀元前五〇〇年頃、大爆発を起こしている。その姿は朱崖そのものであったろう。この地は衣《え》の隼人《はやと》の領域である。

一方、儋耳とは、静かな海の意である。これは錦江湾（鹿児島湾）を指している。大隅半島と薩摩半島に挟まれた内耳のような静かな海、これが錦江湾である。その奥地の鹿児島県鹿屋市・霧島市あたりが儋耳である。この地は大隅の隼人《はやと》の領域である。

また、『後漢書』には次のような記述もある。

会稽《かいけい》の海外に、東鯷人《とうていじん》あり、分かれて二十余国となる。また、夷州《いしゅう》および澶州《せんしゅう》あり。

この東鯷人の国には、朱崖・儋耳のほかに夷洲・澶洲があり、含めて二十余国であるという。東鯷人の鯷《てい》はヒシコ。カタクチイワシのことである。つまり東鯷人とは、鯷《ひしこ》を商《あきな》いする東方《とうほう》の人たちを指している。東方とは会稽の東冶の東であり、鹿児島県である。

夷洲とは、低い平らな島の意で種子島《たねがしま》である。この地は多禰《たね》の隼人《はやと》の領域である。

澶洲とは、屋根のように高い島の意で屋久島《やくしま》である。この地は多禰の隼人の領域である。

世々《せぜ》相承《あいう》け、数万家あり。人民《じんみん》時《とき》に会稽《かいけい》に至《いた》りて市《いち》す。

隼人の人民は、天日干《てんぴぼ》しのヒシコやキビナゴを売りに、会稽まで足を運んでいたのである。前述のワーワー言う人たちである。そしてワジン＝倭人となったのである。今でも、種子島、屋久島、鹿児島は、ヒシコやキビナゴの特産地である。

朱崖・儋耳・夷洲・澶洲の東鯷人も、臺国《たいこく》・井国（委奴国）・壹国《いちこく》・狗邪韓国《くやかんこく》の倭人も、皆同じオーストロネシア語族である。ゆえにその法俗多く同じである。『後漢書』の記述と符合しているのである。

オーストロネシア語族は、紀元前一〇〇〇年年頃には南九州鹿児島県にたどり着き、東鯷人として、東シナ海や黄海を渡り、中国大陸まで勢力を拡大していたのである。彼らが、外洋航海技術をもっていたからこそ、大陸との交易ができたのである。

倭国大乱から卑弥呼の時代へ

月読命のオナリ神として卑弥呼登場

倭国大乱《わこくたいらん》は、天の岩屋戸事件が起きた紀元一三〇年頃から、日御子（卑弥呼）が擁立された紀元一七〇年頃まで、三〇～四〇年間続いた。その戦域は福岡県・佐賀県の範疇《はんちゅう》である。通説、日本列島全域のようにいわれるが間違いである。この頃の中国が認知していた倭国内である。最後に一大国の王月読命が勝利し、日御子（卑弥呼）は、一大国連合三〇国の共立の女王となったのである。

そう考えられる理由を示そう。まずは『後漢書』を見てみよう。

建武中元《けんむちゅうげん》二年（五七年）、倭奴国《わどこく》奉貢《ほうこう》朝賀《ちょうが》す。

五七年に井国（委奴国）の王が朝貢した。

安帝《あんてい》の永初元年《えいしょがん》（一〇七）、倭国王帥升等《すいしょうとう》（倭国王の使い太夫《たゆう》帥升等《すいしょうら》）が、生口《せいこう》百六十人を献じ、請見を願う。

帥升らを遣わしたこの倭国王も、四～五代目の井国（委奴国）の王であろう。初代から五〇年を経て「倭国王《わこくおう》」に昇格している。

また、『三国志』の冒頭には次のようにある。

倭人《わじん》は、帯方《たいほう》の東南、大海の中にあり、山島によって国邑《くにむら》をなす。旧《もと》百余国。漢のとき朝見する者があり、いま使訳《しやく》の通ずる所三十国。

「旧《もと》百余国」とあるのは、五七年頃の倭人の国の数である。「漢のとき朝見する者があり」とは、五七年と一〇七年に朝貢した井国（委奴国）を指しているのである。

「いま使訳《しやく》の通ずる所三十国」というのは、日御子（卑弥呼）の一大国連合の時代であり、魏に朝貢した二三八年頃のことである。すなわち井国（委奴国）の時代には百余国であったが、一大国連合の時代には三〇国に統一されていたということである。

続いてこう記されている。

その国、もとまた男子を以って王となし、住《とど》まること七、八十年。倭国乱《わこくみだ》れ（倭国大乱）、相攻《あいこう》伐《ばつ》すること歴年《れきねん》、乃《すなわ》ち共に一女子を立てて王となす。名づけて卑弥呼《ひみこ》という。

「その国、もとまた男子を以って王となし」というのは、井国（委奴国）のことである。「住《とど》まること七、八十年」ということは、滅びたのは一二七～一三七年となる。

『記紀』による天《あめ》の岩屋戸《いわやと》事件もこの頃である。天照大御神が須佐之男命に敗れ、井国（怡土国）も亡んだ。その後倭国大乱に突入したのである。この時期は、次の『後漢書』の記述にも符合する。

桓《かん》・霊《れい》の間《あいだ》、倭国大《わこくおお》いに乱《みだ》れ、こもごも相攻伐《あいこうばつ》し、歴年主《れきねんしゅ》なし。一女子あり、名を卑弥呼《ひみこ》という。年長じて嫁《か》せず（嫁にゆかず）、鬼神の道につかえ、よく妖《よう》をもって衆を惑わす。ここにおいて、共に立てて王となす。

「桓《かん》・霊《れい》の間《あいだ》」とは、後漢一一代桓帝《かんてい》・一二代霊帝《れいてい》の間で、紀元一四七～一八八年である。

また、朝鮮半島の歴史書『新羅本紀《しらぎほんき》』に次の記述がある。

一七三年、倭の女王、卑弥呼《ひみこ》が使わした使者が訪れた。

これにより、日御子（卑弥呼）は一七三年頃には擁立されていたことになる。よって、およそ一三〇〜一七〇年の三〇〜四〇年間が倭国大乱の時期となる。ちょうど桓・霊の間である。

では、倭国大乱が起こった領域を確認してみよう。

井国（怡土国）や壹国《いちこく》の時代の倭国の領域は、三四九頁の図（一大国連合三〇国）からわかるように、博多湾、玄界灘、有明海、福岡平野、筑紫平野であり、壱岐、対馬、加羅を含む北部九州である。たかだか三〇国である。学説のいう中九州、南九州、中国、四国、近畿を含む西日本全域では決してない。

長く続いた倭国大乱に決着をつけた一大国の王月読命は、壹国《いちこく》の女王日御子（卑弥呼）を共立の王として、二三八年に中国《ちゅうごく》の魏《ぎ》へ朝貢させたのである。

では、日御子（卑弥呼）の時代は何年ぐらい続いたのであろうか。日御子（卑弥呼）の死は、次の『三国志』の文中よりわかる。

その八年（二四七年）、太守王頎《たいしゅおうき》、官《かん》に到る。倭の女王卑弥呼《ひみこ》、狗奴国《くどこく》の男王卑弥弓呼《ひみくこ》と素《もと》より和《わ》せず。倭の載斯《さいし》・烏越《うおち》らを遣わして郡に詣り、相攻撃《あいこうげき》する状《じょう》を説く。……卑弥呼《ひみこ》以って死す。大いに冢《ちょう》を作る。径《けい》百余歩、殉葬《じゅんそう》する者、奴婢《ぬひ》百余人。

その八年とは正始八（二四七）年である。よって日御子（卑弥呼）は二四七年頃に死んでいる。日御子（卑弥呼）は年齢が長大だといわれるが、『新羅本紀《しらぎほんき》』の記述による一七三年頃に即位し、二四七年頃に死んだとすると、壹與《いちよ》と同じ一三歳の即位として九〇歳ぐらいである。よって女王としては七〇年あまりである。

日御子（卑弥呼）の死後、一大国連合は再び乱れている。『三国志』に日御子（卑弥呼）の死後の二四七年頃の記録がある。

更に男王を立てしも、国中服《くにじゅうふく》せず。更々相誅殺《こもごもあいちゅうさつ》し、当時千余人を殺す。また卑弥呼の宗女壹與《そうじょいちよ》、歳十三なるを立てて王となし、国中遂《くにじゅうつい》に定まる。張政《ちょうせい》ら檄《げき》を以って壹與《いちよ》を告喩《こくゆ》す。

では、二代目壹與の時代は何年ぐらい続いたのであろうか。

前に述べたように、二六六年に壹與であろう女王が晋に貢献した、との記録が残っている。よってここまで存続していたのは明らかである。

また『日本書紀』に、一二代景行《けいこう》天皇（天皇在位一三年説で三一一年即位）が三一一年に、熊襲討伐から筑紫巡幸に行かれた折に、八女県《やめのあがた》の八女津媛《やめつひめ》が登場していることも前に述べた。

これは、一大国連合が臺国《たいこく》に滅ぼされ、女王国が壹国《いちこく》から投馬国《とうまこく》に政権移譲したのを表している。壹與は、二六六年以後史書に現れないことから、この頃壹與もまた球国（狗奴国）に討たれたものと思われる。よって壹與の時代は二〇〜三〇年ぐらいと推察できる。

よって一大国連合は、初代日御子（卑弥呼）と二代目壹與の時代を合わせて、およそ一〇〇年続いたのである。

日御子（卑弥呼）が『記紀』に登場しないわけ

それにしても日御子（卑弥呼）は、なぜ『古事記』に登場しないのだろうか。日本の古代史上、最も有名な大女王であるのに不思議なことだ。古代史の大きな謎である。

その理由は、まぎれもなく日御子（卑弥呼）が「国つ神」だからである。

「縄文晩期に渡来した別天津神」の本家筋の末裔を「天津神《あまつかみ》」という。分家が別《わけ》である。「縄文後期に渡来したオーストロネシア語族」や「旧石器時代から縄文草創期に渡来した海人族」の土着の神は、国つ神である。

一大国の王月読命《つくよみのみこと》は国つ神である。月読命のオナリ神である、女王日御子（卑弥呼）もまた国つ神である。ゆえに『記紀』から消されるのである。後述する倭の五王もしかり、俀国《たいこく》の王阿毎多利思比弧阿《あまのたりしひこの》輩雞弥《おおきみ》もしかりである。

一説に、日御子（卑弥呼）は神功《じんぐう》皇后であるともいわれている。なぜこのような説が生まれたのであろうか。私はこの疑問にも答えたいと思う。

二世紀の初め、博多湾岸に興った王国、井国（怡土国）のオナリ神が天照大御神《あまてらすおおみかみ》である。日御子（卑弥呼）は、三世紀初め有明海沿岸に興った王国、壹国《いちこく》のオナリ神であり一大国連合の女王である。神功皇后は、四世紀初めの北九州の香椎宮のオナリ神である。

日御子（卑弥呼）は、前述のごとく国つ神であるゆえ『記紀』からは抹消しなければならない。しかし『三国志』にはその存在が明記されている。

景初《けいしょ》二年（二三八年）六月、倭の女王、大夫難升米《たゆうなんしょうまい》らを遣わし郡（帯方郡）に詣《まい》り、天子に詣りて朝献せんことを求む……。

その年十二月、詔書して、倭の女王に報じていわく、親魏倭王卑弥呼《しんぎわおうひみこ》に制詔《せいしょう》す（勅を下す）。

そこで『日本書紀』の撰者は考えた。替え玉を作ればよいと。『日本書紀』では、神功皇后の摂政時代を二〇〇～二七〇年の七〇年間としている。よって、この間の倭の女王は神功皇后となる。

日御子（卑弥呼）の中国魏への朝貢は二三八年、二代目壹與《いちよ》の晋への貢献は二六六年であるから、それを行った倭の女王は神功皇后ということになる。

『日本書紀』による神功皇后の記事はこうである。

摂政三十九年、この年太歳《たいさい》己未《つちのとひつじ》。……魏志倭人伝によると、明帝の景初三年六月（紀元二三九年）に、倭の女王は大夫難斗米《たゆうなんしょうまい》らを遣わして帯方郡に至り、洛陽の天子にお目にかかりたいといって、貢をもってきた。太守《たいしゅ》の鄧夏《とうか》は役人を付き添わせて、洛陽に行かせた。

摂政四十年、……魏志にいう。正始元年（紀元二四〇年）、建忠校尉《けんちゅうこうい》梯携《ていけい》らを遣わして詔書や印綬をもたせ、倭国に行かせた。

摂政四十三年、……魏志にいう。正始四年（紀元二四三年）、倭王はまた使者の太夫伊声者掖耶ら八人を遣わして、献上品を届けた。

摂政六十六年、……この年は晋の武帝の泰初二年（紀元二六六年）である。晋の国の天子の言行などを記した『起居注《ききょちゅう》』に、武帝の泰初二年十月、倭の女王が何度も通訳を重ねて、貢献したと記している。

明らかに意図的な造作である。これで日御子（卑弥呼）や壹與の存在をカモフラージュしたつもりであろうか。だが、成功しているようには思えない。

私の天皇在位一三年説でいうと、神功皇后の摂政時代は、三二一～三三〇年の九年間となる。日御子（卑弥呼）は二四七年頃、壹與は二六六年頃に死亡している。神功皇后とは年代が違っている。神功皇后は日御子（卑弥呼）や壹與にはなり得ないのである。

また『日本書紀』によると、ヤマト王権は国内の『帝辞』や『旧辞』を強制的に「焚書《ふんしょ》」している。焚書とは学問・思想圧迫の手段として、書籍を焼き捨てることである。

しかし中国の『史書』まで焼き捨てることはできない。そこで『記紀』の編纂にあたり、『三国志』を始め、中国の『史書』に記述されている出来事は、すべてヤマト王権が成したと取《と》り繕《つくろ》う必要が出てきたのだ。第五章で述べるが、聖徳太子もこのような意図で生み出されている。

『続日本紀』には、四三代元明天皇の項に次の記述がある。

慶雲四年（七〇七年）、全国に大赦を行う。……山や沢に逃げ、軍器をしまい隠している者は、百日を経て自首しなければ、本来のように罪する。

和銅元年（七〇八年）、全国に大赦を行う。……山や沢に逃げ、禁書《きんしょ》をしまい隠して、百日経っても自首しないものは、本来のように罪する。

「禁書《きんしょ》」とは、各大王の『帝辞』や『旧辞』であろう。ヤマト王権はその処分に相当苦労したようである。なぜこんなことをしたかといえば、もちろん万世一系を守るためである。

日本には天地創造の時代より、ヤマト王権以外の王は存在しないのである。そのためさまざまな「造《ぞう》作《さ》」や「焚書」が行われたのである。

このように『古事記』や『日本書紀』は、「天孫の歴史書」であって「倭国の歴史書」ではないのである。

『宋書』倭国伝を解く

「倭の五王」が登場する『宋書』倭国伝

『宋書《そうしょ》』は、中国南北朝時代一六八年間（四三九～五八九年）のうち、南朝宋《なんちょうそう》の時代、すなわち四二〇～四七九年までの五九年間の出来事を著した歴史書である。

撰者は南朝梁《なんちょうりょう》の時代の沈約《しんやく》（四四一～五一三年）である。南朝では次の四つの王朝が興亡した。

南朝宋《なんちょうそう》　四二〇～四七九年　五九年間。
南朝斉《なんちょうせい》　四七九～五〇二年　二三年間。
南朝梁《なんちょうりょう》　五〇二～五五七年　五五年間。
南朝陳《なんちょうちん》　五五八～五八九年　三一年間。

宋書の重要な点は、『記紀』には記されていない「倭《わ》の五王《ごおう》」が登場することである。倭王、讃《さん》・珍《ちん》・済《さい》・興《こう》・武《ぶ》とはいかなる王なのか。『記紀』に比定《ひてい》する天皇がいないのはなぜなのか。その謎を解いてみたい。

『宋書』倭国伝

倭国《わこく》は高驪《こうらい》の東南、大海の中にあり、世々《せぜ》、貢職《こうしょく》を修む。

高祖《こうそ》（武帝《ぶてい》）の永初《えいしょ》二年（四二一年）、詔していわく、「倭讃《わさん》、万里《ばんり》貢を修む。遠誠《えんせい》宜しくあらわすべく、除授《じょじゅ》を賜《たま》うべし」と。

太祖《たいそ》（文帝《ぶんてい》）の元嘉《げんか》二年（四二五年）、讃《さん》、また司馬曹達《しばそうたつ》を遣わして、表《ひょう》を奉《たてまつ》り、方物を献ず。讃死《さんし》して、弟珍《おとうとちん》立《た》つ。使を遣わして貢献し、自ら使持節都督倭《しじせつととくわ》・百済《くだら》・新羅《しらぎ》・任那《みまな》・秦韓《しんかん》・慕韓《ぼかん》六国諸軍事《ろくこくしょぐんじ》・安東大将軍《あんとうだいしょうぐん》・倭国王《わこくおう》と称し、表して除正されんことを求む。詔して安東将軍《あんとうしょうぐん》・倭国王《わこくおう》に除《じょ》す。

珍《ちん》、また倭隋《わずい》ら十三人を平西《へいせい》・征虜《せいりょ》・冠軍《かんぐん》・輔国《ほこく》将軍の号に除正されんことを求む。詔して並びに聴《ゆる》す。

二十年（四四三年）、倭国王済《わこくおうさい》、使を遣わして奉献す。また以って安東将軍、倭国王となす。

二十八年（四五一年）、使持節都督《しじせつととく》倭・新羅・任那・加羅・秦韓・慕韓六国諸軍事《ろくこくしょぐんじ》を加え、安東《あんとう》

将軍《しょうぐん》は故《もと》の如く、並びに上《たてまつ》る所の二十三人を軍郡に除す。

済死《さいし》す。世子興《せこう》、使を遣わして貢献す。

世祖《せいそ》（孝武帝《こうぶてい》）の大明《だいめい》六年（四六二年）、詔していわく、

「倭王世子興《わおうせこう》、奕世《えきせい》（代々）すなわち忠、藩を外海《がいかい》になし、化《か》をうけ境をやすんじ（国を安定させ）、恭《うやうや》しく貢職を修め、新たに辺業を嗣《つ》ぐ。よろしく爵号《しゃくごう》を授《さず》くべく、安東将軍《あんとうしょうぐん》・倭国王《わこくおう》とすべし」と。

興死《こうし》して弟《おとうと》武《ぶ》立《た》ち、みずから使持節都督《しじせつととく》倭・百済・新羅・任那・加羅・秦韓・慕韓・七国諸《しちこくしょ》軍事《ぐんじ》・安東大将軍《あんとうたいしょうぐん》・倭国王《わこくおう》と称す。

順帝《じゅんてい》の昇明《しょうめい》二年（四七八年）、使を遣わして表を上《たてまつ》る。

いわく、「封国《ほうこく》（倭《わ》）は偏遠《へんえん》にして、藩を外になす。昔より祖禰《そでい》（近い先祖）、みずから甲冑《かっちゅう》をつらぬき、山川を跋渉《ばっしょう》し、寧処《ねいしょ》にいとまあらず。東は毛人《もうじん》を征《せい》すること五十五国、西は衆夷《しゅうい》を服《ふく》すること六十六国、渡りて海北を平《たい》ぐること九十五国。王道融泰《おうどうゆうたい》にして、土《くに》（国土）をひらき畿《き》をはるかにす。

累葉朝宗《るいようちょうしゅう》し（代々、中国に帰服し）、歳をあやまらず。臣《しん》、下愚《げぐ》なりといえども、かたじけなくも先緒《せんしょ》をつぎ、統《す》ぶるところを駆率《くそつ》し、天極に帰崇《きすう》し、道は百済をへて、船舫《せんぼう》を装治す。しかるに句驪《くり》（高句麗《こうくり》）は無道にして、見呑《けんどん》をはかることを欲し、辺隷《へんれい》をかすめとり、虔劉《けんりゅう》（殺す）してやまず。

つねに滞《とどこお》りを致し、もって良風を失い、路に進むというといえども、あるいは通じ、あるいは不《しか》らず（通ぜず）。臣の亡考《ぼうこう》（亡父）済《さい》は、じつに仇敵《きゅうてき》が天路をよう塞《そく》（閉じふさぐ）するを怒り、控弦《こうげん》（弓兵《ゆみへい》）百万、義声《ぎせい》に感激し、まさに大挙せんと欲せしも、にわかに父兄を喪《うしな》い、垂成《すいせい》（まさに成らんとする）の功もいま一息で獲《え》ざらしむ（獲得出来ずに居る）。むなしく諒闇《りょうあん》（喪中《もちゅう》）にあり、兵甲《ひょうこう》（軍隊）を動かさず。これを以って、偃息《えんそく》（休息）していまだ捷《か》（勝）たざりき。今に至りて、甲《こう》を練《ね》り、兵《へい》を治《おさ》め、父兄の志を述べんと欲す。義士勇士、文武功《こう》を効《いた》し、白刃前に交わるとも、また顧《かえり》みざる所なり。もし帝徳《ていとく》の覆載《ふくさい》（めぐみ）をもって、この強敵をくじき、よく方難《ほうなん》を靖《やす》んぜば、前功を替えることなし。ひそかに、みずから開府儀同三司《かいふぎどうさんじ》を仮し、その余はみな仮授《かじゅ》して、もって忠節《ちゅうせつ》を勧《すす》む」と。詔して、武《ぶ》を使持節都督《しじせつととく》倭・新羅・任那・加羅・秦韓・慕韓六国諸軍《ろくこくしょぐん》事《じ》・安東大将軍《あんとうたいしょうぐん》・倭国王《わこくおう》に除《じょ》す。

倭の五王は吉備の別王である

倭《わ》の五王とは、『宋書』倭国伝に登場する、讃《さん》・珍《ちん》・済《さい》・興《こう》・武《ぶ》の五人の倭国の王をいう。この五人がはたして誰なのか、諸説入り乱れているところである。

学説では、同時代に在位していた天皇にあてはめて、讃《さん》は履中《りちゅう》天皇では？　珍《ちん》は反正《はんぜい》天皇、済《さい》は允《いん》恭《ぎょう》天皇、興《こう》は安康《あんこう》天皇、武《ぶ》は雄略《ゆうりゃく》天皇に違いないなどと、さまざまな憶測が飛び交っているのだが、どうもしっくりしないようである。

なぜ天皇にあてはめなければならないのか不思議である。『宋書』には、讃《さん》・珍《ちん》・済《さい》・興《こう》・武《ぶ》と、はっきり倭王の名前が記されているではないか。

讃・珍・済・興・武は誰なのか。いやいや、そのまま讃・珍・済・興・武なのである。

五世紀頃は、天孫族には天皇といえるほどの実力はなかったのである。五世紀に権勢を振るっていたのは、「倭の五王」という天孫族以外の倭王だったのである。要約すると次のようである。

四二一年、倭讃《わさん》、万里《ばんり》貢を修む。遠誠《えんせい》宜しくあらわすべく、除授《じょじゅ》を賜《たま》う。（賛《さん》）。

四二五年、讃死《さんし》して、弟珍立《おとうとちんた》つ。安東将軍《あんとうしょうぐん》、倭国王《わこくおう》となす。（珍《ちん》）。

四四三年、倭国王済《わこくおうさい》、使を遣わして奉献す。また以って安東将軍、倭国王となす。（済《さい》）

四五一年、済死《さいし》す。世子興《せここう》、安東将軍、倭国王となす。（興《こう》）。

四七八年、興死《こうし》して弟武立《おとうとぶた》ち、安東大将軍、倭国王となす。（武《ぶ》）。

このように五世紀に五代にわたり、中国皇帝より安東大将軍・倭国王に任ぜられたのである。実はこの倭の五王はヤマト王権の王ではなく、別《わけ》の吉備一族の王なのである。「河内王朝《かわちおうちょう》」ともいわれる王朝を築いた、河内の国の別《わけ》の王なのである。

中国で南朝が栄えた五～六世紀は、倭国では四世紀から続く別《わけ》王の時代である。一二代景行《けいこう》天皇（天皇在位一三年説で三一一年即位）は初代の別《わけ》の天皇である。彼は、吉備の祖大吉備津彦命《おおきびつひこのみこと》の弟稚武彦命《わかたけひこのみこと》の娘、播磨稲日大朗姫《はりまのいなひのおおいらつめ》を皇后として、日本武尊《やまとたけるのみこと》を生んでいる。

その日本武尊の第二子が、穴門《あなと》（長門国）の別王、一四代仲哀《ちゅうあい》天皇（天皇在位一三年説で三一二年即位）であり、その皇后は越《こし》の別王を祖とする神功《じんぐう》皇后である。

当時王権の中心にいたのは、この越《こし》・穴門《あなと》・吉備《きび》の別《わけ》三国連合であった。

穴門の別王一四代仲哀天皇の死後、王権は、越の別王神功皇后と武内宿禰命《たけのうちのすくねのみこと》の摂政時代を経て、子である一五代応神《おうじん》天皇（天皇在位一三年説で三三〇年即位）、さらに孫の一六代仁徳《にんとく》天皇（天皇在位一三年説で三七三年即位）へと引き継がれた。だが、仁徳天皇の死後に倭国王となったのは吉備の別王だったのである。

応神天皇の実父である武内宿禰命が亡くなり、越系《こしけい》は倭王の座を吉備系《きびけい》に明け渡したのである。この頃、ヤマト王権の権力は限定的で、ヤマトという一地方の海人王にすぎなかったのである。

ヤマト王権が倭国を代表する地位を築くのは、三四代舒明《じょめい》天皇（六二九年即位）の頃で、六三〇年にようやく最初の遣唐使《けんとうし》を送ったときである。

倭の五王、讃・珍・済・興・武は吉備の国王ゆえ、ヤマト王権の王に当てはめてもうまくいかないのは当然である。織田信長や豊臣秀吉、徳川家康を、その時代の天皇に置き換えるようなものである。

なぜ名前が朝鮮半島系なのかといえば、彼らは、加羅の国および新羅の国の王の末裔だからである。では、吉備王権の足跡を拾ってみよう。『日本書紀』によると、神功皇后の熊襲《くまそ》征伐《せいばつ》はこうである。

吉備臣《きびのおみ》の祖鴨別《かものわけ》を遣わして熊襲の国を討たせた。いくらも経たぬのに自然と服従した。

どうやら神功皇后の家来のようである。これが吉備一族の九州島における支配の第一歩である。この熊襲の国は、北九州筑後川流域である。鴨別命《かものわけのみこと》は、七代孝霊《こうれい》天皇（天皇在位一三年説で二五一年即位）の皇子である稚武彦命《わかたけひこのみこと》（讃岐の桃太郎という）の末裔である。稚武彦命は吉備の鬼退治をした、大吉備津《おおきびつ》彦命《ひこのみこと》（吉備の桃太郎という）の弟でもある。

この鴨別命の末裔である吉備系の王は、今は熊本県の江田船山《えたふなやま》古墳（熊本県玉名郡）で静かに眠っている。同古墳は、五世紀中頃の前方後円墳で、日本最古の本格的記録文書である銀象嵌銘《ぎんぞうがんめい》の太刀が出土したことで知られている。この太刀には、「獲加多支鹵大王《わかたけるだいおう》」など七五文字の銘文が刻まれていたのである。

学説では、「獲加多支鹵大王」は二一代雄略《ゆうりゃく》天皇に比定されている。

また、稲荷山《いなりやま》古墳（埼玉県行田市）からは金象嵌銘《きんぞうがんめい》の太刀が出土している。「獲加多支鹵大王」など一一五文字が刻まれ、「四七一年七月中、記す」とある。この大王も同じく雄略天皇に比定されている。

なぜ、獲加多支鹵大王を同時代の飛鳥の天皇である雄略天皇に置き換える必要があるのか。この頃、飛鳥の天孫系は、吉備のワケ系の足元にも及ばない存在なのである。獲加多支鹵大王なのである。何度も言うが、この時代、日本国中に多くの大王がいたのである。

私には、獲加多支鹵《わかたける》大王《だいおう》＝若武大王《わかたけるだいおう》＝倭の五王の「武《ぶ》」であるとしか思えない。

興死《こうし》して弟《おとうと》武《ぶ》立《た》ち、みずから使持節都督《しじせつととく》倭・百済・新羅・任那・加羅・秦韓・慕韓七国諸軍《しちこくしょぐん》事《じ》・安東大将軍《あんとうたいしょうぐん》・倭国王《わこくおう》と称す。順帝《じゅんてい》の昇明《しょうめい》二年（四七八年）、使を遣わして表を上《たてまつ》る。

このように、武《ぶ》は「安東将軍・倭国王興《こう》」の弟であるから、初めは「若《わか》」である。俗にいう若君・若殿・若社長・若親分・若頭・若大王である。

武が安東大将軍・倭王となったのは四七八年である。ゆえに二本の太刀を下賜した四七一年は、まだ「若《わか》」である。すなわち若武大王＝獲加多支鹵大王である。年代もぴったり符合している。

また武は、祖神の讃岐の桃太郎といわれた稚武彦命《わかたけひこのみこと》にちなんだ名前でもある。ゆえに獲加多支鹵大《わかたけるだい》王《おう》＝稚武大王《わかたけるだいおう》でもある。

東西の古墳から同じ王名の刀剣が出土したということは、吉備王権の支配がこの範囲に及んでいたことを示すものである。

祖神の稚武彦命の末裔に「笠臣《かさのおみ》」がいる。丹波の大江山の鬼、酒呑童子《しゅてんどうじ》といわれた玖賀耳之御笠《くがみみのみかさ》もその一人である。また埼玉郡笠原《かさはら》を拠点としていた武蔵《むさし》の国《くに》の国造は、笠原直使主《かさはらのあたいおみ》という。筑紫君磐《ちくしのきみいわ》井《い》も鴨別命《かものわけのみこと》の末裔である。五世紀には西日本はもちろんのこと、東日本の若狭の国、美濃の国、尾張の国、三河の国、信濃の国、武蔵の国まで、吉備一族の国邑であったのだ。吉備王権の勢力は、九州・朝鮮から関東まで及んでいたのである。

その証拠は、次の『宋書』倭伝の倭王武《ぶ》の上表文《じょうひょうぶん》である。獲加多支鹵大王が倭王武《ぶ》であることを疑う余地はどこにもない。

いわく、封国《ほうこく》（倭《わ》）は偏遠《へんえん》にして、藩を外になす。昔より祖禰《そでい》（近い先祖）、みずから甲冑《かっちゅう》をつらぬき、山川を跋渉《ばっしょう》し、寧処《ねいしょ》にいとまあらず。東は毛人《もうじん》を征《せい》すること五十五国、西は衆夷《しゅうい》を服《ふく》することと六十六国、渡りて海北を平《たいら》ぐること九十五国。王道融泰《おうどうゆうたい》にして、土《くに》（国土）をひらき畿《き》をはるかにす。

倭の五王の陵を比定する

では、倭の五王の陵《みささぎ》はどこにあるのだろうか。学説は定まっていない。それもそのはず、五王が誰かもわからない状態なのだから、突き止めようもないのである。

五王の正体をはっきりさせた私が、その陵を探してみよう。
日本で、前方後円墳の古墳群として有名なものは二つある。

一つは、四世紀末から六世紀後半頃に築造された古墳が分布する、百舌鳥《もず》古墳群（大阪府堺市）である。大仙陵《だいせんりょう》古墳（伝仁徳《にんとく》天皇陵）、上石津ミサンザイ古墳（伝履中《りちゅう》天皇陵）、土師《はじ》ニサンザイ古墳など、墳丘長二〇〇メートル以上の大型の前方後円墳三基を含み、かつては一〇〇基以上の古墳があったという。そのうち現存するのは四七基とされる。大和川流域の古代の海岸線に近い台地上に築かれている。

もう一つは、四世紀末から六世紀前半頃に築造された古墳が分布する、古市《ふるいち》古墳群（大阪府羽曳野市・藤井寺市）である。誉田御廟山《こんだごびょうやま》古墳（伝応神《おうじん》天皇陵）、岡ミサンザイ古墳（伝仲哀《ちゅうあい》天皇陵）、市野山古墳（伝允恭《いんぎょう》天皇陵）など、墳丘長二〇〇メートル以上の大型の前方後円墳六基を含み、かつては一二三基以上の古墳からなっていたという。そのうち現存するのは八七基とされる。大和川流域の中流域の山側に築かれている。

学説では、一六代仁徳天皇が大仙陵古墳に眠っており、百舌鳥古墳群はその一族の墳墓群とされている。大仙陵古墳は、日本最大の前方後円墳である。
また、古市古墳群は誉田御廟山《こんだごびょうやま》古墳に眠る一五代応神《おうじん》天皇の一族の墳墓群とされている。
一六代仁徳天皇は一五代応神天皇の皇子である。応神天皇は神功皇后の子である。そうなるとこの二つの古墳群は、いずれも越系の親子二代の古墳群であるということになる。親子が別々にこれほど大きな古墳群を築けるだろうか。

そもそも、さほど大王でもない仁徳天皇の陵が、日本最大の前方後円墳である大仙陵古墳であろうはずがない。この被葬者の比定は間違いであるといえる。

私の考えでは、百舌鳥古墳群は別《わけ》の吉備王族の墳墓群なのである。また、古市古墳群は、別《わけ》の越王族の墳墓群なのである。

一五代応神天皇の陵が、古市古墳群の誉田御廟山古墳であるのは確かなようである。よって父とされる一四代仲哀天皇（岡ミサンザイ古墳）陵が、古市古墳群にあるのはうなずける。子である一六代仁徳天皇陵も、この中になくてはならない。さらに仁徳天皇の子一七代履中天皇、その同母弟一八代反正《はんぜい》天皇、その同母弟一九代允恭天皇、その子二〇代安康《あんこう》天皇、その弟二一代雄略《ゆうりゃく》天皇などなど、越系一族の陵はこの古市古墳群でなければならない。

別《わけ》の越系の仁徳天皇の陵が、別《わけ》の吉備系の百舌鳥古墳群の大仙陵古墳であるはずがない。理由はほかにもある。

前述の、獲加多支鹵大王（武）の名が刻まれた太刀を持つ王の眠る稲荷山古墳（埼玉県）は、大仙陵古墳の四分一の縮小形であるという。また、吉備系の豪族が眠る埼玉古墳群の二子山《ふたごやま》古墳・鉄砲山《てっぽうやま》古墳や岡山県の両宮山《りょうぐうざん》古墳も同様であるという。

これは、大仙陵古墳が吉備系の大王の墓である証である。同じ縮小形にすることによって、吉備の大王に対する忠誠心を示しているのである。前方後円墳は一族の紋章のようなものである。このことからも、大仙陵古墳が仁徳天皇陵でないのは明らかである。では大仙陵古墳の被葬者は誰なのか。倭の五王の一人であるのは間違いない。

私見ではあるが、倭の五王の陵は次のとおりであると確信する。いずれも大型の前方後円墳である。

◉大吉備津彦命《おおきびつひこのみこと》

中山茶臼山古墳《なかやまちゃうすやま》（岡山市北区）。築造時期三世紀後半～四世紀。

◉稚武彦吉備津彦命《わかたけひこきびつひこのみこと》

尾上車山古墳《おのえくるまやま》（岡山市尾上）。築造時期四世紀中頃。

◉倭王讃《わおうさん》

造山古墳《ぞうざん》（岡山県岡山市）。規模全国四位。築造時期五世紀初頭。被葬者不明。

◉安東将軍倭国王珍《あんとうしょうぐんわこくおうちん》

作山古墳《さくざん》（岡山市惣社市）。規模全国九位。築造時期五世紀中頃。被葬者不明。

◉安東将軍倭国王済《あんとうしょうぐんわこくおうさい》

上石津ミサンザイ古墳《かみいしづ》（大阪府堺市）。規模全国三位。築造時期五世紀前半。現在被葬者履中天皇に治定。

◉倭国王興《わこくおうこう》

大仙稜古墳《だいせんりょう》（大阪府堺市）。規模全国一位。築造時期五世紀中期。現在仁徳天皇に治定。

大仙稜古墳

◉安東大将軍《あんとうたいしょうぐん》倭国王《わこくおう》武《ぶ》
土師《はじ》ニサンザイ古墳（大阪府堺市）。規模全国八位。築造時期五世紀後半。被葬者不明。

大仙陵古墳に眠るのは、吉備系の倭国王興《こう》である。築造年代および規模的にも符合している。また考古学によると、これらの墳墓から出土する副葬品は、朝鮮半島南部の古墳の出土品と類似しているという。これも倭の五王であるという証拠である。

　東は毛人《もうじん》を征《せい》すること五十五国、西は衆夷《しゅうい》を服《ふく》すること六十六国、渡りて海北を平《たいら》ぐること九十五国。王道融泰《おうどうゆうたい》にして、土《くに》（国土）をひらき畿《き》をはるかにす。

太祖の桃太郎兄弟と讃《さん》・珍《ちん》兄弟は吉備の国で、東国毛人を制した済《さい》と與《こう》・武《ぶ》兄弟は親子なので仲良く百舌鳥古墳群である。珍と済との関係は不明であるが、縁戚関係であるのは間違いない。

岡山県の造山《ぞうざん》古墳や作山《さくざん》古墳を訪れると、まずその大きさに驚かされる。これほどの大王がいながら、歴史家は誰も吉備を振り向こうとはしない。飛鳥だけを見ているように思える。少し飛鳥贔屓《びいき》が過ぎるように感じる。倭国の歴史は南から、また西からなのである。

四万年も前から日本列島に人間が住んでいた。それが一三〇〇年前頃、突然未開のヤマトに文化が花開いたなどとは信じがたい。第一章でおさらいしたように、日本人のルーツをたどれば、先進国である南から伝播したのである。

さらに、「倭の五王は別《わけ》の吉備の国王である」という私見を裏付ける証拠がある。それは『古事記』の次の記述である。

二一代雄略天皇（四五六年即位）が、河内に行幸したときの記事である。

山の上から国内を望《みさ》けたまへば、堅魚《かつお》を上げて舎家《や》を作れる家ありき。天皇その家を問はしめて云りたまはく、「その天皇の御舎《みや》に似せた堅魚《かつお》を上げて舎《や》を作れるは誰が家ぞ」とのりたまえば、答えてまをさく、「志幾《しき》の大県主《おおあがたぬし》の家なり」とまをしき。

志幾は河内の国である。河内の国は吉備一族の新開地である。つまりこの時代、河内の国には天皇と同じ鰹木《かつおぎ》を立てた家を持つ吉備一族の豪族、志幾の大県主がいたのである。

また、天皇が葛城の山に登ったときには次のような記述もある。

また一時《あるとき》、天皇葛城《かつらぎ》の山に登り幸《いでま》し時、百官《もものつかさ》の人等、悉《ことごと》く紅《あか》き紐《ひも》着けし青摺《あおす》りの衣を給はりて服《き》たり。その時、その向《むか》へる山の尾より山の上に登る人ありき。既《すで》に天皇のみゆきに等しく、またその装束《しょうぞく》の状《さま》、人衆《ひとども》、相似て傾《かたよ》らざりき。
ここに天皇、望《みさ》けましてのりたまわく、「この倭国《やまとのくに》に吾を除きて王は無きを、今誰人《たがひと》そかくて行く」と、のりたまえば、すなわち答えてもうす状《さま》もまた天皇の命《みこと》の如し。ここに天皇いたく怒りて、矢刺したまひ、百官《もものつかさ》の人等ことごとく矢刺しき。ここにその人等もまた皆矢刺しき。

……（中略）

「吾は悪事も一言《ひとこと》、善事も一言《ひとこと》、一言《ひとこと》で言《い》い離《はな》つ神《かみ》、葛城の一言主《ひとことぬし》の大神なり」と、まをしき。天皇ここに恐《おそ》れ畏《かしこ》みて、「恐《かしこ》し、我が大神。うつしおみならんとは覚《さと》らざりき」とまをして、大《おお》御刀《みたち》また弓矢をはじめ、百官の人等の服《き》せる衣服を脱がしめて、拝《おが》み献《たてまつ》りたまひき。

天皇と同じ装束《しょうぞく》をした葛城の王一言主大神に、雄略天皇は恐れ戦《おのの》いている。雄略天皇にさほど大きな権力がなかったことを如実に示すエピソードである。ましてや、金・銀象嵌銘の太刀を下賜できるような獲加多支鹵大王には、ほど遠い存在である。

『古事記』が、雄略天皇は倭の五王ではないと暗に伝えているとも考えられる。これが『記紀』の誠意であると私には思える。

一七代履中《りちゅう》天皇（四〇〇年即位）から反正《はんぜい》天皇・允恭《いんぎょう》天皇・安康《あんこう》天皇・雄略《ゆうりゃく》天皇・清寧《せいねい》天皇・顕宗《けんぞう》天皇・仁賢《にんけん》天王・二五代武烈《ぶれつ》天皇（四九八年即位）までの、九代の天皇の時代のおよそ一〇〇年間は、吉備王権の時代であり、倭の五王、讃・珍・済・興・武の治めた時代である。この九代の天皇は小さな飛鳥の国の海人王に過ぎず、ヤマト王権はまだ成立していなかったのである。

『古事記』は飛鳥の国の物語であり、飛鳥の海人王を天皇として語ったものである。天孫系でないその他の倭国王は、『古事記』からは抹消されるのである。

逆に言うと、『古事記』に記載がないのは、倭の五王が天孫族ではない証である。まぎれもなく彼らは吉備の別王《わけ》なのである。

聖徳太子や小野妹子の創作には成功したが、畿内に残る王の証である「陵」について造作するのは相当苦労したことであろう。

『古事記』では、「御陵《みはか》は毛受《もず》の耳原《みみはら》に在り」という言葉で、仁徳《にんとく》天皇の項は締めくくられている。百舌鳥古墳群の大仙陵古墳を、仁徳天皇陵とはよくもいったものである。しかしそれもいたし方ないことである。日本一の前方後円墳が飛鳥の王の墳墓でなかったら、『記紀』は存立しないのである。箸墓古墳も同様である。

こうして、吉備王の墳墓を飛鳥王の墳墓にすり替えたまではよかったが、失敗に終わっている。どうしても五人の天皇の続柄《ぞくがら》が『宋書』と符合しないのである。

過去にはこのような稚拙な造作に怒りを覚えたこともあったが、よく考えてみるとどうしようもなかったのであろう。長い歴史の中で起こった出来事を、すべて一系の天皇家の出来事に置き換えなければならないのである。それが『記紀』の使命であった。

だが、一方では史実を正しく伝えようとする記述も見られる。歴史を覆い隠そうとまでは意図していなかったのではないか、『記紀』の編纂者の精いっぱいの誠意なのかもしれない。そこを読み解いていくと、歴史の真相が見えてくるのである。

『隋書』俀国伝を解く

俀国と遣隋使に注目

『隋書《ずいしょ》』は、中国王朝、隋《ずい》の時代（五八一〜六一九年）の三八年間の歴史書である。成立は六三六年、撰者は唐《とう》の時代の魏徴《ぎちょう》（五八〇〜六四三年）である。

五八九年、隋は南朝陳《なんちょうちん》を滅ぼし、西晋《せいしん》滅亡以来二七三年ぶり、黄巾《こうきん》の乱《らん》以来四〇五年ぶりに、中国全土を統一したのである。

『隋書』で注目されるのは、俀国《たいこく》と遣隋使《けんずいし》である。遣隋使をめぐる『日本書紀』との食い違いについては、後章で述べることにする。

『隋書倭国伝《わこくでん》』（石原道博編訳　岩波文庫）では、隋書は倭《わ》を俀《たい》につくるとして、俀国《たいこく》は倭国《わこく》の誤りとしている。しかし正解は、原文のまま、『隋書《ずいしょ》』俀国伝《たいこくでん》である。

『隋書』俀国伝《たいこくでん》

俀国《たいこく》は、百済《くだら》・新羅《しらぎ》の東南にあり。水陸三千里、大海の中において、山島によって居る。魏《ぎ》の時《とき》（『三国志』にいう邪馬壹国《やまいちこく》）、訳を中国に通ずるもの三十余国、みな自ら王と称す。夷人里数《いじんりすう》を知らず、ただ計《はか》るに日《ひ》を以《も》ってす。その国境は、東西は五月行《ごがっこう》、南北は三月行《さんがっこう》にして、各々海に至る。

その地勢は、東高くして西下り、邪靡堆《やまたい》に都《みやこ》す、即ち、『魏志』（実際は『後漢書』）のいわゆる邪馬臺《やまたい》なる者なり。古《いにしえ》より言う「楽浪郡《らくろうぐん》の境、および帯方郡《たいほうぐん》を去ること、並びに一万二千里にして、会稽《かいけい》の東《ひがし》にあり、儋耳《たんじ》と相近《あいちか》し」と。

漢の光武《こうぶ》のとき（五七年『後漢書』にいう倭奴国《わどこく》）、使を遣わして入朝し、自ら大夫《たゆう》と称す。安帝《あんてい》のとき（一〇七年『後漢書』にいう倭国王の使い太夫帥升等《すいしょうら》）、また使を遣わして朝貢す、これを俀奴国《たいどこく》という。

桓《かん》・霊《れい》の間、その国大いに乱れ、互いに相攻伐《あいこうばつ》し、歴年主《れきねんしゅ》なし。（倭国大乱）女子あり、卑弥呼《ひみこ》と名づく、よく鬼道を以《も》って衆《しゅう》を惑《まど》わす。ここにおいて、国人《こくじん》共に立てて王となす。男弟あり、卑弥呼をたすけて国をおさむ。

その王、侍婢《じひ》千人あり、その面《かお》を見るある者まれなり。ただ男子二人あり、王に飲食を給し、言語を通伝す。その王に宮室《きゅうしつ》・楼観《ろうかん》・城柵《じょうさく》あり、みな兵を持して守衛し、法《ほう》をなすこと甚《はなは》だ厳《げん》なり。

魏《ぎ》より斉《せい》・梁《りょう》に至り、代々、中国と相通ず。

開皇《かいこう》二十年（六〇〇年）、俀王《たいおう》あり、姓は阿毎《あま》、字は多利思比孤《たりしひこ》、阿輩雞弥《おおきみ》と号す。

使を遣わして闕《けつ》（長安）に詣《まい》る。上《じょう》（文帝）、所司《しょし》をしてその風俗を訪ねさせた。

使者いう、「俀王《たいおう》は天《てん》を以《も》って兄とし、日《ひ》を以《も》って弟となす。天未《てんいま》だ明《あ》けざるとき、出《い》でて政《まつりごと》を聴《き》き、跏趺《かふ》（あぐら）して坐《ざ》し、日出《ひい》ずれば、すなわち理務《りむ》を停《と》め、いう我が弟に委《ゆだ》ねんと」と。

高祖《こうそ》（文帝）いわく「これ大いに義理なし」と。ここにおいて訓《おし》えてこれを改めしむ。

王の妻は雞弥《きみ》と号す。後宮《こうきゅう》に女六、七百人あり。太子《たいし》を名づけて利歌弥多弗利《りかみたふり》となす。城郭《じょうかく》なし。

内官《ないかん》に十二等《とう》あり。一を大徳《だいとく》といい、次は小徳、次は大仁《だいじん》、次は小仁、次は大義《だいぎ》、次は小義、次は大礼《だいらい》、次は小礼、次は大智《だいち》、次は小智、次は大信《だいしん》、次は小信、員に定数なし。

軍尼《くに》（国造《こくぞう》）一百二十人あり、なお中国の牧宰《ぼくさい》（国守の唐名）のごとし。八十戸に一伊尼翼《いなぎ》をおく、今の里長《りちょう》の如きなり。十伊尼翼《いなぎ》は一軍尼《くに》に属す。

その服飾、男子は裙襦《くんじゅ》を衣《き》る、その袖《そで》は微小なり。履《くつ》は、木靴《きぐつ》の如く、その上に漆《ぬ》り（うるし）、これを脚に繋《か》く。庶民《しょみん》多くは跣足《せんそく》（はだし）、金銀を用いて飾りとなすことを得ず。

故事《こじ》（むかし）、衣は横幅を、結束して相連ね縫うことなし（貫頭衣《かんとうい》）、頭にもまた冠なく、ただ髪を両耳の上に垂るるのみ。

隋《ずい》に至り、その王始《おうはじ》めて冠《かんむり》を制《せい》す。錦綵《きんさい》を以《も》ってこれをつくり、金銀を以って花をちりばめ飾りとなす。婦人は髪を後ろに束ね、また裙襦《くんじゅ》・裳《すそも》を衣《き》、皆ひだかざりあり。竹にてくしをつくり、草を編《あ》みで褥《しとね》となす。雑皮にて表をつくり、縁取《ふちど》るに文皮を以ってす。

弓・矢・刀・さく・弩《ど》（石弓）・さん（両刃の矛）・斧《おの》あり、皮を漆《ぬ》り（うるし）て甲（よろい）となし、骨を矢鏑《やてき》となす。兵ありといえども征戦《せいせん》なし。

その王、朝会《ちょうかい》には必《かなら》ず儀仗《ぎじょう》を陳設《ちんせつ》し、その国《くに》の楽《がく》を奏《そう》す。戸十万《とじゅうまん》ばかりあり。

その俗、人を殺し、強盗《ごうとう》および姦《かん》する者は皆死《し》し、盗む者は贓《ぞう》（盗んだ物）を計りて物を酬《むく》いしめ、財なき者は、身を没して奴《ど》（奴婢《ぬひ》）となす。

自余《じよ》（それ以外）は、軽重によって、あるいは流し（追放）、あるいは杖す（棒で打つ）。獄訟《ごくしょう》を訊《じん》究《きゅう》（問いただす）するごとに、承引《しょういん》せざる者は、木を以って膝《ひざ》を圧し、あるいは強弓《ごうきゅう》を張《は》り、弦《げん》を以ってその項《こう》（うなじ）を鋸《きょ》す（ノコギリの如く引く）。あるいは小石を沸湯《ふっとう》の中に置き、競う所の者をしてこれを探らしめ、いう理曲《りきょく》なる者は即《すなわ》ち手爛《ただ》ると。

あるいは蛇《へび》を甕中《おうちゅう》（かめの中）に置きてこれを取らしめ、いう曲《きょく》なる者は即《すなわ》ち手を螫《さ》さると。

人すこぶる恬静《てんせい》（もの静か）にして、争訟《そうしょう》まれに、盗賊すくなし。

楽《がく》に五絃《ごげん》の琴《こと》・笛《ふえ》あり。男女多く臂《ひじ》に鯨《げい》（入墨）し、面に点《てん》し身に文《ぶん》し、水に没して魚を捕《とら》う。

文字《もじ》なし、ただ木を刻《きざ》み、縄《なわ》を結《むす》ぶのみ。仏法を敬《けい》す。百済《くだら》において仏経《ぶっきょう》を求得《きゅうとく》し、始めて文字あり。卜筮《ぼくせい》（占い・亀甲《きっこう》と筮竹《ぜいちく》）を知り、もっとも巫覡《ふげき》（女と男の巫子）を信ず。

正月一日に至るごとに、かならず射戯《しゃぎ》・飲酒《いんしゅ》す。その余の節は、ほぼ華（中国）と同じ。碁博《きはく》（囲碁）・握槊《あくさく》（すごろく）・樗蒲《ちょぼ》（ばくち）の戯《ぎ》を好む。

気候温暖にして、草木は冬も青く、土地は肥《ひ》にして、水多く陸少し。小環《しょうかん》を以って鵜《う》の首に掛け、水に入って魚を捕えしめ（鵜飼い漁）、日に百余頭を得る。

俗、盤俎《ばんそ》（食卓）なく、しくに槲《かしわ》の葉を以ってし、食するに手を用《も》ってこれを食らう（手づかみで食う）。性質素直《すなお》にして雅風《がふう》あり。

女多く、男少なし。婚嫁には同姓を取らず、男女相悦《あいよろこ》ぶ者は即ち婚をなす。婦、夫の家に入るや、必ず先ず犬《いぬ》を跨《また》ぎ、乃《すなわち》（そこではじめて）夫と相見《あいまみ》ゆ。婦人淫妬《いんと》せず。死者はおさむるに棺槨《かんかく》を以《も》ってし、親賓《しんひん》（親しい賓客《ひんきゃく》）は屍《しかばね》について歌舞し、妻子兄弟は白布《はくふ》を以って喪服《もふく》を製《せい》す。貴人は三年、外に殯《もがり》し、庶人は日を卜《ぼく》してうずむ（埋葬する）。葬（葬式）に及んで屍《しかばね》を船上《せんじょう》に置き、陸地でこれを引くに、あるいは小輿《しょうよ》（小さい輿車《こしぐるま》）を以ってす。

阿蘇山《あそざん》あり。その石、故なくして火起こり天に接するもの、俗以って異となし、よって禱祭《とうさい》を行う。

如意宝珠《にょいほうじゅ》あり。その色青く、大きさ鶏卵《けいらん》の如く、夜は則《すなわ》ち光あり。いう魚の眼精《がんせい》なり。

新羅《しらぎ》・百済《くだら》は、みな俀《たい》を以って大国にして珍物多しとなし、並びにこれを敬仰《けいぎょう》し、常に通使《つうし》・往来《おうらい》す。

大業《たいぎょう》三年（六〇七年）、その王多利思比孤《たりしひこ》、使を遣わして朝貢す。使者いわく「聞く、海西《かいせい》の菩薩天子《ぼさつてんし》、重ねて仏法を興すと。故に遣わして朝拝せしめ、かねて沙門《しゃもん》数十人、来って仏法を学ぶ」と。その国書《こくしょ》にいわく、

「日出《ひい》ずる処《ところ》の天子《てんし》、書を日没《ひぼっ》する処《ところ》の天子《てんし》に致す、恙《つつが》なきや、云々」と。

帝（煬帝《ようだい》）これをみて悦ばず、鴻臚卿《こうろけい》に命じていわく、「蛮夷《ばんい》の書、無礼《ぶれい》なる者あり。復《ま》た以《も》って聞《ぶん》するなかれ（二度と聞かせるな）」と。

明年（六〇八年）、上（煬帝《ようだい》）、文林郎裴清《ぶんりんろうはいせい》を遣わして俀国《たいこく》に使わせしむ。百済を渡り、行きて竹島に至り、南に耽羅国《たんらこく》（済州島《さいしゅうとう》）を望み、都斯麻国《つしまこく》（対馬）を経、はるかに大海の中にあり。

また東して一支国《いちきこく》（壱岐）に至り、また竹斯国《ちくしこく》（筑紫）に至り、また東して秦王国《しんおうこく》に至る。その人華夏《かか》（中国）に同じ、以《も》って夷洲《いしゅう》となすも、疑うらくは、明らかにする能《あた》わざるなり。

また十余国を経て海岸に達す。竹斯国《ちくしこく》より以東《いとう》は、みな俀《たい》に附庸《ふよう》す。

俀王《たいおう》、小徳阿輩台《しょうとくあまだい》を遣わし、数百人を従え、儀仗《ぎじょう》を設け、鼓角《こかく》を鳴らして来り迎えしむ。のち十日、また大礼哥多毗《だいらいかたひ》を遣わし、二百余騎を従え効労《こうろう》（郊外まで出迎える）せしむ。

すでに彼の都に至る。その王、清（裴清《はいせい》）と相見《あいまみ》え、大いに悦《よろこ》んでいわく、

「我れ聞く、海西《かいせい》に大隋礼儀《だいずいれいぎ》の国ありと。故に遣わして朝貢せしむ。我は夷人《いじん》、海隅《かいぐう》に僻在《へきざい》し

て、礼儀（表敬の作法）を聞《き》かず。これを以《も》って境内に稽留《けいりゅう》し、即ち相見《あいみ》えず。今ことさらに道を清め、館《やかた》を飾り、以って大使を待つ。ねがわくは大国惟新《たいこくいしん》の化（大国にこれ新しく変化すること）を聞かんことを」と。

清、答えていわく、「皇帝、徳《とく》は二儀《にぎ》（天と地）に並び、沢《さわ》は四海に流る。王（俀王《たいおう》）、化《か》（変化すること）を慕《した》うの故を以って、行人（使者）を遣わして来らしめ、ここに宣諭《せんゆ》す（教えさとす）」と。既《すで》にして、清を引いて館《やかた》に就《つ》かしむ。その後、清、人を遣わしてその王にいっていわく、「朝命（帝の命令）すでに達せり。請《こ》う即《すなわ》ち塗《みち》（表面をとりつくろって誤魔化《ごまか》すこと）を戒《いまし》めよ」と。そこで、宴亨《えんきょう》（宴饗）を設け、以って清を遣わし、また使者をして清に随い来させて（一行を招待して）方物を貢せしむ。この後、遂《つい》に絶《た》つ。

九州王朝とでっちあげられた聖徳太子

『隋書』にいう俀国《たいこく》は、『後漢書』にいう臺国《たいこく》である。

この項の冒頭に述べたように学説では、『隋書』にいう俀国は倭国《わこく》の誤りであるとして、俀国の存在を認めていない。ゆえに、邪馬臺国《やまたいこく》のありかが永遠にわからないのである。私の基本姿勢は『史書』に忠実に、である。

俀国は明らかに存在したのである。九州王朝ともいえる大王国だったのだ。『隋書』には次のようにある。

その地勢は、東高くして西下り、邪靡堆《やまたい》に都《みやこ》す、即ち、『魏志』（実際は『後漢書』）のいわゆる邪馬臺《やまたい》なる者なり。……新羅《しらぎ》・百済《くだら》は、みな俀国《たいこく》を以って大国にして珍物多しとなし、並びにこれを敬仰《けいぎょう》し、常に通使《つうし》・往来《おうらい》す。……竹斯国《ちくしこく》より以東《いとう》は、みな俀《たい》に附庸《ふよう》す。

その勢力範囲は、『魏志』となっているが、実際は『後漢書』にいう熊本県全域を支配したかつての臺国《たいこく》を中心に、井国（委奴国）・壹国《いちこく》を含む北九州をも呑み込み、さらに朝鮮半島の新羅《しらぎ》・百済《くだら》までをも支配する大王国となっている。

「邪靡堆《やまたい》の都」は俀国《たいこく》の都であり、「邪馬臺《やまたい》なる者」は『後漢書』にいう邪馬臺国《やまたいこく》である。邪靡堆の都も、邪馬臺の都も同じ都なのである。そのありかについては、のちほど明らかになる。邪靡《やま》＝邪馬《やま》は卑語である。俀国《たいこく》も卑語をつければ邪馬俀国《やまたいこく》である。『隋書』によると、

古《いにしえ》より言う「楽浪郡《らくろうぐん》の境、および帯方郡《たいほうぐん》を去ること、並びに一万二千里にして、会稽《かいけい》の東《ひがし》にあり、儋耳《たんじ》と相近《あいちか》し」と。漢の光武のとき（五七年）、使を遣わして入朝し、自ら大夫《たゆう》と称す。安《あん》

帝《てい》のとき（一〇七年）、また使を遣わして朝貢す、これを俀奴国《たいどこく》という。

撰者の魏徴《ぎちょう》は、当然ながら『三国志』と『後漢書』の両方を読んだとみえるが、井国《いこく》（委奴国）も壹《いち》国《こく》も臺国《たいこく》も同じ俀奴国《たいどこく》であると述べている。実際は、前に述べたとおり光武（五七年）のとき使を遣わしたのは『後漢書』にいう倭奴国《わどこく》＝委奴国《いどこく》＝井国（委奴国）であり、また安帝（一〇七年）のとき朝貢したのは、『後漢書』にいう倭国王の使い太夫帥升等《すいしょうら》であり、同じく井国（委奴国）である。

しかしながら、魏徴がそう思うのも無理はない。井国（委奴国）の朝貢から五五〇年後、壹国《いちこく》の朝貢から四〇〇年後、臺国《たいこく》の朝貢から三〇〇年後に朝貢してきた国は、彼の目には同じ東夷の俀国《たいこく》と映るのである。中国隋から見たら西九州の東夷の国は、国名は変わっても同じ一つの国なのである。

二三八年、中国魏の時代、ライバルである隣国の壹国《いちこく》の女王日御子（卑弥呼）に先を越された臺国《たいこく》であったが、二四七年頃、連合国の一つ球国（狗奴国）の男王卑弥弓呼《ひみくこ》が、武力で日御子（卑弥呼）を倒すと、その約二〇〜三〇年後、二代目壹與《いちよ》をも討ちとって壹国《いちこく》を滅ぼし、三世紀末頃に中国「西晋《せいしん》」へ、そして「東晋《とうしん》」へと朝貢したのである。四世紀末になり、河内王朝といわれる倭の五王が「東晋」に現れるまで、臺国《たいこく》の朝貢は続いたのである。「東晋」の頃書かれた范曄《はんよう》（三九八〜四四五年）撰の『後漢書』には、大倭王は邪馬臺国《やまたいこく》にいると紹介されている。

五世紀の「宋《そう》」の時代には、倭の五王の朝貢が続き、臺国《たいこく》の中国への朝貢は影をひそめるが、倭の五王が滅びたのちの「隋」の六〇〇年、俀国《たいこく》の時の王、阿毎多利思比弧阿輩雞弥《あまのたりしひこのおおきみ》が再び朝貢したのである。

俀国《たいこく》は、熊本県内の臺国《たいこく》から北九州、朝鮮半島をも支配下に治め、三世紀中半から七世紀初頭まで三百年の歴史を刻む「九州王朝」といえる大国となったのである。

『隋書』にはこうも書かれている。

開皇《かいこう》二十年（六〇〇年）、俀王《たいおう》あり、姓は阿毎《あま》、字は多利思比孤《たりしひこ》、阿輩雞弥《おおきみ》と号す。使を遣わして闕《けつ》（長安）に詣《まい》る。上《じょう》（文帝）、所司《しょし》をしてその風俗を訪ねさせた。

使者いう、「俀王《たいおう》は天《てん》を以《も》って兄とし、日《ひ》を以《も》って弟となす。天未《てんいま》だ明《あ》けざるとき、出《い》でて政《まつりごと》を聴《き》き、跏趺《かふ》（あぐら）して坐《ざ》し、日出《ひい》ずれば、すなわち理務《りむ》を停《と》め、いう我が弟に委《ゆだ》ねんと」と。

高祖《こうそ》（文帝）いわく「これ大いに義理なし」と。ここにおいて訓《おし》えてこれを改めしむ。

王の妻は雞弥《きみ》と号す。後宮《こうきゅう》に女六、七百人あり。太子《たいし》を名づけて利歌弥多弗利《りかみたふり》となす。城郭《じょうかく》なし。内官《ないかん》に十二等《とう》あり。

たいそう立派な宮殿であることがわかる。律令も整っているように見える。「内官十二等」は俀国《たいこく》の律令である。後宮の女は采女《うねめ》（女官）であろうから、六、七百人とは大王国である。

学説では、阿毎多利思比弧阿輩雞弥は三三代推古《すいこ》天皇（在位五九二〜六二八年）であり、利歌弥多弗利《りかみたふり》は聖徳太子とされている。また、内官十二等は聖徳太子が作った冠位《かんい》十二階《かい》であるとされている。しかし推古天皇は、「姫」であり「比弧《ひこ》」（彦）ではない。全く滑稽な話である。また利歌弥多弗利《りかみたふり》という名の太子《たいし》は、利歌弥多弗利であって聖徳太子ではない。太子《たいし》が聖徳太子なら、『隋書』にも聖徳太子と書かれているはずである。

なお、開皇二〇（六〇〇）年の隋への朝貢の記録は『日本書紀』にはない。つまり、阿毎多利思比弧阿輩雞弥は飛鳥の天孫の王ではないのである。

聖徳太子は、藤原不比等が捏造《ねつぞう》したものであるが、あちこちにほころびが見える。『隋書』を正しく読み解けば一目瞭然である。だが、なぜ学説までもが、『日本書紀』を信じ倭を「俀《たい》」につくるとして『隋書』俀国伝《たいこくでん》を認めようとしないのか、私には理解しがたいのである。

また、多利思比弧《たりしひこ》の「比《ひ》」を「北《きた》」として北弧＝ホコと読む説もあるが、よくよく原本影印を見るとやはり「比」である。古代史説には、なぜかこの手の説が多い。

内管十二等を詳しく見てみると、聖徳太子の冠位十二階に非常によく似ている。むしろ同じであるといった方が妥当なのかもしれない。

内官十二等とは、
大徳《だいとく》小徳《しょうとく》・大仁《だいにん》小仁《しょうにん》・大義《だいぎ》小義《しょうぎ》・大禮《だいらい》小禮《しょうらい》・大智《だいち》小智《しょうち》・大信《だいしん》小信《しょうしん》である。徳仁義禮智信《とくにんぎらいちしん》の大小《だいしょう》である。

冠位十二階とは、

大徳小徳《だいとくしょうとく》・大仁小仁《だいにんしょうにん》・大礼小礼《だいらいしょうらい》・大信小信《だいしんしょうしん》・大義小義《だいぎしょうぎ》・大智小智《だいちしょうち》である。徳仁礼信義智《とくにんらいしんぎち》の大小《だいしょう》である。

ヤマト王権が、いや『日本書紀』の撰者が、俀国の内官十二等を模倣して、冠位十二階としたのは明白である。さらに、聖徳太子の制定とされる「和《わ》を以《も》って尊《とうと》しと為《な》す」の十七条憲法も、同じく俀国の憲法なのである。

これら二つの制度については、『日本書紀』に記されているだけで、ヤマト王権で施行された形跡は全くない。采女《うねめ》（女官）制度も俀国の模倣ではないかと思う。よって俀国は九州王朝といえるのである。

九州王朝説を唱える歴史学者も、国の特定はできていない。俀国の存在を認めていないのであるから当然のことではある。ただ漠然《ばくぜん》と九州に王朝があったのではないかというにとどめているが、それは俀国だったのである。

『日本書紀』が完成したのは、遣隋使の派遣から百年以上もあとのことである。『記紀』には、天孫以外の王権は存在してはならないという鉄則がある。九州王朝俀国の善政を飛鳥の王政にすり替えるため、聖徳太子という架空の存在をでっちあげ、その功績として美化したのである。

今でも多くの人が、藤原不比等《ふじわらのふひと》が創作した聖徳太子と小野妹子の実在を信じている。そういう意味では、不比等は卓越したストーリーテラーだったといえるだろう。

column 17

鞠智城は球国（狗奴国）跡

熊本市の北方、菊池川の中流域山鹿市《やまがし》に、朝鮮式山城として有名な鞠智城《きくちじょう》がある。この地は古代律令制のもとでは、肥後の国菊池郡に属し、古くは「くくち」と訓《よ》まれたらしい。どこかで聞き覚えのある名前である。そう、『三国志』にはこう書いてあった。

「その（邪馬壹国）南に狗奴国《くどこく》あり、男子を王となす。その官に狗古智卑狗《くくちひこ》があり。女王に属せず」

ここ鞠智城は「狗古智城《くくちじょう》」なのである。長官の狗古智卑狗の城なのである。すなわちここは球国《くこく》（狗奴国）跡だったのだ。男王とは首長国の臺国《たいこく》の王であり、長官とは別《わけ》か国司のようなものであろう。ここは間違いなく臺国《たいこく》連合七〇国の一国なのである。しかし学説では、鞠智城は次のようにいわれているのである。

歴史公園鞠智城の温故創生館《おんこそうせいかん》資料および『鞠智城を考える』によると、七世紀後半（約一三〇〇年前）にヤマト朝廷により建てられた「古代山城《こだいさんじょう》」である。建設のきっかけとなったのは、白村江《はくすきのえ》の戦《たたか》いでの敗北であった。唐・新羅連合軍の倭国本土侵攻に備えて、守衛のために古代山城を各地に築いたのであると書かれている。

だが同様の山城である、福岡県の大野城《おおのじょう》や佐賀県の基肄城《きいじょう》を見たときの印象では、迎え撃つ城とはとうてい思えない。山の上では戦略的にも不利である。迎え撃つのであれば、元寇《げんこう》のときのように、海岸線に築くべきではないのか。

岡山県の鬼ノ城もこの一つとされているが、ここは明らかに踏鞴《たたら》製鉄跡である。はなはだ信じがたいことに、屋島城（四国）、難波津（大阪）、大津宮（滋賀）などにも築かれたという。幸いにも敵軍の本土上陸はなく、山城に立て籠もるような事態は避けられたのである。当然である。敵軍にそのような作戦は初めからなかったのである。私には、古代山城説は荒唐無稽な説といわざるをえない。鞠智城の築城の記録がないのも、球国（狗奴国）跡であるから当然といえる。

いざ現地へ行ってみると、鞠智城近辺は山城というよりのどかな農村地帯であった。地名も米原＝ヨナバルという。いかにも稲作地域にふさわしい名前ではないか。原＝バルであるから海人族の邑である。

城跡からは、秦人忍《はたひとのおし》という人物が供出した米俵の荷札木簡も見つかっているという。だから朝鮮式山城だというのであるが、私が思うに、当地はもともと朝鮮系渡来人の国邑だったのだろう。『隋書』にいう、筑紫の秦王国と同様である。この時代、朝鮮半島南部から対馬、壱岐、九州、西日本まで「倭」であり、国境はなかったのである。俀国《たいこく》は、縄文人、海人族、朝鮮人、中国人の多民族混血国家だったのである。

ほんとうにあった邪馬臺国

では九州王朝俀国《たいこく》の都、邪靡堆《やまたい》はどこにあったのだろうか。それは『隋書』に登場する隋の使者、文《ぶん》林郎裴清《りんろうはいせい》の船旅から探ることができる。日本地図を開いて、次の記述を追ってみよう。

明年（六〇八年）、上（煬帝《ようだい》）、文林郎裴清《ぶんりんろうはいせい》を遣わして俀国《たいこく》に使わせた。百済を渡り、竹島に至り、南に耽羅国《たんらこく》（済州島《さいしゅうとう》）を望み、都斯麻国《つしまこく》（対馬）を経て、はるかに大海の中にあり。

俀国は、朝鮮半島南部の百済から海路対馬の国を経て、遥か南方の海上にあるという。その道中の国々を次のように記している。

また東して一支国《いちきこく》（壱岐）に至り、また竹斯国《ちくしこく》（筑紫）に至り、また東して秦王国《しんおうこく》に至る。その人華夏《かか》（中国）に同じ、以《も》って夷洲《いしゅう》となすも、疑うらくは、明らかにする能《あた》わざるなり。

対馬から南へ、五島列島と平戸島の間の海峡を目指して航行しているのがわかる。ここから東に行くと壱岐の国、筑紫の国があり、またその東に秦王国《しんおうこく》があると説明している。私見ではあるが、秦王国とは、福岡県糟屋郡粕屋《かすやぐんかすや》町にあった渡来人の稲作集落で、現在の江辻《えつじ》遺跡群である。渡来人とは、朝鮮半島南部の三韓の一つ、辰韓《しんかん》（秦韓）から移住した辰韓人《しんかんじん》である。『三国志』魏書辰韓伝《しんかんでん》によると、秦の始皇帝の労役から逃亡してきた秦人《しんじん》がおり、馬韓《ばかん》はその東の地を割いて彼らに与え住まわせ、辰韓人と名づけたという。彼らが九州島に移り住んで築いたのが秦王国である。ゆえに「その人華夏《かか》（中国）に同じ」なのである。

しかし裴清《はいせい》の一行は、そのような過去の逃亡者の歴史をご存知なかったようで、疑いをもっているのである。さらに、文林郎裴清は航海を続けている。

また十余国をへて海岸に達す。竹斯国《ちくしこく》より以東《いとう》は、みな俀《たい》に附庸《ふよう》す。俀王《たいおう》、小徳阿輩台《しょうとくあまだい》を遣わし、数百人を従え、儀仗《ぎじょう》を設け、鼓角《こかく》を鳴らして来り迎えしむ。

角力灘《すもうなだ》から天草灘《あまくさなだ》を過ぎて、島原湾岸に到着したのである。この間十余国である。鼓角を鳴らして数百人が派手に出迎えた。

のち十日、また大礼哥多毗《だいらいかたひ》を遣わし、二百余騎を従え効労《こうろう》（郊外まで出迎える）せしむ。すでに彼の都に至る。その王、清（裴清《はいせい》）と相見《あいまみ》え、大いに悦《よろこ》んでいわく、

「我れ聞く、海西《かいせい》に大隋礼儀《だいずいれいぎ》の国ありと。故に遣わして朝貢せしむ。我は夷人《いじん》、海隅《かいぐう》に僻在《へきざい》して、礼儀（表敬の作法）を聞《き》かず。これを以《も》って境内に稽留《けいりゅう》し、即ち相見《あいまみ》えず」。

俀王側は、しばらく裴清の様子を窺っていたようである。滞在一〇日後、再び郊外まで出迎えてくれた二百騎とともに王の都に至った。邪靡堆《やまたい》の都に到着したのである。

だが熊本県島原湾岸にそれらしい遺跡があるのだろうか。調べてみると、なんと私が知らなかった大遺跡群が眠っていたのである。それは熊本市城南町《じょうなんまち》に残る塚原《つかはら》古墳群である。ここは俀国《たいこく》の王、阿毎多利思比弧阿輩雞弥《あまのたりしひこのおおきみ》の墳墓群だったのだ。

熊本市塚原歴史民族資料館の資料によると、塚原古墳群は紀元四〇〇～六〇〇年までの二百年間にわたり繁栄した王権の墓であるという。

現在確認できた墳墓は二〇三基、総数は五〇〇基にものぼるといわれている。方形周溝墓に始まり、方墳・円墳・前方後円墳へと続く、約二百年間の古墳の変遷を、同一台

塚原古墳群

地で見ることができる。現在は、約一〇万平方メートルもの広々とした古墳公園となっている。臺国《たいこく》の時代から考えると、三五〇～四〇〇年間の歴史が刻まれているのではないだろうか。

邪靡堆の王都は、墳墓の北方、緑川《みどりかわ》とその支流の浜戸川《はまとがわ》、御船川《みふねがわ》に囲まれた地域であろう。地名からして御船町《みふねまち》あたりが宮殿跡と思われる。その領域は、白川《しらかわ》、緑川を中心とした支流域で、東方に阿蘇山がある。この頃熊本平野は大部分が海である。西方に吉野山《よしのやま》があり、島原湾を望む地勢である。

館長さんのお話によると、この地区には人民の住居跡を示す遺跡がたくさん出土するそうである。だが発掘の計画はないという。

熊本市塚原歴史民族資料館の資料によると、この頃宇土《うと》半島は宇土島《うとしま》であり、島原湾と不知火海《しらぬいかい》（八代海）はつながっていたのである。王都の近くまで海岸線であったという。御船町《みふねまち》とは、王の船の着く津があったということである。川の名も御船川《みふねがわ》である。

地名とは時間の化石であるという。間違いなくここが王都跡である。

「まぼろしの邪馬臺国《やまたいこく》」とか「邪馬臺国はなかった」とかいわれた古代史最大の謎が、いとも簡単に見つかったではないか。これこそが「ほんとうにあった邪馬臺国」である。

心の底から安堵感が込み上げてくる。それにしてもこの落ち着きはどうしたことだろう。ゴルフでホールインワンをしたときもこんな感じであった。不思議に、大きな喜びとか感動とかはないものである。

『隋書』の次の文節は興味深い。

阿蘇山《あそざん》あり。その石、故なくして火起こり天に接するもの、俗以って異となし、よって禱祭《とうさい》を行う。如意宝珠《にょいほうじゅ》あり。その色青く、大きさ鶏卵《けいらん》の如く、夜は則ち光あり。いう魚の眼精なり。

阿蘇山は熊本県だけに存在する山である。俀国は明らかに熊本県にあったのである。阿蘇の火は夜になると海に光る。八代海《やつしろかい》が「不知火海《しらぬいかい》」といわれるゆえんである。年代・規模・地理ともに、『隋書』にいう俀国と見事に符合しているではないか。

海人族の都する国は、その地勢に共通点があり雰囲気までもが似通っている。

まず三方が山に囲まれており、一方は海に面している。大河ではない二つの川に囲まれている。吉野山があり、高台に墓地がある。

井国《いこく》（委奴国）も壹国《いちこく》も臺国《たいこく》も俀国《たいこく》も、飛鳥の国も、さらには京都平安京も同様である。

また、次の国書についても、ここで学説の誤りを正しておきたい。

大業《たいぎょう》三年（六〇七年）、その王多利思比孤《たりしひこ》、使を遣わして朝貢す。使者いわく「聞く、海西《かいせい》の菩薩天子《ぼさつてんし》、重ねて仏法を興すと。故に遣わして朝拝せしめ、かねて沙門《しゃもん》数十人、来って仏法を学ぶ」と。その国書《こくしょ》にいわく、

日出《ひい》ずる処《ところ》の天子《てんし》、書を日没《ひぼっ》する処《ところ》の天子《てんし》に致す、恙《つつが》なきや、云々。

聖徳太子が遣隋使小野妹子に持たせたとされる、あまりにも有名な国書である。これを見て、時の帝、煬帝《ようだい》は激怒した。学説では、聖徳太子が自らを天子と名乗り、隋と対等な外交姿勢を示したからであると、高く評価されている。

『隋書』には、はっきり「その王多利思比孤《たりしひこ》」と記されているのに、なんとも面妖なことだ。

第一章で述べたように、阿蘇の地そのものが神の山であり、神の野であり、阿蘇のすべてが神居ますところである。阿蘇山火口脇の阿蘇山上神社は古来より「天宮《てんきゅう》」と呼ばれていたのである。天宮に住むのが天子である。そのため熊本県には天子《てんし》の宮《みや》という神社が数多くある。これは『隋書』にいうように、王多利思比弧が「天子」を名乗っていた証である。

帝（煬帝《ようだい》）これをみて悦ばず、鴻臚卿《こうろけい》に命じていわく、蛮夷《ばんい》の書《しょ》、無礼《ぶれい》なる者あり。復《ま》た以《も》って聞《ぶん》するなかれ（二度と聞かせるな）……この後、遂《つい》に絶《た》つ。

天子は中国の称号である。不敵な多利思比弧の態度に帝（煬帝）は怒ったのである。そしてついに国交は絶えた。ヤマト王権に天子はなく、天子の宮もない。ヤマト王権は「大王《おおきみ》」であり、「天皇《すめらみこと》」であり、宮には地名が付いている。通説いわれる「日出《ひい》ずる処《ところ》の天子《てんし》」は聖徳太子ではなかったのである。

国書の主は、俀国の王多利思比弧であり、天子を名乗ったのも彼である。熊本市内に遺跡が多いのも、邪靡堆の都があったからにほかならない。邪馬臺国は神居ます阿蘇の地で、営々と時を刻んでいたのだ。

column 18

跨ぐのは犬か火か

『隋書』に次のような記述がある。

「女多く、男少なし。婚嫁には同姓を取らず、男女が相悦《あいよろこ》ぶ者は即ち婚をなす。婦、夫の家に入るや、必ず先ず犬《いぬ》を跨《また》ぎ、乃《すなわち》（そこではじめて）夫と相見《あいまみ》ゆ」

学説においては、「犬《いぬ》を跨《また》ぎ」では意味不明であり、ここは囲炉裏《いろり》の「火《ひ》を跨ぎ」である。例によって『史書』の誤りであるという。

はたしてそうだろうか。原文は明らかに「犬《いぬ》」と書かれている。何度も申し上げているように、私の基本姿勢は『史書』に忠実に、である。

犬は子沢山で、安産の象徴とされている。現在でも安産を祈願して、妊娠五か月目の戌《いぬ》の日《ひ》に腹帯を巻く、帯祝《おびいわ》いの儀式がある。その原点は、この時代の犬を跨ぐ習慣にあったのである。安産を願って、どこの家庭にもいた犬を跨いだのち、夫婦は結ばれたのである。火を跨ぐでは、かえって意味不明であろう。

学説には「『史書』の間違いである」という言葉が多く見られる。学説のあやふやさを物語っているように、私には思える。

第五章

捏造の三部作を暴く

鬼も、小野妹子も聖徳太子もいなかった。
大化の改新さえも、でっちあげだった。
すべて作られた偶像だったのだ。
時の権力者の都合によって、いつも歴史は捻じ曲げられる。
伝説やおとぎ話に潜んでいる史実のかけらを拾い集め、
古代史ジグソーパズルを完成させてみよう。

伝説・おとぎ話の裏事情

鬼に仕立て上げられた陸耳御笠

日本には、鬼にまつわる伝説が数多くある。なかでも有名なものは、大江山《おおえやま》（京都府福知山市）の鬼伝説である。鬼伝説の裏には、当時の王権の思惑がうごめいている。

天皇が勅命を下し、武将に鬼を退治させる物語。それは王権が権力を誇示し、王権を称揚する手段として作り出したものではなかったのか。

大江山に残された、次の三つの鬼伝説を検証してみよう。

◉日子坐王《ひこいますのみこ》伝説

大江山の鬼伝説のうち最も古いもので、『丹後風土記残欠』に記されている。青葉山中（京都府舞鶴市）

に住む陸耳御笠《くがみみのみかさ》という土蜘蛛《つちぐも》が、日子坐王《ひこいますのみこ》の軍勢と由良川筋で激しく戦い、最後に与謝の大山（現在の大江山）へ逃げ込んだというものである。

●麻呂子《まろこ》親王伝説

用明天皇の時代というから六世紀の末頃のこと、河守荘三上ヶ嶽《みうえだけ》（現在の大江山）に英胡《えいこ》・軽足《かるあし》・土熊《つちぐま》に率いられた悪鬼が集まり、人々を苦しめた。勅命を受けた麻呂子親王が鬼退治に乗り出し、神仏の加護を受けて悪鬼を討ち、世は平穏に戻ったというものである。

●源　頼光《みなもとのよりみつ》の鬼退治伝説

酒呑童子《しゅてんどうじ》は、平安時代末期に暗躍していた鬼・妖怪または盗賊の頭目で、童顔で酒が好きだったので酒呑童子と呼ばれた。本拠地は丹波の国の大江山にあった。

六六代一条《いちじょう》天皇（九八六年即位）のとき、京の若者や姫君が次々と神隠しに遭った。占いで大江山に住む鬼の酒呑童子の仕業とわかった。そこで帝の命を受けて、源頼光が鬼退治に乗り出した。四天王と呼ばれた渡辺綱《わたなべのつな》、坂田金時《さかたきんとき》、碓井貞光《うすいさだみつ》、卜部季武《うらべすえたけ》などを刺客として差し向けたのだ。彼らは仲間だと言って近づき、毒酒を飲ませて自由を奪い、酒呑童子一党を殺したのだ。

このとき酒呑童子は、「鬼に横道《おうどう》（道にそむいたこと）はない」と叫び、頼光を激しくののしった。

酒呑童子《しゅてんどうじ》は、日本の妖怪変化史のうえで最強の妖怪＝鬼として、今日までその名をとどろかせている。

平安京は繁栄していたが、ひとにぎりの摂関貴族たちだけが恩恵を受けており、その陰に庶民の暗い苦しい生活があった。そんな暮らしに耐え、生き抜き、抵抗した人々の象徴が鬼＝酒呑童子であった。

　これら三つの伝説は、時代は異なるものの、同じ陸耳御笠事件であると私は考えている。『古事記』には「玖賀耳之御笠《くがみみのみかさ》」と記されている。身分や出身など詳しいことは不明であるが、名前の「耳《みみ》」から推測すると、天津神系の血を引く者である。また、「笠《かさ》」から吉備系の豪族であることがわかる。耳や笠には意味がある。第二章の八俣の大蛇退治の項で述べたごとく、耳のつく神様は、すべて須佐之男命の末裔たちなのである。

　大江山は、もと加佐郡《かさぐん》つまり笠郡《かさぐん》である。吉備族の笠臣《かさのおみ》の国邑だったのだ。ゆえに玖賀耳之御笠と呼ばれたのである。土蜘蛛や盗賊の家系ではないのに、なぜ鬼といわれるのであろうか。

『日本書紀』によると、笠臣は七代孝霊《こうれい》天皇（天皇在位一三年説で二五一年即位）の皇子で、吉備の鬼退治をした「桃太郎《ももたろう》」こと、大吉備津彦命の弟稚武彦命《わかたけひこのみこと》につながる氏族である。酒呑童子の祖は桃太郎と同じ吉備族だったのである。

　しかも、大江山は、天照大御神が天の岩戸隠れをされた岩戸山の近くである。敵や悪党をおそば近くに置くことはない。むしろ玖賀耳之御笠は、丹波での天照大御神のお守り役だったのである。天照大御神が、羽衣伝説に残るヤマトへ「天女《てんにょ》」となって旅立った後に、彼は討たれている。天孫族は天照大御神を人質にとられているような状態のうちは、吉備族に戦いを挑めなかったのである。

　討たれた理由とは何か。それは間違いなく天孫族による「吉備潰《きびつぶ》し」である。

この当時、若狭《わかさ》の国、美濃《みの》の国、尾張《おわり》の国、三河《みかわ》の国、信濃《しなの》の国まで、別《わけ》の吉備一族の国邑であり、大きな勢力を誇っていた。「倭の五王」といわれる吉備族が、大王国を築くのは五世紀のことであるが、三世紀のこの頃すでに躍進は始まっていたのである。

玖賀耳之御笠の住むここ丹波の青葉山（京都府舞鶴市）は、通説いわれている「丹波王権《たんばおうけん》」の首都であり、玖賀耳之御笠は丹波の君だったのである。

ようやくヤマトに基盤を築いた天孫族が、天照大御神をヤマトに迎えたことにより、それまで吉備の後塵《こうじん》を拝していた屈辱を解き放ち、天下統一に舵を切ったのである。

『古事記』によると、一〇代崇神《すじん》天皇（天皇在位一三年説で二六四年即位）のとき、次の記録がある。

> また日子坐王《ひこいますのみこ》をば丹波国に遣はして、玖賀耳之御笠《くがみみのみかさ》を殺さしめたまひき。

『日本書紀』には、同じく一〇代崇神天皇一〇年（天皇在位一三年説で二七四年）に、次の記録がある。

> 九月九日、大彦命《おおひこのみこと》を北陸に、武渟川別《たけしぬなかわわけ》を東海に、吉備津彦《きびつひこ》を西海に、丹波道主命《なにわのみちぬしのみこと》（日子坐王の子）を丹波に遣わされた。「もし教えに従はない者があれば、兵を以って討て」と言われた。それぞれ印綬を授かって将軍となった。

これを四道将軍《しどうしょうぐん》という。日子坐王は九代開化《かいか》天皇（天皇在位一三年説で二六四年即位）の皇子で、この後述べるが「浦島太郎《うらしまたろう》」の祖なのである。すなわち、酒呑童子と浦島太郎は敵同士だったのだ。つまり、討たれた玖賀耳之御笠（酒呑童子）も、討った日子坐王（浦島太郎）も、元は同じ天津神と別《わけ》の天孫族なのである。

稲田宮主須賀之八耳神《いなだのみやぬしすがのやつみみのかみ》系の玖賀耳之御笠も、天之忍穂耳命《あめのおしほみみのみこと》系の崇神天皇も、太祖は同じ須佐之男命である。この物語は、吉備系の勢力を恐れた天皇家が、巻き返しを図った天津神と別《わけ》の覇権争いなのである。

このような天皇家の高圧的なやり方に、苦しい生活を強いられている庶民は激しく反発した。これを抑えるため、天皇家は酒呑童子伝説を創作したのである。

玖賀耳之御笠は、住んでいた青葉山から大江山に逃れるが、最後は但馬《たじま》海岸で討たれる。強大な力をもっていたゆえに、玖賀耳之御笠は鬼として討たれてしまったのである。この当時天皇家に忠誠を誓わない豪族や、朝廷を脅かす存在とみなされた勢力は、鬼あるいは土蜘蛛などと呼ばれ、征伐されたのである。よって各地にさまざまな鬼・土蜘蛛伝説が残ることになった。

酒呑童子は都の人々にとっては悪者であり、仏教や陰陽道《おんみょうどう》などの信仰にとっても、敵であり妖怪であった。しかし酒呑童子側から見れば、自分たちが昔から住んでいた土地を奪った武将や陰陽師たち、その中心にいる帝《みかど》こそが極悪人であった。

「鬼に横道（道にそむいたこと）はない」という酒呑童子の最後の叫びには、土地を奪われただけではなく、自然そのものが征服されていくことへの哀しみも込められているのかもしれない。

この伝説は、悪の権化のような酒呑童子を正義のヒーローである四天王が、見事退治したという勧善《かんぜん》懲悪《ちょうあく》の美談仕立てになっている。だが真実は、玖賀耳之御笠事件をカモフラージュするためのねつ造だったのである。

大江町にある「日本の鬼の交流博物館」の鬼に、乱暴狼藉者《らんぼうろうぜきもの》のイメージはない。むしろ追い詰められた者の悲哀を感じる。勝てば官軍、真実は藪の中である。

column 19

朝廷の苦肉の策で生まれた金太郎

金太郎《きんたろう》は桃太郎と並んで、おとぎ話の世界ではスターである。モデルになったのは、酒《しゅ》呑童子《てんどうじ》を退治した四天王の一人、坂田金時《さかたきんとき》だといわれている。一方、藤原道長《ふじわらのみちなが》に仕えた有能な近衛兵、下毛野公時《しもつけののきんとき》がモデルという説もあり、本当のところは定かではない。

酒呑童子は一〇世紀に、金太郎は江戸期に創られたものである。浄瑠璃《じょうるり》や歌舞伎《かぶき》を通して、頼光四天王《よりみつしてんのう》の怪力童子のイメージが定着した。

私見であるが、この金太郎物語の誕生の背景には玖賀耳之御笠《くがみみのみかさ》事件がある。玖賀耳之御笠を酒呑童子という悪漢に仕立て上げ成敗したことで、丹波の国は天孫族の国邑となった。これで一件落着かと思われたが、世論はそうはいかなかったようだ。逆に酒呑童子を義賊としてもてはやしたのだ。あまりの人気の高さに驚き、朝廷側がひねり出したのが金太郎の物語であろう。

「酒呑童子は本当に悪い奴だったのだよ。それにひきかえ彼を討った金太郎は、こんなにやさしい親孝行な子なのだ」と反論しているのである。童子と童子の物語である。これも明らかに、童子信仰に名を借りた玖賀耳之御笠事件のカモフラージュなのである。

桃太郎は天孫族の皇子である

桃太郎といえば吉備団子《きびだんご》である。これは江戸時代に作られた土産品だという。もともとは穀物の黍《きび》から作るゆえ、黍団子と称するようになった。

桃太郎ゆかりの地は全国にある。桃太郎伝説は、多少異なる点があるものの、おおむね桃太郎をヒーローとする勧善懲悪の物語である。

桃から生まれた桃太郎が成長して、人々を苦しめている鬼ヶ島の鬼を退治するために出征する。その道中に出会った犬、猿、雉《きじ》に、両親からもらった黍団子（吉備団子）を分け与え家来にする。見事、鬼ヶ島での戦いに勝利し、たくさんの財宝を持ち帰り、郷里のお爺さんお婆さんと幸せに暮らした、というものである。

おとぎ話には必ず史実が隠されている。桃太郎にもモデルがいる。七代孝霊《こうれい》天皇（天皇在位一三年説で二五一年即位）の皇子彦五十狭芹彦命《ひこいさせりひこのみこと》である。

彦五十狭芹彦命は、一〇代崇神《すじん》天皇（天皇在位一三年説で二六四年即位）の勅命を受け、崇神一〇年（天皇在位一三年説で二七四年）に四道将軍《しどうしょうぐん》の一人として西に赴き、異母弟稚武彦命《わかたけひこのみこと》とともに山陽道を平定した人である。

「吉備の鬼退治」をした後、大吉備津《おおきびつ》彦命《ひこのみこと》を名乗り、吉備の国造《こくぞう》となったのである。これにより黍団子は吉備団子となった。彼は『記紀』によると二八一歳で亡くなっている。

陵墓は吉備の中山茶臼山《なかやまちゃうすやま》古墳である。備前の国一ノ宮吉備《きび》津彦《つひこ》神社（岡山市一宮）、備中の国一ノ宮吉備津《きびつ》神社（岡山市吉備津）、備後の国一ノ宮吉備津神社（広島県福山市）、讃岐国一ノ宮田村《たむら》神社（香川県高松市）などで祭られている。

桃太郎といえば吉備のイメージが強いが、実は讃岐《さぬき》の国にもいたのである。讃岐の国の桃太郎は弟の稚武彦命であるといわれており、「倭《わ》の五王《ごおう》」の祖でもある。

兄彦五十狭芹彦命＝大吉備津彦命。吉備《きび》の桃太郎という。

弟稚武彦命＝稚武彦吉備津彦命。讃岐《さぬき》の桃太郎という。

岡山県の伝説によると、吉備の桃太郎は鬼ノ城《きのじょう》に住む乱暴者の「温羅《うら》」という鬼を、三人の家来とともに退治したことになっている。だがこの鬼も、実は天孫族に都合のいいよう

吉備津神社

にでっちあげられたものである。

四道将軍の平定前に、吉備の国では百済の王子と称する「温羅氏《うらし》」による開拓が急ピッチで進んでいた。温羅氏は製鉄技術をもたらした豪族で、鬼ノ城はその館である。鬼ノ城とは、総社《そうじゃ》市にある標高三九七メートルの鬼城山《きのじょうざん》に残る山城である。

温羅氏は渡来系の善良な蹈鞴《たたら》製鉄業者だったのに、天下取りを目論む天孫族の餌食《えじき》となってしまったのである。第二章で述べたように、「火之迦具土神《ひのかぐつちのかみ》の殺害」「八俣の大蛇退治《やまたおろちたいじ》」と並んで、『記紀』に残る三つの鉄の争奪戦の一つである。

ちなみに、讃岐国一ノ宮田村神社のある香川県高松市には、現在鬼無町《きなしちょう》がある。退治されて鬼がいなくなったというわけであるが、ここは古くは上笠居村《かみかさいむら》という。「鬼」が居なくて「笠」の桃太郎が居るというのである。地名にもしっかりと史実が隠されている。

香川県高松市にも、鬼ノ城と同じ蹈鞴製鉄場があったのだ。鉄の欲しいヤマト王権が武力で略奪した。童謡『桃太郎』にあるように分捕《ぶんど》ったのである。

それにしても、桃太郎は幼稚園の学芸会の定番であるが、子どもに武力行使を教えてもいいものだろうか。また、鬼から奪い返したものは村人に返してやるのが正義であり、自分のものにしては泥棒になってしまうではないか。

もちろんお供は犬や猿、雉だけではない。もっと多くの家来がいたのである。

作詞・不明。作曲岡野貞一。
唱歌　桃太郎

桃太郎さん、桃太郎さん、お腰につけた黍団子、
ひとつ私に下さいな。
やりましょう、やりましょう、これから鬼の征伐に、
ついて行くならやりましょう。
　行きましょう、行きましょう、あなたについて何処までも、
　　家来になって行きましょう。

そりゃ進め、そりゃ進め、一度に攻めて攻め破り
　つぶしてしまえ、鬼が島。
おもしろい、おもしろい、のこらず鬼を攻めふせて、
分捕り物をえんやらや。
萬萬歳、萬萬歳、お伴の犬や猿雉子は、
　勇んで車をえんやらや。

浦島太郎は神仙思想の海人族版

広く流布《るふ》している浦島太郎《うらしまたろう》の物語は、室町時代に成立した「御伽草子《おとぎぞうし》」によるものである。古伝説では少し話が異なっている。『日本書紀』によると、二二代雄略《ゆうりゃく》天皇二二年（四七八年）に次の記述がある。

> 秋七月、丹波の国与謝郡《よさぐん》の筒川《つつかわ》の人、水江浦島子《みずえのうらしまこ》が、舟に乗って釣りをしていた。そして大亀を得た。それがたちまち女となった。浦島は感動して妻とした。二人は一緒に海中に入り。蓬莱《ほうらい》山《さん》に至って、仙境《せんきょう》を見て回った。この話は別《こと》の巻《まき》にある。

また、『万葉集』や『丹後《たんご》の国風土記《くにふどき》』逸文《いつぶん》にも同じような記述があり、浦島太郎の名前は水江浦島子、筒川嶼子《つつかわのしまこ》などとなっている。

『日本書紀』では浦島は「蓬莱山」に、『万葉集』や『御伽草子』では「常世《とこよ》」に、『丹後国風土記』逸文では、「神仙《しんせん》の国」に行ったことになっている。

京都に浦嶋《うらしま》神社（京都府与謝郡伊根町本庄）がある。祭神は浦嶋子《うらしまこ》（筒川大明神）で、月読命《つくよみのみこと》とともに祭られている。

創祀は平安時代、五三代淳和《じゅんな》天皇の八二五年、神殿を建て浦嶋子を、筒川大明神《つつかわだいみょうじん》として祭ったのが始まりであるという。境内には常世の国が作られている。

浦嶋神社栞《しおり》や、宝物殿での宮司《ぐうじ》さんのお話によると、浦嶋子は当地の「領主《りょうしゅ》」であり、日下部首《くさかべのおびと》の祖先であり、彦坐命《ひこいますのみこと》の末裔である。その太祖は月読命であるという。

彦坐命は九代開化《かいか》天皇（天皇在位一三年説で二六四年即位）の子であり、同じ丹波の大江山の鬼、玖賀耳《くがのみみ》之御笠《のみかさ》を退治したことで知られている。その末裔であるから、当然浦嶋子も天孫族である。漁師となっているのは、物語上の演出である。天孫族がかかわっているゆえに、伝説となっているのである。庶民の出来事は伝説とはなり得ないのだ。

では、浦島太郎の物語は何を伝えているのだろうか。

日本地図を見ると、若狭湾の沖合に大島（冠島《かんむりじま》）と小島（沓島《くつじま》）がある。大島（冠島）には天火明《あめのほあかりの》命《みこと》が、小島（沓島）には市寸島比売命《いちきしまひめのみこと》（宗像三女神の中つ宮の神）が祭られているという。

国生み神話の項で述べたが、大八島の次に還ります時に生んだ「大島」がここである。

大島は、天火明命が初めに降臨した海人原でもある。対岸の伊根《いね》町《ちょう》新井《にい》には、「徐福《じょふく》」渡来を祭る新井崎《にいざき》神社がある。この神社由緒によると、昔大島（冠島）と新井崎の間には黄金の橋が架かっており、大島の男の神様は、この橋を渡って新井崎の女神のところへ通い、逢瀬《おうせ》を楽しんだという。

徐福とは前章で述べたごとく、秦の始皇帝《しこうてい》に命じられ、不老不死の薬を求めて海を渡ってやってきた中国の技能集団である。薬術や医術、土木技術、占星術などに長けており、日本各地に漂着したと考えられている。なかでも新井崎海岸は、徐福の渡来地として全国的に有名な場所の一つである。徐福の上陸地が大島や小島であり、そこに冠《かんむり》と沓《くつ》を置いたことから冠島、沓島という名前がついたといえそうだ。

また、徐福の渡来地には必ず薬草がある。徐福が求めていた不老不死の薬草「黒茎《くろくき》の蓬《よもぎ》」は、新井崎海岸に今も多く自生しているという。前にも述べたように、各地の徐福の渡来地は天津神の降臨地と重なる。この新井崎海岸も同様である。

これらのことを考え合わせると、浦島太郎の物語も、因幡《いなば》の素兎《しろうさぎ》と同じように、次の三つの出来事がミックスされて生み出されたのではないだろうか。

◉天火明命の降臨
◉徐福の渡来と神仙思想《しんせんしそう》
◉天孫族と徐福による竜宮城《りゅうぐうじょう》と常世の合体

徐福も天火明命も、先進医術や土木技術を伝え、産業を興して国邑を豊かにしたため、村人にたいへん慕われ祭られて、現在に至っている。天火明命が降臨した凡海人郷《おおしあまのさと》、さらに徐福が上陸した伊根町新井と神仙思想——。ここに亀の恩返しが加わったのである。

浦島太郎は筒川郷の領主であり、亀は凡海人郷の巫女である。凡海人郷（丹後半島および京都府宮津市、舞鶴市）は、海人族の海部直《あまべのあたい》、凡海連《おおしあまのむらじ》、海部氏《あまべし》の祖の国邑である。

竜宮城は彼らの高天原《たかまがはら》であり、対馬の国海神神《わたづみのかみ》（豊玉彦）の宮殿、和多都美《わたづみ》神社（長崎県対馬市豊玉町）である。乙姫《おとひめ》はその娘の豊玉姫である。凡海人族《おおしあまぞく》が日頃の厚意に感謝して、領主を龍宮城である対馬の和多都美神社へ招待したのである。

こうしたことが合わさり脚色されて、しだいに浦島太郎伝説が形づくられていったのではないか。浦島太郎伝説とは神仙思想の海人族版なのである。「蓬萊山」＝「常世」＝「神仙の国」＝竜宮城なのである。

神仙思想とは、古代中国において、不老長寿の人間、いわゆる仙人の実在を信じて、自らも仙術によって仙人足らんことを願った思想である。

浦嶋神社のご宝物の『浦島神絵巻《うらしまのかみえまき》』には、竜宮城を「常世」として純日本風に見事にこの神仙思想が描かれている。竜宮城に行けば、人は誰でも仙人になれるというのである。海人族は仙人の子であり、仙人の使いであり、海人族の命令に従えば死後には皆常世に行けるというのである。これは神仙思想を利用した人心掌握術といえる。

浦島太郎伝説が生まれた二一代雄略《ゆうりゃく》天皇二二年（四七八年）は、くしくも長く続いた吉備王権が崩壊し、再び天孫族の時代が到来した年である。荒んだ国民感情を和らげるため、神仙思想を利用したものであろう。

だが、浦島太郎は途中で現世《うつしよ》に帰ったので、たちまち時間が巻戻ってお爺さんとなってしまった。丹後半島一帯は今も続く海人族の国邑である。

悲劇のヒーロー日本武尊

古代の権力者は、多くの妻をもつのが普通であった。天皇にいたっては、后《きさき》、妃《ひ》、夫人《ぶにん》、采女《うねめ》ともちたい放題である。ただ単に好色というのではなく、権力維持には不可欠な要素でもあった。

『日本書紀』から王の后と子供の数を拾い上げてみると、高皇産霊神《たかみむすひのかみ》は、妃は不明多数で子は一五〇人ほど、崇神《すじん》天皇は妃は三人で子は一二人、垂仁天皇は妃が七人で子は一六人という具合である。

当時は母親違い、俗にいう腹違いの男女は結婚可能なのである。年齢差に関係なく、異母兄弟姉妹・異母叔父叔母・異母甥姪の、縦横斜めの夫婦関係が成立した。

これだけ入り乱れていては、骨肉の争いも激しかったであろうことは想像に難くない。これらの複雑な系譜を正しくたどるのも難しい。ゆえに『記紀』では、いくつもの名をもつ人物が登場するのである。

また、あまりにも御子が多すぎて、すべての御子を中央官僚として登用するのも無理があった。そこで、地方の国造《こくぞう》・郡司《ぐんじ》として封じ込め、中央集権体制を維持していったのである。それが「別（ワケ）」である。今風にいうと「分家《ぶんけ》」である。

つまり別《わけ》とは、四世紀前後、ヤマト皇族の子孫ではあるものの、軍事的指導者として地方に追いやられ、そこで領地を得た者に与えられた称号である。五世紀にはなくなっている。

一二代景行《けいこう》天皇（大帯日子淤斯呂和気天皇《おおたらしひこおしろわけのすめらみこと》）、一五代応神《おうじん》天皇（品陀和気天皇《ほむだわけのすめらみこと》）のように、自らが別《わけ》の称号をもつ天皇もいる。別《わけ》の子孫の活躍はめざましく、彼らのおかげでヤマト王権は全国制覇を成し遂げられたのである。

なかでもよく知られているのが、初代別《わけ》の天皇一二代景行天皇と、子の日本武尊《やまとたけるのみこと》である。

景行天皇には八〇人の御子がいた。そのうち小碓皇子《おうすのみこ》（のちの日本武尊）、稚足彦天皇《わかたらしひこのすめらみこと》（のちの一三代成務《せいむ》天皇）、五百入彦皇子《いおきいりひこのみこ》の三人は太子《ひつぎのみこ》として残し、他の御子たちはすべて地方に送り出していた。つまり、七七人の別《わけ》の皇子・皇女がいたのである。

景行天皇は纏向《まきむく》に日代宮《ひしろのみや》を造り、諸賊や熊襲がそむいたと聞くや筑紫に征伐に向かわれた。その様子は次のようである。

一二年秋七月、まずは周芳《すおう》の国（山口県）の佐波で鼻垂《はなた》り、耳垂《みみた》り、麻剥《あさはぎ》、土折猪折《つちおりいおり》の四人を退治。碩田《おおきた》の国（大分県）では二人の土蜘蛛《つちぐも》（青《あお》・白《しろ》）と三人の土蜘蛛（打猿《うちさる》・八田《やた》・国麻呂《くにまろ》）を退治した。

そしてついに熊襲を討つことになった。襲《そ》の国（宮崎県西都市）の厚鹿文《あつかや》・迮鹿文《さかや》という熊襲梟帥《くまそたける》を、その二人の娘を欺いて味方につけて討ち取った。これでことごとく襲の国を平らげられた。その後、子《こ》湯県《ゆのあがた》（宮崎県児湯郡）においでになり、その国を日向《ひむか》の国と命名されている。

さらに熊県《くまのあがた》（熊本県球磨郡）で熊津彦《くまつひこ》兄弟の弟熊《おとくま》を討ち、高来県《たかきのあがた》（熊本県）から玉杵名邑《たまきなむら》においでになり土蜘蛛津頬《つちぐもつらら》を征伐した。

一九年秋九月、天皇は日向からヤマトに帰還された。

熊襲を征討するために纏向を出てから七年も過ぎている。九州は、まだまだ平定されていないようであるが、はたしてこれで天皇といえるのだろうか。

このように、景行天皇は自ら鬼退治をするとともに、その子日本武尊に命じて、再び朝廷にそむいた熊襲や出雲、蝦夷を討たせたのである。

日本武尊はこのとき女装して熊曾建《くまそたける》の兄弟二人を討ち、見事に任務をまっとうした。私見であるが、この女装の習慣は歌舞伎の「女形《おやま》」に通ずるものであろう。歴史は芸術の中にしっかりと伝承されているのである。だが、最後に近江の伊吹山《いぶきやま》の賊との戦いで病を得て、伊勢《いせ》の国鈴鹿郡能褒野《のぼの》で亡くなられ

「童女の姿となりて」石井林響筆
（東京都現代美術館蔵）
Image：東京都歴史文化財団イメージアーカイブ

た。三〇歳の若さであった。

景行天皇は嘆き悲しみ能褒野の陵《みささぎ》に葬られた。そのとき、日本武尊の屍《しかばね》は白鳥となってヤマトへと飛び立ち、ヤマトの琴弾原《ことひきはら》（奈良県御所市富田）にとどまった。そこでその場所に陵を造った。白鳥はまた飛んで河内に行き古市邑《ふるいちのむら》（大阪府羽曳野市）にとどまった。またそこに陵を造った。これが大鳥《おおとり》神社である。やがて高く飛んで天に舞い上がった。時の人はこの三つの陵を名づけて、白鳥陵《しらとりのみささぎ》と呼んだ。

ここで、少し不思議なことがある。

『日本書紀』によると、景行天皇が熊襲征討に向かったのは景行一二年であり、日本武尊が亡くなられたのは景行四三年である。逆算すると、景行天皇は三一年間もの長きにわたり、筑紫から出雲、蝦夷に至るまで、諸国統一に奔走していたことになる。また『記紀』による景行天皇の在位は、七一～一三〇年の六〇年間で享年一〇六歳である。天皇在位一三年説でいうと、神武東遷も行われていない時代であり、まだ天皇はいなかったはずである。

前述の『後漢書』によると、この時代は筑紫の井国（委奴国）王権の時代なのである。

建武中元《けんむちゅうげん》二年（五七年）、倭奴国奉貢朝賀《わどこくほうこうちょうが》す。……安帝《あんてい》の永初元年《えいしょがんねん》（一〇七年）、倭国王帥升《すいしょう》等《とう》、生口《せいこう》百六十人を献じ、請見を願う。

天皇在位一三年説では、景行天皇の即位は三一一年で在位も一年である。

この『記紀』の記述は、三〇〇年頃の天孫族と複数の別王《わけ》の有り様を、景行天皇に絞って記したものであろう。当時は天皇とはほど遠い存在だったのだ。この時代に全国を支配した王権が、ヤマトに存在するわけがないのである。

さらにいうならば、景行天皇の事績は井国（委奴国）王権を覆い隠すための記述ともいえる。これが『記紀』の真実である。

私はここで大きな発見をした。宮崎県の西都原《さいとばる》古墳群（宮崎県西都市）を見出したのである。当古墳最大の宮内庁陵墓参考地となっている、男狭穂塚《おさほづか》（日本最大の帆立形古墳）と女狭穂塚《めさほづか》（九州最大の前方後円墳）の被葬者は、熊襲梟師の厚鹿文《あつかや》・迮鹿文《さかや》だったのだ。彼らも、「縄文後期に渡来したオーストロネシア語族である。ここでは「日向族《ひゅうがぞく》」と名付ける。そしてこの王権を「鹿文《かや》王権」ということにする。

襲の国の大王厚鹿文・迮鹿文と、熊県（熊本県球磨郡）の熊津彦兄弟に、天皇家は手を焼いていたのである。熊襲とは、国名というより、天皇家が二人に付けた蔑称だったのだ。

column 20

応神天皇の出生の秘密

一五代応神《おうじん》天皇は一四代仲哀《ちゅうあい》天皇と神功《じんぐう》皇后の御子とされているが、真実はそうではなかった、と私は考える。

神功皇后の夫、一四代仲哀天皇は、仲哀九年二月五日（天皇在位一三年説で三二一年）、筑紫の香椎宮《かしいぐう》（福岡県福岡市香椎）で急死された。神のお告げに従わなかったからとされており、その神とは住吉三神である。実は、国つ神である住吉族に暗殺されたのである。

それを見て驚きおそれた神功皇后と武内宿禰命《たけのうちのすくねのみこと》は、天皇の崩御《ほうぎょ》を隠して、穴門《あなと》の豊浦宮《とゆらのみや》（現在の長門の国二ノ宮忌宮《いみのみや》神社にあった）で灯火を焚かないで仮葬した。

武内宿禰命は、紀《き》、巨勢《こせ》、平群《へぐり》、葛城《かつらぎ》、蘇我氏《そがし》などの中央豪族の祖といわれ、五代の天皇に仕えたとされる大臣である。なんと三六〇歳であったという。

同三二一年三月（天皇在位一三年説による）、皇后は、神の祟《たた》りをおそれて穴門の豊浦宮の隣に斎宮《さいぐう》を建て、自ら神主となって御祓いをした。このときなぜか武内宿禰命に琴を弾かせ、斎宮の中で二人きりで意味深長なお祈りをしている。この祭りは七日七夜続いた。亡き夫の仲哀天皇を偲ぶためというが、このとき二人は結ばれたのである。

突然夫を失い、孤独な神功皇后が頼りにできるのは、唯一知将武内宿禰命のみである。二人で今後の天下取りの計画も練ったことであろう。

皇后は同三二一年秋九月（天皇在位一三年説による）、軍勢を整え、翌一〇月、新羅征討《しらぎせいとう》のため出兵した。神のご加護を受けて見事に凱旋し、同年一二月一四日、筑紫の国の宇美《うみ》八幡宮で出産した。仲哀天皇が亡くなった日から数えて、ちょうど十月十日目《とつきとおかめ》のことである。つまり、天皇が死ぬ間際、いや暗殺される間際に懐妊《かいにん》したことになる。ちなみに武内宿禰命の子とすると、九か月目の出産となる。

これについて『日本書紀』には、新羅征討の軍勢を整えた九月が臨月だったので、出産を遅らせるため、「月延石《つきのべいし》」を腰に巻いて一〇月に出兵したと書かれている。九月が臨月だとすると、仲哀天皇が暗殺される前年の一二月に懐妊したことになる。

実際には臨月の妊婦が石を巻いて出兵するなどあり得ないし、三か月も出産を遅らせるのは不可能だ。これはあくまでも懐妊の日を早めて、応神天皇が一四代仲哀天皇の子であると見せかけるための造作である。応神天皇は、やはり武内宿禰命との間にできた子と考えるのが自然である。しかし、『日本書紀』によると、武内宿禰命の祖父は八代孝元《こうげん》天皇の皇子彦太忍信命《ひこふつおしのまことのみこと》であり皇族である。万世一系の皇統に変わりはない。

遣隋使小野妹子はいなかった

『隋書』には出てこない遣隋使小野妹子

学説によると、遣隋使《けんずいし》とは三三代推古《すいこ》朝のとき、倭国が隋に派遣した朝貢使のことである。六〇〇〜六一八年の間に、五回以上派遣されたとされている。『日本書紀』にも推古天皇紀に詳しく書かれている。

推古《すいこ》天皇十五年（六〇七年）秋七月三日、大礼《だいらい》小野妹子《おののいもこ》を大唐《もろこし》に遣わされた。鞍作福利《くらつくりのふくり》を通訳とした。

なぜか「隋」でなく「大唐」へ行ったことになっている。推古朝の摂政は聖徳太子とされており、聖徳太子が派遣した遣隋使として、小野妹子は広く知られている。だが男なのか女なのか、また実在したのかしなかったのかはっきりしない。それもそのはず、小野妹子は「生没不詳」の人物なのである。国家を代表する大使であり、身分も「大礼《だいらい》」という高官であるのに不思議なことだ。藤原不比等《ふじわらのふひと》も生年月日まで造作するには、良心がとがめたのであろうか。

また通説では、遣隋使は五回以上派遣されたといわれている。『隋書』には二回とあり『日本書紀』には三回となっている。両書の記録をプラスすると五回となる。しかし実際は、『隋書』にあるとおり二回である。遣隋使に関する『日本書紀』の記録はすべてが創作なのである。

バカなことを言うなと怒られそうであるが、第四章の「『隋書』俀国伝を解く」の項で述べたように、遣隋使小野妹子はいなかったのである。

では、小野妹子が、架空の人物であるという理由をいくつか挙げてみよう。

第一に、『隋書』俀国伝《たいこくでん》（学説のいう倭国伝《わこくでん》ではない）には、ただ「使《つか》い」とあるだけで、小野妹子の名は一度も出てこない。

第二に、『隋書』には、遣隋使を派遣したのは俀国の王海毎多利思比孤《あまのたりしひこ》とあり、聖徳太子の名は一度も出てこない。

第三に、大和朝廷が宋《そう》に献じた『王年代紀《おうねんだいき》』（『宋史』日本伝による）にも、聖徳太子の「使《つか》い」とあり、小野妹子の名はない。

その他の天皇の派遣の記録書には、使者の名前がはっきりと記されているのにおかしなことだ。小野妹子は『日本書紀』のみに登場する不思議な人物なのである。

第四に、『隋書』には、俀王の海毎多利思比孤のその国には阿蘇山があるという。阿蘇山のある国とは、紛れもなく熊本県なのである。

『隋書』によると、海毎多利思比弧は、六〇〇年と六〇七年に二回の遣隋使を送っている。『日本書紀』では、同じ六〇七年に大礼小野妹子が大唐（隋）に遣わされているはずなのだが、これはどういうことなのか。

六〇七年にたまたま、熊本県と奈良県からそれぞれ遣隋使が派遣されたとは考えにくい。もしそうなら、推古天皇や聖徳太子にも言及してしかるべきだ。なぜ『隋書』は、俀王海毎多利思比弧と、太子利歌弥多弗利だけを記載しているのであろうか。

他に使者を寄こした倭の王はいなかったから、と考えるのが自然ではないか。太子とは、皇位を継承する皇子・皇太子をいい、聖徳太子という特定の人物を指すわけではない。

また、六〇八年の遣隋使派遣について、『日本書紀』には次のように記されている。

> 推古天皇十六年（六〇八年）夏四月、小野妹子は大唐《もろこし》から帰朝した。大唐《もろこし》の国《くに》では妹子臣《いもこのおみ》を名づけて、蘇因高《そいんこう》と呼んだ。大唐《もろこし》の使人《つかい》裴世清《はいせいせい》と下客《しもべ》十二人が、妹子に従って筑紫についた。

隋の時代は、五八一～六一九年までの三八年間であり、唐の時代は六一八～九〇七年までの二八九年間である。六〇七年も六〇八年も、まぎれもなく隋の時代である。にもかかわらず、「大唐」とされ、しかも大唐の国では、小野妹子を蘇因高と名付けたというのである。

他国からの特使の名前を勝手につけ変えるなど、あり得ないことではないのか。興味深いのは、『隋書』には書かれていないが、俀国の使いの名は確かに「蘇因高」だったということである。

『日本書紀』にその記述がある。大唐の使人裴世清を朝廷に召したとき、裴世清は書を持ち、使いの旨を言上《ごんじょう》した。その書には次のように記されていた。

皇帝から倭皇にご挨拶を送る。使人の長吏大礼蘇因高《そいんこう》らが訪れて、よく意を伝えてくれた。

俀王海毎多利思比弧の「国書《こくしょ》」を、隋の皇帝に献上したのは使いの蘇因高であり、その名が記されていたのである。それを知った藤原不比等《ふじわらのふひと》は、大唐の国では妹子臣《いもこのおみ》を名付けて、蘇因高と呼んだということにしたのである。これも『記紀』の誠意である。

隋に残された証拠の国書

このとき、小野妹子は返書を携え大唐の使人裴世清らを伴って帰朝したのであるが、肝心の返書は、帰途百済国《くだらこく》を通った際に百済人に盗まれたというのである。

「私が帰還のとき、煬帝《ようだい》の書を賜りました。ところが百済の国を通るとき、百済人が探り掠《かす》めとりましたために、これをお届けすることができません」と、釈明するのである。

さらに『隋書』に次のような記述がある。

明年（六〇八年）、上（煬帝《ようだい》）、文林郎裴清《ぶんりんろうはいせい》を遣わして俀国《たいこく》に使わせしむ。

この「裴清」は『日本書紀』にいう「裴世清《はいせいせい》」と同一人物である。ここでも『日本書紀』は、蘇因高＝小野妹子と同じく、裴清＝裴世清と改名している。まるで笑い話のようである。この年、隋の皇帝が裴清を俀国に遣わしたのは確かである。

返書はあったのだ。だがヤマト王権には届かなかった。遣隋使など派遣していないのだから当然である。盗まれたことにしなければしかたなかったのであろう。『日本書紀』によると、小野妹子は返書紛失という大罪を犯したはずなのに罰せられることもなく、次回も遣隋使として派遣されたことになっている。普通は死罪であろう。

ではなぜ『日本書紀』の撰者は、すなわちヤマト王権は、ここまで小野妹子にこだわったのであろうか。それは、俀国の使い、蘇因高が持参した国書が隋に存在しているからだ。俀国から遣隋使が派遣されたことを示す証拠の品が残ってしまっているのである。

時の隋皇帝（煬帝）を激怒させ、日本では、聖徳太子の「対等外交《たいとうがいこう》」の意思表明だと高く評価されている有名な親書――。

日出《ひい》ずる処《ところ》の天子《てんし》、書を日没《ひぼっ》する処《ところ》の天子《てんし》に致す、恙《つつが》なきや、云々

この『国書』を送ったのは、どうしてもヤマト王権でなければならなかったのだ。なぜなら「万世一《ばんせいいっ》系《けい》」の天皇家を標榜《ひょうぼう》していたからである。倭国には、天皇家以外の王家は存在しないのである。他に『国書』を送った王がいてはまずいのだ。

しかし遣隋使は俀国の使者であり、ヤマト王権には遣隋使はいなかった。となれば捏造《ねつぞう》するしかないではないか。俀王海毎多利思比弧《あまのたりしひこ》を推古天皇や用明天皇であるかのように見せかけ、聖徳太子と小野妹子をでっちあげ、蘇因高は隋から賜った名前だと言い張ることにしたのである。

あまりにも稚拙な造作である。『日本書紀』による推古天皇紀の記述は、まるで小説のようである。

それにしても、学説の頑迷《がんめい》さに驚くばかりである。ヤマト王権は「大王・大君」であり、「天子《てんし》」はいない。天子を名乗る『国書』がヤマト王権のものでないことは明らかである。なのに聖徳太子の対等外交などという仮説はどこから生まれるのであろうか。

海毎多利思比弧こそが、対等外交を意識した張本人である。三〇〇年の歴史をもつ倭王の自負ということであろうか。

この『日本書紀』のシナリオは、藤原不比等によって周到に考え抜かれたものだった。一三〇〇年後の現在も、遣隋使小野妹子は生き続けているのである。しかしこの私見をもって、遣隋使小野妹子についても決着させたいものである。

蘇因高——。いかにも俀国の阿蘇山を感じさせる雄々《おお》しい名前ではないか。邪靡堆《やまたい》の都には、奈良の都に勝るとも劣らぬ寺院が、建ち並ぶ仏教文化が栄えていたことであろう。ぜひ復元してほしいものである。

摂政聖徳太子もいなかった

聖徳太子は観音様

古代史では、日御子（卑弥呼）と並んで有名な聖徳太子であるが、謎の多い人物である。『古事記』では、用明天皇の長子は聖徳太子ではなく、上宮之厩戸豊聡耳命《うえのみやのうまやとのとよとみみのみこと》となっている。『日本書紀』にも聖徳太子の名はなく、厩戸皇子《うまやどのみこ》となっている。前述の小野妹子と同様に、聖徳太子とは書かれていないのだ。まったく面妖なことだ。

聖徳太子＝厩戸皇子とは、学説の勝手な解釈なのである。

皇室系図一覧によると、聖徳太子＝厩戸皇子は、三三代推古《すいこ》天皇の甥にあたり、三一代用明《ようめい》天皇の皇子とされている。しかし、生存中に聖徳太子と呼ばれたことはなく、聖徳太子の名が初めて世に出るのは、七五一年に成立した『懐風藻《かいふうそう》』（最古の日本漢詩集）であるという。太子が没して一〇〇年以上もあ

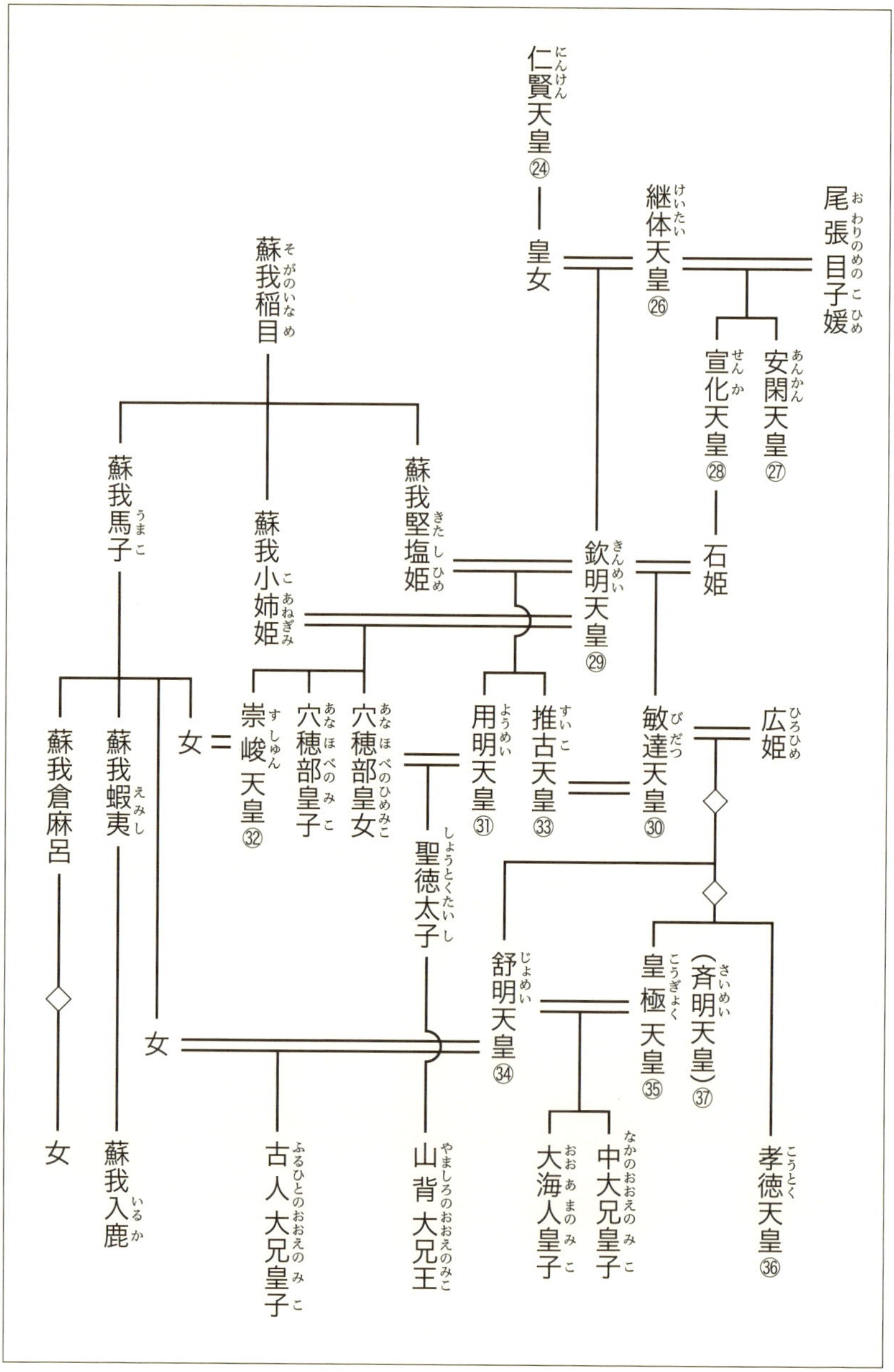
尾張目子媛《おわりのめのこひめ》
継体天皇《けいたい》㉖
仁賢天皇《にんけん》㉔
皇女
安閑天皇《あんかん》㉗
宣化天皇《せんか》㉘
石姫
欽明天皇《きんめい》㉙
蘇我稲目《そがのいなめ》
蘇我堅塩姫《きたしひめ》
蘇我小姉姫《こあねぎみ》
蘇我馬子《うまこ》
広姫《ひろひめ》
敏達天皇《びだつ》㉚
推古天皇《すいこ》㉝
用明天皇《ようめい》㉛
穴穂部皇女《あなほべのひめみこ》
穴穂部皇子《あなほべのみこ》
崇峻天皇《すしゅん》㉜
女
蘇我蝦夷《えみし》
蘇我倉麻呂
聖徳太子《しょうとくたいし》
孝徳天皇《こうとく》㊱
(斉明天皇《さいめい》)㊲
皇極天皇《こうぎょく》㉟
舒明天皇《じょめい》㉞
女
中大兄皇子《なかのおおえのみこ》
大海人皇子《おおあまのみこ》
山背大兄王《やましろのおおえのみこ》
古人大兄皇子《ふるひとのおおえのみこ》
蘇我入鹿《いるか》
女

とのことだ。聖徳太子信仰＝童子信仰も、法隆寺に夢殿《ゆめどの》が建立された七三九年前後に起こっているという。この二つの出来事はたいへん重要な意味をもってくる。また『日本書紀』の完成は七二〇年である。

聖徳太子を虚構とする学説はさまざまあるが、いずれも決め手を欠いている。

私はここで聖徳太子の正体、また厩戸皇子の正体を暴いてみたいと思う。

まずは、聖徳太子ゆかりの飛鳥寺《あすかでら》（奈良県高市郡明日香村）、元興寺《がんこうじ》（奈良市中院町）、法隆寺《ほうりゅうじ》（奈良県生駒郡斑鳩町）、四天王寺《してんのうじ》（大阪市天王寺区）、斑鳩寺《いかるがでら》（兵庫県揖保郡太子町）の五寺を巡ってみることにした。

これら五寺に共通していることは、ご本尊に釈迦如来や観音菩薩を祭っている、聖徳太子像がある、法隆寺の夢殿と同じ「太子殿《たいしでん》」がある、ということである。

なぜこれらの寺院で、聖徳太子が祭られているのだろうか。また観音菩薩とはどういう存在なのであろうか。そこで調べることにした。

「観音経《かんのんきょう》」では、観世音菩薩はあまねく衆生を救うために、相手に応じて三三の姿に変身すると説かれている。西国三十三所観音霊場、三十三間堂などにみられる数字は、これに由来するものである。このため観音像には、基本となる

飛鳥寺

聖観音《しょうかんのん》と、変化観音《へんげかんのん》と呼ばれる十一面観音、千手観音などさまざまな形の像がある。

観音経の観音三十三身のなかに、「仏身《ぶっしん》」「帝釈身《たいしゃくしん》」「毘沙門身《びしゃもんしん》」「人身《じんしん》」「天身《てんしん》」「非人身《ひじんしん》」「童男身《どうなんしん》」「童女身《どうにょしん》」「夜叉身《やしゃしん》」「阿修羅身《あしゅらしん》」などという観音さまがいる。

私見ではあるが、元興寺に立つ太子二歳の像といわれている、重要文化財木造聖徳太子立像は、この「童男身観音菩薩像」なのである。

飛鳥寺の、重要文化財木造聖徳太子孝養像は、太子一六歳のとき、父用明天皇のご病気回復を祈願されている姿であるといわれるが、「人身観音菩薩像」なのである。さらに法隆寺夢殿に立つ、聖徳太子の生まれ変わりとされる国宝木造観音菩薩立像（救世観音《ぐぜかんのん》）は、「仏身観音菩薩像」なのである。観音菩薩の教化は「大慈大悲《だいじだいひ》」である。童男身《どうなんしん》観音菩薩の教化は、「聖徳《しょうとく》」なのである。

ゆえに、童男身観音菩薩は聖徳太子なのである。よって聖徳太子信仰なのである。聖徳太子は「聖徳宗《しょうとくしゅう》」のご本尊なのである。つまり聖徳太子は観音菩薩だったのだ。

現在、聖徳宗の総本山は法隆寺であり、聖徳太子は法隆寺の宗祖《しゅうそ》とされている。法隆寺の宗祖なら法隆寺や末寺《まつじ》以外で祭られることはないのではないか。

飛鳥寺の太子孝養像

だが、聖徳太子は観音菩薩であるから、前述の法興寺（飛鳥寺）、および元興寺、四天王寺、斑鳩寺で、童男身観音菩薩の太子立像が祭られているのである。

これまで、これらのお寺で、太子立像が祭られていることにずっと違和感があったが、これで納得である。もし聖徳太子が実在の人間なら、このように祭られることはない。また聖徳太子の成人の像がないのもこの理由による。有名な一万円札の肖像画や、絵画に残る太子摂政像などは成人聖徳太子像といえなくもないが、これらは後年の想像画である。

ではモデルとなった人間聖徳太子は存在したのだろうか。伝説には必ずモデルとなった人物がいる。前述の各寺の創建の記録を、『日本書紀』から探ってみよう。文中に聖徳太子の名は一度もなく、すべて「厩戸皇子」「皇太子《ひつぎのみこ》」「太子《ひつぎのみこ》」となっていることに注目していただきたい。

崇峻《すしゅん》天皇二（五八九）年、蘇我馬子宿禰《そがのうまこのすくね》は、諸皇子と群臣とに勧めて、物部守屋大連《もののべのもりやのおおむらじ》を滅ぼそうと謀った。しかし物部軍は強く、蘇我軍は三度退却した。

このとき厩戸皇子は瓢形《ひさごがた》の結髪をして、蘇我軍の後に従っていた。何となく感じてこう言われた。

「もしかするとこの戦は負けるかもしれない。願をかけないと叶わないだろう」

そこでヌルデの木を切り取って、急いで四天王の像を作り、束髪の上にのせ誓いを立てていわれた。

「今もし自分を敵に勝たせて下さったら、必ず護世四王《ごせしおう》のため寺塔を建てましょう」

蘇我馬子宿禰も誓いを立てて言った。

「諸天王・大神王《だいじんおう》たちが、我を助け守って勝たせて下さったら、諸天王・大神王のために、寺塔を建てて三宝を広めましょう」

このかいあってか、見事物部守屋大連を討ち取り、乱が収まって後に、厩戸皇子は約束どおり摂津の国に四天王寺を造った。蘇我馬子宿禰も請願のとおりに、飛鳥の地に法興寺（飛鳥寺）を建てた。


これが、法興寺と四天王寺の創建にまつわる記録である。四天王寺は、戦死した物部の霊を弔うためのもので、初めの建立地は物部守屋大連の屋敷跡である。現在の四天王寺ではないのだ。

さらに『日本書紀』はこう続いている。


推古元（五九三）年夏四月、厩戸豊聡耳皇子《うまやとのとよとみみのみこ》を立てて皇太子《ひつぎのみこ》とされ、国政をすべて任された。

……この年、はじめて四天王寺を難波の荒陵《あらはか》に造りはじめた。


このように、現在の四天王寺（荒陵寺《あらはかでら》）の造営が始まったと記録されている。しかも開基は聖徳太子ではなく厩戸豊聡耳皇子である。このあと、厩戸豊聡耳皇子は皇太子と記されるようになる。

推古四（五九六）年冬一一月、法興寺（飛鳥寺）が落成した。馬子大臣の長子善徳臣《ぜんとくのおみ》を寺司に任じた。この日から、慧慈《えじ》（高麗から来た僧）と慧聡《えそう》（百済から来た僧）の二人の僧が法興寺に住した。

推古九（六〇二）年春二月、皇太子は初めて宮を斑鳩に建てられた。

推古一三（六〇六）年冬一〇月、皇太子は斑鳩宮《いかるがのみや》に移られた。

推古一四（六〇七）年秋七月、天皇は皇太子を招き、勝鬘経《しょうまんきょう》を講ぜしめられた。三日間かけて説き終わられた。この年皇太子はまた法華経を岡本宮で講じられた。天皇はたいへん喜んで、播磨国の水田百町を皇太子におくられた。太子はこれを斑鳩寺（法隆寺）に納められた。

すなわち六〇七年に皇太子が勝鬘経や法華経《ほけきょう》を講じたお礼に、推古天皇より下賜《かし》された播磨国の水田百町が、現在の兵庫県揖保郡太子町《いぼぐんたいしちょう》の斑鳩法隆寺領「鵤荘《いかるがのしょう》」（斑鳩荘）である。太子町とは、聖徳太子にゆかりの町であるからとのことであるが、昭和二六年に、斑鳩町と石海村・太田村が合併して誕生したものである。古代からいわれていた地名ではない。

学説では、ここに斑鳩法隆寺の支院として、皇太子《ひつぎのみこ》＝聖徳太子が「鵤寺《いかるがでら》」（斑鳩寺）を建立したのであるといわれている。だが、そうではない。皇太子＝厩戸豊聡耳皇子なのである。

前述のごとく、『日本書紀』には、皇太子は厩戸豊聡耳皇子であると、明記されているではないか。以上のように見てみるとどこにも聖徳太子の文字はなく、「厩戸皇子」「皇太子」「厩戸豊聡耳皇子」となっているのである。

少なからずこの『日本書紀』が完成した時点（八世紀初め）では、まだ聖徳太子は登場していない。ところが、既に法隆寺や斑鳩宮は建立され、厩戸皇子は住み着いている。四天王寺や鵤寺も建っている。学説では、法隆寺や斑鳩宮、四天王寺、鵤寺は聖徳太子が建立したといわれるが、実際は厩戸皇子が建立したものである。ここでも読解力の問題である。

学説は、皇太子＝聖徳太子＝厩戸皇子であると勝手に思い込んでいるのである。私見ではあるが、聖徳太子は観音菩薩であるから、ご本尊自身が寺院を建立することはない。元興寺の創建については『続日本紀』の元正《げんしょう》天皇紀に次の記録がある。

養老二年（七一八年）九月二十三日　法興寺を新京（平城京）へ移転した。

これで法隆寺を除き、四寺すべての創建が明らかになったのである。法隆寺建立については、この後、明らかになってくる。ここにはすべて、聖徳太子観音菩薩像が祭られている。聖徳太子が建立した寺ということではない。童男身観音菩薩を御本尊とする、観音経のお寺であるということである。

お寺は、時代により宗派が変わることがあり、また複数の宗派を兼ねることもある。これらの寺院には本殿とは別に聖霊院《しょうりょういん》（太子殿）を建立しているから、二つの寺院が併存しているのである。さて、ここで『宋史』日本伝の『王年代記』を見ると、

次は敏達《びたつ》天皇、次は用明《ようめい》天皇、子あり、聖徳太子《しょうとくたいし》という。年三歳にして、十人の語《はなし》を聞き、同時にこれを解《かい》し、七歳にして仏法《ぶっぽう》を悟《さと》り、菩提寺《ぼだいじ》において聖鬘経《しょうまんきょう》を講《こう》ずるに、天、曼陀羅華《まんだらげ》を雨のように降らした。この土《くに》の隋《ずい》の開皇中《かいこうちゅう》（五八一年〜六〇〇年）に当る。使を遣わして海上より、中国に至って法華経《ほけきょう》を求めた。

なんと用明《ようめい》天皇の皇子は聖徳太子となっている。『記紀』では厩戸皇子《うまやどのみこ》ではなかったのか。いつから聖徳太子に入れ替わったのか。

またその後に続く文章は、聖徳太子の天才ぶりを表すものとしてよく知られているが、それは『王年代記』に綴られていた作り話だったのである。この伝説によって、聖徳太子は聖人となっているのである。もちろん、遣隋使も前述のごとくでっちあげであるから、この文章すべてが造作ということになる。

大和朝廷が『王年代紀』を、中国宋に献じたのは九八四年である。私見をまとめると次のようになる。八世紀半ばに『懐風藻』が完成してから一〇世紀頃までに、『日本書紀』は厩戸皇子を聖徳太子として書き改めたのである。それも「聖徳太子の摂政」「聖徳太子の死」という二行のみである。ゆえに『日本書紀』には二人の名前が混在するのである。

では厩戸皇子とは誰だろうか。厩戸皇子＝厩戸皇子であれば話は簡単なのだが、真実はそうではないのだ。『日本書紀』から探してみよう。

厩戸皇子は山背大兄王

山背大兄王《やましろのおおえのみこ》は、『日本書紀』によると、三三代推古《すいこ》天皇紀に突然皇位継承《こういけいしょう》の候補者として登場する、謎の人物である。その系譜は、『記紀』からは全く不明である。

この三四代皇嗣問題《こうしもんだい》は難航するが、最大実力者の蘇我蝦夷臣《そがのえみしのおみ》の思惑により、ライバルの田村皇子《たむらのみこ》が三四代舒明《じょめい》天皇として、六二九年に即位したのである。

それから、一三年後の六四二年、舒明天皇（田村皇子）の死去により、その妻が、三五代皇極《こうぎょく》天皇として即位した。この皇嗣問題も前回同様に、蘇我蝦夷大臣の思惑で山背大兄王は排除された。皇極天皇は、蘇我蝦夷を大臣《おおおみ》とした。その後、蝦夷の子入鹿《いるか》が国政を執り、勢いは父よりも強かったという。そしてついに、入鹿と山背大兄王の二人は激突した。

六四三年一一月一日、蘇我入鹿は、斑鳩の山背大兄王を不意討ちし、その一族を皆殺しにして「斑鳩宮《いかるがのみや》」と「斑鳩寺」を焼き払ったのである。

『日本書紀』に次の記述がある。

六〇二年（推古九年）春二月、皇太子《ひつぎのみこ》は初めて宮を斑鳩に建てられた。

六〇六年（推古一三年）冬一〇月、皇太子は斑鳩宮に移られた。

斑鳩の宮は、すでにあった斑鳩寺の境内に建立されたのである。しかも建てたのも、住んでいたのも聖徳太子ではなく、皇太子《ひつぎのみこ》＝厩戸《うまやとの》皇子《みこ》である。六〇二年に皇太子（厩戸皇子）が建立し、六〇六年に移り住んだという斑鳩宮は、実は聖徳太子ではなく「山背大兄王」一族の住まいだったのだ。

この斑鳩宮が、現在の法隆《ほうりゅう》寺《じ》東院《とういん》の前身となる宮である。東院伽藍夢殿《ゆめどの》は、斑鳩宮跡に建てられている。夢殿は、聖徳太子一家の住居跡といわれているのだが、こうなると皇太子＝厩戸皇子＝山背大兄王の住居跡となる。

なぜ山背大兄王は厩戸皇子といわれるのか。『上宮《じょうぐう》聖徳《しょうとく》法王《ほうおう》帝説《ていせつ》』によれば、「此の王、賢《さか》しく尊き心有り、身命を棄てて人民を愛する也」。ゆえに、救世主《きゅうせいしゅ》イエス・キリストの生まれ変わりであるとして、「厩戸皇子」と名づけたものである。この頃キリスト教は伝来していたのである。

『上宮聖徳法王帝説』は、厩戸皇子の最古の伝記とされているが、作者、成立年ともに不詳である。原本はなく、写本は江戸時代末期まで法隆寺の秘蔵物であった。現在は知恩院に移され、国宝とされている。

系図では、三一代用明《ようめい》天皇の皇子が聖徳太子であり、その子が山背大兄王とされている。しかし今述べたように、聖徳太子は観音菩薩であるから、用明天皇の皇子は山背大兄王ということになる。斑鳩の地で斑鳩寺（法隆寺）を営み、日本仏教興隆の祖といわれている聖徳太子も山背大兄王なのである。有能でありながらも蘇我本宗家に疎《うと》んじられ、二度の皇位継承争いに敗れた末、非業の死を遂げた人物である。

実は六四三年に、蘇我入鹿に山背大兄王が討たれ、斑鳩宮を焼かれて以来、法隆寺は衰退の一途をたどっていた。いつ頃から、法隆寺と呼ばれるようになったのか定かではないが、この頃は斑鳩寺である。私見であるが、斑鳩寺（法隆寺）は、推古天皇や山背大兄王の祖先である登美《とみ》氏《し》の氏寺《うじでら》なのである。建立したのは天孫族ではなく、斑鳩の豪族登美氏だったのだ。『日本書紀』に、斑鳩寺（法隆寺）建立の記録がないのはこのためである。登美氏とは、第三章で述べた神武東征の折、邇芸速日命に討たれた豪族長髄彦の祖である。

法相宗の巻き返しに利用された聖徳太子

日本仏教の初めは法相宗《ほっそうしゅう》である。同宗派の本山は次の四寺である。

薬師寺《やくしじ》（奈良県奈良市西ノ京町）、興福寺《こうふくじ》（奈良県奈良市大路町）、法隆寺《ほうりゅうじ》（奈良県生駒郡斑鳩町）、清水寺《きよみずでら》（京都市東山区清水）。現在後者の二寺は分離独立している。

七三六年に華厳宗《けごんしゅう》が伝来すると、東大寺盧舎那仏像《るしゃなぶつぞう》（奈良の大仏）、および大仏殿が建立され、法相宗と並んで隆盛した。その頃、東大寺華厳宗の「善財童子《ぜんざいどうじ》」が人気を博し、童子信仰が盛んとなった。

そこで衰退していた法相宗のお寺でも、巻き返しをねらって童子信仰を取り入れ、童男身《どうなんしん》観音菩薩をご本尊として観音経を開いたのである。法隆寺の行信僧都《ぎょうしんそうず》は特に力を注いだ。やがて童男身観音菩薩の教化「聖徳」から、菩薩は聖徳太子となり、「聖徳宗《しょうとくしゅう》」と呼ばれるようになった。

もともと斑鳩寺（法隆寺）は、法相宗でご本尊は釈迦如来であったが、この聖徳観音菩薩は見事に成功した。そこで法相宗本山を離脱し、聖徳宗総本山となったのである。

そして、この斑鳩の地にゆかりのある山背大兄王を偲び称えて、後世に山背大兄王＝厩戸皇子＝聖徳太子となったのである。山背大兄王の死から一〇〇年後のことである。

よって、私見ではあるが、聖徳太子のモデルは山背大兄王だったでのある。そして現在、宗祖《しゅうそ》は聖徳太子といわれるようになったが、実際の宗祖は行信僧都である。宗祖とは一つの宗派を開いた人であり、開祖・祖師・教祖である。

さらに行信は斑鳩宮跡に、法隆寺東院《とういん》伽藍《がらん》夢殿《ゆめどの》を建立（七三九年）し、「国宝木造観音菩薩立像」（救世《ぐぜ》観音像《かんのんぞう》）を安置した。これが通説、聖徳太子の生まれ変わりといわれるのだが、人間が観音菩薩に生まれ変わることなどできるわけがないので、これは聖徳観音が救世観音に生まれ変わったということである。

聖徳太子は厩戸王《うまやどのみこ》であるから、いずれも「救世主《きゅうせいしゅ》」である。観音さまとなったり、イエス・キリストとなったり、聖徳太子も忙しいことである。

こうして有名になった聖徳太子を、藤原不比等《ふじわらのふひと》の末裔は見逃さなかった。初め不比等は、皇太子＝厩戸皇子と記していたが、後に、皇太子＝聖徳太子と書き換え、『日本書紀』を改竄《かいざん》したのである。その理由は、後述する「乙巳《いっし》の変《へん》」のカモフラージュにある。

法隆寺東院伽藍夢殿を見学して、並んで鎮座する行信僧都坐像（国宝）と道詮律師坐像《どうせんりつしざぞう》（国宝）、救世《ぐぜ》観音像《かんのんぞう》に違和感を覚えるのは私だけであろうか。

聖徳太子が実在の人であるならば、行信僧都や道詮律師と同じく、聖徳太子立像とすべきではないか。聖徳太子の等身像とされる救世観音像はどこから見ても人ではない。

また聖徳太子の生みの親であり、東院伽藍の建立と復興に尽力したこの二人なら、観音さまと並ぶのは当然のことなのであろうか。

お隣がご本尊聖徳太子＝救世観音では、おそれ多くて座り心地も悪かろうと思うが、悟りを開いた仏僧はそんな世俗的な感情とは無縁なのかもしれない。もしもこれが山背大兄王立像だったら、法隆寺の見方もまた違ったものになっていたことであろう。

偽りの大化の改新

蘇我氏に疎まれた山背大兄王

今、聖徳太子は観音菩薩であり、実在の人物ではないことを述べた。また聖徳太子こと厩戸皇子《うまやどのみこ》は山背大兄王であると書いた。だが、生年不詳なのである。

『日本書紀』によると、厩戸皇子の誕生は三一代用明《ようめい》天皇紀（在位五八五～五八七年）にある。

元年《がんねん》春一月一日、穴穂部間人皇女《あなほべのはしひとのひめみこ》を立てて皇后とした。この人は四人の男子を生まれた。一番目を厩戸皇子という。

しかし、誕生日は書かれていない。ちなみに、母穴穂部間人皇女の母は、蘇我稲目の娘である。

この後、『日本書紀』の三三代推古天皇紀では、それまで『記紀』では全く登場していなかった山背大兄王が、また、『上宮聖徳法王帝説《じょうぐうしょうとくほうおうていせつ》』では用明《ようめい》天皇の孫とされる山背大兄王が、天皇の皇位継承者として突如登場するのである。これはあまりにも唐突であり違和感がある。されど山背大兄王が、以前から「皇太子《ひつぎのみこ》」であったとしたら自然な出来事である。ということは、彼は用明天皇の孫ではなく、長子であったということになる。

では、山背大兄王の生涯を追ってみよう。

まずは次の年表を見ていただきたい。山代大兄王の年齢は、山背大兄王＝厩戸皇子＝聖徳太子とした年齢である。もちろん登美氏の氏寺である、法隆寺の創建は不明である。

五一七年　ヤマト王権による年号「継体《けいたい》」の始まり。

五五二年　仏教公伝（『日本書紀』）。（『上宮聖徳法王帝説』では五三八年）。

五七一年　二九代欽明《きんめい》天皇崩御（子に敏達《びたつ》天皇、用明《ようめい》天皇、崇峻《すしゅん》天皇、推古《すいこ》天皇あり）。

五七四年　厩戸皇子生まれる（『上宮聖徳法王帝説』）。

五八五年　三〇代敏達天皇崩御。

三一代用明天皇即位。三六歳ぐらいか。穴穂部間人皇女が皇后となる。

五八七年　三一代用明天皇崩御。

三二代崇峻天皇即位。

崇仏派蘇我馬子《そがのうまこ》が排仏派物部守屋《もののべのもりや》とその一族を滅ぼす（『日本書紀』）。
このとき厩戸皇子一四歳（『上宮聖徳法王帝説』）。
このとき厩戸皇子は蘇我馬子側について参戦したとされる（『日本書紀』）。
五八八年　飛鳥寺創建（開基蘇我馬子）。
五九二年　崇峻天皇が蘇我馬子に暗殺される。
三三代推古天皇即位。三九歳（敏達天皇の皇后）。
五九三年　田村《たむらの》皇子《みこ》生まれる（敏達天皇の孫）。
厩戸皇子が摂政となる（『日本書紀』）。
このとき厩戸皇子一九歳（『上宮聖徳法王帝説』）。
四天王寺創建（開基厩戸皇子）。
六〇二年　斑鳩の宮創建（厩戸皇子）。
六二二年　聖徳太子が没する（『日本書紀』）。
聖徳太子四九歳（『上宮聖徳法王帝説』）。
六二八年　推古天皇没。七四歳。
山背大兄王（五五歳）と田村皇子（三六歳）が皇嗣を争う（『日本書紀』）。
六二九年　三四代舒明《じょめい》天皇即位。三七歳（田村皇子）。
六四一年　三四代舒明天皇崩御。四九歳。

六四二年　三五代皇極《こうぎょく》天皇即位。四九歳。（舒明天皇の皇后。子に中大兄皇子《なかのおおえのみこ》と大海人皇子《おおあまのみこ》あり）。
六四三年　山背大兄王一族が斑鳩の宮で蘇我入鹿《そがのいるか》に滅ぼされる（『日本書紀』）。
六四五年　山背大兄王六九歳（『上宮聖徳法王帝説』）。
乙巳《いっし》の変《へん》起きる。（蘇我入鹿本宗家が滅亡）。
三六代孝徳《こうとく》天皇即位。四九歳（皇極天皇の同母弟）。
古人大兄皇子《ふるひとのおおえのみこ》が吉野で中大兄皇子に討たれる。
六五五年　三七代斎明《さいめい》天皇即位（皇極天皇重祚《ちょうそ》）。六二歳。
六六八年　三八代天智《てんじ》天皇即位。四二歳。（中大兄皇子）。
六七〇年　法隆寺若草伽藍焼失。
六七三年　四〇代天武《てんむ》天皇即位。生年不詳。（大海人皇子）。
六八〇年　薬師寺創建（開基天武天皇）。
六九四年　藤原京へ遷都（四一代持統《じとう》天皇）。
七〇一年　大宝律令施行。ヤマト朝廷による年号、「大宝《たいほう》」の始まり。
七一〇年　平城京へ遷都（四三代元明《げんめい》天皇）。
興福寺創建（開基藤原不比等《ふじわらのふひと》）。
七一二年　『古事記』完成。
七一五年　四四代元正《げんしょう》天皇即位。

七一八年　飛鳥寺平城京へ移建（平城《なら》の飛鳥《あすか》の元興寺《がんこうじ》）。
七二〇年　『日本書紀』完成。
七二四年　四五代 聖《しょう》武《む》天皇即位。
七三九年　法隆寺東院伽藍夢殿建立（開基 行《ぎょう》信僧都《しんそうず》）。
七四八年　東大寺創建（開基聖武天皇）。
七五一年　『懐風藻《かいふうそう》』成立。初めて聖徳太子の名前が登場する。

『日本書紀』には、三三代推古天皇は病重くなりしとき、病床に田村皇子と山背大兄王を呼び、それぞれに教えさとされたという。しかし、最後まで後継者を指名しなかったのである。いやできなかったというのが真実であろう。その理由は、蘇我蝦夷の独裁政権下であるから、傀儡《かいらい》政権にそのような権力があろうはずがないのである。また後継候補の一人山背大兄王は、わが兄用明天皇の皇子であり自身の甥《おい》でもある。一方、田村皇子は異母孫《まご》である。揺れる心情がわかるような気もする。

推古天皇の没後、山背大兄王と田村皇子の二人は皇位を争うことになるが、結局、蘇我蝦夷の推す田村皇子が三四代舒明天皇として即位したのである。

ではなぜ蘇我蝦夷は、蘇我氏と縁の深い上宮《かみつみや》斑鳩《のいかるが》の王家を見限り、田村皇子を推したのであろうか。系譜を見ればわかるように、山背大兄王は蘇我氏と深い血縁関係にある。しかも推古天皇擁立に際しては、共に物部氏を討ったとされる仲でもある。さらに、四天王寺や飛鳥寺を共に建立したとされる崇仏派でもある。

にもかかわらず、山背大兄王を見限った理由は、諸説あるが、私には蘇我蝦夷による王家の世代交代であろうと考える。山背大兄王はこのとき五五歳となる。田村皇子は三六歳である。

山背大兄王は高僧であり、高齢であり、有能な「皇太子《ひつぎのみこ》」であったがゆえに疎《うと》ましかったということである。独裁者にとって利口者は邪魔者である。

しかし、若くして皇位についた田村皇子は、わずか二年で死亡している。これは暗殺である。彼もまた蝦夷の真の目的のためのつなぎの天皇だったからである。

政治の実権は蘇我氏であり、五三六年に蘇我稲目《そがのいなめ》が大臣《おおみ》となって以来、その子馬子《うまこ》、蝦夷《えみし》と続き、入鹿《いるか》が六四五年に乙巳《いっし》の変《へん》で討たれるまでの約一一〇年間は、蘇我氏の独裁政権下であったのだ。

この間を天皇で数えると、二八代宣化《せんか》天皇、二九代欽明《きんめい》天皇、三〇代敏達《びたつ》天皇、三一代用明《ようめい》天皇、三二代崇峻《すしゅん》天皇、三三代推古《すいこ》天皇、三四代舒明《じょめい》天皇、三五代皇極《こうぎょく》天皇にいたる八代である。

この頃は、まだ小さな飛鳥の国の海人王である。あるいは江戸時代のごとく、天皇とは名ばかりで実権は徳川幕府にあたる蘇我氏にあったのだ。

独裁政権下に、摂政など全く必要なかったのである。つまり、摂政聖徳太子＝摂政厩戸皇子＝摂政山背大兄王は存在しなかったのである。

『日本書紀』による摂政聖徳太子は、一〇〇パーセント演出なのである。これも「乙巳の変」のカモフラージュである。推古天皇がおり、有能な摂政聖徳太子がおり、さらに独裁者蘇我蝦夷がいるような国家などあり得ようがないではないか。

『日本書紀』の記述で物語風に書かれている条は、すべてが演出である。一二代景行天皇、神功皇后、一六代仁徳天皇、二一代雄略天皇、三三代推古天皇、憲法十七条、小野妹子、聖徳太子の摂政などの記述はあまりにも造作しすぎである。

「乙巳の変」の黒幕は中臣鎌子

この後、歴史は俗にいう「大化《たいか》の改新《かいしん》」に向かうのである。仏教をはさんで、天孫系、越系、隼人系、出雲系、吉備系の皇族・豪族、その後胤《こういん》入り乱れて、激しい権力闘争を繰り広げた時代である。その中心に居座り国政をほしいままにしていたのは、蘇我本宗家すなわち蘇我稲目《そがのいなめ》から馬子《うまこ》、蝦夷《えみし》、入鹿《いるか》までの四代である。

蘇我馬子のあと実権を握った蘇我蝦夷は、舒明《じょめい》天皇亡きあと、三五代皇極《こうぎょく》天皇（三四代舒明天皇の皇后・母は吉備姫王）を中継ぎとして、舒明天皇の第一皇子古人大兄皇子《ふるひとのおおえのみこ》（母は蘇我馬子の娘）の擁立を企てたのである。

古人大兄皇子は蘇我蝦夷の甥ではあるが、父の舒明天皇の系譜は蘇我氏とは血縁はない。祖父の蘇我稲目の血を引く、上宮斑鳩《かみつみやのいかるが》の王家に代わって、自身の甥の古人大兄皇子による、新しい王家を誕生させたかったのである。それによって、いっそう自分の地位を強固にし、思いのままに動かそうと考えたのだ。

しかし、舒明天皇の皇后である、皇極天皇には別の思惑があった。古人大兄皇子の「異母弟《いぼおとうと》」となる、中大兄皇子《なかのおおえのみこ》(三八代天智《てんじ》天皇)と大海人皇子《おおあまのみこ》(四〇代天武《てんむ》天皇)という二人の実子がいたのである。わが子に皇位を継がせたいと思うのは当然の心情であろう。そのため、蘇我蝦夷の意思を継ぎ古人大兄皇子を推す蘇我入鹿と、傀儡政権《かいらいせいけん》皇極天皇との間には、不穏な空気が流れていた。

六四三年、蘇我入鹿はまずは計画どおり、有力な皇位継承者であり人望も厚い、山背大兄王《やましろのおおえのみこ》を自害に追い込んだ。『日本書紀』の伝える斑鳩急襲《いかるがきゅうしゅう》の様子は次のようである。

斑鳩宮《いかるがのみや》にいるとき蘇我入鹿の襲撃を受け、山背大兄王はいったん生駒山へ逃げた。四～五日間、山にとどまったが、蘇我入鹿と戦うべきと進言する家来をいさめて、斑鳩寺《いかるがでら》に戻られた。「自分が軍を起こして入鹿を討てば、勝つのは間違いない。しかし、自分一身のために人民を死傷させたくはない。だから我が身一つを入鹿にくれてやろう」

こうして斑鳩寺で一族もろとも自害するのである。いかにも、御仏に仕える高僧らしい潔《いさぎよ》い最期である。『上宮聖徳法王帝説』による生年を太子と同年とすると、このとき山背大兄王は六九歳である。

この後、蘇我入鹿は斑鳩宮と斑鳩寺を焼き払っている。現在の東院伽藍《とういんがらん》は、斑鳩宮の跡地に建てられたものであり、西院伽藍《さいいんがらん》(法隆寺)とともに八世紀初頭の再建である。

蘇我入鹿は、目的を達成したかに見えたが、この襲撃は失敗だった。皇極《こうぎょく》天皇側に、口実を与える結果になってしまったのである。皇極天皇にしてみれば、斑鳩王家の滅亡により、我が子を天皇にする絶好のチャンスが巡ってきたのである。見逃す手はない。

六四五年、皇極天皇は、斑鳩王家を滅ぼした蘇我入鹿を、天皇家をないがしろにする逆賊であるとして、暗殺したのである。翌日、入鹿の父蘇我蝦夷も自邸を焼き払って自害し、ついに蘇我本宗家は滅びた。

これを「乙巳《いっし》の変《へん》」という。俗に「大化の改新」といわれている。

後ろ盾を失った古人大兄皇子は、出家して吉野に入ったが、謀反を企てたとして中大兄皇子に討たれている。邪魔者は消せである。

実行犯は中臣《なかとみの》鎌子《かまこ》と中大兄皇子、黒幕は皇極《こうぎょく》天皇である。入鹿暗殺の宮中の儀式のシーンを見ればよくわかる。蘇我入鹿は「三韓朝貢《さんかんちょうこう》の儀《ぎ》」があるからと、宮中におびき出された。だまし討ちにされ、傷を負った入鹿は「私に何の罪があるのでしょうか」と問うた。その問いに答えることなく、即座に退席する女天皇の後姿に、入鹿は何を見たのだろうか。

蘇我氏の傀儡政権《かいらいせいけん》であったはずだが、操られていたのは入鹿のほうだったとも考えられる。山背大兄王の討伐も、実は彼女の企みだったのかもしれない。悪玉として抹殺されたが、蘇我入鹿は、意外に真正直な人物だったようにも思える。

皇極天皇の母は吉備姫王《きびのひめみこ》、父は茅渟王《ちぬのみこ》である。一説によると、百済王ではないかともいわれる人物である。一連の吉備潰《きびつぶ》しによって王権を簒奪《さんだつ》された吉備の別系《わけ》が、二六代継体《けいたい》天皇から三四代舒明《じょめい》天皇まで続いた越《こし》の別系《わけ》を滅ぼし、再び王権を奪還した事件でもあった。このクーデターがなければ、古人大兄皇子が三六代天皇となり、越の別系《わけ》がなお続いたはずである。

恐るべし女天皇——。しかしながら、皇極天皇親子を陰で操った、さらなる策士がいたのである。その人こそ、事件の首謀者であり実行犯である中臣鎌子（のちの藤原鎌足）である。

中臣鎌子が中大兄皇子に近づく、「蹴鞠《けまり》の会《かい》」のエピソードは有名である。中臣鎌子は蘇我氏打倒を胸に秘め、中大兄皇子に接触するチャンスをうかがっていた。中大兄皇子が催した蹴鞠の会で、脱げた皇子の靴を拾ったのを機に交流を深め、入鹿暗殺計画に引きずり込んだのである。双方の利害が一致したというわけだ。

中大兄皇子と中臣鎌子が、蘇我入鹿の暗殺を相談したという談山《たんざん》神社（奈良県桜井市多武峰）には、一連の物語が、『多武峰縁起絵巻《とうのみねえんぎえまき》』として描かれている。また神社史には、「三韓朝貢の儀は、入鹿を飛鳥《あすかの》板蓋宮《いたぶきのみや》の大極殿へおびき出すための謀《はか》りごとであった」とも書かれている。

しかし、なぜ蘇我入鹿ほどの人物が、偽りの「三韓朝貢の儀」を見破れなかったのだろうか。ひょっとしたら、傀儡《かいらい》の後家《ごけ》の天皇《てんのう》と、男女の関係があったのではないだろうか？　いやあったのである。それが入鹿に隙をもたらしたのである。

男は命を賭して権力を手に入れるが、女は一夜にして手にいれることができる。そして奪うことができるのである。エジプトのクレオパトラの時代から変わらぬ性である。

乙巳の変の後、皇極天皇は同母弟の三六代孝徳《こうとく》天皇に譲位《じょうい》し、孝徳天皇の死後、六五五年に、再び三七代斉明《さいめい》天皇として重祚《ちょうそ》（一度退位した君主が、再び即位すること）した。

三六代孝徳天皇は中大兄皇子の叔父にあたるが、二人の仲は悪く、六五三年に難波長柄豊碕宮《なにわのながらのとよさきのみや》事件《じけん》が起こる。

孝徳天皇が、難波長柄豊碕宮を造営し遷都したところ、中大兄皇子が突然、「倭の都に遷りたい」と言い、母の皇極天皇、弟の大海人皇子、おまけに孝徳天皇の皇后である間人皇女《はしひとのひめみこ》まで引き連れて、飛鳥板蓋宮《あすかのいたぶきのみや》に戻ってしまったのである。孝徳天皇は憤死《ふんし》したといわれているが、おそらく暗殺されたのであろう。その翌年に没している。

そして六六一年、ついに中大兄皇子が三八代天智《てんじ》天皇として即位した。乙巳の変から実に一六年が経っていた。この間中大兄皇子は、皇太子として辣腕《らつわん》を振るい続けたのである。なぜすぐに即位しなかったのかについては諸説あるが、世論に配慮してのことであろう。

不比等の野望を秘めた捏造三部作

大化《たいか》の改新《かいしん》とは、六四五年の大化元年に、中大兄皇子《なかのおおえのみこ》を中心に、中臣鎌子《なかとみのかまこ》ら革新的な豪族が専横的な蘇我一族を滅ぼし、大化二（六四六）年に開始した、古代政治史上最大の改革であるといわれている。

このときの宮は、『日本書紀』によると、飛鳥から遷都した難波長柄豊碕宮《なにわのながらのとよさきのみや》である。


冬十二月九日、天皇は都を難波長柄豊碕宮に移された。この年太歳乙巳《たいさいきのとみ》（六四五年）。


しかしこれは全くのでっちあげである。

ではなぜ、ありもしない改革をあったかのように見せかける必要があったのだろうか。その目的は、三三代推古《すいこ》天皇の崩御後に起こった、三代にわたる壮絶な皇位継承争いを隠蔽《いんぺい》し、乙巳《いっし》の変《へん》のクーデターを正当化することにあった。

三四代目争いは山背大兄王《やましろのおおえのみこ》対田村皇子《たむらのみこ》（後の舒明天皇）、三五代目争いは山背大兄王対皇極《こうぎょく》天皇（舒明天皇の皇后）、三六代目争いは孝徳《こうとく》天皇対古人大兄皇子《ふるひとのおおえのみこ》（舒明天皇の皇子）である。

これらの争いは、六四五年のクーデター「乙巳の変」へと発展する。だがこれを『日本書紀』は「大化の改新」として美化したのである。

シナリオを書いたのは、五〇年後の「真の大化の改新」に参画した藤原不比等《ふじわらのふひと》である。大化の改新を五〇年前倒しして、父中臣鎌子（後の藤原鎌足）が起こした、乙巳の変の隠《かく》れ蓑《みの》にしたのである。さらに、父親の功績を高く評価させ、己の権威も高めんと企図したことであった。

不比等は、六五九〜七二〇年の人物である。『日本書紀』が編纂された七二〇年頃、最高権力者であったからこそできたことである。

私見であるが、六四六年の大化の改新はなかったのである。藤原不比等が、「乙巳の変」をカモフラージュするために捏造《ねつぞう》したのである。それは大化の改新、小野妹子、聖徳太子の三部作であった。

皇太子であった山背大兄王が、蘇我入鹿によって自害に追い込まれると、その蘇我入鹿を、今度は非情な悪漢に仕立て上げる。中臣鎌子と中大兄皇子は、正義のヒーローとして入鹿を討ち、さらに「大化の改新の詔《みことのり》」という、大改革を成し遂げたというストーリーだ。

不比等は『日本書紀』の編纂にあたり、ヤマトに「聖王」を誕生させる必要があった。不比等はまず、皇太子であり法隆寺の高僧である山背大兄王を、厩戸皇子《うまやどのみこ》と名付け三一代用明《ようめい》天皇の長男と記した。

さらに厩戸皇子を、三三代推古《すいこ》天皇の摂政であったとして、美しい事績を作り上げた。

しかしその事績は、乙巳の変の五〇年前、九州で権勢を振るっていた、肥後の俀国《たいこく》の王海毎多利思比弧《あまのたりしひこ》のものであった。遣隋使小野妹子の派遣、冠位十二階の制定、十七条憲法の制定など、俀国の善政を、そっくり厩戸皇子にすり替えたのである。そうして美しいヤマト王権を捏造した。この演出には、不比等も相当に神経を払ったことであろう。だが、目論見はまんまと成功したのである。『日本書紀』の完成は七二〇年であるが、さらに時代が移り、七五一年に成立した『懐風藻《かいふうそう》』に、初めて聖徳太子の名前が登場する。この頃法隆寺を始め、ヤマトでは、聖徳太子信仰が隆盛を極めていた。すると天皇家は、『日本書紀』の厩戸皇子を聖徳太子として、不比等の死後の撰者に書き替えさせたのである。

聖徳太子を登場させたことにより、「偽りの大化の改新」は見事に輝いたのである。現在も中臣鎌子と中大兄皇子は、正義のヒーローとして、あるいは古代史最大の政治改革者として、生き続けているのである。大化の改新の立役者は、聖徳太子と小野妹子なのである。もし聖徳太子や小野妹子がいなくて、乙巳の変だけで終わっていたら、日本の歴史もまた、違ったものになっていたことであろう。

この偽りの大化の改新により、六四五年は「大化元年《たいかがんねん》」とされ、大化は、日本最初の元号であるといわれるようになった。しかし六四五年は大化ではない。大化ではないのに、大化の改新とはこれまた茶番である。この後述べる継体歴《けいたいれき》によると、「命長《めいちょう》五年」である。

真の大化の年号とは、同じく継体歴によると、六九五〜七〇〇年までの六年間である。ゆえに蘇我入鹿の暗殺事件は、六四五年の乙巳の年に起こった、単なる「乙巳の変」なのである。通説となっている政治改革などでは全くなく、皇位継承争いにからむ壮絶なクーデターなのである。ではその証拠を、律令《りつりょう》と元号《げんごう》の流れから探ってみよう。

◉十七条憲法

六〇四年、三三代推古《すいこ》天皇のとき、皇太子（聖徳太子）が制定したとされる。「和《わ》を以《もっ》て貴《とうと》しと為《な》す」である。しかし、七二〇年完成の『日本書紀』に引用される以前の、元本や写本は現存しない。

◉大化の改新の詔《みことのり》

中大兄皇子を中心に、中臣鎌子が六四六年に発布されたとされる改新の詔である。公地公民制《こうちこうみんせい》、国郡制度《こくぐんせいど》、班田収受《はんでんしゅうじゅ》の法《ほう》・租《そ》・庸《よう》・調制度《ちょうせいど》の四条が主である。

◉近江令《おうみりょう》

六六八年、三八代天智《てんじ》天皇（中大兄皇子）が制定したとされる。原本は現存せず非実在説がある。

◉飛鳥浄御原令《あすかのきよみがはらりょう》

六八一年、四〇代天武《てんむ》天皇が発令し、天皇の死後六八九年に「令《りょう》」のみが頒布《はんぷ》・制定《せいてい》された。

◉大宝律令《たいほうりつりょう》

七〇一年に頒布された、日本初の本格的な律令である。刑部親王《おさかべしんのう》、藤原不比等《ふじわらのふひと》、粟田真人《あわたのまひと》、下毛野《しもつけのの》古麻呂《こまろ》らの選定である。

◉養老律令《ようろうりつりょう》

七一七年に撰修が始まり、七五七年に施行された。大宝律令との大きな相違点はないとされる。

以上の流れから推察するに、もしも本当に十七条憲法や大化の改新の詔があったとしたら、その内容は、近江令や飛鳥浄御原令に引き継がれるか、少なからず影響を与えるはずである。しかしそのような形跡は全くない。

乙巳の変の後、半年後には中大兄皇子の一族は、飛鳥から逃げるように難波長柄豊碕宮へ遷宮している。このときの天皇は、三六代孝徳天皇であるが、どさくさの最中の一年でこれほどの詔を作れるのも不自然である。ゆえに真の大化の改新の詔とは、五〇年後の「大化六九五～七〇〇年」に、六年をかけて起草され、七〇一年に頒布された「大宝律令」なのである。

六四六年の大化の改新の詔は、施行された形跡がなく、大宝律令に似ているといわれるゆえんである。このようなことから、大化の改新の詔については、疑問説、矛盾説など諸説あるが、すべて妥当であると考える。

また最も滑稽なのは、三八代天智天皇（中大兄皇子）が制定したとされる近江令である。大化の改新の詔を二〇年前に施行したのも天智天皇（中大兄皇子）本人のはずである。なぜ大化の改新の詔が自己の政権下で施行されていないのか不思議である。初めから存在しなかったと見るべきであろう。結局のところ、天智天皇（中大兄皇子）は一度ならず二度までも、架空の行政改革を行ったことになる。

次に元号から探ってみよう。

◉継体歴《けいたいれき》（二六代継体天皇制定・二中歴《にちゅうれき》という）

継体《けいたい》（五一七～五二一年）↓善記（五二二～五二五年）↓正和（五二六～五三〇年）↓教到（五三一～

五三五年）↓僧聴↓明要↓貴楽↓法清↓兄弟↓師安↓和僧↓金光↓賢接↓鎧当↓勝照↓瑞政↓告貴（五九四〜六〇〇年）↓願転↓光元↓定居↓倭京↓仁王↓僧要↓命《めい》長《ちょう》（六四〇〜六四六年）↓常色（六四七〜六五一年）↓白雉《はくち》（六五二〜六六〇年）↓白鳳（六六一〜六八三年）↓朱雀（六八四〜六八五年）↓朱鳥《しゅちょう》（六八六〜六九四年）↓大化《たいか》（六九五〜七〇〇年）↓大宝《たいほう》（七〇一〜七〇三年）↓慶雲（七〇四〜七〇六年）である。

継体から慶雲まで途切れることなく続いている。

◉文武歴《もんむれき》（四二代文武天皇制定・『日本書紀』による）

大化《たいか》（六四五〜六五〇年）↓白雉《はくち》（六五〇〜六五四年）その後三十二年間元号無し↓朱鳥（六八六年の一年）その後十五年間元号無し↓大宝《たいほう》（七〇一〜七〇四年）その後現在まで途切れなく続く↓慶雲（七〇四〜七〇八年）↓和銅（七〇八〜七一五年）↓霊亀（七一五〜七一七年）↓養老（七一七〜七二四年）↓神亀（七二四〜七二九年）↓天平（七二九〜七四九年）〜明治（一八六八〜一九一二年）↓大正（一九一二〜一九二六年）↓昭和（一九二六〜一九八九年）↓平成（一九八九年〜）である。

以上のように、二六代継体天皇のとき、初めて元号「継体」が制定されたのである。文武歴は七〇一年の「大宝」が始まりである。それ以前の元号は、見てのとおり断続的でつながりがない。

不比等が六四五年の「乙巳の変」を、大化の改新と造作したため、真の改革と五〇年の差異が生じてしまった。よって、継体暦は揉み消され、大化が日本最初の元号であるといわれるようになったのである。不比等にとっては、乙巳の変および大化の改新の詔を正当化するには、どうしても継体暦をぶち壊す必要があったのである。

今では二中暦《にちゅうれき》（継体暦）は、逸年号《いつねんごう》（実在した年号ではあるが、正史にはないもの）であるとされる。だが、信憑性《しんぴょうせい》が高く、年代もすべて連続しており、間違いなくヤマト王権の元号なのである。『日本書紀』が正史でないとわかった今、日本最初の元号は、「継体」であることを、学説も認めるべきではないか。素人目にも、日本の最初の元号が、「継体」であるのは疑いようがない。五一七年の継体元年から、平成の今に至るまで脈々と受け継がれているではないか。

その証拠に、文武暦も年代こそ違うが、元号は同じ大化・白雉・朱鳥を名乗っている。継体暦の存在を認めている証拠なのである。頭隠して尻隠さずである。

私はあえて天皇の名を付け、継体暦、文武暦としたが、このような呼称は学説にはない。継体暦はヤマト王権の元号であり、文武暦は大和朝廷の元号なのである。これはいわば、ヤマト王権から大和朝廷への政権移譲であり、これ以降継続して元号が用いられるようになったのである。

以上でおわかりのように、大化の改新とは、藤原不比等による『日本書紀』の単純な造作なのである。不比等は、おのれが起草した「大化」（六九五～七〇〇年）の律令を、乙巳の変の「命長《めいちょう》五年」の改新の詔にすり替えたのである。目的は先祖の名誉回復である。

七〇一年、文武天皇のとき、大和朝廷は律令制度の施行にあたり、元号を「大宝《たいほう》」と改めている。そ

の理由は『続日本紀』によると、

大宝元年（七〇一年）三月二十一日、対馬嶋（対馬）が金を貢じた。そこで新しく元号をたてて、大宝元年とした。初めて新令（大宝令）に基づいて、官名と位号の制を改正した。

対馬で金が発見されたからである。ちなみに大宝二（七〇二）年から、対馬の国、壱岐の国は「島《しま》」となり、国司も島司となったのである。

column 21

「かごめの歌」は調子に乗った不比等の歌

かごめの歌　（作者不詳）

かごめかごめ、籠の中の鳥は。いついつ出やる。
夜明けの晩に、鶴と亀がすべった。後ろの正面だあーれ。

単なる童歌《わらべうた》のように思えるが、実は、「かごめの歌」には深い意味が込められている。持統天皇と藤原不比等の道ならぬ恋を暗示しているのである。持統天皇は中大兄皇子（のちの三八代天智天皇）の子、藤原不比等（この頃中臣不比等）は中臣鎌子の子である。

六七二年、壬申《じんしん》の乱《らん》が起こり、大海人皇子《おおあまのみこ》は甥の三九代弘文《こうぶん》天皇（大友皇子）を討ち、自ら四〇代天武天皇として即位した。皇后は持統天皇である。

天武天皇と天智天皇は同母兄弟である。つまり持統天皇は、叔父にあたる一四歳年上の天武天皇と結婚したのである。また、弘文天皇は天智天皇の子で、持統天皇の異母兄である。持統天皇にとって、天武天皇は夫ではあるが、兄の弘文天皇を殺した、仇敵《きゅうてき》でもあるという複雑な関係にあった。そのためか二人の仲は冷え切っていた。

その頃、天智派の中臣不比等《なかとみのふひと》（のちの藤原不比等）もまた、不遇をかこっていた。宿命的な父をもつ持統天皇と中臣不比等は、いつのまにか深い関係になったのである。

六八六年、天武天皇が亡くなると、不比等は強引に持統天皇を擁立した。四一代持統天皇は、不比等の傀儡政権《かいらいせいけん》だったのである。さらに不比等は新しい都を造営し、藤原京《ふじわらきょう》と名づけた。六九四年、飛鳥浄御原宮から遷都し、自らも藤原の姓を名乗ったのである。「不比等の都」であると宣言したのだ。その後も、藤原の姓は不比等の子の四人の血族のみに許され、長く権力を思いのままにしたのは歴史が物語るとおりである。

では、歌の解説をしよう。かごめは「籠目」であり、天孫族のシンボルでもある。

籠の中の鳥は、四一代持統天皇である。鶴は、物部氏である。物部氏のシンボルはひおい鶴である。亀は、竜宮城の使いで、豊玉姫系の蘇我氏である。夜明けの晩は、二つの事件の起きた時刻である。物部氏が討たれたのが午前（夜明け）、蘇我氏が討たれたのが午後（晩）である。「鶴と亀がすべった」とは、物部氏と蘇我氏の失脚を意味している。「後ろの正面」とは、影の支配者のことである。「物部氏と蘇我氏の後ろ盾をなくした持統天皇よ。今、お前の後ろの正面にいるのは誰だ？」「俺だ、藤原だ」

つまり、かごめの歌は、藤原不比等が得意満面に自分の権力を誇示している歌なのだ。

『宋史』日本伝を解く

歴代天皇の名が記されている『宋史』日本伝

『宋史《そうし》』は宋（北宋・南宋）の時代について書かれた、中国二十四史の一つである。元《げん》の時代の一三四五年の完成である。

北宋《ほくそう》　九六〇～一一二七年までの一六七年間。首都開封《かいほう》。趙匡胤《ちょうきょういん》が建国。
南宋《なんそう》　一一二七～一二七九年までの一五二年間。首都南京《なんきん》。

九〇七年に「唐《とう》」が滅亡した後、五代一〇国時代の戦乱を過ぎて、「宋《そう》」を建国する。一一二七年、女真族《じょしんぞく》の「金《きん》」に追われて南遷し、都を杭州《こうしゅう》に置いた。それまでを「北宋」、これ以降一二七九年にモンゴル族の「元《げん》」に滅ぼされるまでを「南宋」と呼ぶ。

『宋史』で目を引くのは、九八四年に僧奝然《ちょうねん》が献じた『王年代紀』であろう。神代より第六四代円融《えんゆう》天皇までの、日本の歴代天皇の名前が記されている。私説の「天皇在位一三年説」の論拠《ろんきょ》とするところでもある。

前述の倭や倭人や倭国ではなく、この史書では日本国が登場する。倭国は筑紫であったが、日本国はこの記述からすると明らかに畿内ヤマトである。東日本は毛人の国とあり、まだ支配していないことがうかがえる。一〇世紀頃の大和朝廷の様子がよくわかる。今まで見てきた『記紀』や『史書』を振り返ってみるとおもしろいと思う。

『宋史』日本伝

日本国は本《もと》の倭奴国《わどこく》なり。自ら、その国日出《ひい》ずるところに近《ちか》きを以《も》って、故に日本を以って名となす。あるいはいう、その旧名を悪《にく》みこれを改むるなりと。その地、東西南北、各々数千里なり。西南は海に至り、東北隅は隔《へだ》つるに大山《たいざん》を以ってす。山外《さんがい》は即ち毛人《もうじん》の国《くに》なり。

後漢より始めて朝貢し、魏《ぎ》・晋《しん》・宋《そう》・隋《ずい》を歴《れき》、皆来貢す。唐の永徽《えいき》・顕慶《けんけい》・長安《ちょうあん》・開元《かいげん》・天《てん》宝《ぽう》・上元《じょうげん》・貞元《ていげん》・元和《げんわ》・開成中《かいせいちゅう》、並びに使を遣わして入朝した。

雍熙《ようき》元年（九八四年）、日本国の僧奝然《ちょうねん》、その徒五、六人と海に浮かんで至り、銅器《どうき》十余事ならびに本国の『職員令《しょくいんれい》』・『王年代紀《おうねんだいき》』各一巻を献ず。奝然は緑を衣《き》る。自らいう、姓は藤原《ふじわら》氏、父は真連《まむらじ》たりと。真連とは、その国の五品《ごひん》の品官《ひんかん》なり。奝然、隷書《れいしょ》を善《よ》くすれども、華言《かげん》（中国語）に通ぜず。その風土を問えば、ただ書いて答えていう、国中に五経《きょう》の書および仏経『白居易集《はくきょいしゅう》』七十巻あり、ならびに中国より、得《え》たり。

土《くに》（国土）は五穀によろしくして麦《むぎ》少し。交易には銅銭《どうせん》を用う、それを乾文大宝《かんぶんたいほう》という。家畜には水牛《すいぎゅう》・驢《ろば》・羊《ひつじ》あり、犀《さい》・象《ぞう》多し。糸蚕《きいと》を産し、多く絹を織る、薄緻《はくち》（薄く緻密《ちみつ》）で愛すべし。音楽には国中《こくちゅう》・高麗《こうらい》の二部あり。四時（春夏秋冬）の寒暑《かんしょ》は、大いに中国に類す。国の東境は海島に接し、夷人の居る所なり、身面《しんめん》皆毛あり。東の奥洲《おうしゅう》は黄金を産し、西の別島《べっとう》（対馬）は白銀を出し、以って貢賦《こうぶ》となす。

国王は、王をもって姓となし、伝襲《でんしゅう》して今の王に至るまで六十四世（円融《えんゆう》天皇）、文武の僚吏《りょうり》は、みな官を世々《せぜ》（世襲《せしゅう》）にすと。

その年代紀《ねんだいき》に記する所にいう、初めの主は天御中主《あめのみなかぬし》と号す。次は天村雲尊《あめのむらくものみこと》といい、その後は、みな尊《みこと》をもって号となす。

次は天八重雲《あめのやえくもの》尊、次は天弥聞《あめのみききの》尊、次は天忍勝《あめのおしかつの》尊、次は瞻波《すくなみの》尊、次は万《よろず》魂《みたまの》尊、次は利々《りり》魂《みたまの》尊、次は国狭槌《くにさつちの》尊、次は角襲《つのそ》魂《みたまの》尊、次は汲津丹《くみつにの》尊、次は面垂見《おもたるみの》尊、次は国常立《くにのとこたちの》尊、次は天鑑《あめのかがみの》尊、次は天万《あめのよろずの》尊、次は沫名杵《あわなきの》尊。

次は伊弉諾《いざなぎの》尊（伊邪那岐命《いざなぎのみこと》）、次は素戔烏《すさのおの》尊（須佐之男命《すさのおのみこと》）、次は天照大神《あまてらすおおみかみの》尊、次は正哉吾勝《まさかあかつ》

速日天押穂耳《はやひあめのおしほみみの》尊（正勝吾勝勝速日天忍穂耳命《まさかつあかつかちはやひあめのおしほみみのみこと》）、次は天彦《あめのひこの》尊（天津日高日子番能邇邇芸命《あまつひこひこほのににぎのみこと》）、次は炎《ほのおの》尊（天津日高日子穂穂出見命《あまつひこひこほほでみのみこと》）、次は彦瀲《ひこなぎさの》尊（天津日高日子波限建鵜葺草葺不合命《あまつひこひこなぎさたけうかやふきあえずのみこと》）。

およそ二十三世、並びに筑紫《つくし》の日向宮《ひむかのみや》に都す。

彦瀲尊の第四子を神武《じんむ》天皇と号す、筑紫の宮より入りて大和州《やまとしゅう》の橿原《かしはら》の宮《みや》に居る。即位の元年甲寅《こういん》は、周《しゅう》の僖王《きおう》の時に当たるなり（『日本書紀』では、即位の元年は辛酉《しんゆう》の年・紀元前六六〇年となっている）。

次は綏靖《すいぜい》天皇、次は安寧《あんねい》天皇、次は懿徳《いとく》天皇、次は孝昭《こうしょう》天皇、次は孝安《こうあん》天皇、次は孝霊《こうれい》天皇、次は孝元《こうげん》天皇、次は開化《かいか》天皇、次は崇神《すじん》天皇、次は垂仁《すいにん》天皇、次は景行《けいこう》天皇、次は成務《せいむ》天皇、次は仲哀《ちゅうあい》天皇。国人いう、今鎮国香椎大神《ちんこくかしいだいじん》となすと。

次は神功《じんぐう》天皇、開化《かいか》天皇の曾孫女なり、またこれを息長足姫《おきながたらしひめの》天皇という。国人いう、今太奈《だいな》良《ら》姫大神《ひめのおおかみ》となすと。次は応神《おうじん》天皇、甲辰《こうしん》の歳（応神一五年・三三四年）、始めて百済から、中国の文字を得《え》たり。今、八蕃菩薩《はちまんぼさつ》と号す。大臣があり、紀武内《きのたけのうち》（武内宿禰命《たけのうちのすくねのみこと》）と号し、年三百七歳なり。

次は仁徳《にんとく》天皇、次は履中《りちゅう》天皇、次は反正《はんぜい》天皇、次は允恭《いんぎょう》天皇、次は安康《あんこう》天皇、次は雄略《ゆうりゃく》天皇、次は清寧《せいねい》天皇、次は顕宗《けんぞう》天応、次は仁賢《にんけん》天皇、次は武烈《ぶれつ》天皇、次は継体《けいたい》天皇、次は安閑《あんかん》天皇、次は宣化《せんか》天皇、次は天国排開広庭《あめのくにおしひらきひろにわの》天皇、またの名は欽明《きんめい》天皇、即位の十一年壬申《じんしん》の歳《とし》（五五二年）、始めて仏法を百済国より伝う、この土《くに》の梁《りょう》の承聖《しょうせい》元年に当たる。

次は敏達《びたつ》天皇、次は用明《ようめい》天皇、子あり、聖徳太子《しょうとくたいし》という。年三歳にして、十人の語《はなし》を聞き、同時にこれを解《かい》し、七歳にして仏法《ぶっぽう》を悟《さと》り、菩提寺《ぼだいじ》において聖鬘経《しょうまんきょう》を講《こう》ずるに、天、曼陀羅華《まんだらげ》を雨のように降らした。この土《くに》の隋《ずい》の開皇中《かいこうちゅう》（五八一～六〇〇年）に当る。使を遣わして海上より、中国に至って法華経《ほけきょう》を求めた。

次は崇峻《すしゅん》天皇、次は推古《すいこ》天皇、欽明《きんめい》天皇の女《むすめ》である。次は舒明《じょめい》天皇、次は皇極《こうぎょく》天皇、次は孝徳《こうとく》天皇。白雉《はくち》四年（六五三年）、律師道照《りっしどうしょう》が法を求めて中国に至り、三蔵《さんぞう》の僧玄奘《げんじょう》に従って経律論《けいりつろん》を受けた。この土《くに》の唐《とう》の永徽《えいき》四年（六五三年）にあたる。（ヤマト王権による第二回遣唐使である）

次は天豊財重日足姫《あめのとよたからいかしひたらしひめの》天皇、僧智通《そうともみち》らを入唐させ、大乗法相教《だいじょうほっそうきょう》を求めさせた。顕慶《けんけい》三年（六五八年）にあたる。（第四回遣唐使である）

次は天智《てんじ》天皇、次は天武《てんむ》天皇、次は持総《じとう》天皇、次は文武《もんむ》天皇。大宝《たいほう》三年は長安《ちょうあん》元年（七〇三年）にあたる。粟田真人《あわたのまひと》を遣わし、唐に入り書籍を求めさせ、律師道慈《りっしどうじ》に経を求めさせた。（第八回遣唐使である）

次は阿閉《あとじ》天皇、次は皈依《きより》天皇、次は聖武《しょうむ》天皇、宝亀《ほうき》二年（七一六年）、僧玄昉《げんぼう》を遣わして入朝させた、開元《かいげん》四年にあたる。（第九回遣唐使である）

次は孝明《こうめい》天皇、聖武《しょうむ》天皇の娘である。天平勝宝《てんぴょうしょうほう》四年（七五二年）は天宝中《てんぽうちゅう》にあたる、使および僧を遣わして入唐し、内外の経教《きょうきょう》を求め、また戒《かい》を伝えさせた。（第十二回遣唐使である）

次は天炊《あめのかしきの》天皇、次は高野姫《たかのひめの》天皇、聖武《しょうむ》天皇の娘である。次は白壁《しらかべ》天皇、二十四年（八〇五年）、二人の僧霊仙《りょうせん》・行賀《ぎょうが》を遣わして入唐し、五台山《ごだいさん》に礼し仏法を学ばせた。

次は桓武《かんむ》天皇、騰元葛野《とうげんかずの》と空海大師《くうかいだいし》及び延暦寺《えんりゃくじ》の僧澄《ちょう》（最澄《さいちょう》）と遣わして入唐し、天台山《てんだいさん》に詣《いた》り、智者《ちしゃ》の正観義《しょうかんぎ》を伝えさせた。元和《げんな》元年（八〇六年）に当たるなり。（第十八回遣唐使である）

次は諾楽《だくらく》天皇、次は嵯峨《さが》天皇、次は淳和《じゅんな》天皇、次は仁明《にんみょう》天皇、開成《かいせい》・会《え》昌中《しょうちゅう》（八三六年～八四六年）に当たる、僧を遣わして入唐し、五台《ごだい》に礼させた。（第十九回遣唐使である）

次は文徳《もんとく》天皇、大中《だいちゅう》年間に当たる。次は清和《せいわ》天皇、次は陽成《ようぜい》天皇、次は光孝《こうこう》天皇、僧宗睿《しゅうよう》を遣わして入唐し、教を伝えさせた。光啓《こうけい》元年（八八五年）にあたる。次は仁和《にんな》天皇、この土《くに》の梁《りょう》の竜徳中《りゅうとくちゅう》（九二一年～九二三年）にあたり、僧寛建《かんけん》を遣わして入朝させた。

次は醍醐《だいご》天皇、次は天慶《てんぎょう》天皇、次は封上《ふうじょう》天皇、この土《くに》の周《しゅう》の広順《こうじゅん》の年に当たるなり。次は冷《れい》泉《ぜい》天皇いま太上《だじょう》天皇となす。次は守平《しゅへい》天皇（円融《えんゆう》天皇）、即《すなわ》ち今の王である。およそ六十四世なり。

畿内《きない》には山城《やましろ》・大和《やまと》・河内《かわち》・和泉《いずみ》・摂津《せっつ》、すべて五州《ごしゅう》があり、ともに五十三郡《ぐん》を統合している。

東海道《とうかいどう》には伊賀・伊勢・志摩・尾張・参河（三河）・遠江・駿河・伊豆・甲斐・相模・武蔵・安房・上総・常陸、すべて十四州あり、ともに百十六郡を統合している。

東山道《とうさんどう》には通江（近江）・美濃・飛弾（飛騨）・信濃・上野・下野・陸奥・出羽、すべて八州あり、ともに百二十二郡を統合している。

北六《ほくりく》（北陸《ほくりく》）道《どう》には狭（若狭）・越前・加賀・能登・越中・越後・佐渡、すべて七州あり、ともに三十郡を統合している。

山陰道《さんいんどう》には丹波・丹後・徂馬（但馬）・因幡・伯耆・出雲・石見・隠伎（隠岐）、すべて八州あり、ともに五十二郡を統合している。

小陽《しょうよう》（山陽《さんよう》）道《どう》には播麼（播磨）・美竹（美作）・備前・備後・安芸・周防・長門、すべて八州があり、ともに六十九郡を統合している。

南海道《なんかいどう》には伊紀（紀伊）・淡路・河波（阿波）・讃者（讃岐）・伊予・土佐、すべて六州があり、ともに四十八郡を統合している。

西海道《せいかいどう》には筑前・筑後・豊前・豊後・肥前・肥後・日向・大隅・薩摩、すべて九州あり、ともに九十三郡を統合している。

また壱伎《いき》（壱岐）・対馬《つしま》・多禰《たね》（種子島）、すべて三島があり、各々二郡を統合している。これを五畿七道三島《ごきしちどうさんとう》といい、およそ三千七百七十二郡・四百十四駅・八十八万三千三百二十九課丁《かてい》。課丁の外は詳しく見ることができない。みな奝然《ちょうねん》の記する所という。

按《あん》ずるに（調べるに）、隋の開皇《かいこう》二十年（六〇〇年）、倭王《わおう》、姓は阿毎《あま》、名自は多利思比孤《たりしひこ》が、使を遣わして書を送ってきた。唐の永徽《えいき》五年（六五四年）、使を遣わして琥珀《こはく》・馬脳《めのう》を献じた。長安二年（七〇二年）、その朝臣真人《あそんまひと》を遣わして方物を貢した。開元《かいげん》（七一三年）、使を遣わして来貢した。天宝《てんぽう》十二年（七五三年）また使を遣わして来貢した。

元和《げんわ》元年（八〇六年）、高階真人《たかしなまひと》を遣わして来貢した。開成《かいせい》四年（八三九年）、また使を遣わして来貢した。これは、史書の記すところとみな同じである。

大中《だいちゅう》・光啓《こうけい》・竜徳《りゅうとく》および周の広順中《こうじゅんちゅう》（八四七〜九五三年）、皆かつて僧を遣わして中国に至らせたが、唐書の中、『五代史』もその伝を失う。唐の咸亨中《かんこうちゅう》（六七〇〜六七三年）および開元二十三年（七三五年）、大暦《だいれき》十二年（七七七年）、建中《けんちゅう》元年（七八〇年）、皆来たりて朝貢するも、その記に載せず。

太宗《たいそう》は奝然《ちょうねん》を召見し、これを存撫《ぞんぶ》することはなはだ厚く、紫衣《しい》を賜《たま》い、太平興国寺《たいへいこうこくじ》に館（宿泊）させた。

上（太宗）は、その国王は一つの姓で継承され、臣下も皆、官職を世襲にしていることを聞き、因って歎息《たんそく》して宰相《さいしょう》にいうには、「これ島夷のみ。乃ち世祚《せいそ》（代々の位）は遐久《かきゅう》にして、その臣もまた継襲して絶えない。これけだし古の道なり。中国は唐季《とうき》の乱より国が分裂し、梁《りょう》・周《しゅう》の五代《ごだい》（九〇七〜九五九年）は、歴《れき》を享《う》けること尤《もっと》も促《みじか》く、大臣の世冑《せじゅう》（世族）はよく嗣続《しぞく》（受け継ぐ）すること鮮《すく》なし。朕《ちん》は、徳は往聖《おうせい》（先帝）にはずかしいけれども、常に夙夜《しゅくや》（朝早くから夜遅くまで）つつしみ畏《おそ》れ、治本《じほん》（政治の根本）を講求《こうきゅう》し、あえて暇逸《かいつ》せず。無窮《むきゅう》の業《ぎょう》を建て、可弓《かきゅう》の範《はん》を垂れ、また以って子孫の繁栄を計り、大臣の後をして世々禄位《ろくい》を世襲《せしゅう》させるのは、これ朕の心なり」と。

（以下省略）

日御子（卑弥呼）が眠る甘木山

女王たちの墓を比定する

天照大御神、大日孁貴《おおひるめのむち》あるいは太陽の妻、また日御子（卑弥呼）ともいわれるシャーマン（呪術師）たちはどこに眠っているのだろう。最後に詳しく検証してみよう。

『三国志』にいう投馬国《とうまこく》や壹国《いちこく》の跡地には、伝説の遺跡が多く残っている。

投馬国の領域（福岡県八女市）は、矢部川《やべがわ》の上流域と広川《ひろかわ》に挟まれた三角州である。ここには八女《やめ》古墳群がある。この矢部川の上流にある日向神《ひゅうがみ》ダムの山中にいるのが、この国を治める八女津媛《やめつひめ》である。一説には女王日御子（卑弥呼）ともいわれている。

一方、壹国《いちこく》の領域（福岡県みやま市）は矢部川の下流域の東側であり、矢部川と二つの支流でできた三角州である。瀬高町《せだかちょう》・山川町《やまがわちょう》・高田町《たかだちょう》の三町からなる市であるが、隣接する大牟田市《おおむたし》の甘木山を含む領域である。

　大牟田市は、当時の海岸線を考えると、甘木山以南は坔《ぬた》（沼田・湿田・泥田）であったろうと思われる。大坔《おおぬた》市＝大牟田《おおむた》市である。甘木山以北のみやま市地区には、次のような遺跡がある。

●女山《ぞやま》神籠石《こうごいし》（福岡県みやま市瀬高町女山）

女王山《じょおうざん》ともいわれ、日御子（卑弥呼）の居城跡といわれている。また山城ともいわれ、七世紀頃の築造とされている。神籠石については、霊域説《れいいきせつ》と城郭説《じょうかくせつ》があり、学会でも意見の分かれるところである。私は前述の鞠智城の例もあり、城郭説には否定的であるが、女山神籠石はこの二つの意味をもつ遺跡であると考える。おそらく女山神籠石は、日御子（卑弥呼）、壹與《いちよ》に始まり、八女津媛、田油津媛《たぶらつひめ》、さらに鴨別《かものわけ》からその末裔の筑紫君磐井《いわい》に至るまでの、歴代女王の居城跡である。ここで祭祀が行われていたのである。

●蜘蛛塚《くもづか》（福岡県みやま市瀬高町大草）

　女山神籠石の少し東側にある。前方後円墳が二分されたものと考えられている。女王塚《じょおうづか》といわれていたが、今は王塚《おうつか》＝大塚と改めた。蜘蛛塚の由来は、『日本書紀』に、三二一年（天皇在位一三年説による）神功皇后の熊襲征伐の折、山門県《やまとのあがた》で土蜘蛛田油津媛を殺したとの記述があり、おそらく彼女の眠る古墳である。殺したのは吉備の鴨別である。

●権現塚《ごんげんづか》（福岡県みやま市瀬高町権現）

女山神籠石の正面の田畑の中にある。日御子（卑弥呼）の墓といわれ、あたりは卑弥呼の里となっている。直径四五メートルの円墳である。周囲の幅一一メートルの溝をいれると直径六七メートルとなり、径百余歩《けいひゃくよほ》とも符合する。地理的にも日御子（卑弥呼）の墓らしく思われるが、この塚は、古墳時代中期（五世紀頃）の築造といわれており、時代が日御子（卑弥呼）とは異なる。この塚の周辺では、縄文晩期（約三〇〇〇年前）から弥生時代（約二〇〇〇年前）、古墳時代にかけての遺跡が多く発掘されている。

これらの地域では三つの勢力が興亡した。初めに興ったのは壹国《いちこく》（一七〇～二六六年）である。女王日御子（卑弥呼）、二代目壹與《いちよ》を合わせて一〇〇年ほど続いた。壹国《いちこく》が臺国《たいこく》に滅ぼされた後、投馬国《とうまこく》の女王八女津媛、二代目田油津媛が五五年ほど続いた。

田油津媛が神功《じんぐう》皇后率いる鴨別に討たれた三二一年（天皇在位一三年説による）以後、筑紫平野一帯は吉備一族により統一されたのである。そして、二六代継体《けいたい》天皇二一（五二七）年に、筑紫君磐井《いわい》が磐井の乱で亡びるまで、二〇〇年あまり栄えたのである。その間多くの巫女がいたであろうが、その存在はわかっていない。

古墳の中には、治定《じじょう》された被葬者の享年と築造年の食い違うものがいくつかある。古墳築造の推定年代とは絶対なものなのだろうか。それとも多少曖昧さを含んでいるものだろうか。考古学の先生に是非ともお伺いしたいものである。

◉天照大御神の墓＝平原《ひらばる》遺跡（福岡県糸島市有田）

井国（委奴国）の高祖山《たかすやま》の麓にある。原田大六氏はその著書『平原弥生古墳　大日孁貴の墓』で一号墓の長方形の方型周溝墓の被葬者を、玉依姫に治定している。副葬品の銅鏡片は四〇面とされ、日本最多の出土数である。弥生後期（一八〇〇年前）の遺跡といわれている。ゆえに漢委奴国王の井国（委奴国）の後に治めた、井国（怡土国）の天孫族の遺跡であることがわかる。

では、日御子（卑弥呼）の墓はどこだろう。

日御子（卑弥呼）の墓は、大牟田《おおむた》市甘木山の山中にある。私はそう確信した。甘木山は、海人木山《あまぎやま》・天城山《あまぎやま》・海人城山《あまぎやま》である。海人族の国邑である。当時、甘木山の周囲は海であり、半島であったのではないか。甘木山西側の地名が岬《みさき》、また唐船《とうせん》であることからもそれがうかがえる。

大牟田市立歴史資料館の展示図録によると、やはり縄文時代は「甘木島《あまぎじま》」であったようだ。島には、荒田比《あらたび》貝塚、毛無《けなし》貝塚などの縄文遺跡があり、弥生時代に半島となっている。

『三国志』には、

卑弥呼以《もっ》て死す、大いに冢《ちょう》を作る、径百余歩、徇葬する者、奴婢百余人

冢《ちょう》としか書かれていないが、太陽信仰であるから、きっと円墳であろうと考える。

私は甘木山をくまなく歩いて、日御子（卑弥呼）の墓を探してみた。もしかしたら未発見の古墳があるかもしれない――。

そして、甘木山にはいくつもの古墳群があるのがわかった。大牟田市教育委員会発行の『大牟田市の文化財』の資料によると、甘木山古墳群、倉永茶臼塚《くらながちゃうすづか》古墳群、岬ヶ原《みさきはら》古墳群、蜜柑山《みかんやま》古墳、石櫃山《いしびつやま》古墳、黒崎山《くろさきやま》古墳群などがある。また、甘木山公園入り口には霊園や慰霊塔があり、甘木山全体が新旧の墳墓の山となっていた。

日御子（卑弥呼）の墓は黒崎観世音塚古墳である

私が甘木山の西端の黒崎山の頂にある、黒崎観世音塚《くろさきかんぜおんづか》古墳の存在を知ったのは、この最終章を執筆していたときである。

『三国志』を解いた時点で、壹国《いちこく》はみやま市・大牟田市であり、日御子（卑弥呼）の宮殿や墳墓は甘木山であろうと推測はしていた。かなりの確信をもっていた。だが、甘木山がいかなる場所かは全く知らなかったのである。

◉日御子（卑弥呼）の墓＝黒崎観世音塚古墳（福岡県大牟田市岬）

資料によると、黒崎観世音塚古墳は、墳長九七メートル、後円部径七二メートル、高さ一〇メートル、前方部長二七メートル、同幅三六メートルの前方後円墳だという。前方部がやや短い墳型である。墳頂部には三基の経塚《きょうづか》があり、一二世紀頃に築かれたものらしい。

出土した円筒埴輪《えんとうはにわ》や壺形埴輪《つぼがたはにわ》から、四世紀末頃の築造であろうという。同古墳の発見は新しく、一九九四〜一九九八年に調査が行われ、平成一五年に史跡に指定されている。古墳内部の発掘調査は行われておらず、石室などは不明である。

日御子（卑弥呼）の墓は円墳であろうという、私の推理と符合しないではないか。しかも、彼女は二四七年頃に亡くなっているから、三世紀中頃の築造でなければならない。落胆しかけたとき、こんな噂を耳にしたのである。

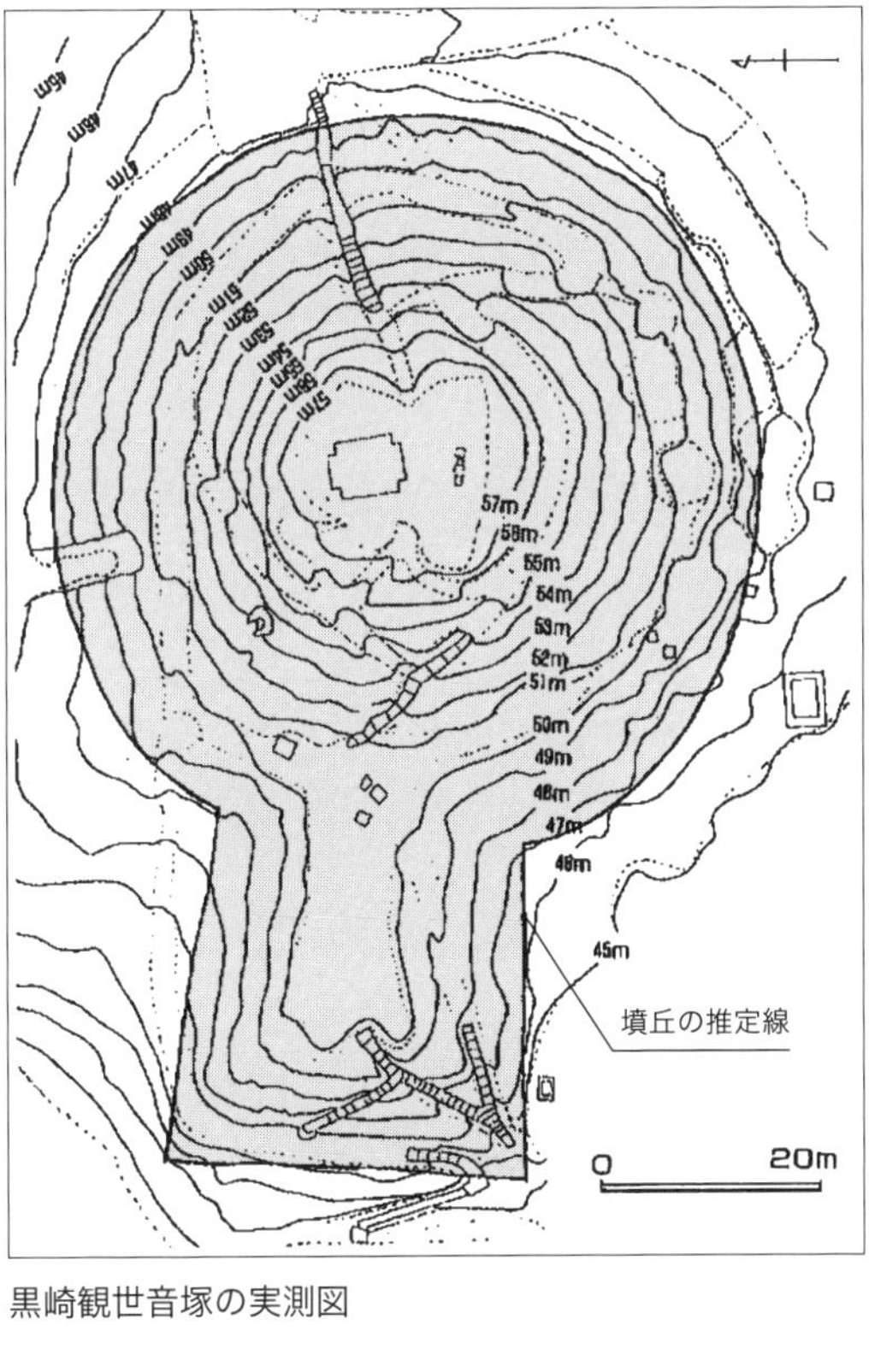

黒崎観世音塚の実測図

「最初、前方後円墳と思われていたが、その後の調査によって円墳であることがわかった。前方部は後世に造られたものであるらしい」

最後の最後にとうとう日御子（卑弥呼）に巡り合えた。私は躍り上がった。

なんといっても後円部径七二メートルは、『三国志』のいう径百余歩とぴったり符合する。

また、この黒崎山一帯は、筑後一の名勝地といわれた場所で、墳墓は有明海や筑紫平野を一望できる地点にあり、有明海一帯を治めた盟主たる人物の墓であろうという。

しかも、このあたりは古墳の多い地区であり、特に「船形石棺《ふながたせっかん》」が多数出土することで有名である。壹国《いちこく》の女王日御子（卑弥呼）が永眠するのに、これほどふさわしい場所があろうか。船形石棺という埋葬法も海人族の国らしい。

高鳴る胸を抑えて大牟田市教育委員会にお尋ねしたところ、実際に調査にあたった先生が親切に教えてくださった。

「円墳ではなく、やはり前方後円墳です。築造時期も四世紀中であり、三世紀ということはないですね。三世紀の墓には埴輪はありません」

残念ながら一〇〇年のずれがある。日御子（卑弥呼）の墓ではなかったのである。あとでわかったのだが、「円墳であった」との情報は別の古墳の話であった。疲労感が全身を駆け巡る。

それでは被葬者は誰なのか。

やはり、神功皇后の命により四世紀初めにこの地を平定した、吉備の臣の祖鴨別《かものわけ》であろうか。それなら年代も埴輪も墳型も勢力も理解できる。いや、そうではない。鴨別は、元から投馬国（福岡県八女市）が本拠地である。それが八女古墳群である。やがてその末裔たちは岩戸山《いわとやま》古墳（福岡県八女市）や、南に江田船山《えたふなやま》古墳（熊本県玉名郡）をもつような大王となったのである。

諦めきれない私は、三度も足を運び、みやま市や大牟田市の古墳をあちらこちら調べて回った。終日お供してくださったタクシードライバーさんには、一緒に古墳探しもしていただき、楽しい思い出となった。

だが両市には、三世紀頃の古墳がなかなか見つからない。どこへ消えてしまったのだろうか。土木技術が未熟で崩れてしまったのだろうか。ここは間違いなく壹国《いちこく》である。なのに鴨別の末裔と思しき墳墓だらけである。やはり『三国志』の記述と符合する権現塚だろうか。でも築造年を素人が勝手に変えられない。

もう一つ考えられるのは女山神籠石《ぞやまこうごいし》である。ここにもいくつもの古墳がある。その中に日御子（卑弥呼）の墓が隠されているのかもしれない。墳丘の盛り土が流され石室が露出しているとか、小山となって墳墓と気づいていないのかもしれない。

しかし日御子（卑弥呼）は単なる巫女ではない。一大国連合三〇国の共立の王である。また壹国《いちこく》を託された女王でもある。それなりの扱いを受けているはずである。日御子（卑弥呼）の墓は必ず甘木山にある。甘木山は海人族の歴代の墳墓の山なのだ。女山神籠石から船で矢部川を下れば、すぐ突当りが甘木山である。新たな発見があるまでは、黒崎観世音塚古墳が日御子（卑弥呼）の墓という推理にかけ、望みをつなぐこととする。

前方後円墳は、天孫・吉備・出雲の三国同盟の証であると前に述べた。三世紀はすでに前方後円墳の時代である。これは学説でも異論のあるところであるが、私は前方後円墳の始まりは、間違いなく三世紀であろうと思っている。円墳にこだわる必要はないのかもしれない。

平原《ひらばる》遺跡の大日孁貴《おおひるめのむち》（天照大御神）の墓も、円墳ではなく方形周溝墓である。纒向《まきむく》遺跡の箸墓《はしはか》古墳（前方後円墳）も、また卑弥呼の墓ではないかといわれている。

私が、黒崎観世音塚古墳だと考える大きな理由がもう一つある。黒崎観世音塚古墳の西隣に、古墳を拝するかのように玉垂《たまたれ》神社がある。樹齢三〇〇年以上といわれる大樟は、市の天然記念物にも指定されている。

神社由緒によると、古くは黒崎神《くろさきのかみ》、あるいは高良《こうら》大明神・高良玉垂宮《こうらたまたれのみや》と呼ばれていたというが、明治二九年神社庁によって玉垂神社と改称され、今日に至っているという。神功皇后が三韓征伐凱旋の際この地に着船し、武内宿禰命《たけのうちのすくねのみこと》に命じて創建した行宮《あんぐう》がこの神社の始まりだという。天皇在位一三年説でいうと一七〇〇年もの歴史があることになる。

なぜこれほどの神社が、まことに申し訳ないが、この僻地《へきち》に存在するのか私には不思議に思えてならない。玉垂命《たまたれのみこと》とは、筑後の国一ノ宮高良《こうら》大社（久留米市）の祭神、高良玉垂命《こうらたまたれのみこと》と同神である。筑後の国一ノ宮高良大社とは、一大国連合三〇国の中の一国である。女王日御子（卑弥呼）の死後、高良大社の高良玉垂命は、日御子（卑弥呼）の墓の守り神として、この神社を建てたのではないのか。

黒崎観世音塚古墳は、長く高良玉垂命により祭られていたのである。埴輪《はにわ》は、その後の祭祀で使われたものだとも考えられる。埴輪とは、三世紀後半から六世紀後半にかけて作られ、前方後円墳とともに消滅した。古墳時代特有の素焼きの焼き物で、古墳上に並べられたものである。

壹国《いちこく》の日御子（卑弥呼）を殺したのは、球国（狗奴国）である。その一味の田油津媛《たぶらつひめ》を殺したのが神功皇后率いる鴨別《かものわけ》である。そして元壹国《いちこく》を鴨別が治めるようになった。鴨別は人心掌握のため、丁重に日御子（卑弥呼）を祭り、埴輪を並べたのである。その間約七〇年――。ゆえに四世紀初めの築造となる。また日御子（卑弥呼）の墓があったから、神功皇后もわざわざ立ち寄ったのではないか。このほかにも神功皇后が、三韓征伐凱旋の際立ち寄ったという地はいろいろあるが、それぞれなんらかの理由があるのである。


徇葬する者、奴婢百余人といわれる奴婢たちはどこに眠っているのだろうか。この古墳の周りには、黒崎一号墳・黒崎二号墳・黒崎三号墳という、径二〇メートルほどの円墳がある。これらはおそらく陪《ばい》塚《づか》として、彼女たちが眠る墓ではないだろうか。

みやま市や大牟田市には、黒崎観世音塚古墳以上の大きな古墳は現在のところ発見されていない。おそらく今後も同様であろう。壹国《いちこく》に日御子（卑弥呼）以上の大王がいたとは、その後の時代を含めても考えにくい。

また墳墓は、東西を向いており後方部が西側である。西側は有明海を挟んで、雲仙岳や多良岳を望むすばらしい眺めである。その向こうは壱岐である。一大国と飛鳥を向いているようにも見える。しかも、何度も言うが、後円部径七二メートルは、径百余歩とあまりにも符号する。

その中には、きっと日御子（卑弥呼）を乗せた船形石棺が眠っていることだろう。

船形石棺は、エジプトのピラミッドに眠る太陽の船と同じ意味をもつ。日御子（卑弥呼）は死後もこの船に乗って、太陽と現世を行き来しているのであろうか。

壹国《いちこく》は、一大国（壱岐）の月読命《つくよみのみこと》が支配する国である。日御子（卑弥呼）は、有明海を制した一大国の屯倉《みやけ》の女王であるとしてきた。だが、この黒崎観世音塚古墳を見てイメージが変わった。彼女は三〇国を支配した立派な女王だったのだ。

海と山を望む日御子（卑弥呼）の宮殿

では、日御子（卑弥呼）の宮殿について今一度検証してみよう。

『三国志』は、日御子（卑弥呼）の宮殿についてこう述べている。

王となりしより以来、見るある者少なく、婢千人を以って自ら侍《はべら》せしむ。ただ男子一人あり、飲食を給《きゅう》し、辞《じ》を伝え、居処に出入りす。宮室《きゅうしつ》・楼観《ろうかん》・城柵《じょうさく》、厳《おごそ》かに設け、常に人あり、兵を持して守衛す。

現在、女山神籠石《ぞやまこうごいし》が日御子（卑弥呼）の宮殿跡とされ、目の前にある権現塚《ごんげんづか》（福岡県みやま市）は、日御子（卑弥呼）の墓といわれている。周りは卑弥呼の里となっているのだが、「王となりしより以来、見る者少なく」の一言が気にかかる。

投馬国の八女津媛《やめつひめ》神社と同じように、川上の山中にあるのではないか。みやま市は、矢部川の二つの支流に囲まれた、高田町・瀬高町・山川町の三町からなる市である。当時の海岸線を考えると、山川町あたりが中心であろう。この山川町の真ん中を流れる川を遡った最上流域が、山川町真弓地区である。ここから白銀川を有明海に下ると、大牟田市吉野を抜けて甘木山である。おそらく宮殿はこの山川町真弓地区ではないか。しかしこの地区から、神籠石やそれらしき遺跡は何も見つかっていない。

そうなると、やはり宮殿跡は女山神籠石である。確かに「宮室《きゅうしつ》・楼観《ろうかん》・城柵《じょうさく》、厳《おごそ》かに設け、常に人あり、兵を持して守衛す」という『三国志』の記述どおりの地である。「見るある者少なく」とは、奥深い山中ということではなかったのだ。彼女は宮殿からあまり外に出なかったという意味だ。

女山神籠石は城郭説《じょうかくせつ》が有力であり、七世紀の築城といわれているが、それで正解なのである。女王が変わるたびに増築され、最後に増築がなされたのが七世紀なのである。

女山神籠石は、壹国《いちこく》の日御子（卑弥呼）・壹與《いちよ》に始まり、投馬国《とうまこく》の田油津媛《たぶらつひめ》、さらに鴨別《かものわけ》からその末裔の筑紫君磐井《いわい》に至るまでの、歴代女王の居城だったのである。ゆえに女王山《じょおうざん》なのである。

日御子（卑弥呼）の宮殿は、霊域《れいいき》と城郭《じょうかく》を兼ね備えたものなのである。一大国連合は、伊都国に一《いち》大率《だいそつ》を置き武力で統率していた連合国である。いつ反乱が起きてもおかしくない。ゆえに楼観《ろうかん》・城柵《じょうさく》、厳《おごそ》かに設け、兵を持して守衛するのである。

また、ここから発見された二～三世紀頃の祭祀用の銅矛《どうほこ》がある。これは日御子（卑弥呼）の時代と重なる。この地域は、前述の権現塚《ごんげんづか》の周りの遺跡により、縄文晩期（約三〇〇〇年前）から弥生時代（約二〇〇〇年前）にかけて、すでに開かれていたことがわかっている。おそらくその時代からの祭祀場だったのだ。

この山の頂に立つと、眼下に自国の豊穣を見渡すことができる。それはまた防衛の要でもある。

もう一つ、ここに日御子（卑弥呼）の宮殿があった、と考えられる確かな証拠がある。女山神籠石から、南へ山一つ越えたら熊本県山鹿市《やまがし》である。山鹿市には、日御子（卑弥呼）を討った鞠智城《きくちじょう》の球国《くこく》（狗奴国）があった。『三国志』にはこう書かれている。

その南に狗奴国《くどこく》あり、男子を王となす。その官に狗古智卑狗《くくちひこ》があり。女王に属せず。

……倭の女王卑弥呼《ひみこ》、狗奴国《くどこく》の男王卑弥弓呼《ひみくこ》と素《もと》より和《わ》せず。

隣国であったからこそ、紛争が絶えなかったのである。『三国志』の記述にぴったり符合しているではないか。さらにこの地は、海人族の国の特徴をすべて備えている。

◉三方を山に囲まれている。

◉一方は有明海に面している。

◉矢部川《やべがわ》と支流の二つの川に囲まれている。

◉吉野山がある。高台の甘木山に墓地がある。

みやま市・大牟田市が壹国《いちこく》であり、女山神籠石に日御子（卑弥呼）の宮殿があったのは間違いない。

また、日御子（卑弥呼）の墓は、ずばり黒崎観世音塚古墳である。この古墳を発掘したら、「親魏倭王」の金印が出土するかもしれない。金印はなくても被葬者が女性であれば、まぎれもなくそれは日御子（卑弥呼）である。

いつの日か、考古学や歴史学の英知によって、明らかになることを願わずにはいられない。

年表

最後に、それぞれの時代の特徴と出来事がわかりやすいように、第一章から第五章までの歴史を年代順にまとめてみたい。

なお、各王権の名称は、私見で命名したものである。

◉二〇～一五万年前頃

アフリカ大陸に最初の人類が誕生する。

ここから世界へ移動するのであるが、その足跡は六大人種・六大文明として確立されている。

◉四万年前頃

北方系の「新モンゴロイド」が本州島に移住する。

ナウマン象やオオツノ鹿などの狩猟生活を営む。本州島からは遺跡はほとんど見つかっていない。

◉三万五〇〇〇年前頃

南方系の「古モンゴロイド」が南西諸島に移住する。
魚貝類、木の実などの漁猟採集生活を営む。南西諸島には、多くの遺跡や人骨が見つかっている。

◉二万九〇〇〇年前頃
南九州で姶良大噴火が起きる。
AT火山灰により、本州島の生物や新モンゴロイドは死滅したか、北の大陸へ移動する。この火山灰によって本州島は、一万年以上の長い間不毛の地となる。氷河期の海抜は、現在より一〇〇メートル以上低かったのである。

◉一万八〇〇〇〜七〇〇〇年前頃（旧石器時代〜縄文草創期）
地球規模の温暖化が始まる。温暖化により、照葉樹林に包まれた日本列島に、南西諸島から北海道まで「古モンゴロイド」が移住する。これが「原縄文人」であり、本書では「旧石器時代から縄文草創期に渡来した古モンゴロイド」と呼ぶ。気温は現在より二〜三℃高く、海抜は現在より三〜五メートル高い。日本海ができ、黒潮が勢いを増す。

◉四〇〇〇〜三〇〇〇年前頃（縄文後期）
台湾原住民を祖とする「オーストロネシア語族」が南九州に上陸する。
これが『記紀』にいう国つ神であり、本書では「縄文後期に渡来したオーストロネシア語族」と呼ぶ。
このとき「稲作」（インディカ種）が南方から伝来する。彼らは、隼人族（鹿児島県）、阿国族（熊本県）、日向族（宮崎県）、住吉族（福岡県）、安曇族（対馬）となって国邑を開いたのである。

同じ頃、中国周の時代（紀元前一一〇〇～紀元前二五五年）に、南九州の「東鯷人」の朱崖・儋耳・夷州・澶州の隼人族が、呉・越を通じ周に朝貢する。この隼人族の酋長が大山津見神である。これを「隼人王権」という。このとき「稲作」（ジャポニカ種）が大陸から伝来する。

同じ頃、北九州には志摩半島（現在の糸島半島）を拠点としていた、のちに安曇族となる酋長が大綿津見神である。

◉二七〇〇年前頃（縄文晩期）

琉球の天孫氏王統の流れをくむ、オーストロネシア語族の「別天津神」一家五人が、琉球から南九州に上陸する。

これが天皇家の祖となる天孫族で、本書では「縄文晩期に渡来した別天津神」という。本家が『記紀』にいう天津神であり、その分家を別《わけ》という。この経緯を描いたのが「天地開闢神話」である。

それから二〇〇年あまりが過ぎ、二五〇〇年前頃になると、天孫族の末裔は神世七代の神となる。伊邪那岐命がオノコロ島（沼島）を拠点として、大八島国を統一する。これを「伊邪那岐《いざなぎ》王権」と呼ぶ。

この経緯を描いたのが、『記紀』による「国生み神話」である。

その後、伊邪那岐命は天照大御神（大綿津見神）、須佐之男命（大山津見神）と縁戚となる。これが「神生み神話」である。伊邪那岐命は死の直前、海人王国の高天原の統帥権を、天照大御神に託したのである。

◉紀元前二二一〜前二〇六年（中国秦の時代）

「徐福」が渡来する。

秦の始皇帝の命を受けた徐福が「神仙思想」を掲げて、夷州（種子島）、澶州（屋久島）に渡来する。その他の渡来地としては、鹿児島、和歌山、三重、佐賀、京都、山梨などがある。これらはみな国つ神の国邑であり、その一つが、平原広沢の王といわれた佐賀県の井国（委奴国）である。先進技術をもつ徐福は、客分として迎えられたのである。

◉二五〜二二〇年（中国後漢の時代）

五七年に、筑紫の井国（委奴国）の王が後漢へ朝貢する。

これを「井国《いこく》（委奴国）王権」という。この国王は徐福の後裔であると考えられる。後漢洪武帝より「漢委奴国王」の印綬を賜る。

続いて一〇七年に、井国（委奴国）の王が再び後漢へ朝貢する。このときの使者が「帥升」である。

この後、井国（委奴国）は、陸続きとなった志摩の国の與止日女（のちの天照大御神）に禅譲され、井国（怡土国）となる。『記紀』による「誓約生み」で、天照大御神の養子となった天忍穂耳命が二〇代海人王となる。彼は須佐之男命の子で、のちに高祖となっている。后は、別天津神高皇産霊神の娘萬幡豊秋津師比売命である。

與止日女は孫の邇邇芸命、天火明命、邇芸速日命の三人を、日向《ひむか》国、丹波国、河内国へそれぞれ降臨させ新地開拓を命ずる。これを「天孫降臨」という。

◉一二七～一三七年の間

與止日女死す。

『記紀』による「天の岩屋戸事件」が起こり、與止日女が須佐之男命に討たれる。死んだ與止日女は「八咫鏡」となり、太陽神と同じ神格をもつ天照大御神となった。

こうして井国（怡土国）が滅ぶと、倭国（北九州）は大乱の時代を迎える。これを「倭国大乱」という。

この大乱の最中、天の岩屋戸事件の後、新羅へ追放されていた須佐之男命と五十猛命が、出雲の五十猛浜へ舞い戻った。そこで八俣大蛇を退治し、出雲を平定した。須佐之男命は櫛名田比売と結婚し、義父母を稲田宮主須賀之八耳神と号した。これが九州島を棄てた須佐之男命の「出雲《いずも》王権」である。

さらにこの親子二神の末裔は、日本海を北上し、越の国からヤマト、紀伊、熊野、四国と開拓し、葦原中津国を建国したのである。

大蛇を退治した剣が「布都御魂剣」であり、物部氏の御神体となった。大蛇の尾から出た剣が「天叢雲剣」であり、「三種の神器」の一つである。

◉一七〇年頃

女王日御子（卑弥呼）の即位。

一方、北部九州では、倭国大乱を制した月読命が三〇国を統一し、筑紫の壹国《いちこく》の女王日御子（卑弥呼）を共立の女王とする。これを「一大国《いちだいこく》王権」という。

井国（怡土国）の天孫族は、「八咫鏡」となった天照大御神を伴って、丹波の天の岩戸神社へ隠遁した。これが「天の岩屋戸隠れ」であり、逃避行の道中の物語が「稲葉の素兎」である。

時を同じくして、肥後には「臺国王権《たいこく》」が、そして日向《ひゅうが》には「鹿文王権《かや》」が存立していた。この三つの王権は天孫族とは無縁のため、『記紀』にその記述はない。

◉一七五年

『日本書紀』による「神武東征」に日向《ひむか》の高千穂宮を出発。『古事記』による「神武東遷」は一六五年出発。

日向国《ひむか》へ降臨した、邇邇芸命の四代目若御毛沼命（亦の名神倭伊波礼毘古命）は、新しい日本の王府となる国を求めて「高千穂宮」から東へ旅立った。これには、かつて先祖が築いた高天原の井国（怡土国）を、月読命に奪われたことが起因している。

◉一八一年

神武天皇即位。

神倭伊波礼毘古命は苦難の末、見事ヤマトの「橿原宮」にて、初代神武天皇として即位した。ここに「飛鳥王権《あすか》」が誕生したのである。

この頃ヤマトには、須佐之男命の末裔である、阿治須岐高日子根命が治める「鴨王権《かも》」が存立していた。一説には地名から「葛城王権《かつらぎ》」ともいわれる。天孫族は、神武天皇から「欠史八代」まで鴨王権と縁戚を結び、新しい国造りが始まったのである。鴨王権の鴨氏は、のちに三輪氏、賀茂氏の祖となり、現在も京都下鴨神社・上賀茂神社で祭られている。同じ頃、三輪纒向地区には、稲田宮主須賀耳神の末裔大三輪大神が、「三輪王権《みわ》」を築いていた。

◉二二〇～二六五年（中国魏の時代）

二三八年に、筑紫の壹国《いちこく》の女王日御子（卑弥呼）が魏に朝貢する。明帝より「親魏倭王」の印綬を賜る。球国（狗奴国）戦争により二四七年、日御子（卑弥呼）死す。

肥後の臺国《たいこく》連合の球国（狗奴国）に、女王日御子（卑弥呼）が討たれたのである。その後、壹與が二代目女王となる。だが、二六六年頃に消息を絶つ。壹與もまた球国（狗奴国）に討たれたのである。こうして一〇〇年ほど続いた「一大国王権」は滅びたのである。

◉二六五～四二〇年（中国晋の時代）

壹国《いちこく》を倒し九州の覇者となった臺国《たいこく》の王が、晋へ朝貢する。ゆえに、『後漢書』には「大倭王」と記されている。一三〇年ほど続いたこの王国を「臺国《たいこく》王権」という。これが古代史をにぎわす「邪馬臺《やまたい》国《こく》」である。大倭王は日御子（卑弥呼）ではなかったのだ。

この頃ヤマトでは、一〇代崇神天皇が大国主命に纏向の「三輪王権」の「国譲り」を迫り、「崇神《すじん》王権」を築いていた。二七〇年、崇神天皇は丹波の天の岩戸神社に隠遁していた天照大御神を、磯城の瑞籬の宮へ迎え祭った。この遷宮を描いたのが「羽衣伝説」である。

二七四年、崇神天皇は四道将軍を派遣して、東国・北国・西国の平定に乗り出した。

丹波では、日子坐王に丹波の君玖賀耳之御笠を討たせた。これが「酒呑童子」物語となり、吉備族の「丹波《たんば》王権」は崩壊した。

吉備では、彦五十狭芹彦命と稚武彦命の二人が温羅氏を討ち、吉備は天孫族の支配地となった。これが「桃太郎」の物語である。

◉三一二〜三九九年
長門の別王《わけ》一四代仲哀天皇と神功皇后が西征し、北部九州を統一した。これをここでは「仲哀・神功西征」という。仲哀天皇の死後、皇后は武内宿禰命と協力して三韓をも統一した。その後三三〇年に、二人の御子応神天皇が即位し、孫の仁徳天皇へと引き継がれた。この間の約六〇〜八〇年は「神功《じんぐう》・武内《たけのうち》王権」である。
三九六〜四一八年（東晋の安帝の時）、この頃から臺国《たいこく》の大倭王に代わって吉備の王、賛が東晋に朝貢する。

◉四二〇〜五八九年（中国宋・斉・梁・陳の時代）
宋の時代（四二〇〜四七九年）には、「倭の五王」といわれる吉備の王、賛・珍・済・興・武が宋に朝貢する。賛・珍は吉備ゆえ「吉備《きび》王権」という。済・興・武は大阪河内ゆえ「河内《かわち》王権」ともいう。合せて八〇年ほど続いた。この王権は天孫族の別《わけ》の王権である。
この頃ヤマトの天孫族は「吉備潰し」に出る。五二七年、「磐井の乱」によって筑紫の君磐井が、二六代継体天皇に討たれ、ついに吉備王権は滅びた。

◉四七八年
二一代雄略天皇紀に、「浦島太郎」の物語が登場する。吉備王権の崩壊まぢか、天孫族時代の幕開けにより、人心掌握のため神仙思想が利用されたのである。浦島神社では、徐福のもたらした神仙思想の神仙の国は、海人族の高天原であると語り継がれている。

◉五三八年

仏経公伝。これには異説あり。

この後王権内で「崇仏・排仏論争」が起こり、五八七年に、崇仏派の蘇我馬子が排仏派の物部守屋を討ち、本格的に仏教が普及する。

◉五八一〜六一九年（中国隋の時代）

六〇〇年と六〇七年の二回にわたり、肥後の俀国《たいこく》の王海毎多利思比弧が、隋に「遣隋使」として蘇因高を遣わす。遣隋使派遣はこの二回である。俀国は臺国《たいこく》から連綿と続く王権で、「俀国《たいこく》王権」とも、「九州王朝」ともいう。

『日本書紀』には、ヤマトの聖徳太子が小野妹子を派遣したことになっているが、聖徳太子は観音様であり、聖徳太子も遣隋使小野妹子もいなかったのである。

この頃ヤマトは、蘇我本宗家四代にわたる「蘇我《そが》王権」の独裁時代であり、中国と国交を結ぶような政治体制ではなかった。

このように、この時代には西日本各地にさまざまな王権が存立していたのである。歴史には出てこないが、もちろん、関東、東北、北海道にも同じように王権は存立していたのである。

◉六一八～九〇七年（中国唐の時代）
三四代舒明天皇は、六三〇年に初めて唐に「遣唐使」を送る。この頃ようやくヤマト王権が倭国の王として頭角を現すことになるが、その政治体制は磐石とはいえなかった。遣唐使は八九四年まで二〇回にわたり派遣された。

◉六四五年
飛鳥でクーデター「乙巳《いっし》の変」が起きる。蘇我入鹿が討たれ、約一〇〇年続いた「蘇我王権」は終焉を迎えた。この後、施行されたとされている「大化の改新」はなかったのである。聖徳太子も小野妹子も大化の改新も、すべて藤原不比等の造作である。

◉六七二年
吉野と近江で日本古代最大の内乱、「壬申《じんしん》の乱」が起きる。同年一月近江宮にて三八代天智天皇が崩御し、二四歳の大友皇子が三九代弘文天皇として後継となる。壬申の乱は、この半年後に起きた叔父大海人皇子との身内の皇位継承争いである。戦いは一か月で決着し、大海人皇子は飛鳥浄御原宮で、四〇代天武天皇として即位した。
天武天皇は稗田阿礼に命じて、『帝紀』や『旧辞』を誦み習わせた。西日本を統一した「ヤマト王権」が、初めて成立したのである。

◉六九四年

四一代持統天皇は「藤原京」へ遷都した。

◉七一〇年

四三代元明天皇は「平城京」へ遷都した。ここに「大和朝廷《やまとちょうてい》」が成立したのである。

◉七一二年

『古事記』全三巻完成。

天武天皇の姪にあたる四三代元明天皇は、太安万侶に「稗田阿礼が誦習した『帝記』を筆録せよ」と命じ、七一二年正月『古事記』全三巻が完成したのである。

◉七二〇年

『日本書紀』完成。

『古事記』を完成させた元明天皇の娘である四四代元正天皇の命を受けて、舎人親王は『日本書紀』三〇巻と系図一巻を完成させた。

◉七九四年

五〇代桓武天皇は京都「平安京」へ遷都した。

一八六二年、一二一代孝明天皇が「東京奠都《てんと》」するまで、京都は千年の都となったのである。

参考文献

古事記一三〇〇年 出雲大社大遷宮『特別展覧会 大出雲展』 京都国立博物館、島根県立古代出雲歴史博物館編、島根県立古代出雲歴史博物館発行、二〇一二年

『天皇皇后両陛下傘寿記念 第六十六回「正倉院展」目録』 奈良国立博物館編、一般財団法人仏教美術協会発行、二〇一四年

『特別展覧会「王朝文化の華 陽明文庫名宝展 宮廷貴族近衛家の一千年」』 京都国立博物館編、ＮＨＫ・ＮＨＫプラネット近畿・読売新聞社発行

『継体大王の時代 百舌鳥・古市古墳群の終焉と新時代の幕開け』平成22年度春季特別展（大阪府立近つ飛鳥博物館図録51） 大阪府立近つ飛鳥博物館編集・発行、二〇一〇年

『特別展「語り継ぐココロとコトバ 大古事記展―五感で味わう、愛と創造の物語―」』 奈良県編集・発行、二〇一四年

『博物館展示ガイド』 沖縄県立博物館・美術館編集・発行、二〇一二年

『特別展「支石墓が語るもの」図録』 河村裕一郎執筆・編集、志摩町歴史資料館発行

『出土品が語る 海と「おおさか」』 大阪府立近つ飛鳥博物館編集・発行、二〇一四年

『百舌鳥・古市古墳群 世界文化遺産登録推進本部会議の活動』 百舌鳥・古市古墳群 世界文化遺産登録推進本部会議（大阪府・堺市・羽曳野市・藤井寺市）発行・編集、二〇一四年
『春日市の文化財』 春日市教育委員会編集・発行、一九九二年
『大和多武峯紀行 談山神社の歴史と文学散歩』 長岡千尋著、談山神社発行、一九九八年
『弥生興亡 女王・卑弥呼の登場』 石野博信著、文英堂、二〇一〇年
『対馬国志 原始・古代編 ヤマトとカラの狭間で活きた対馬』 永留久恵著、「対馬国志」刊行委員会発行、二〇〇九年
『古代山城 鞠智城を考える―２００９年東京シンポジウムの記録』 笹山晴生監修、熊本県教育委員会編、二〇一〇年
『新装 聖徳太子論争』 家永三郎・古田武彦著、新泉社、二〇〇六年
『写真で見る種子島の歴史』 鮫島安豊著、たましだ舎、二〇一一年
『厳選城南町の文化財』 城南町歴史民俗資料館編集発行
『佐賀県の歴史と文化―常設展解説書―』 佐賀県立博物館編、財団法人佐賀県芸術文化育成基金発行、二〇〇八年
壱岐市立一支国博物館 第六回特別企画展『古地図が語る壱岐の姿』 壱岐市立一支国博物館発行、二〇一一年
『シリーズ霧島を知る① 霧島市文化財ガイドブック 歴史散歩 古からの足跡をたどる』 鹿児島県霧島市教育委員会編集・発行、二〇一一年
『大和・纒向遺跡』 増補新版 石野博信編、学生社、二〇〇八年
『古代史謎めぐりの旅 出雲・九州・東北・奈良編』 関裕二著、ブックマン社、二〇〇九年
『大山祇神社略誌』 大山祇神社編集・発行、二〇〇七年
『岩波講座 日本歴史』第1巻 原始・古代1、岩波書店、二〇一三年
『全集日本の歴史第1巻 列島創世記』 松木武彦著、小学館、二〇〇七年
『纒向と箸墓』（平成25年度 弥生フェスティバル連続講演会 講演資料集） 大阪府立弥生文化博物館編集・発行、二〇一四年

『笠沙町郷土誌』 笠沙町郷土誌編さん委員会編、笠沙町発行、一九九三年
『2004−2006年度広田遺跡発掘調査 概要報告書』 南種子町教育委員会発行、二〇〇八年
『CG世界遺産 古代エジプト』 古代遺跡復元研究会、双葉社、二〇〇五年
『青銅器をつくる人々・ガラスをつくる人々』(春日市ふれあい文化センター開館記念特別展図録) 春日市教育委員会編集・発行、一九九五年
『展示資料図録Ⅱ』 大牟田市歴史資料館発行、二〇〇〇年
『平安の雅を伝える 春日舞楽の名宝 舞楽面・舞楽装束・雅楽器』 春日大社宝物殿編集発行、二〇一〇年
『飛鳥資料館案内』 奈良国立文化財研究所編、一九九九年
『上野原縄文の森 展示図録』 鹿児島県立埋蔵文化財センター編、鹿児島県上野原縄文の森発行、二〇〇二年
『弥生時代の吉野ヶ里―集落の誕生から終焉まで―』 佐賀県教育委員会編、㈶佐賀県芸術文化育成基金発行、二〇〇五年
『出雲弥生の森博物館 展示ガイド』 出雲弥生の森博物館編集・発行、二〇一〇年
法隆寺領鵤庄千四百年記念特別展『斑鳩寺―その宝物と歴史―絵画と彫刻』 太子町立歴史資料館編集・発行、一九九九年
『聖徳太子と四天王寺』 四天王寺布教広報室編、総本山四天王寺発行、一九九九年
『春日市奴国の丘歴史資料館 常設展示図録』 春日市奴国の丘歴史資料館編集・発行、二〇〇五年
伊都国歴史博物館図録1 開館記念特別展『海を越えたメッセージ』 伊都国歴史博物館編集・発行、二〇〇四年
平成19年度秋季特別展『倭人の海道―一支国と伊都国―』 伊都国歴史博物館編集発行、二〇〇七年
『首里城 甦る琉球王国』 ㈶海洋博覧会記念公園管理財団監修・発行、二〇〇八年
『高槻市立今城塚古代歴史館 常設展示図録』 高槻市教育委員会/高槻市立今城塚古代歴史館編集・発行、二〇一一年
『三国志の時代―2・3世紀の東アジア―』(奈良県立橿原考古学研究所附属博物館 特別展図録 第77冊) 奈良県立橿

原考古学研究所附属博物館編集・発行、二〇一二年
葛城市歴史博物館年報・紀要『かづらぎ5―平成17年度―』　葛城市歴史博物館編集・発行、二〇〇六年
平成22年度伊都国歴史博物館秋季特別展『昭和を駆けた考古学者　原田大六　伊都国にロマンを求めた男』　糸島市立伊都国歴史博物館編集発行、二〇一〇年
『糸島市立伊都国歴史博物館常設展示図録』　糸島市立伊都国歴史博物館編集・発行、二〇一一年
『隼人族の抵抗と服従』　霧島市立隼人塚史跡館発行
『末盧館展示図録』　唐津市教育委員会編、財団法人唐津市文化振興財団発行、二〇〇七年
『古田武彦・古代史コレクション②　失われた九州王朝―天皇家以前の古代史―』　古田武彦著、ミネルヴァ書房、二〇一〇年
『改訂　つくし風土記』　改訂つくし風土記制作委員会編、社団法人つくし青年会議所発行、一九八八年
『悲劇の金印』　原田大六著、学生社、一九九二年
『新潮古典文学アルバム別巻　ユーカラ　おもろさうし』　新潮社、一九九二年
『案外、知らずに歌ってた　童謡の謎』　合田道人著、祥伝社、二〇〇二年
『五木寛之　こころの新書6　サンカの民と被差別の世界　日本人のこころ　中国・関東』　五木寛之著、講談社、二〇〇五年
『おとぎ話に隠された古代史の謎』　関裕二著、ＰＨＰ文庫、二〇〇八年
『沖縄の歴史と文化』　外間守善著、中公新書、一九八六年
『海上の道』　柳田国男著、角川文庫、二〇一三年
『津田左右吉歴史論集』　今井修編、岩波書店、二〇〇六年
『新装版　まぼろしの邪馬台国　第1部　白い杖の視点』　宮崎康平著、講談社文庫、二〇〇八年
『新装版　まぼろしの邪馬台国　第2部　伊都から邪馬台への道』　宮崎康平著、講談社文庫、二〇〇八年

『「邪馬台国」はなかった』古田武彦著、朝日文庫、一九九三年
『火怨 北の耀星アテルイ』（上・下）高橋克彦著、講談社文庫、二〇〇二年
『日本の起源』（ａｔプラス叢書05）東島誠・與那覇潤著、太田出版、二〇一三年
『南種子町郷土誌』（町制施行三十周年記念事業）南種子町郷土誌編纂委員会編、南種子町長 中峯薫発行、一九八七年
『上宮聖徳法王帝説』東野治之校注、岩波書店、二〇一三年
『出雲国風土記』荻原千鶴著、講談社学術文庫、一九九九年
『鹿児島神宮史 全一巻』三ツ石友三郎編、鹿児島神宮宮司・中別府良重発行、一九八九年
『阿蘇神社』阿蘇神宮宮司・阿蘇惟之編、学生社、二〇〇七年
『弥生に生まれた鳥神 阿治志貴高日子根考』中西美喜子著、講談社出版サービスセンター、二〇〇九年
『大牟田市の文化財』大牟田市教育委員会発行、一九八六年
『紺碧の空と海 緑豊かな歴史の種子島』種子島開発総合センター編集・発行、二〇一三年
『続日本紀』（全３巻）宇治谷 孟訳、講談社学術文庫、一九九二〜一九九五年
『日本書紀』（上・下）宇治谷 孟訳、講談社学術文庫、一九八八年
『新訂 魏志倭人伝 他三篇―中国正史日本伝(1)―』石原道博編訳、岩波書店、一九八五年
『新訂 旧唐書倭国日本伝 他二篇』石原道博編訳、岩波書店、一九八五年
『古事記』（全３巻）次田真幸編著、講談社学術文庫、一九七七〜一九八四年

◎講演会
でかける博物館講演会「邪馬台国から初期ヤマト王権へ」大阪府立近つ飛鳥博物館主催

旅のおわり

私は今、ようやく書き終えた安堵感と達成感にひたっているところである。

何度推敲を重ねたことだろう。幾度現地を訪れたことであろうか。紙面の制約があり、原稿のすべてを活字にすることはできなかった。

一ノ宮巡りを主にした御朱印帳《ごしゅいんちょう》も、六冊目に入っている。


わたしたちは、どこからきたのだろう。

わたしたちは、どこへゆくのだろう。


冒頭の問いに、少しは答えることができたのではないだろうか。

天皇在位一三年説によって『記紀』の謎を解き明かすことができた。また、いくつかの『史書』をつなぎ合わせ、まぼろしだった邪馬臺国《やまたいこく》を見つけることもできた。

さらに、今までばらばらだった伝説や考古学・歴史学的資料を、一本の糸に紡げたのではないかと自負している。本書にこめた歴史の真実を、読者の皆様の叡智でくみ取っていただけたら、このうえなく幸せに思う。

食うて寝ること。色・金・力を貪《むさぼ》ること。不老不死を願うこと。これらはみな人間の根元的な欲である。縄文の時代から今日まで変わるものではない。しかしそれは、過去の歴史においては、「公《こう》」の幸せを求めた国造りのために行使されてきたものであったと感じる。現在のような小さな「私《し》」の快楽のためのものではない。今は、「個」が勝ちすぎてかえって人は不幸になっているような気がする。戦争、殺人、汚職、詐欺事件などを見るとき、人間の虚さを嘆かずにはいられない。

昔、宗教とは何かと考え、少しばかり世界の宗教を勉強したことがある。それがこの旅を通じてよく見えるようになったのである。

多くの人がもっと歴史に向き合ってくれたら、人は、世界は、もっと安寧を得るのではないだろうか。愛国心も、宗教心も、政治も経済も正しく運用されるはずである。

最後に、歴史学・考古学・民俗学のますますの発展により、統一された日本の先史・古代史が、一日も早く確立されることを切に願うものであります。そしてその内容は、必ずや本書と同じであるにちがいない。

プロフィール
多禰隼人（たねの　はやと）
一九四四年、鹿児島県種子島の生まれ。
現在大阪府箕面市在住。
会社役員。郷土史家。

ほんとうにあった邪馬臺国

2016年4月27日　初版第1刷発行

著　者　多禰隼人
発行者　藤本敏雄
発行所　有限会社万来舎
〒102-0072　東京都千代田区飯田橋2-1-4　九段セントラルビル803
［Tel］03-5212-4455
［E-mail］letters@banraisha.co.jp
印刷所　株式会社エーヴィスシステムズ

NDC
ISBN978-4-908493-05-8